Opera System
오페라시스템

김동식 저

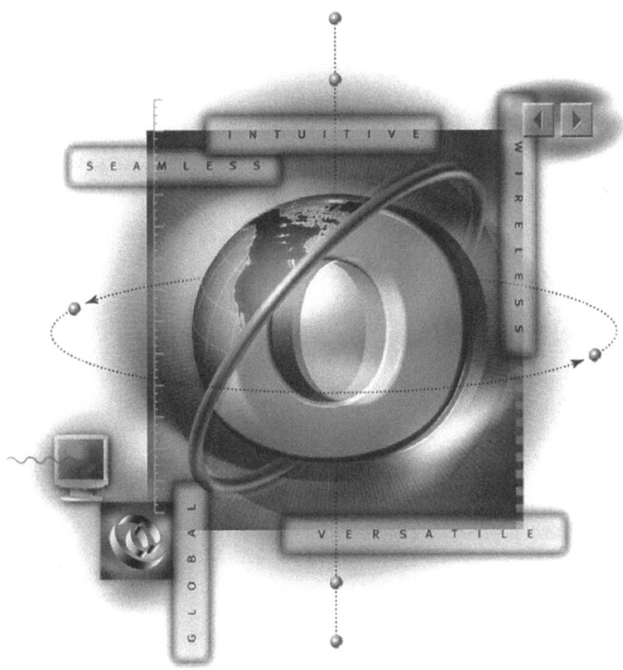

백산출판사

대한민국이 한류에 힘입어 관광객 천만 명을 돌파하면서 한국의 위상에 맞는 서비스 산업의 증대가 점점 더 요구되는 현실입니다. 지금까지 호텔이라는 비즈니스는 국내가 아닌 해외에서 만들어진 사업이기 때문에 호텔 사업을 직접 진행하기보다는 해외 브랜드를 국내에 유치하는 사업 모델을 진행하였습니다. 하지만 한국이 선진국으로 진입을 하면서 국내에서 직접 호텔 비즈니스를 브랜딩을 해서 국내에 정착을 하고, 해외에도 진출을 해서 성공적인 한국형 체인 비즈니스를 만들기 위한 사업을 진행하고 있습니다. 체인을 브랜딩하기 위해서는 많은 부분이 필요하지만 그 중에서도 IT를 어떻게 구현하느냐에 의해서 체인의 성공여부가 달려있다고 해도 과언이 아니라고 생각을 합니다.

아직 한국에서는 체인을 위한 IT 구성, Global 체인으로 가기 위한 전체 프로젝트에 대한 진행 관리 및 절차에 대한 경험이 없는 관계로 이러한 지식을 이용한 IT 기반 구축이 용이하지 않고, 전체 프로젝트에 대한 내용과 구현해야 할 부분에 대한 이해도가 없기 때문에 체인 비즈니스를 진행하고 싶어도 하지 못하는 경우가 발생할 수도 있다고 사료됩니다. 체인이 아닌 일반 한국형 호텔의 경우에도 어떻게 IT를 구축을 해야지만 전 세계 불특정 다수의 고객이 호텔로 예약을 할 수 있을지에 대해서 많은 고민을 하고 있는 실정이라고 생각을 합니다. 물론 해외에 구축된 제 3의 서비스를 이용해서 호텔 예약 서비스 대행을 진행하고 있지만, 과연 그러한 서비스가 적절한지에 대해서는 한번쯤 재고가 되어야 하지 않을까 생각을 합니다.

최근 수년간 호텔에 대한 컨설팅을 진행하면서 한국에는 호텔 IT를 구현하기에는 많은 정보가 부족하다는 생각을 하게 되었습니다. 특히 체인 사업을 해외에서 갖고 들어오는 경우에는 그나마 해외 체인 본부에서 IT 구축에 대한 정보 및 구현에 대한 절차 및 프로젝트 관리를 전적으로 해외 체인에서 하기 때문에 체인 형 IT 구축에는 문제가 없지만, 만일 국내에서 한국형 체인을 구축을 하기 위해서 체인 형 IT 구축을 구현하려고 한다면 아마도 경험 및 정보 부재로 인하여 다소 힘들지 않을까 생각을 합니다. 따라서 1990년대부터 2013년까지 매년 미국에서 열리는 세미나 Hospitality Industry

Technology Exposition and Conference(HITEC)와 2011년까지 유럽에서 매년 열리는 세미나 Europe Hospitality Industry Technology Exposition and Conference(EHTEC)에 참석을 해서 얻은 정보와 지식, Micros Fidelio Korea 대표 이사로서 13년 이상을 재직하면서 호텔 IT에 대한 경향 및 정보와 지식을 그냥 개인 정보로 보유하기보다는 한국형 체인을 위한 정보로서의 활용을 생각하게 되었습니다.

또한, 전 세계적으로 거의 모든 체인들이 OPERA라는 Property Management System(PMS)을 사용하고 있고, 한국에서도 거의 모든 5성급 호텔들이 OPERA를 사용하고 있는 실정입니다. 이에 따라서 학교에서도 이전에는 Fidelio System을 교육 시스템으로 사용을 하고 있었으나 최근에서 OPERA System으로 교체를 해서 교육용 호텔 시스템으로 사용하고 있습니다. 교육용 시스템은 많은 학교가 OPERA로 변경이 되었지만 아직도 OPERA 시스템에 맞는 교재가 없기 때문에 OPERA 교육을 진행하시는 교수님이나 교육을 받는 학생들에게는 Fidelio System 교재를 사용하거나 혹은 교재가 없이 교육을 진행하므로 불편함을 겪지 않을까 하는 우려가 있었습니다.

관광 산업은 점점 더 서비스의 극대화와 매출 창출을 위한 역할에 더욱 더 중점을 두고 있습니다. 보다 더 나은 서비스와 매출을 극대화하기 위해서 가장 시급한 것이 어떻게 정보화 프로세서를 만들어서 실제 업무에 적용하느냐 하는 것입니다.

이러한 정보화 프로세서를 어떻게 체인과 일반호텔에 적용해야 하는지에 대해서는 Chapter 1에서 자세하게 다루었습니다. Chapter 1에 기술된 내용들이 교수님들의 연구분야에 도움이 되었으면 하는 바람과 한국형 체인 사업을 구상하시는 분들과 일반 호텔을 구축하시려는 분들에게 미력하나마 도움이 될 수 있었으면 하는 바람입니다.

특히, 체인 표준화 작업에 필요한 요소들을 Chapter 1에서 상세하게 정의함으로써 한국형 체인을 진행 또는 구상하는 사업가 분들에게 반드시 기본적으로 보유해야 하는 정보로서의 역할을 충실히 수행하고자 하였습니다.

Chapter 2부터는 전 세계뿐만이 아니라 한국에서도 제일 많이 사용되고 있는 OPERA System 설명입니다. 실제로 호텔에서 사용이 되고 있는 시스템이기 때문에 이 내용은 학생들뿐 아니라 실제 호텔에서 사용을 하고 있는 직원들에게도 많은 도움이 되리라고 생각을 합니다.

2005년 Fidelio System을 출간하고 난 후에도 한국형 체인의 IT 구축 및 서비스 산업에 있어서의 IT 경향에 대한 전체적인 시스템 개념을 한번쯤은 만들어야 하지 않을까 생각을 하였습니다. 하지만 항상 부족한 실력이라고 생각을 해서 나서지 못하고 망설여 왔었으나, 최근에 OPERA System 강의를 하면서 강의 교재 없이 Fidelio System 교재를 이용해서 강의를 할 수 밖에 없는 현실과 체인 컨설팅을 진행하면서 한국 내에는 부족한 체인 IT 구축 정보를 최신 경향에 맞추어서 전체적인 시스템에 대한 개념을 한번쯤은 만들어야 하지 않을까 하는 생각을 하게 되었습니다.

부족한 실력이지만 이를 바탕으로 좀 더 전문적인 서적이 출판되기를 바라면서, 많은 교수님들, 호텔 사업을 진행하는 사업자 분들과 독자 여러분의 아낌없는 조언을 부탁드립니다.

이 한 권의 출판을 위해서 OPERA System에 대한 지원을 적극적으로 해준 Micros Fidelio Korea 직원들에게 지면을 통해서 감사함을 전합니다.

끝으로, 인생을 살아오면서 항상 힘들 때마다 옆에서 가장 친한 친구가 되어준 아내에게 감사한 마음을 전하고 싶고, 이 자리를 계속 유지하기까지 항상 곁에서 힘이 되어준 우리 가족에게 감사를 드립니다.

2013년 7월

저자 김동식

차 례

Chapter 1

Global Hotel Trends

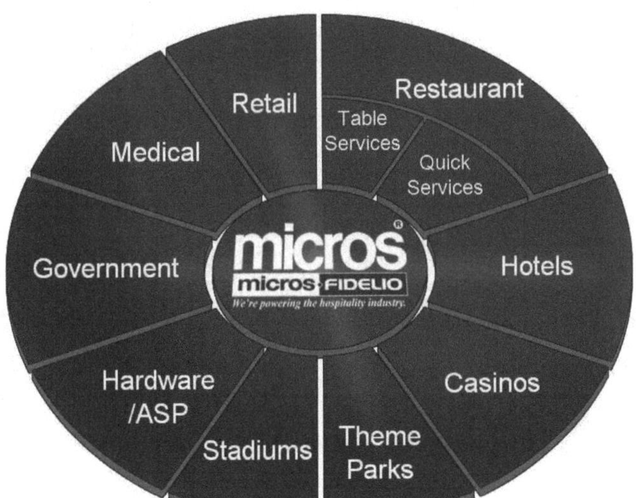

1.1 Hotel System

호텔은 Chain과 Non-Chain으로 구분을 하며, 전 세계적으로 약 460,000개의 숙박 시설이 있고 객실수는 약 2천 2백만 개 정도이다. Chain이든 Non-Chain이든 간에 Global 시장에서 체계화된 시스템을 갖춘 경쟁 우위를 점유하기 위해서는 <보기 1-1>과 같은 제품 포트폴리오를 구성해야 한다.

〈보기 1-1〉 The Right Products & Services

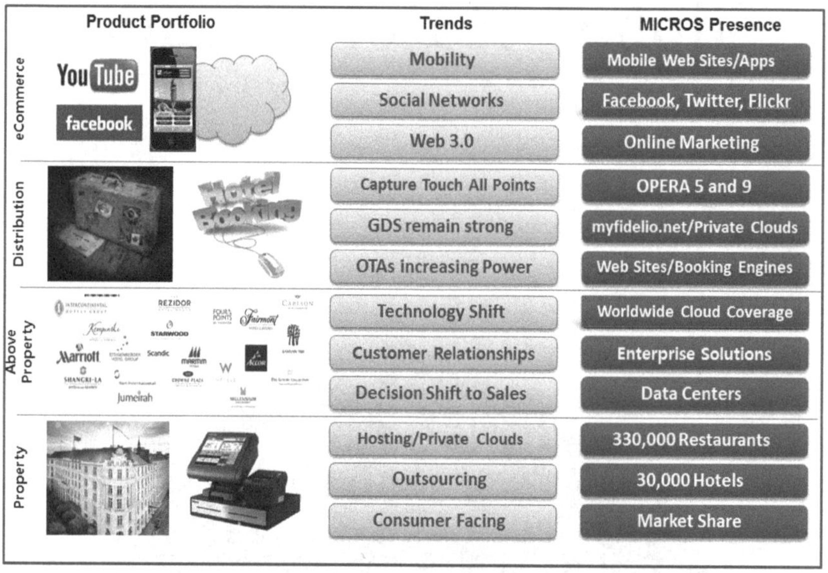

Global Hotel System을 구성하기 위해서는 고객 접점이 일어나는 모든 부분에 대한 단일화된 통합 IT Enterprise Solution이 필요하며, Enterprise Solution은 4개의 Layer로 구성된다. 하단부터 Property Layer, Corporate Layer(다른 용어로는 Above Layer), Distribution Layer, B2C Layer라고 한다.

Property Layer

Property Layer는 각각의 호텔에서 사용되는 Property Management System(PMS), Sales & Catering(S&C), Revenue Management System(RMS), Vacation Ownership System (VOS), Point of Sale(POS), Activity System, Back of House System(HR, Payroll,

Purchasing and Inventory, Accounting), Business Intelligence(BI), Interface(OXI and IFC) 등이 있으며 <보기 1-2>와 같다.

〈보기 1-2〉 Property Layer

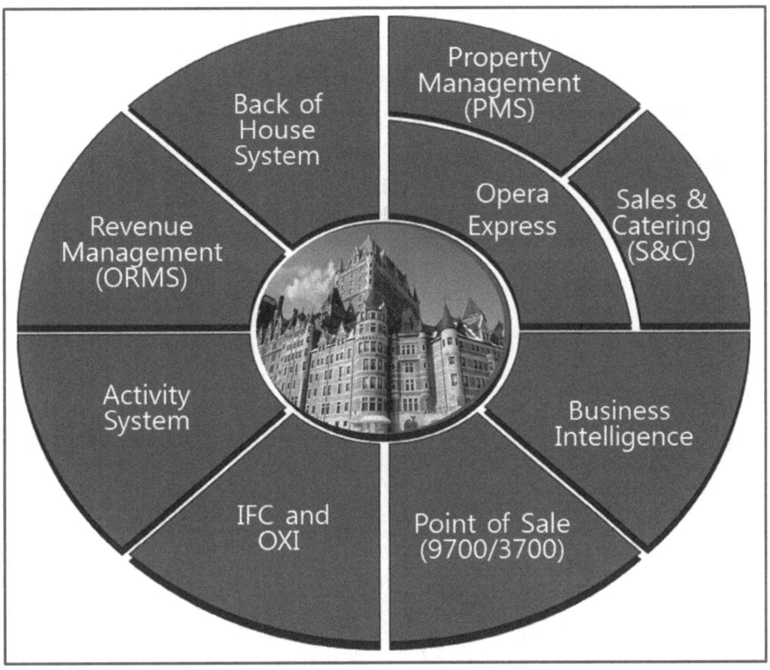

(1) OPERA 제품

2010년대를 접어들면서 정보를 제공하는 수단인 하드웨어, 소프트웨어, 통신비용 그리고 데이터베이스의 가격이 일반 기업에서 사용할 수 있을 정도로 가격이 하락했고, 기존 고객을 계속 유지하면서도 서비스를 극대화할 수 있는 다양한 마케팅 기술이 적용된 시스템의 필요성이 대두되었으며, 잦은 직원들의 이직으로 인한 고객 정보의 정보화가 절실히 필요한 시기가 도래하였다고 본다. 따라서 새로운 운영체제와 데이터베이스 환경 하에서 개발된 통합형 호텔 정보 시스템의 필요성과 도입이 절실히 요구되는 것이 현실이다.

OPERA는 이런 고객의 요구에 충족할 수 있도록 통합형으로 구성된 제품으로서 자료를 한번 입력하면 모든 사용자가 자료의 재입력 없이 호텔 고객의 정보를 업무를 수행할 수 있도록 구축하게 한다. 모든 자료는 보안이 강화되어서 권한이 있는 사용자들만 볼 수 있도록 철저하게 보안화 되어있으며, 한 번의 자료 입력으로 모든 부서에서 공유를 하고, 특정 사용자의 퇴직 시에도 자료를 계속적으로 유지할 수 있음으로 인해 언제나 최적의 정보를 보유할 수 있어 시간을 소비하지 않고 즉시 경영에 대한 신속한 결정을 내릴 수 있도록 지원을 한다. OPERA 제품 관련도는 <보기 1-3>과 같다.

〈보기 1-3〉 OPERA 제품 관련도

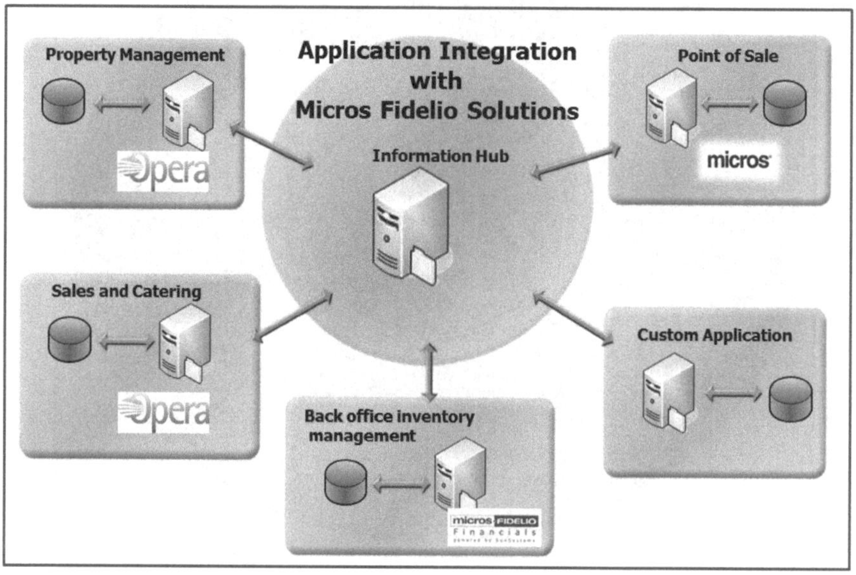

OPERA 제품은 Oracle 데이터베이스를 기반으로 한 안정적인 호텔 솔루션이며, 25년 이상의 호텔 산업에 솔루션을 제공해온 Micros Fidelio의 최신 제품으로서 웹 기반으로 운영이 되며, 업계의 최신 기술 적용 및 미래 진취적인 솔루션이다. OPERA 제품은 호텔 산업의 필요조건들을 충족시키는 모든 기능들이 포함되어 있으며, Oracle 데이터베이스를 기반으로 한 안정적이며 통합된 시스템, 빠른 처리 속도, 쉬운 사용에 대한 호텔의 요구 사항들이 OPERA의 디자인으로 결합되었다. Oracle은 매우 큰 데이터베이스의 필요조건을 충족하며 많은 거래량과 함께 고객의 편안함을 지원하는 가장 널리 사용되고 있는 융통성 있는 데이터 관리 플랫폼이다.

<보기 1-4>는 OPERA Dashboard 화면이다. 호텔의 시스템 운영 시 'Dashboard'를 사용함으로써 Check In 업무 및 예약 업무를 신속히 처리할 수 있고 Sales & Marketing

부서에서의 효율적인 업무를 가능하게 할 수 있다. Dashboard가 현업의 시스템에서 메인 화면으로서 기능을 하며, 여러 화면을 열어 놓고서야 가능했던 기존의 업무 환경이 Dashboard 적용 후 한 화면에서 가능하게 한다. Front 업무에 관련된 직원이 호텔 시스템에 시간을 소비했던 과정을 줄이고 고객 응대에 더 많은 시간을 활용할 수 있게 하여 서비스의 최적화를 이룰 수 있다.

〈보기 1-4〉 OPERA Dashboard

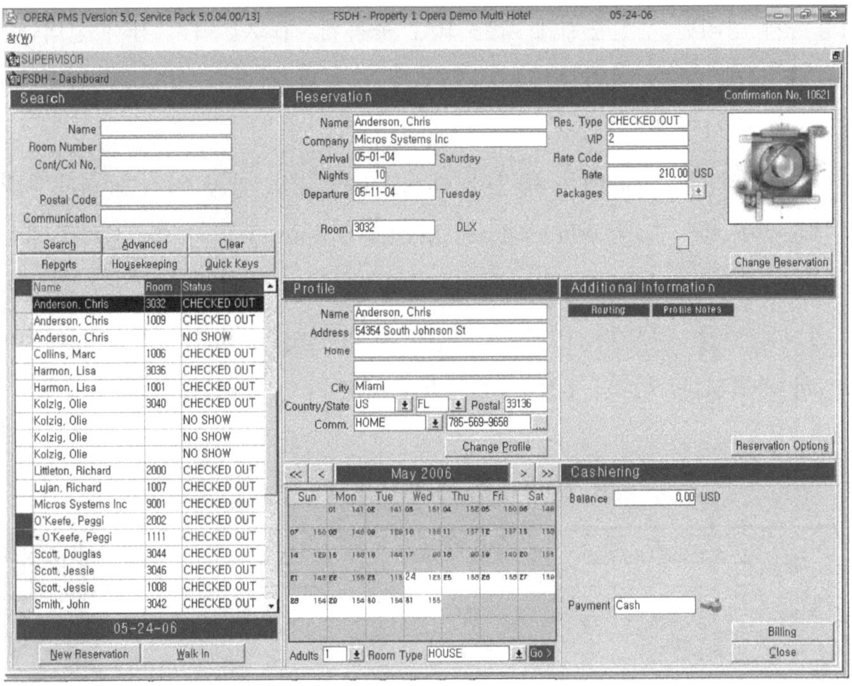

호텔 체인의 필요 IT 조건을 충족시키기 위해, 호텔 IT는 기본적으로 PMS(Property Management System), S&C(Sales & Catering), POS(Point of Sale), RMS(Revenue Management System), MC(Material Control), OXI(OPERA Exchange Interface) & IFC(Interface Controller) 등을 포함한다.

OPERA PMS(Property Management System)는 예약, Check In을 할 수 있는 Front Desk, Check Out을 신속하게 할 수 있도록 해주는 Cashiering, 객실 요금 자동 Posting과 각종 통계 자료를 만들어 주는 Night Audit, 객실 관리를 쉽게 해주는 Housekeeping, 고객의 후불 계정을 관리하는 Account Receivable 등이 포함된다.

모든 주요 Front Office관리 기능을 통합할 수 있도록 해주며 OPERA의 Profile과 예약 화면은 고객 맞춤형으로 구성이 된다. 따라서 고객이 고객 조직의 필요에 맞게 수정할 수 있도록 설계가 되었다. OPERA PMS의 뛰어난 출납 기능은 각 투숙객이 격조 있고 능률적인 스타일의 서비스를 제공받을 수 있도록 다양한 그래픽을 포함한 2개 이상의 고객 Folio를 간편하게 처리할 수 있는 Check Out 서비스를 제공한다.

요금 관리 기능과 고객 Profile을 통해 OPERA PMS의 Rate Query는 사용자에게 정확히 어떤 요금, 어떤 타입의 객실이 가능한지를 보여준다. 협상과 판매 기법들이 구축되어, 사용자가 정의한 우선순위에 따른 요금 목록에 기초한 여러 가지 선택들이 제공된다. 중요한 고객, 회사, 여행사, 과거 정보 및 실적과 결합된 쉽고 빠른 예약 등록은 생산성을 극대화 시킨다.

그룹과 지정 관리를 통해 매우 복잡한 회의, 여행 일정, 항공 일정을 쉽게 처리할 수 있도록 한다. 사용자는 모든 Wholesaler와 Master Billing, 요금 분할, 시차를 둔 도착과 Package 계획, 그룹 내역, 객실 유형 관리, 지정 예상과 추적에 대한 입력된 정보를 위한 기본 형식을 만들 수 있다. 이러한 작업의 처리는 서류 처리 시간의 지체됨이 없이 아주 빠르게 관리된다. <보기 1-5>는 OPERA PMS의 예제 화면이다.

〈보기 1-5〉 OPERA PMS 화면

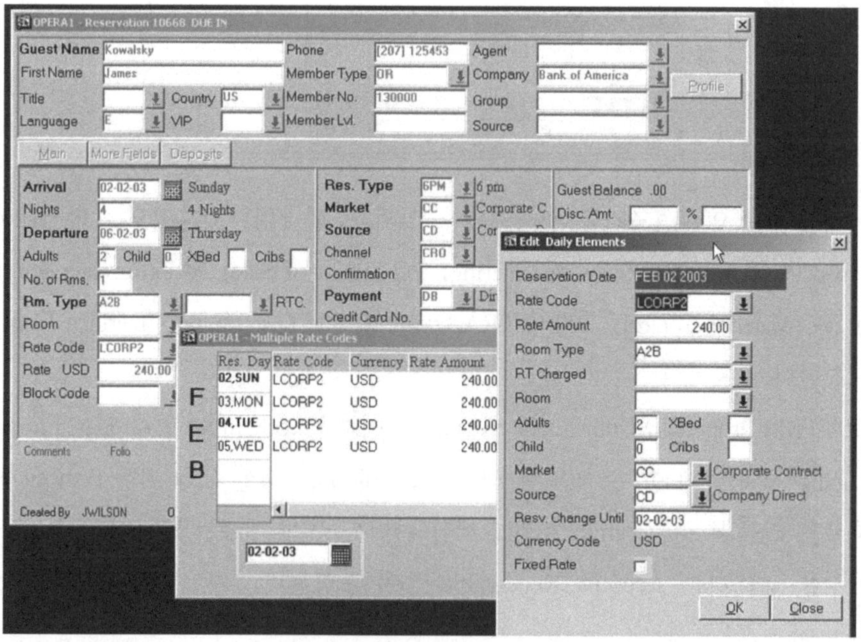

Floor Plan은 각 객실에 대한 정보와 상태를 알려주는 직관적인 체계의 기호와 컬러 코드의 사용으로 각 층의 점유율에 대해 아주 상세한 시각적 자료를 제공한다. 이는 Housekeeping 운영을 위해 필수적이다.

OPERA S&C(Sales & Catering-연회 예약 관리)는 기존 OPERA PMS와 통합뿐만이 아니라 주요 기능들을 공유함으로 인해서 많은 시간을 절약하고 정보 자료의 신뢰성을 향상시킬 수 있다. 주요 고객의 비즈니스 주기를 파악하여 주요 고객의 지속적인 유지와 호텔 경영을 보다 쉽게 해주며, 자료의 통합과 실시간 검색 기능으로 인하여 중장기적으로 호텔이 수익성이 낮은 사업에 뛰어드는 것을 막아준다. 지역 사무소가 있는 경우에는 해당 호텔과 지역 영업 사무소가 각각 필요로 하는 기간을 검색하고, 영업과 관련된 고객 정보를 받기 위하여 중앙 시스템에 접근하는 것을 허용한다. 연회장 예약 시에 개인, 그룹, 일반적 회의를 위한 요금 체계 및 판매 가능성 유무를 확인할 수 있다. <보기 1-6>은 OPERA S&C 예제 화면이다.

〈보기 1-6〉 OPERA S&C 예제 화면

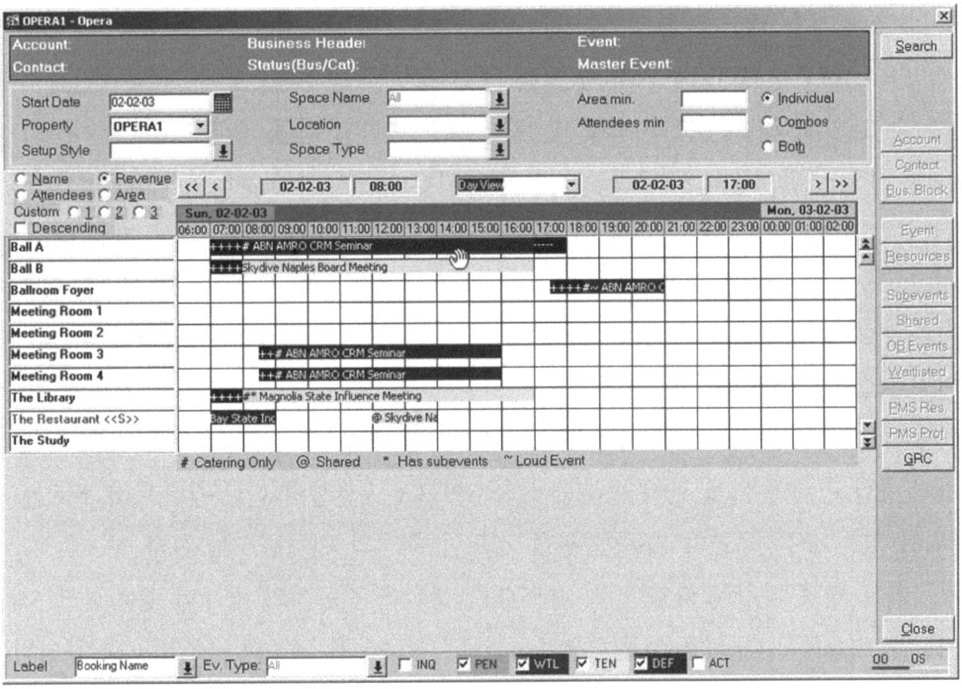

S&C의 Account/Contact Profile은 S&C의 중요한 부분으로서 고객의 주소, 이메일, 전화번호, 메모 등 고객의 모든 정보를 포함하고 메모 기능을 이용하여 모든 사용자가 고객의 상황이나 상태를 정확하게 파악을 할 수 있다. Account/Contact는 CRM(Customer Relationship Management-고객 관계 관리)과 같은 기능이라고 할 수 있다.

일반적으로 직원들이 작성을 하는 개인일지는 시간 관리와 함께 관리가 되지 않는 경향이 있으나 S&C의 직무/시간 관리(Task/Time Management)를 이용하면 각각의 직원이 작성한 개인일지는 시간 관리와 함께 매니저에 의해 관리가 되며, 정보를 공유하기 때문에 모든 직원의 고객 영업 진행 내역과 직원들의 근무 활동 내역을 파악할 수 있다. 매출액을 예측하기 위해 각 행사 타입을 첨부할 수 있는 기능이 있고, 그에 따라서 행사에 대한 예측을 가능하게 한다. 한 행사로부터 사람 당 예측을 분석할 수 있으며, 매출액 타입에 대한 총액, 총 비용, 총 판매 수익, 판매 수익%를 예측할 수 있다. 연회 일지(Function Diary)는 이중 예약의 발생을 방지하고, 연회 일지를 이용하여 객실과 연회장의 복합사용도 자유자재로 만들어 낼 수 있다. BEO(Banquet Event Order-연회장 행사 주문)를 만드는 시간을 절약을 할 수 있으며, 한번 만든 BEO의 날짜 변경이나 이벤트 변경을 손쉽게 할 수 있다.

OPERA S&C는 OPERA PMS와 모든 구성 정보를 공유함으로써 작업 시간을 최소화 할 수 있으며, 새로운 고객 생성 및 예약 상황 변화에 의한 하나 또는 그 이상의 모든 활동 내역들이 자동적으로 생성이 되어 관련된 직원들이 공유하여 해당 고객 및 영업 직원의 모든 스케줄상의 활동을 볼 수 있다. 또한, 전체 호텔 객실 가용성(House Availability)으로부터 판매 및 사용 가능한 객실을 직접 추가 또는 감소시킬 수 있으며, 객실과 연회실, 회의실을 하나의 데이터로 저장해 영업부서와 PMS사용자가 손쉽게 통합된 자료를 볼 수 있게 한다.

OPERA MC(Materials Control)은 호텔, 레스토랑, 유람선, 창고, 항공 산업을 위해 완벽하게 통합된 기업 자재 관리 솔루션이다. OPERA 솔루션의 한 부분으로서, MC는 사용 되고 있는 모든 등급의 제품에 관한 정확한 최신의 정보를 제공한다.

자동화된 명령 처리와 다양한 시장에 대한 분석은 사용자가 정보를 통합하고, 제품 가격들을 비교하고, 구입을 효율적으로 최대한 활용하게 해준다. 다양한 평가 방식의 끊임없는 재고 관리, 컴퓨터로 제어되고 웹에 기초한 문서 통제, 주요 공급자에게 제품에 대한 정보를 연결하는 기술, 융통성 있는 보고서 분석 등 OPERA MC는 자재 관리를 좀 더 효율적으로 할 수 있게 하는 솔루션이다. 호텔뿐만이 아니라 일반 레스토랑에서도 MICROS 3700, 9700, Simphony와 함께 MC를 이용한 자재 자동 통합 관리를 할 수 있다. <보기 1-7>은 OPERA MC의 화면 예제이다.

ORMS(OPERA Revenue Management System)는 호텔 운영에 이익을 제공해 주는 RMS(Revenue Management System)이며, 이 시스템의 목적은 공급할 수 있는 객실과 시장의 예상 수요로 순수 이익을 최대화하는 솔루션이다.

〈보기 1-7〉 OPERA MC 화면

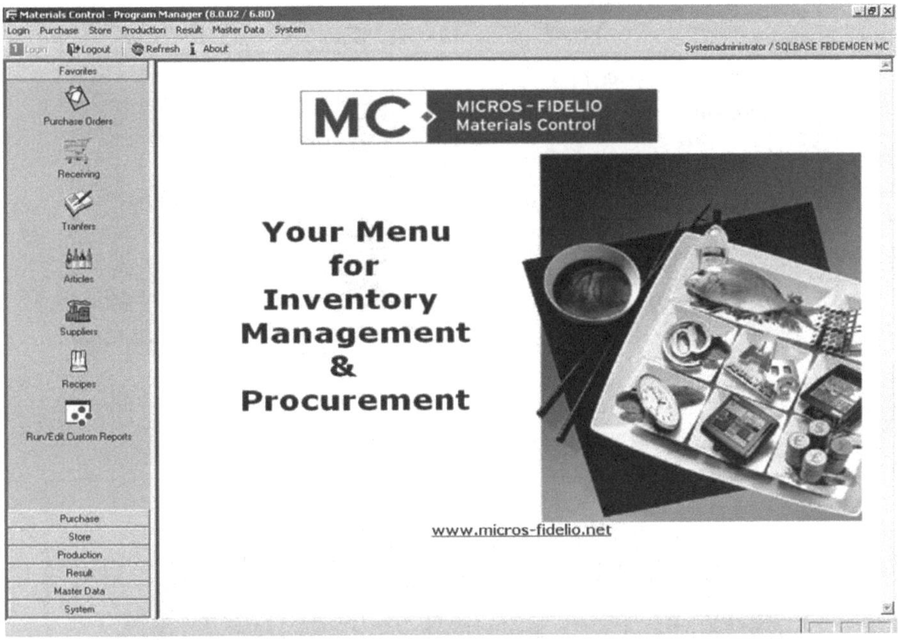

ORMS는 호텔에서 개인 고객에 대한 예측과 최적화를 제공하고, 그룹에 대해서는 분석 도구로 제공되는 솔루션이다. 개인 고객 예측이란 미래의 날을 날짜와 숙박 기간, 가격과 전체적인 수요를 통하여 예상하는 것을 말한다. 개인 고객의 최적화된 가격과 숙박하는 기간으로 고객들을 관리하며, 실시간적 수요와 전체적 수요에서 가장 최적화된 가격을 설정함으로써 개인 고객으로 최대의 이익을 볼 수 있다. 최적화란 전체적인 수요를 보고 제한함으로써 가장 효율적이고 최적화된 매출을 택하게 하는 것이다. 그룹 분석은 호텔에게 지속적인 측량 방법으로 그룹 비즈니스의 수익성을 제공한다. <보

기 1-8>은 ORMS 예제 화면이다.

호텔은 5%~20% 증가된 소득을 경험하고 있으며, 이러한 이익들은 개인과 그룹 비즈니스를 통한 ORMS의 사용 결과이다.

〈보기 1-8〉 ORMS 화면

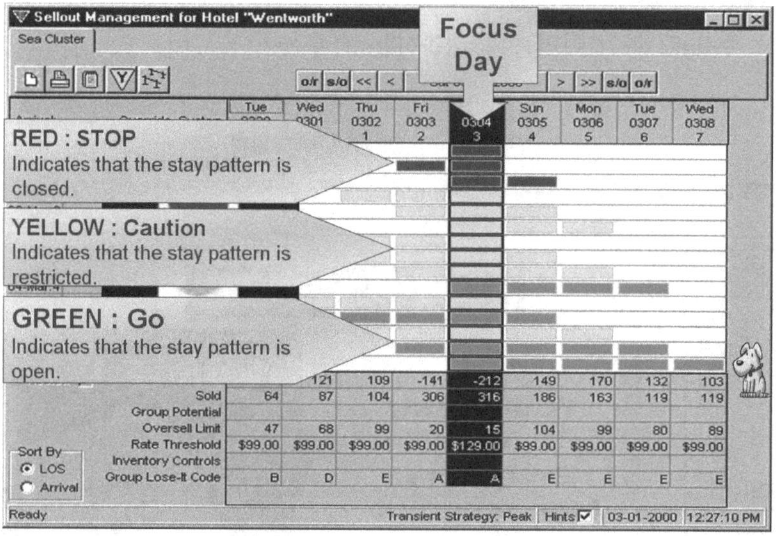

〈보기 1-9〉 OXI 화면

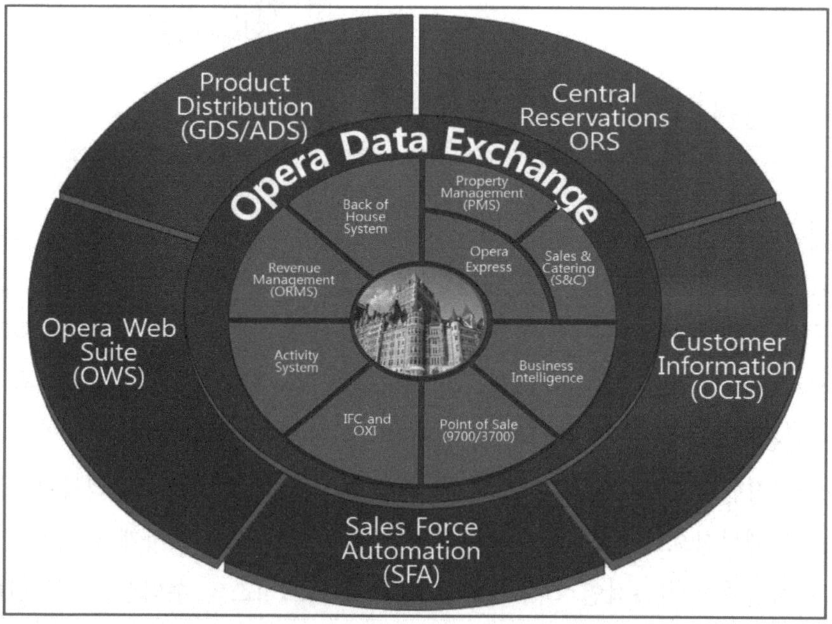

OXI(OPERA Exchange Interface)는 서로 시스템간의 정보 교환 및 3rd Party System과의 정보 교환을 위해서 만들어진 OPERA 제품 안에 존재하는 일종의 통신 중계 역할을 하는 소프트웨어이다. 예를 들면 <보기 1-9>와 같이 ORS와 OPMS, OCIS와 OPMS, OWS와 OPMS 간의 예약, 그룹, 요금관련 정보, 객실관련 정보(Overbooking & Out of Order), 프로파일(Company/Agent/Contact/Individual), 숙박 정보(Production), Preferences, 고객 코멘트, 멤버십 정보, 프로파일 Lookup, Sales Leads, Sales Booking, Activity, 사용자 정의 정보 등을 Two way 방식으로 정보를 교환한다. Property Layer와 Corporate Layer간의 정보 교환을 하기 위해서 사용하기도 하고, 3rd Party System인 GDS 혹은 ADS와의 Two way 정보 교환을 하기 위해서 사용된다. OXI에는 기존에 Micros 사에서 제공되는 OXI가 있고, 3rd Party System에서 제공하는 OXA(OPERA Exchange Adaptor)가 있다.

〈보기 1-10〉 VRSF 예시

Vendor Record Specification Form (example)

Vendor Name	: Example Technologies
Address	: The Software House Development Street 1 Bally Go Backwards
Contact Person	: John Mac Interface
Tel / Fax Number	: ++49 89 920 92163 ++49 89 920 92118
Email	: jmci@eis.com
Product Type	: Telephone Management System
Product Name	: EIS - Example Interface System
Target Beta Hotel	: The Lakeside Inn
Software Version/Release Number	: Version 1.34/Release 1.3.4.1
FIAS Version	: V1.11
Low Level Protocol	: Full duplex

I. General Transmission Layer

Conforms to the Micros-Fidelio interface specification

II. Field Types

II.1. Communication and link control

The **LS**, **LA** and **LE** record conform to the Micros-Fidelio interface specification.

The **LD** record would be:

```
LD|DA960502|TI153000|V#1.34|IFCA|
```

The **LR** record would be:

```
LR|RIGI|FLRNG#GNGLGVGGGS|
LR|RIGC|FLROG#RN|
LR|RIGO|FLRNG#|
LR|RIRE|FLRNMLDNRS|
LR|RIPS|FLRNPTDATIDDDUTAWSSOMAM#PC|
LR|RIPA|FLRNASDATIWSSO|
LR|RIWR|FLRNDATI|
LR|RIWC|FLRNDATI|
```

IFC(Interface Controller)는 3rd Party System과 OPMS 정보를 Two way로 교환하는 인터페이스 소프트웨어이며 일반적으로 호텔에서는 PBX용 CAS(Call Accounting System) &TMS(Telephone Management System), POS(Point of Sale), HSIA(High Speed Internet Access), Pay TV, BMS(Building Management System), KSS(Key Service System), EFT(Electronic Fund Transfer), VMS(Voice Mail System) 등을 호텔 등급 및 고객에 따라 선택 사용한다. 3rd Party Vendor가 Interface개발을 하기 위해서 제출하는VRSF(Vendor Record Specification Form)는 <보기 1-10>과 같으며, 한번 개발된 Interface Module은 전 세계 어디서든지 사용할 수가 있다.

OPERA Activity 소프트웨어는 SPA, Golf 등과 같이 호텔에 투숙 예정인 고객이 객실 예약을 하면서 SPA 또는 Golf와 같은 Activity 등을 동시에 같이 예약을 할 경우 SPA System 혹은 Golf System으로 다시 Log In해서 SPA 또는 Golf 예약을 받는 것이 아니라 OPMS 화면에서 Log Out을 하지 않고, 고객이 원하는 Activity들을 동시에 예약을 할 수 있는 기능이다. <보기 1-11>은 OPMS에서 Activity 예약을 동시에 받는 화면이다.

〈보기 1-11〉 Activity 예약 화면

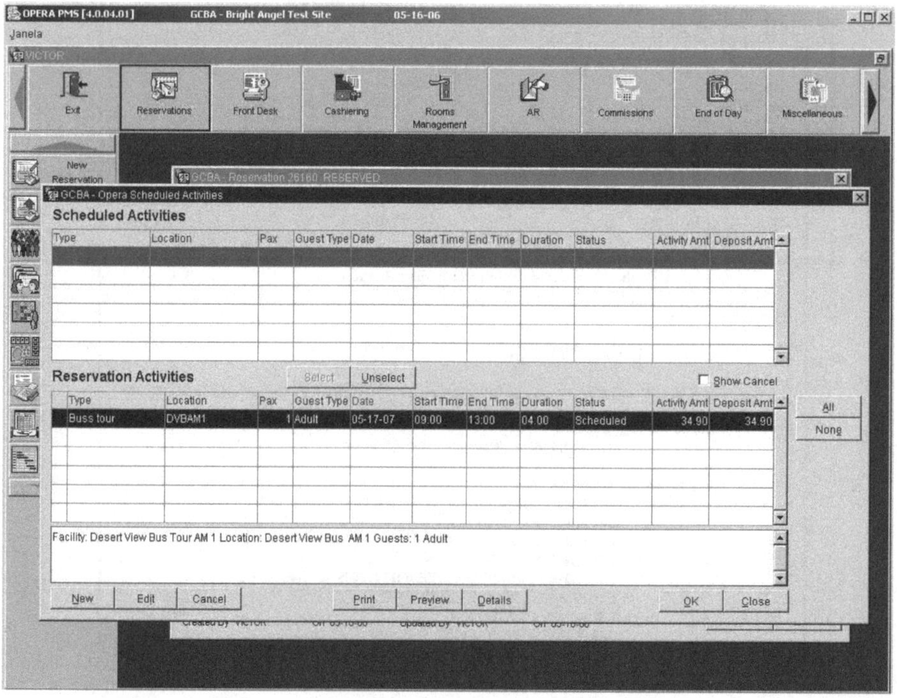

(2) RES(Restaurant Enterprise Series)3000

RES(Restaurant Enterprise Series)3000은 외식 산업에서 성공을 이끄는 강력한 도구를 제공한다. RES3000은 이미 전 세계 20,000개 이상의 레스토랑에서 선택되어 탁월한 성능을 입증하고 있다. RES3000은 3700POS(Point Of Sales), EO(Enterprise Office), Restaurant Operations Applications, Corporate Applications등 기능별로 모듈화되어 구성되어 있다. <보기 1-12>는 RES3000의 구성도이다.

3700POS는 사용자가 편리하고, 고객에게 만족을 제공하고, 경영진에게 비전을 제공하는 지능형의 POS 시스템이다. 뛰어난 기능과 터치 디자인으로 복잡한 주문과 조리 방법의 처리, 할인 적용, 세트 메뉴 구성, 영수증 분할 등 고객의 어떠한 요구도 편리하고 신속하게 처리한다. 직관적인 디자인으로 쉽게 배우고 사용할 수 있도록 사용자의 편리성에 중점을 두고 만들어진 시스템이다. <보기 1-13>은 일반적인 메뉴 화면 예제와 같이 테이블 상태를 한눈에 파악할 수 있는 테이블 레이아웃을 제공한다. 또한 다양한 보고서와 분석 자료를 제공하므로 경영진은 현재의 시간대 별, 메뉴 별, 매출 현황, 종업원 별 판매 현황을 즉시 파악하여 성공적인 비즈니스를 이끌 수 있다.

〈보기 1-12〉 RES3000 구성도

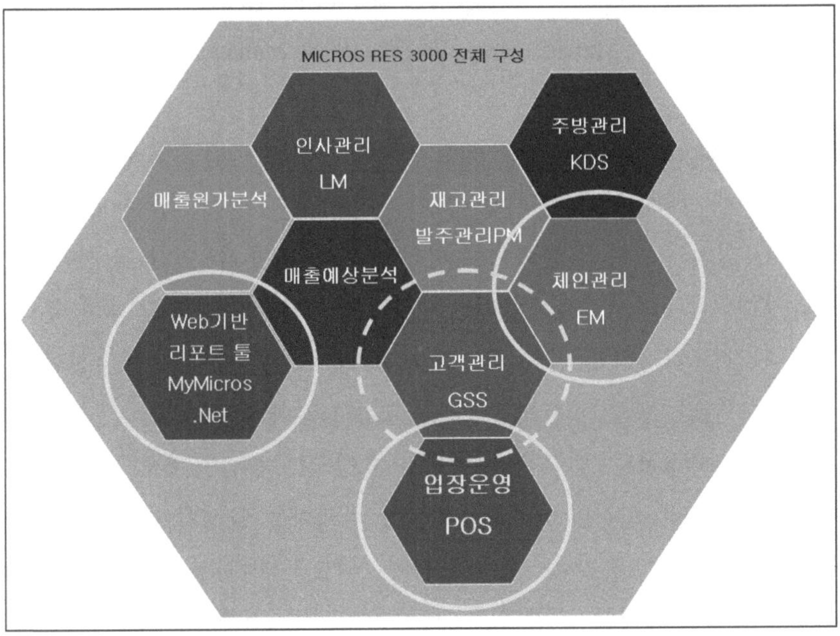

〈보기 1-13〉 3700POS 테이블 레이아웃

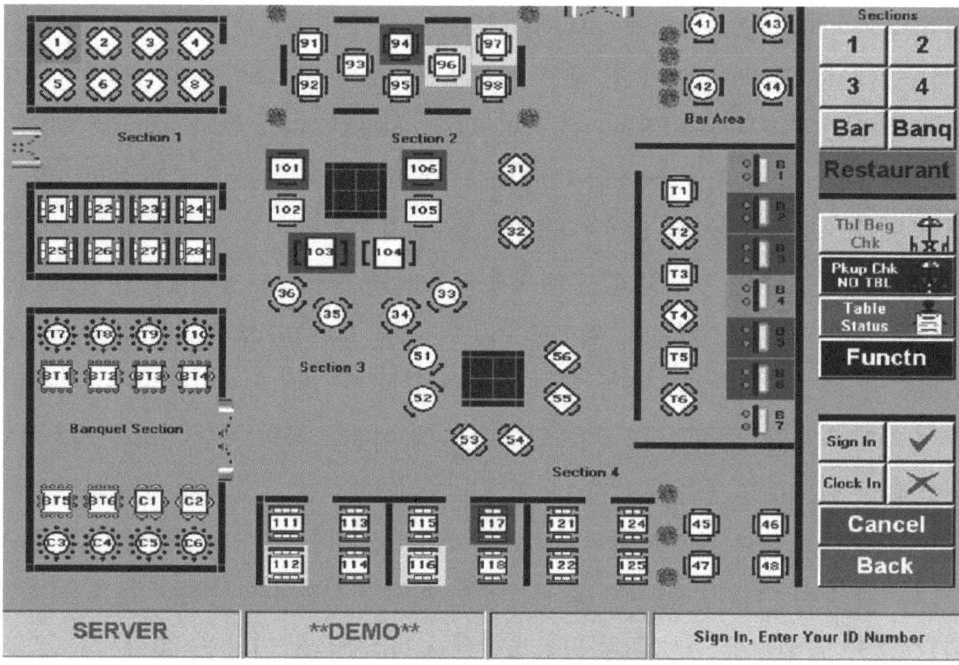

EO(Enterprise Office)는 RES3000의 관리 지원(Back of the House) 프로그램으로 LM(Labor Management), PM(Product Management), FM(Financial Management), 예상(Forecasting) 모듈로 구성된다.

PM(Product Management)은 실시간 재고, 주문 및 입고 관리를 지원함으로써 효과적인 원가 절감을 가능하게 한다. 실시간 재고 차이와 원가 분석, 메뉴 엔지니어링 보고서를 통한 메뉴 실적의 심층적 분석으로 향상된 관리를 할 수 있다. 실시간 재고 파악 기능과 월말 재고 실사 스케줄링 및 긴급 재고 관리 지원과 다양한 원가 분석 지원은 유연한 재고 관리를 가능하게 한다. PO(Purchase Order)를 영수증으로 전환하여 재고 레벨을 업데이트 한다. <보기 1-14>는 오더 요청서의 예제이다.

LM(Labor Management)은 반복적인 업무가 요청되는 종업원 관리 업무를 효과적으로 지원하여 인력 통제, 인건비 최소화, 생산성 극대화를 달성할 수 있도록 지원한다.

정상 근무와 야근 근무, 휴가 및 병가의 급여 처리, 3700 Time & Attendance와 자동으로 연계하여 급여를 처리한다. 종업원 개인 정보 관리, 자격증과 자기 계발을 지원하여 생산성을 극대화한다. 중요 인건비 요소에 대한 빠른 접근과 분석을 통해서 생산성

〈보기 1-14〉 오더 요청서

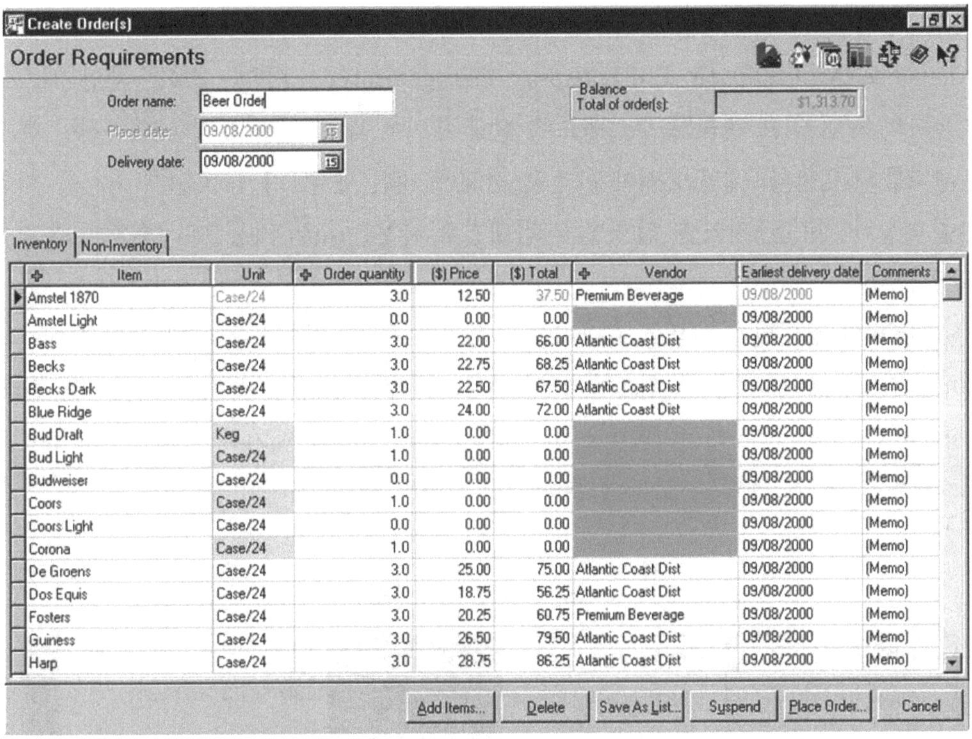

Item	Unit	Order quantity	($) Price	($) Total	Vendor	Earliest delivery date	Comments
Amstel 1870	Case/24	3.0	12.50	37.50	Premium Beverage	09/08/2000	(Memo)
Amstel Light	Case/24	0.0	0.00	0.00		09/08/2000	(Memo)
Bass	Case/24	3.0	22.00	66.00	Atlantic Coast Dist	09/08/2000	(Memo)
Becks	Case/24	3.0	22.75	68.25	Atlantic Coast Dist	09/08/2000	(Memo)
Becks Dark	Case/24	3.0	22.50	67.50	Atlantic Coast Dist	09/08/2000	(Memo)
Blue Ridge	Case/24	3.0	24.00	72.00	Atlantic Coast Dist	09/08/2000	(Memo)
Bud Draft	Keg	1.0	0.00	0.00		09/08/2000	(Memo)
Bud Light	Case/24	1.0	0.00	0.00		09/08/2000	(Memo)
Budweiser	Case/24	0.0	0.00	0.00		09/08/2000	(Memo)
Coors	Case/24	1.0	0.00	0.00		09/08/2000	(Memo)
Coors Light	Case/24	0.0	0.00	0.00		09/08/2000	(Memo)
Corona	Case/24	1.0	0.00	0.00		09/08/2000	(Memo)
De Groens	Case/24	3.0	25.00	75.00	Atlantic Coast Dist	09/08/2000	(Memo)
Dos Equis	Case/24	3.0	18.75	56.25	Atlantic Coast Dist	09/08/2000	(Memo)
Fosters	Case/24	3.0	20.25	60.75	Premium Beverage	09/08/2000	(Memo)
Guiness	Case/24	3.0	26.50	79.50	Atlantic Coast Dist	09/08/2000	(Memo)
Harp	Case/24	3.0	28.75	86.25	Atlantic Coast Dist	09/08/2000	(Memo)

향상 및 종업원의 직무 형태에 따른 원가 계산, 직무 별 직원 원가 계산을 함과 동시에 적정한 수준의 스케줄링을 함으로 인하여 인건비를 최소화할 수 있게 한다.

FM(Financial Management)을 통하여 RES의 3700POS, PM, LM의 실시간 데이터에 편리하게 접근하여 최신의 비즈니스 정보 분석, 다른 프로그램으로부터의 데이터 통합, 표준화된 재무 보고서 생성, 예산과 그에 따른 목표 달성률과 실제 재무 데이터의 분석을 용이하게 한다.

Forecasting(예상)은 과거 실적 자료를 통해 매출 동향과 계절 주기를 분석하여 향후 스케줄링을 위한 매출 예상치를 제공한다.

Restaurant Operations Applications에는 KDS(Kitchen Display System)와 GSS(Guest Service Solution)가 있다.

KDS(Kitchen Display System)는 주문 현황을 모니터를 통해 주방에서 조리를 어떻게 해야 하는지를 파악하게 해준다. <보기 1-15>는 KDS의 화면 예제이다.

스프레드시트 스타일의 분석 도구인 Transaction Analyzer는 원하는 분석 방법으로 다양한 방법의 분석 수단을 제공한다.

Corporate Applications는 EM(Enterprise Management)을 말한다. EM은 체인 레스토랑 본사의 체인 점포 관리 프로그램으로 전체 체인에 대한 일관성 있고 효과적인 통제 및 관리를 지원한다. 체인 본사에서 전체 점포에 대한 메뉴, 가격, 보고서 업무를 지원하며, 메뉴나 가격은 지역별, 날짜별, 시간대별로 시차를 두어 자동으로 변경 및 유지할 수 있다.

3700POS의 정의된 테이블을 효과적으로 관리를 할 수 있도록 본사에서 원격 데이터베이스 컨트롤을 통하여 각 점포에 운영 기준, 가격/메뉴 변경 등을 빠르게 적용한다. 본사에서 각각의 점포 데이터베이스를 관리해 중복 업무를 제거하고 일관성을 확보한다. <보기 1-16>은 모든 점포를 한눈에 볼 수 있는 화면 예제이다.

〈보기 1-15〉 KDS 화면

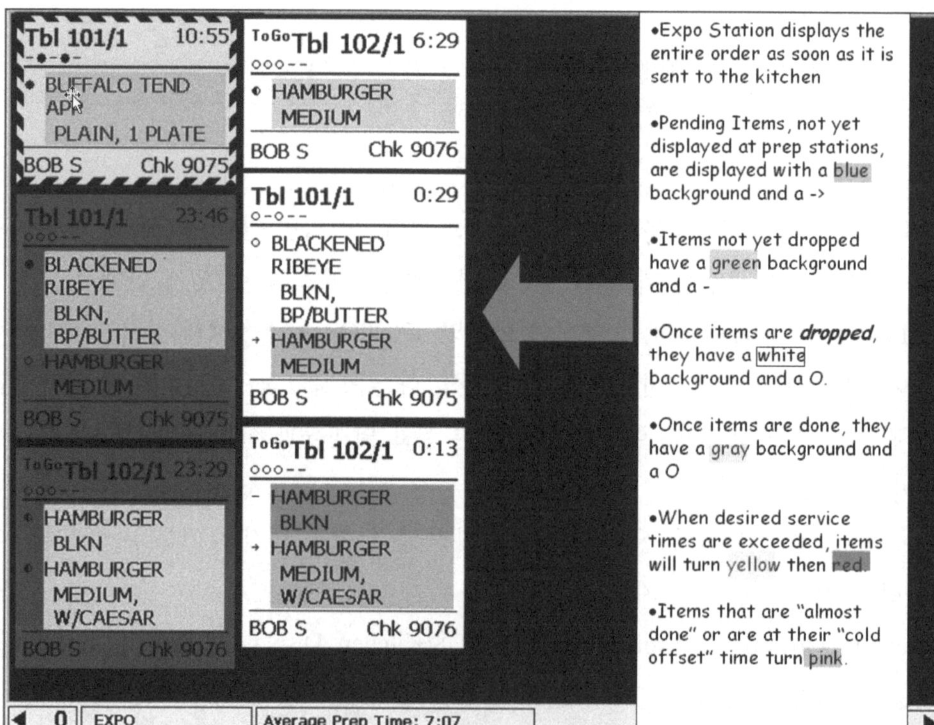

〈보기 1-16〉 EM 화면

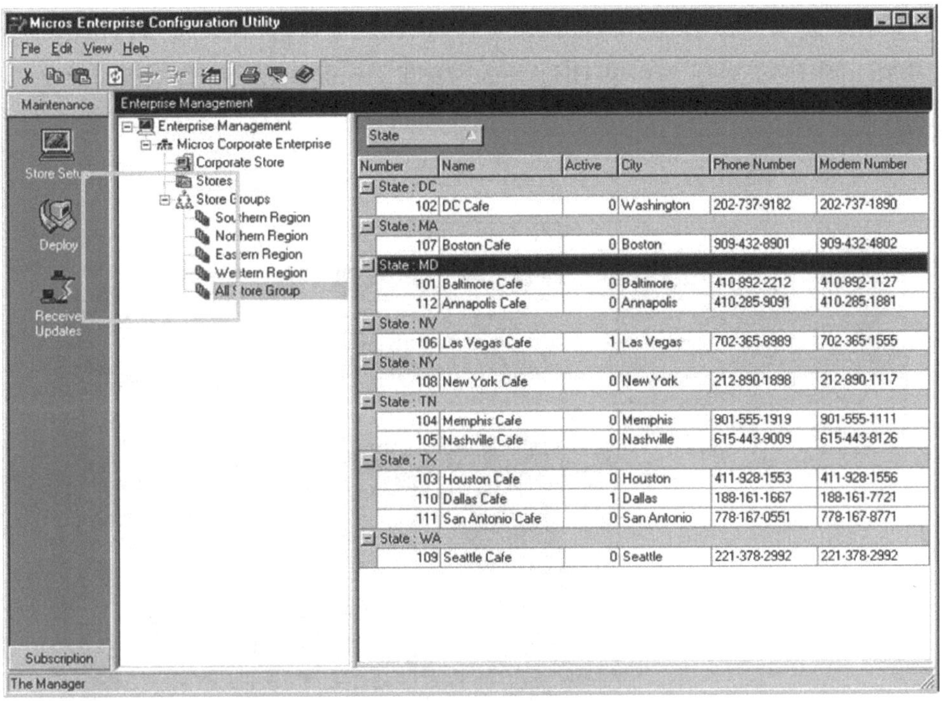

(3) LES(Leisure and Entertainment Series)

LES(Leisure and Entertainment Series)는 윈도우 운영체제를 기반으로 하여 레스토랑, 바, 룸서비스, 헬스클럽, 컨벤션 등 복합적인 업장을 운영하는 대형 호텔, 리조트, 카지노, 유람선에 가장 이상적인 대형 POS 시스템이다. <보기 1-17>은 POS 화면이다.

LES9700은 대형 시스템 구축을 위하여 단일 시스템으로 325대까지 연결할 수 있으며, 유무선 PC POS, PDA, 윈도우 CE를 기반으로 한 WS5 등 다양한 기종을 지원한다. 강력한 인터페이스를 통하여 어떠한 다른 시스템과도 유연하게 연동된다. 마이크로스가 제공하는 Double Take를 통하여 서버의 장애 발생 시에도 백업 서버가 작동하여 중단 없는 운영을 지원한다. Remote Management Console을 통하여 관리자가 POS의 구성(Configuration)상에서 처리하는 가격/메뉴의 조정, 보고서 조회 등을 POS 서버뿐만 아니라 일반 PC에서도 처리할 수 있다. 각 메뉴 별로 가격의 유효 기간 설정이 가능하므로 방대한 메뉴 데이터베이스의 관리가 매우 편리하다. 주문을 미리 입력을 하면 정해진 시간에 주방에 조리를 하게 하는 Auto-Fire, 다른 업장에서도 통합 계산이나 다른 업장의 매출에 대한 계산이 가능한 Revenue Center Transfer, 영수증의 분할이 편리한 Touch Share/Split, 야외 업장에서도 편리하게 POS를 사용할 수 있는 Stand Alone Mode, 무선을 이용한 POS 대용 장비인 HHT(Hand Held Terminal) 기능 등 다양하고 풍부한 기능을 제공한다.

〈보기 1-17〉 POS 화면

NetVuPoint를 이용하여 다양한 기본 분석 보고서뿐만 아니라 SQL로 원하는 기간에 대해 다양한 분류로 보고서와 차트를 생성하여 분석할 수 있다. NetVuPoint는 myMicros.net 스타일의 보고서 도구이며, 보고서의 다양한 Export Format을 지원한다.

기능으로는 거래 내역, Check 이미지, PDA를 통해 저장된 고객 영수증의 서명 등을 조회 및 출력을 할 수 있는 DataViewer가 있다. 시스템 문제, 매출 정보 사항과 보고서의 이메일 자동 전송 기능을 수행하는 Alert 기능이 있다. <보기 1-18>은 DataViewer의 Check 이미지화면 예제이다.

〈보기 1-18〉 DataViewer의 Check 이미지화면

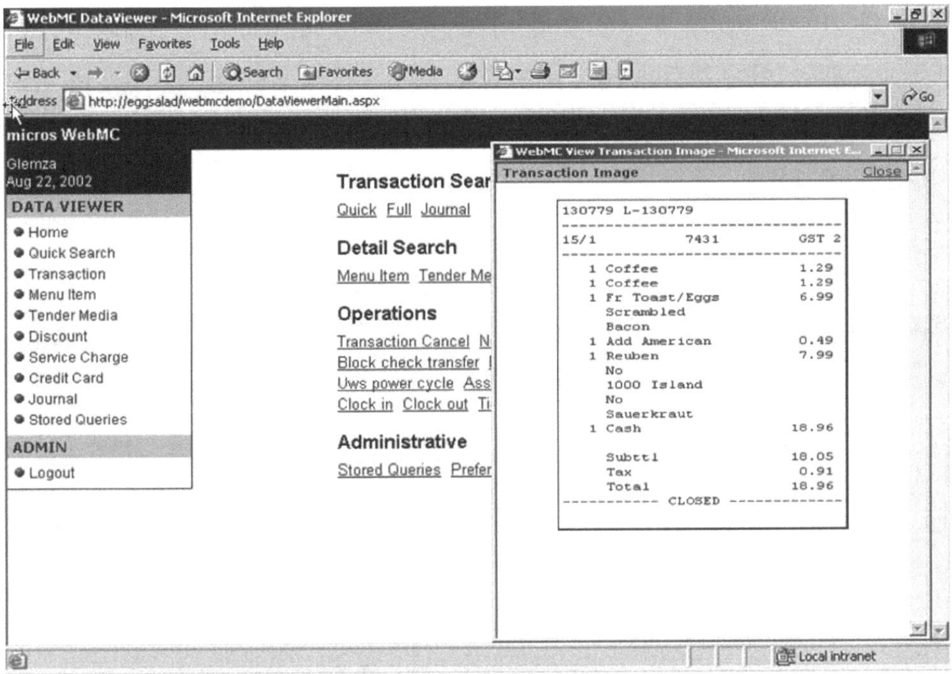

Cloud로 구성이 가능하고, SOA(Service Oriented Architecture)를 사용하는 Simphony가 TSR(Table Service Restaurant)에서 사용되고 있다. 2012년에는 미국과 캐나다의 7,500개 스타벅스 매장에 약 20,000개의 POS 단말기에서 하루 5백만 건의 Transaction을 발생하는 Cloud기반의 Simphony 소프트웨어가 설치가 되었으며, 설치하는데 각 매장에 직원이 파견이 되어서 설치를 하는 것이 아닌 원격으로 설치를 하면서 주당 700개 매장을 설치하였다.

영국의 DeVere Hotels & Resorts는 50개 호텔에서 500개의 POS 단말기를 사용하는데, 각각의 호텔에 설치된 서버를 제거하고 독일의 프랑크푸르트의 데이터센터를 이용하는 방법으로 전환을 하였다.

이처럼 Simphony는 Cloud로도 사용을 할 수도 있고, 대형 체인 호텔에서 호텔마다 서버를 설치하지 않고, 데이터센터에 서버를 설치해서 관리를 할 수 있도록 하는 POS 소프트웨어이다. 특히 호텔의 규모가 작은 체인은 중앙에 Simphony를 설치해서 Multi로 사용할 수 있도록 하여, 비용을 최소화 할 수 있는 장점이 있다.

myMicros.net은 3700, 9700, Simphony 등 어떠한 POS 솔루션과도 함께 사용을 할 수 있는 웹 기반의 보고서 도구로 언제 어디서든 인터넷에 접속하여 현재의 비즈니스 현황을 파악할 수 있게 해준다. 다양한 차트를 통하여 각 지점별 실적을 손쉽게 비교할 수 있으며, 경제적인 ASP(Application Service Provider) 모델이다. <보기 1-19>는 개인화 한 화면 예제이다.

〈보기 1-19〉 개인화된 myMicros.net 화면

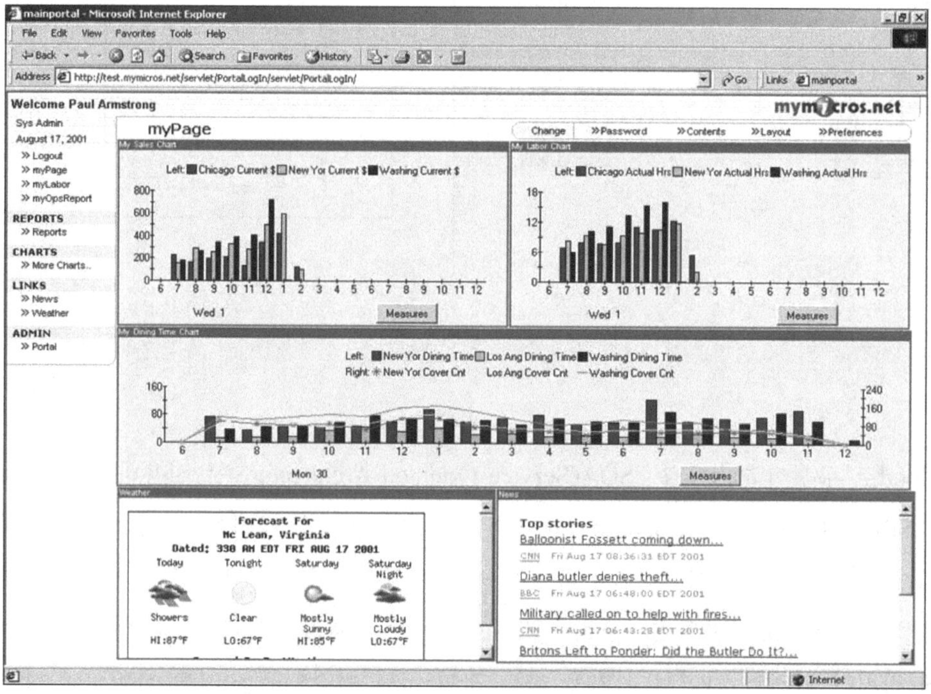

myMicros.net은 기업 정보 포털로 고객이 원하는 형태로 언제, 어디서든, 어떤 활용 도구를 사용해서라도 자신들의 인터넷 포털에 접속을 해서 비즈니스 현황을 정확하게 실시간으로 파악을 할 수 있게 한다.

다양한 정보의 지원과 과거 자료를 보관 및 유지하므로 운영 데이터 웨어하우스라고도 할 수 있다. 판매, 직원 현황, 서비스 속도와 다른 운영 정보를 언제든지 점포별로 검색하고 경영할 수 있도록 한다. 정보의 제공으로는 그래픽으로 제공되어 쉽게 분석할 수 있게 해주며 POS화면이나 PC에서도 정보 분석을 할 수 있다. 판매 보고서는 재

무 상태와 이익과 손해에 대한 보고서를 일, 주, 월 별 보고서를 제공하며, 직원의 근무 현황까지도 보고서로 제공된다.

myMicros.net의 Communication이란 인터넷을 통한 솔루션으로 통신비용을 절감할 수 있고 DSL(Digital Subscriber Line)/WAN(Wide Area Network)/Dial Up/Satellite 등 다양한 통신 수단을 사용할 수 있으며, 자동 백업 접속이 가능하다.

웹을 기반으로 한 운영 도구로서 쉽게 설치 및 운영이 가능하다. 자동 재접속 기능으로 인하여 정보 및 자료의 신뢰성이 보장되며, 모든 통신 방식은 128비트로 암호화되어 있어 정보의 보안성이 뛰어나다.

myMicros.net의 Consolidation은 다양한 POS 시스템을 사용하고 있는 여러 개의 점포로부터 정보를 수집하여 통합할 수 있도록 한다. 서로 다른 정보를 사용 가능한 정보로 통합하는 기능이 뛰어나다.

myMicros.net의 Intelligence는 판매 실적을 실시간으로 파악하고 분석할 수 있도록 해 준다. <보기 1-20>은 myMicros.net의 기능도이며, <보기 1-21>은 myMicros.net의 정보 흐름도이다.

〈보기 1-20〉 myMicros.net의 기능도

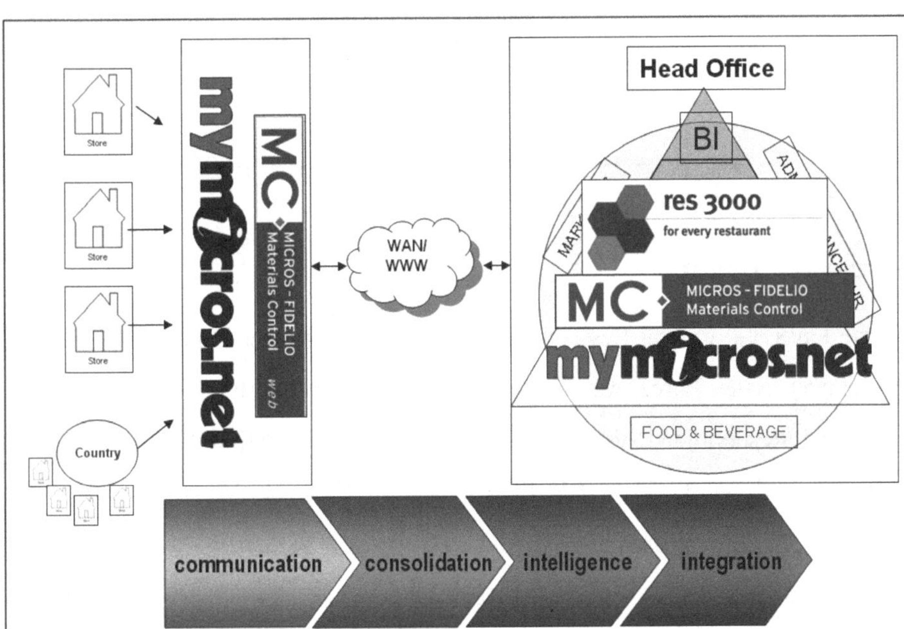

myMicros.net의 Integration은 전 세계 어디에서라도 자료의 검색 및 통합, 각각의 Check에 대한 정보 및 그룹 판매에 대한 정보까지 통합해서 분석할 수 있도록 해준다. 지역 별, 시간 별 매출 현황에 대한 분석이 가능하며, 각각의 점포부터 지역 점포에 이르기까지 실시간 자료의 통합을 가능하게 한다.

〈보기 1-21〉 myMicros.net의 정보 흐름도

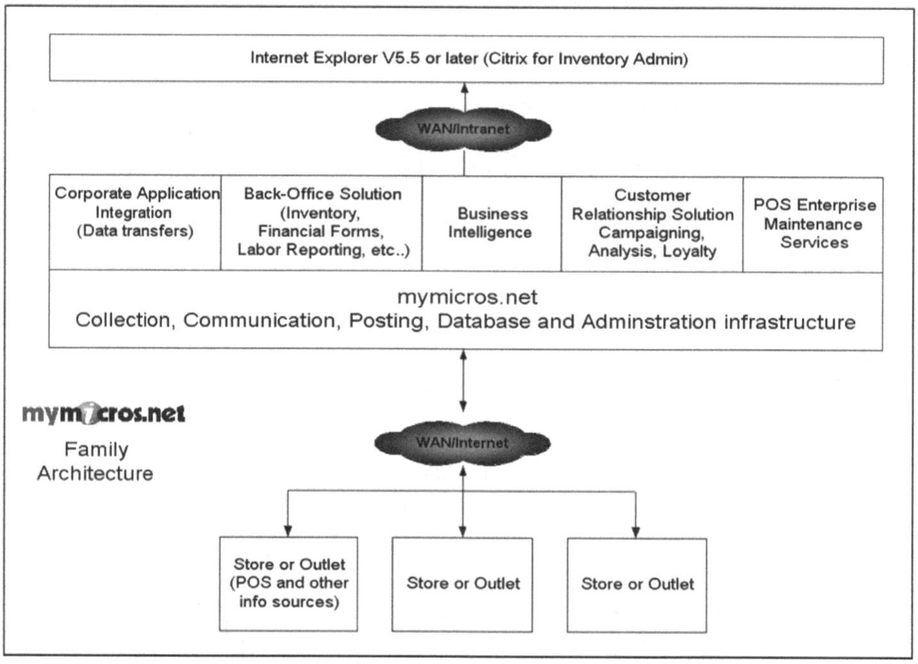

Corporate Layer

Corporate Layer에는 Central Reservation System(CRS), Customer Information System(CIS), Web Suite(WS), Sales Force Automation(SFA), Business Intelligence(BI)가 있다.

CRS(Central Reservation System)와 CIS(Customer Information System)는 개개인의 예약에서부터 연회, 단체 예약, 요금 변경 관리, 전략과 분석, 보고서에 이르기까지 모든 기능을 하나의 화면 안에서 수행함으로 사용이 쉽고 효과적인 솔루션이다. 예약 수행 시에 해당 호텔에 관한 가장 최근의 요금 변경, 위치, 사용 가능한 통화 등에 관한 모든 것을 찾아볼 수 있다.

CIS는 일반 기업에서 사용을 하는 CRM(Customer Relationship Management)과 같은 개념으로 호텔에 관련된 개인 고객, 여행사, 회사 정보, 기타 모든 자료에 관한 정보를 수집, 관리하는 특별 프로그램이다. CIS는 통합 정보 데이터베이스와 각 체인 호텔 사이에서 호텔 내부의 고객 기록이 실시간 자동으로 정보 교환이 이루어지도록 한다. 따라서 호텔은 서비스 개선과 수익 증대 및 보다 효과적인 마케팅을 위한 빠르고 정확한 정보를 가질 수 있다.

회사, 여행사, 개인, 그룹, 소스에 대한 모든 정보가 중앙의 CIS에서 관리가 됨으로 인해서 모든 정보의 통합성과 획일성을 유지할 수 있다. 예를 들면, CIS에 기록된 고객의 정보는 고유의 번호를 갖고 있으며, 고객의 모든 정보는 이 고유 번호에 의해서 각각의 호텔에 제공되고, 모든 호텔이 한 번의 기록으로 같이 사용할 수 있게 한다. 같은 성명의 고객일지라도 고유의 번호가 부여됨으로 인해서 전 세계 어떤 호텔에 예약을 하더라도 같은 서비스와 같은 가격의 객실 요금을 받을 수 있도록 설계되었다.

객실을 사용한 고객이 Check Out후에는 객실에 머문 날짜와 객실 매출, 식·음료 매출, 전체 매출과 취소 건수 및 예약만 하고 Check In하지 않은 건수 등 모든 자료가 중앙 CIS에서 관리를 하게 되어있다. 이런 모든 자료를 통합한 관리를 함으로 인하여 객실 요금의 중앙 관리, 고객 자료의 중앙 관리, 멤버십 중앙 관리가 CIS를 통해서 가능하게 되었다.

Micros가 제안하는 Corporate Layer는 호텔 그룹과 호텔 체인을 위한 예약 관리 소프트웨어인 OPERA Central Reservation System(ORS), 고객 정보와 로열티 프로그램을 관리할 수 있는 소프트웨어인 OPERA Customer Information System(OCIS), OPERA PMS로 인터넷 예약을 가능하게 해주는 소프트웨어인 OPERA Web Suite(OWS), 체인 호텔의 나라 & 지역 별 영업 팀을 위한 진행, 회의 관련 정보, 계약 체결 및 기타 지원 사항들을 관리할 수 있는 소프트웨어인 Sales Force Automation(SFA), 재정 및 운영 분석을 제공해주는 소프트웨어인 OPERA Business Intelligence(OBI), 각 호텔들과 예약, 고객 정보, 신규/변경 요금 및 패키지 상품, 호텔 시설, 객실료 변동 제한, 객실료 할인/최고 적정 금액(BAR), 정책 변경, 각종 메시지 등을 관리해 주는 OXI-HUB가 있으며, Micros 제품의 Corporate Layer는 <보기 1-22>와 같다.

〈보기 1-22〉 Corporate Layer

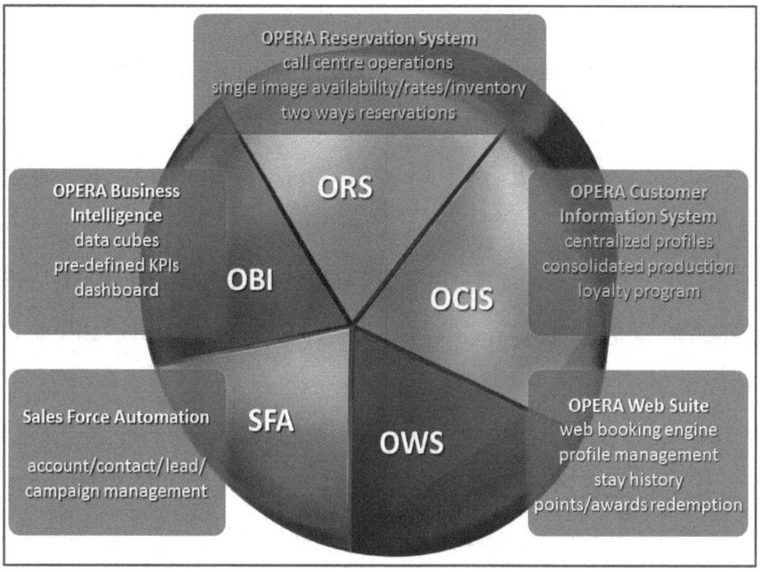

(1) OPERA Central Reservation System(ORS)

ORS는 OPERA Customer Information System(OCIS)에 통합되어 있는 소프트웨어로서, 모든 규모의 호텔이나 사무실에서 사용자가 손쉽게 중앙 예약 환경을 구성할 수 있는 시스템이다. ORS의 특징은 사용자가 익숙한 윈도우 환경에서 예약이 가능하고, 고객과 소통하면서 간단한 마우스 선택으로 예약을 할 수 있다는 것이다. 이러한 ORS는 고객의 예약 거래 체계의 패러다임의 변화를 가져왔다. 즉, 단순 예약 업무에만 초점을 맞추는 것이 아니라 고객의 입장에서 업무를 진행함으로 인해서 고객 서비스 만족과 예약 요금 체계의 극대화를 꾀할 수 있다.

이러한 특징이 반영된 ORS의 기능과 장점은 다음과 같으며, 화면은 <보기 1-23>과 같다.

■ **예약**

- 개인, 그룹, 공유, 다중 예약과 다중-요금 예약
- 예약에 Share하는 사람이 있을 경우, Share Flag로 화면에 표시
- 다중 예약에서 추가, 수정, & 예약 취소 가능
- 표준 요금, 할인 요금, 패키지, 그룹 요금(프로그램 화면상에서 모두 가능)

〈보기 1-23〉 ORS 화면

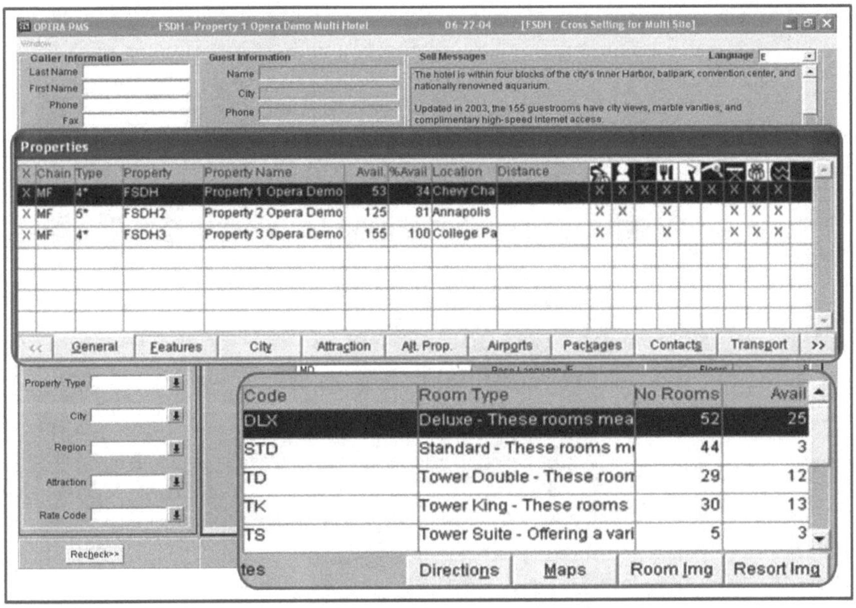

- 복수 통화 환율 표시
- 예약과 직원에게 현재 판매 가능한 상품 알림
- 온라인 자동 up-sell 메시지
- 지도 및 인근 호텔 검색
- 호텔 정보 - 사진, 지도, 요금, 객실 타입 리스트, 근처 명소 등
- 사용자가 생성한 룸 타입과 Rate Code를 무제한 지정
- 사용자가 Rate Code로 사용 가능한 제품 정의
- 무제한 요금 가용성 전략 및 제한
- 대기자 기능, 자동 대기자 리스트
- 일일 요금, 일차 및 이차적 요금 설정 가능
- 예약 작업 항목에 대한 쿼리 시스템

ORS Cross Selling 화면은 <보기 1-24>와 같다.

■ 고객 프로파일

- 고객, 그룹, 기업, 여행사를 포함한 기본 프로필과 정의 가능한 기타 사용자에 대한 프로필 추가 가능
- 각 프로필에 여러 개의 주소 사용 가능

〈보기 1-24〉 ORS 화면

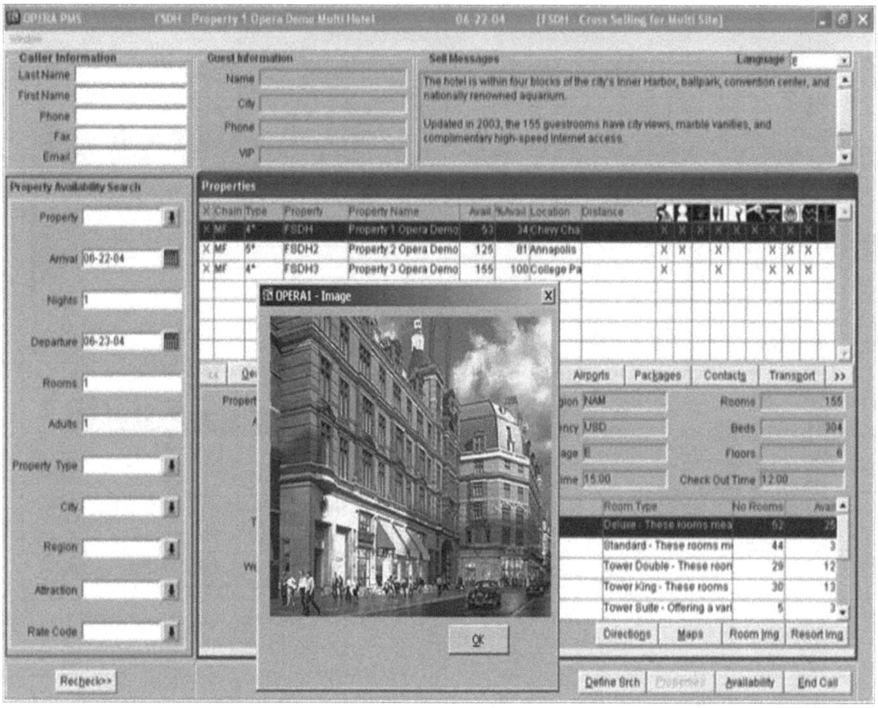

- 고객 ID번호 자동 또는 수동으로 생성
- 객실 타입 등 상품에 대한 프로필 설정 가능
- 결재, 예약 확정, 프론트, 관리자 및 예약 정보에 대하여 코멘트 추가
- 프로필 일치와 통합
- 객실 지정 시 고객의 선호도를 기본 값으로 사용
- 예약 한도 재설정 가능
- 여행사를 통한 특별 고객 표시
- 멤버십 검색
- 자동 가격 설정 창에 다중 가격 코드 설정
- 추가 혜택을 위하여 프로필 속성별 정리
- 무제한 신용카드 번호
- 통계 내역, 예를 들어 이전 예약 기록들
- 과거 숙박 통계와 미래의 예약 확인 가능
- 코멘트의 제한이 없음

■ **그룹 지정/분배 관리**

- 그룹 객실 제어: 예약 가능한 객실 생성, 찾기, 보기, 수정, Block Header를 만들어 새로운 예약을 위한 기본 값 제공
- 마감 날짜 또는 요일과 함께 객실 지정
- Elastic 객실은 그룹 지정을 초과한 일반 객실로 판매 되어지는 것을 제한함
- 투어 시리즈
- 성수기 전/후의 요금을 다르게 정의할 수 있음

(2) OPERA Customer Information System(OCIS)

OPERA Enterprise System의 기반인 OCIS는 고객과의 관계 관리와 기업과 그룹, 여행사 및 개인 고객의 전략적으로 활용 가능한 데이터를 수집, 관리, 정리 및 저장을 위한 의사 결정 지원 시스템이다. OCIS는 많은 양의 중요한 데이터(고객 로열티 프로그램 관리, 요금 책정, Lead Tracking)를 활용할 수 있도록 중앙 통제 기능을 제공하고, 체인 호텔 조직 내 모든 단체 시스템을 연결하여 온라인 조회 기능 및 데이터베이스에 접속 할 수 있는 웹 기능을 사용할 수 있다.

변경 및 사용자 정의, 다중 계층 회원 기능도 OCIS에서 제공되며 OPMS로부터 받은 숙박 정보를 통하여 고객 이력이 산정되게 된다. OCIS 고객 상세 이력 화면은 <보기 1-25>와 같다.

OCIS주요 기능과 장점은 다음과 같다.

■ **중앙 프로필 관리**

- 동일한 표준 속성
- 사용자 정의 속성
- 프로파일 업데이트를 위한 접속
- 고객 선호도와 코멘트 공유
- 프로파일이 중복으로 입력되지 않도록 관리
- 프로파일 검색 및 통합
- 삭제된 데이터 관리
- 한번 입력된 프로파일은 다른 호텔에서도 검색 가능(단, 호텔이 MICROS 제품을 사용해야 함)
- 호텔에서 OPMS를 구동 시키면, 모든 호텔에서 고객이 머무르고 있는 호텔의 CIS 기록과 과거 숙박 정보 검색 가능

〈보기 1-25〉 OCIS Guest Detail History 화면

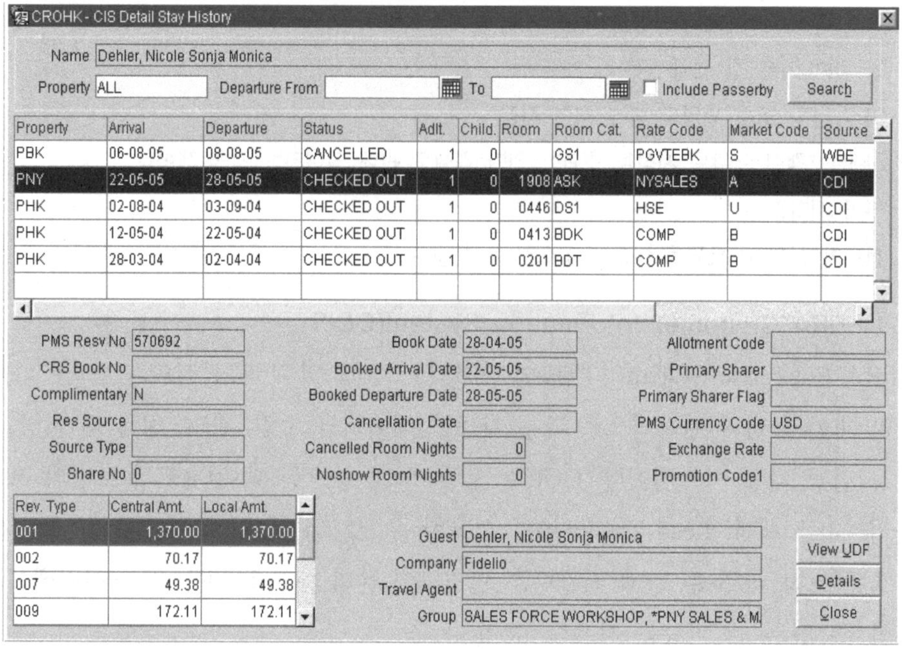

■ **중앙 상품 검색**

- 중앙 프로파일(고객, 여행사, 기업)에 대한 기록 보유
- 마스터 및 하위 계정에 대한 통계를 Roll-up 할 수 있는 기능
- 이중 통화 형식
- 이전 환율 내역
- 표준 가격 공지
- 자동으로 기업 ID 생성
- 기업 계약 금액 안내(정보 목적을 위함임)
- OPMS에 가격 데이터를 저장하고 2 Way 인터페이스를 통해 중앙에서 가격 확인 가능하도록 함
- 프로파일에 할인이 적용된 가격 정보 저장하여 각 호텔에서 검색 가능

<보기 1-26>은 개인 고객 프로파일 화면이다.

〈보기 1-26〉 Individual Profile 화면

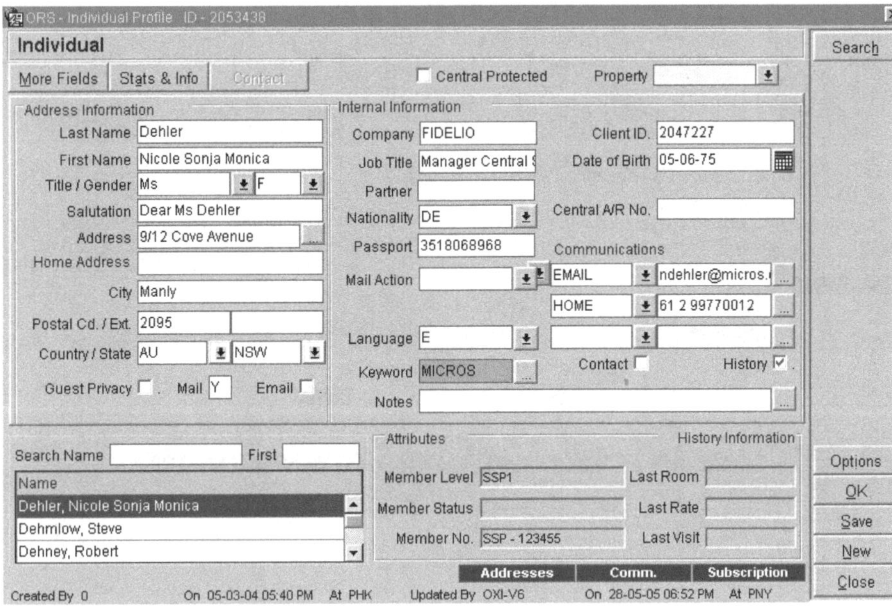

■ **중앙 멤버십 프로그램 지원**

- 다중 계층 회원 프로그램
- 자동으로 회원 특성에 따른 분류 가능(업그레이드 및 다운그레이드)
- 포인트 기반 회원 혜택 제공
- 숙박, 수익, 투숙 일에 따른 포인트 적립
- 자동으로 멤버십 갱신 및 혜택 제공 검색
- 멤버 혜택은 역년 또는 Rolling Year로 지원
- 고객 우대 시스템을 각각의 호텔 PMS에서 실행시키는 것을 대신하여 하나의 중앙 지역에서 관리

(3) OPERA Channel Management

OPERA Channel Management는 변경 요금 설정부터 각각의 채널과 특정한 기능을 수행하는 것까지 GDS(Global Distribution Systems) 또는 ADS(Alternative Distribution Systems)에서 필요한 모든 정보를 설정할 수 있는 "원 스톱 상점"이라고 할 수 있다. 다른 연결 조건에 맞게 조정이 가능한 유연성으로 모든 크기의 호텔 혹은 호텔 체인의 요구를 맞춰 나갈 수 있게 설계된 기능이며, GDS 혹은 ADS 채널을 통해 객실을 판매할 수 있는 쉬운 방법을 PMS 혹은 ORS시스템 환경에 제공한다. <보기 1-27>은 채널 관리 화면이다.

〈보기 1-27〉 Channel Management 화면

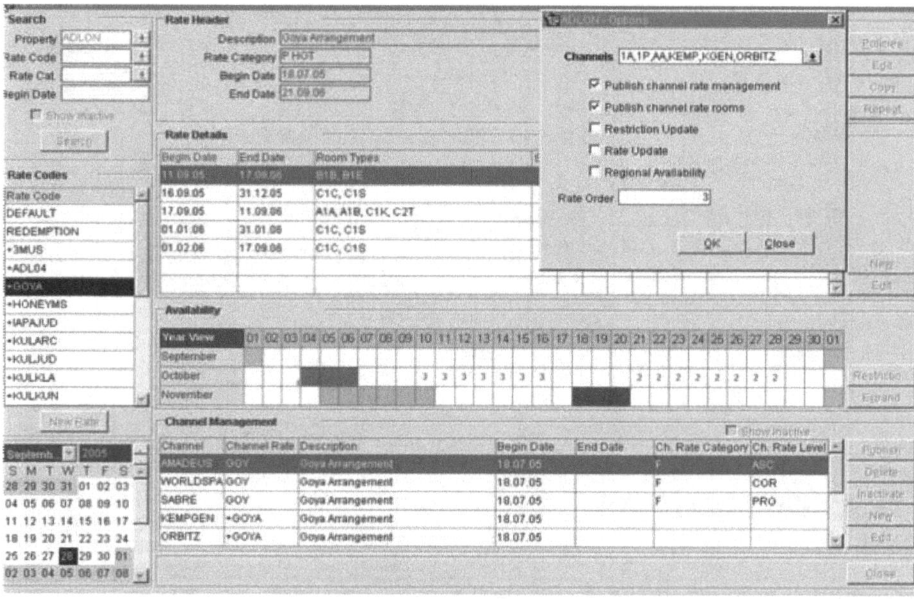

초기 설정을 최대한 빠르고 간단하게 하기 위해서 주요 GDS의 호스트와 스위치(중계 역할을 하는 회사)에 대한 채널 설정 데이터는 OPERA ORS 또는 PMS 시스템에 미리 로딩된다.

호텔은 선택 가능한 Availability, 세션 관리, 낮은 가격의 GDS 수용, 다양한 통화 사용, 각 회사별 고유 번호 요청, 계약 요금 확인 및 예약을 위한 접속 코드 사용 등을 포함한 여러 가지 설정을 채널 별 독립적으로 다르게 설정할 수 있다.

필요한 모든 설정이 한 화면에서 가능하도록 편리하게 구성되어 있어, 항공사, 편의시설 코드, 통화, 신용카드, 오류 코드, 마케팅 텍스트, 객실 요금 카테고리 및 객실 요금 등과 같은 구성은 한 화면에서 설정이 가능하다.

사용자는 화면에서 채널 변경된 객실 타입 정보를 검색 및 조정이 가능하다. 따라서 채널, 결제 방법, 개런티 타입, 그리고 마케팅에 관련된 구성을 한 화면에서 완성할 수 있다.

객실 요금 정보 화면에서 사용자는 요금에 대한 상세 사항을 확인하고, 수정하고, 추가하는 것이 가능하며, 더 나아가 객실 요금 별 조건을 설정하여 예약에 대한 제한도 가능한 것은 물론 채널 별 객실 요금을 보고 분배도 가능하다.

객실 요금 패리티 메인 화면의 옵션을 선택하면 채널 요금 패리티 화면이 나타난다.

이 화면에서 사용자는 이 호텔의 채널이 어떻게 구성되어 있는지 확인할 수 있다. 사용자는 이를 통해 날짜 별, 채널 별 구성된 객실 요금을 검토할 수 있을 뿐 아니라 잠재적 이슈 사항들을 신속하게 확인할 수 있다

OPERA Channel Management의 대시보드는 호텔이 예약 가능 객실 및 예약과 취소 내역 분석이 가능하며, 특정 호텔 채널을 추가하거나 제거할 수 있다.

(4) OPERA Web Suites(OWS)

OWS는 업계 최초로 전사적 객실관리 시스템의 통합에 필수적인 요소를 제공한다. <보기 1-28>은 OWS가 연결된 Web Page 화면이다.

〈보기 1-28〉 Web Page 화면

호텔은 OPERA PMS(OPERA Xpress 버전 포함) 및 OPERA Central Reservation System(ORS)의 통합 버전인 OWS를 사용함으로써 실시간으로 웹 연결을 통한 객실 관리가 가능하다. 또한, 호텔은 기능의 혁신적인 배열과의 통합 능력이 결합된 OWS를 통해 최신 기술이 결합된 예약 매체를 통한 예약 업무를 진행함으로써 비용 절감은 물론 예약 업무 효율성을 극대화시킬 수 있다.

OWS의 구성은 다음과 같다.

• OPERA 웹 예약 엔진 - 강력하고, 유연하며 브랜드화가 가능한 예약 엔진으로 고객이 직접 인터넷을 통해 예약, 검색, 예약을 취소할 수 있다.
  또한, 호텔은 웹 예약 엔진을 통해 거래처(기업 또는 여행사)가 ORS에 접속하여 직접 예약을 할 수 있도록 하는 엑스트라 넷을 구축하여 비용을 절감하고, 예약 시스템과 서비스를 제공한다.
• 프로파일 관리 모듈 - 고객 이름과 주소, 신용카드 정보, 고객 선호도, 기타 주의사항 등 OCIS에 포함된 데이터를 실시간으로 검색하거나 업데이트 할 수 있다.

(5) Sales Force Automation(SFA)

OPERA SFA는 호텔 체인의 지역 또는 국가의 영업 직원들의 요구를 충족하도록 특별히 설계되었다. 호텔 영업 사무소는 보통 호텔과 떨어져있고, 특정 지역의 고객들을 관리하며 담당 고객들이 체인 호텔의 사용을 극대화 하는 것이 목표다.

지역, 국가 또는 체인 상관없이 호텔 객실을 판매하는 영업 사무소의 특별한 요구를 충족시키기 위한 OPERA SFA는 Lead 송신 모듈을 제공하며, 씬 클라이언트와 브라우저 기술을 이용하여 여행사의 영업 담당자가 SFA 데이터베이스에 원격 접속이 가능하게 지원한다.

〈보기 1-29〉 Centralized Account Management

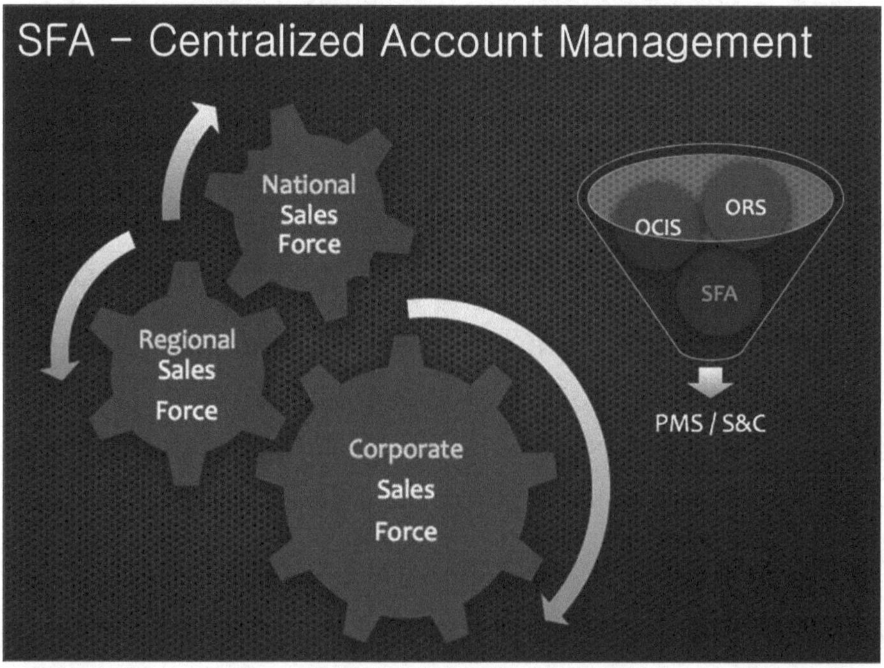

<보기 1-29>는 중앙화된 거래선 관리에 화면이며, <보기 1-30>은 중앙화된 Lead 관리에 대한 순서도이다.

〈보기 1-30〉 Centralized Lead Management

■ **거래선 및 사용자 관리**

- 거래선 및 사용자 정보
- 업체와의 협력방안 도모
- 거래선 관리
- 선택적 주소 확인 인터페이스
- 거래선 대시보드
- 영업 담당자 대시보드

■ **영업 활동 관리**

- 다양한 프로파일 추가
- 영업 활동의 빈도
- 영업 활동 공지
- 추가 서류 첨부
- Outlook과의 PIM 인터페이스

■ **예상 실적**

- 예상 예약 템플릿
- 예약 내역

■ **블록 및 Lead 관리**

- Lead 답변
- Lead 확인
- F & B 일정
- OPERA S&C를 사용하지 않는 호텔과의 Lead
- Lead 전송
- 예약 가능 날짜
- Lead 내역 전송
- 중앙 GRC

■ **중앙 FIT 계약**

■ **캠페인 관리**

(6) OPERA Business Intelligence(OBI)

OBI는 호텔이 지식 기반 경영을 실현할 수 있도록 설계되었다.

OBI는 기업 전반에 걸쳐 사용할 수 있으며, 일간 운영 실적과 재무 전문가와 매출 담당자를 위한 각각의 부서, 호텔, 체인에 대한 전반적인 자료를 제공한다.

OBI는 하나 이상의 OPERA 응용 프로그램(OPMS, ORS와 OCIS, S&C와 SFA) 상의 데이터베이스를 신속하게 보고서로 구현 가능하다. <보기 1-31>은 OBI의 개념도이고, <보기 1-32>는 정보 범위 개념도이다.

- OBI 대시보드는 차트, 그래프 및 보기 쉬운 표의 구현이 가능하며 더욱더 구체적인 자료를 위한 드릴 다운이 가능하다.
- OBI는 OPERA 데이터 테이블과 프로세스의 복잡성을 이해하고, 정확하고 관련 데이터를 보장하는 OPERA 개발자들이 설계했다.
- OBI는 호텔의 의사 결정 및 경영 전략에 도움을 주고, 사용자의 질의에 대한 답변을 제공하여 전체 조직을 지원하는 유연한 도구이다.

〈보기 1-31〉 OBI의 개념도

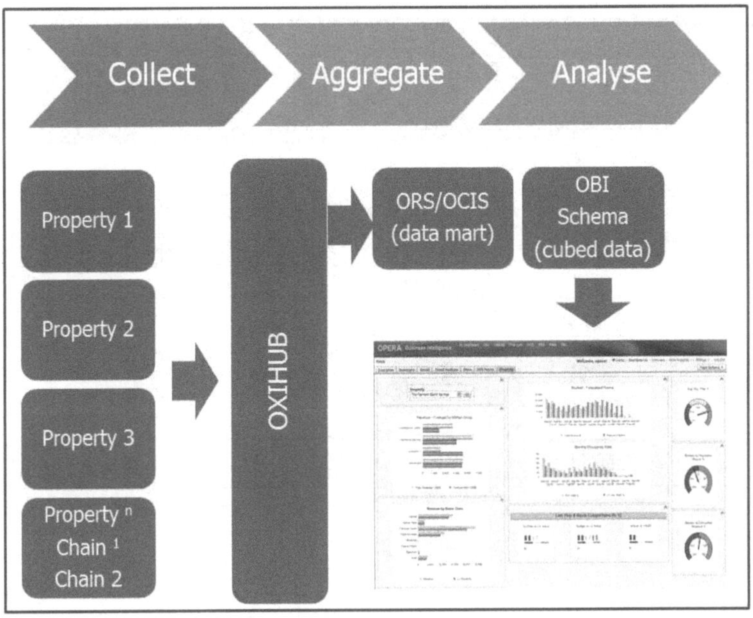

■ OBI의 정보 제공 범위:

- 과거 객실 확보 내역 큐브
- 이벤트 스케줄
- 회사 큐브
- 일간 요약 큐브
- 과거 재무 내역 큐브
- 예상 예약 월간 큐브
- 게스트 큐브
- 요청사항 큐브
- 과거 예약 내역 큐브
- 과거 예약 내역 큐브(월간)
- 예약 상황 큐브
- 월간 상황 큐브
- 숙박 큐브
- S&C 분석
- 여행사 큐브

〈보기 1-32〉 정보 범위 개념도

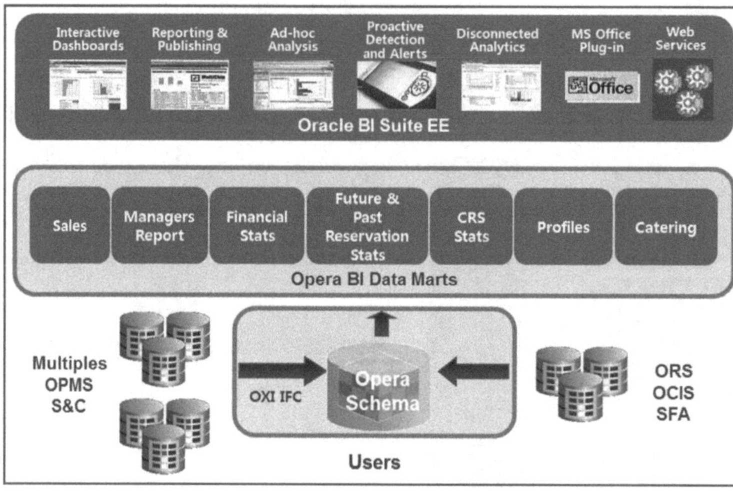

(7) OXI-HUB

OXI_HUB는 OPERA ORS/OCIS 응용 프로그램과 OPMS를 원격으로 연결해 주는 OPERA 예약 시스템 인터페이스를 말한다. OXI_HUB의 탁월한 인터페이스 기술은 동반 투숙객, 2개 이상의 객실 예약, 대기자 예약, No Show 예약, 예약 취소, 객실 지정, 객실 요금 정의, 패키지 정의, 그리고, 고객 정보를 포함한 예약에 대한 여러 정보들을 쌍방향으로 동기화 할 수 있다. <보기 1-33>은 OXI-HUB Configuration 화면이다.

〈보기 1-33〉 OXI-HUB Configuration 화면

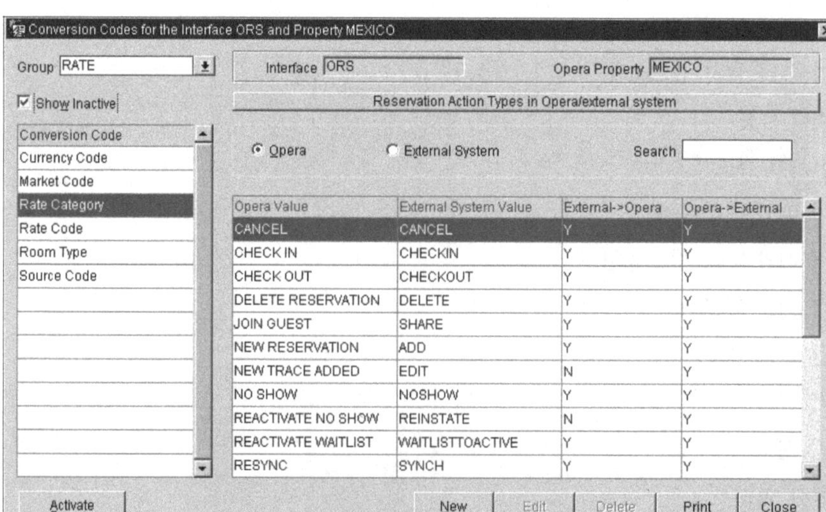

OXI_HUB는 ORS/OCIS 시스템과 OPMS 시스템 사이를 연결해줌으로써 사용자가 시스템을 쉽고 빠르게 사용할 수 있게 고안되어있다.

(8) Corporate Layer Application Architecture

<보기 1-34>는 Corporate 응용 프로그램의 구조도이며, 주요 특징은 다음과 같다.

- 예약 가능한 객실과 객실 요금을 동시에 확인할 수 있는 OPERA Reservation System(ORS)
- 고객 인지와 그에 따른 응대, 전략적 마케팅, 충성도 및 고객 가치 향상을 위해 개인 고객과 기업 고객의 프로파일을 제공하는 OPERA Customer Information System(OCIS)
- OPERA Web Suite(OWS) 는 호텔 브랜드 웹사이트에서 수수료 없이 가장 저렴한 비용으로 실시간 인터넷 예약 서비스를 제공한다. 또 다른 방법으로는 OWS 대신 webHotel로 인터넷 예약을 사용할 수 있다.
- 개별 국가 및 지역별 영업 팀 지원을 위한 정보들 즉, 영업 Lead, 회의 안건, 계약 등을 관리하는 OPERA Sales Force Automation(SFA)
- 재정 및 운영 분석을 위한 OPERA Business Intelligence(OBI)
- 호텔 체인은 성과 평가, DBA 시설, 이중화 및 장애 복구 기능을 포함한 중앙 시스템을 MICROS 싱가포르 데이터 센터에 호스팅하는 서비스를 추가할 수 있다.
- 다양한 3자 채널(Siteminder, RateTiger, EzYield 등)을 ORS 에 직접 연결하여 인터넷 예약 관리 비용을 절감할 수 있다.

〈보기 1-34〉 Corporate Application Architecture

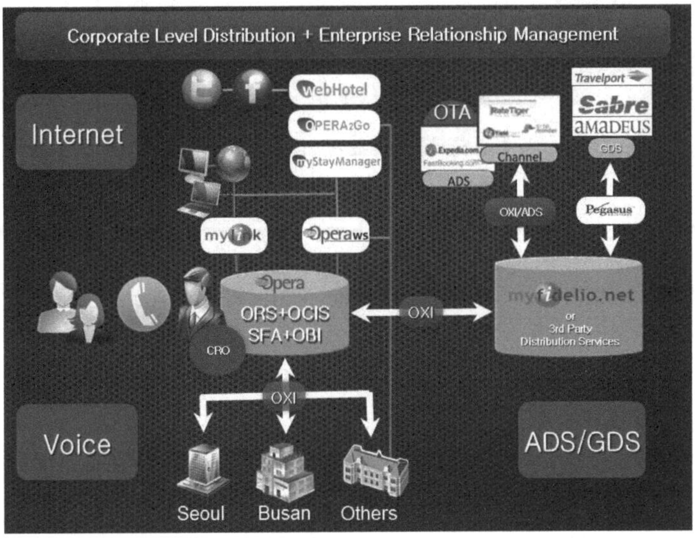

- myFidelio.net와의 연동을 통하여 GDS/ADS 예약에 대한 실시간 요금 및 예약 가능한 방을 확인하고, 최종 예약 가능한 객실과 균등한 요금을 확인할 수 있다.
- OPERA eCommerce Solutions. 예를 들면, webHotel, MyStayManager, OPERA 2GO 등은 추가 선택 사항이다.

Distribution Layer

Product Distribution이 호텔 운영을 하는데 있어서 중요한 성공 요소라는 것은 논쟁의 여지가 없다. 효과적인 Product Distribution의 목표는 가능한 호텔 제품(객실)을 가능한 저렴한 비용 대비 비싼 요금으로 많은 고객에게 판매할 수 있도록 하는 것이다. 객실 Inventory를 판매하는 프로세스를 "Product Distribution"이라고 한다. <보기 1-35>는 Product Distribution의 흐름도이다.

〈보기 1-35〉 Product Distribution 흐름도

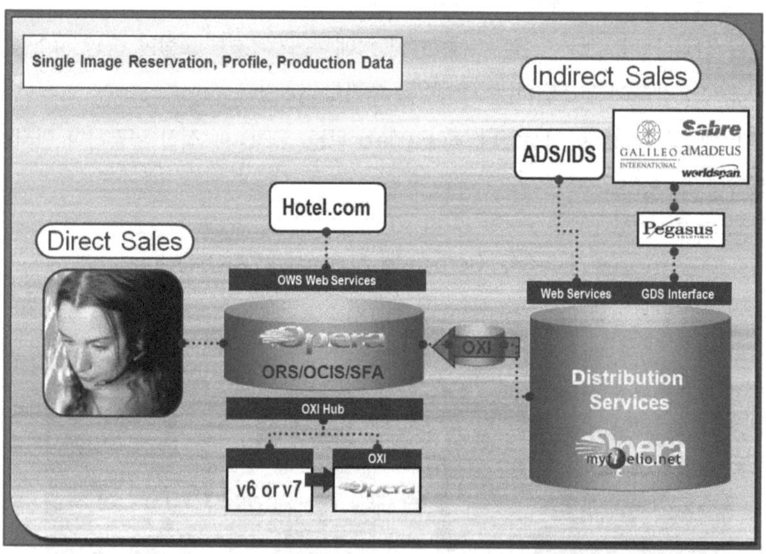

호텔의 Product Distribution 채널에는 Direct Sales와 Indirect Sales가 있으며 아래와 같이 분류를 한다.

- 전통적인 Direct Sales
  전통적인 Direct Sales에는 Telephone, Fax를 통해 예약을 하거나 혹은 예약을 하지 않고 바로 호텔로 방문하는 Walk In이 있다.

- E-Commerce Direct Sales
  Internet Booking Engine(IBE) 또는 Alternative Distribution Systems(ADS)를 말하며, 호텔에서 운영을 하거나 혹은 자체적으로 보유한 예약 엔진 또는 이메일을 통한 예약을 말한다.
- E-Commerce Indirect Sales
  Internet Booking Engine(IBE) 또는 Alternative Distribution Systems(ADS)를 말하며, 제 3자가 운영을 하는 호스팅 서비스 혹은 예약 엔진을 말한다.
- Global Distribution Systems(GDS) Indirect Sales
  GDS에는 Amadeus, Sabre, Travelport가 있다.

Distribution Layer에는 Global Distribution Systems(GDS), Alternative Distribution Systems(ADS), Internet Booking Engine(IBE)이 있다.

Global Distribution Systems(GDS)는 여행사 산업을 위해서 특별하게 만들어진 것이며, 기본적으로 미국 내 주요 항공사 Central Reservation Systems(CRS)의 확장이며, GDS는 1980대 중반에 세계 Product Distribution 분류 체계에서 한 축을 담당하게 되었다.

여행사들은 항공, 자동차대여, 호텔 예약, 크루즈 여행, 제한적이지만 기차와 버스 등 원 스톱 서비스를 GDS을 통해서 고객에게 제공을 하였다. <보기 1-36>은 Distribution에 대한 전체 개념도이다.

〈보기 1-36〉 Distribution 개념도

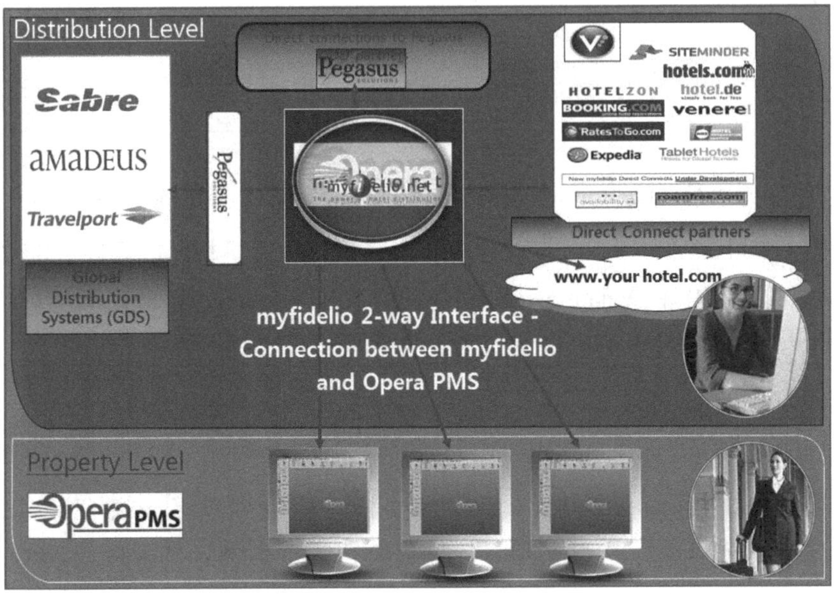

GDS에는 Galileo, Amadeus, Worldspan, Sabre가 있었지만 최근에는 Amadeus, Sabre, Travelport로 바뀌었다. GDS사는 다른 언어로 대화를 하는 것과 마찬가지이기 때문에 호텔과 GDS사와의 원활한 대화를 위해서 Switch사가 만들어졌다. <보기 1-36>의 Pegasus가 Switch 회사이다.

Alternative Distribution Systems(ADS)는 주로 인터넷을 기본으로 하는 시스템을 말하고, 다양한 형태의 ADS 회사가 있으며, GDS보다 더 빠르게 성장하는 비즈니스 형태이다.

<보기 1-37>은 ADS와 IBE에 대한 개념도이다.

〈보기 1-37〉 ADS와 IBE 개념도

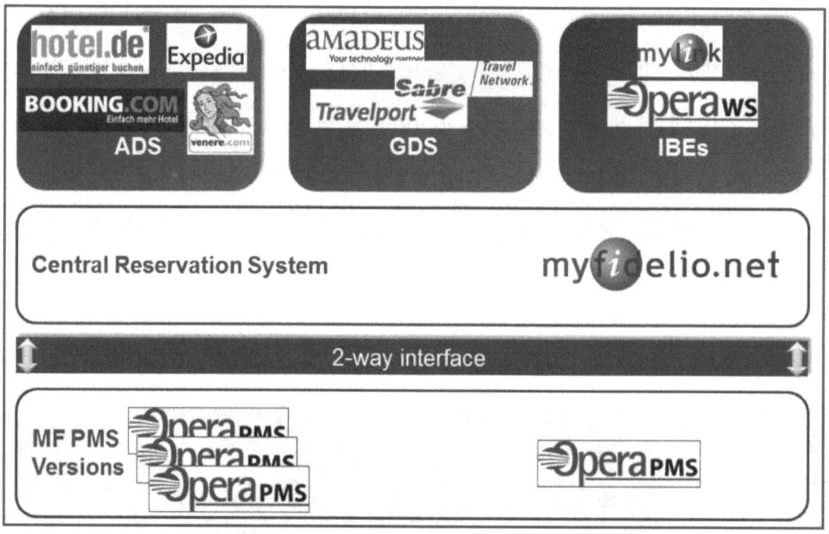

호텔에서는 정확한 Inventory와 최적의 객실료를 위해서 웹상에 Distribution과 호텔 안내에 대한 관리를 어떻게 할 것인가가 가장 큰 문제이다. 따라서 ADS의 업체의 Best Available Rate(BAR)와 Dynamic BAR의 제공, 실시간 Inventory 가능 및 실시간 채널 관리에 따라서 호텔의 이익률 및 점유율이 달라진다.

myFidelio.net은 전 세계 2,500개 이상의 호텔에서 사용하는 가장 최첨단의 호텔 산업의 e-Commerce 솔루션으로 단일 또는 체인 호텔과 전 세계 383,000개 이상의 여행사 단말기에 연결망을 제공함으로써 2백만에 가까운 사용자가 각 호텔의 상품을 쉽게 접속할 수 있게 해준다. 편리하고 안전한 인터넷/인트라넷 접속 기술은 각 호텔의 고객에게 호텔만의 요금 체계, 최종 객실 가용성, 온라인 확인의 서비스를 제공한다.

<보기 1-38>은 호텔 예약을 할 수 있는 방법에 대해서 설명을 한 것이고, 여러 단계를 통해서 호텔을 예약을 해야 함으로 인하여 호텔에서는 실제로 얻는 수익이 많지 않고, 쉽게 일반 호텔들이 예약을 하기가 어려운 문제가 있다. 호텔의 규모가 크지 않거나 전 세계적으로 단일 한국 호텔이 광고를 하기에는 다소 무리가 있으나, myFidelio.net을 이용하여 저렴한 가격으로 전 세계에 자신의 호텔을 저비용으로 광고도 할 수 있고, 여러 단계를 밟지 않음으로 인해서 비용을 최소화 할 수 있다.

〈보기 1-38〉 예약 흐름도

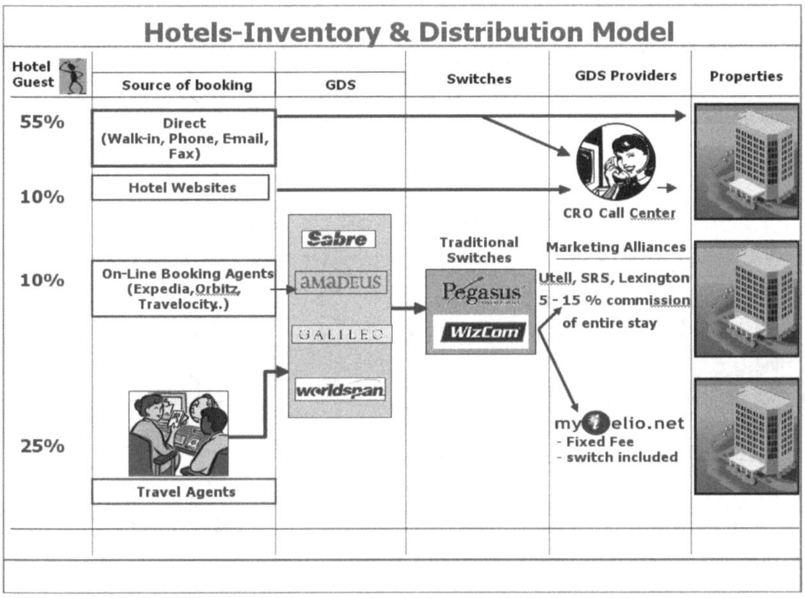

myFidelio.net은 개방되고 유연한 e-Business 솔루션으로, 단체 및 체인 호텔, 모든 브랜드 호텔에 이르기까지 각기 다른 요구와 사업 목표에 적용되는 호텔을 위한 솔루션이다.

모든 기업들이 표준화된 브라우저나 웹 사이트를 사용하는 인트라넷을 통하여 직원들이 출장/여행 계획을 완벽하게 지원할 수 있는 인터넷 솔루션이 기업용 예약 솔루션이다.

<보기 1-39>와 같이 기업에서 인트라넷으로 활용을 하면서 원활한 예약과 기업의 출장/여행 경비를 조정할 수 있는 발전된 e-Business 시스템이다.

〈보기 1-39〉 기업용 인트라넷 예약 화면 예제

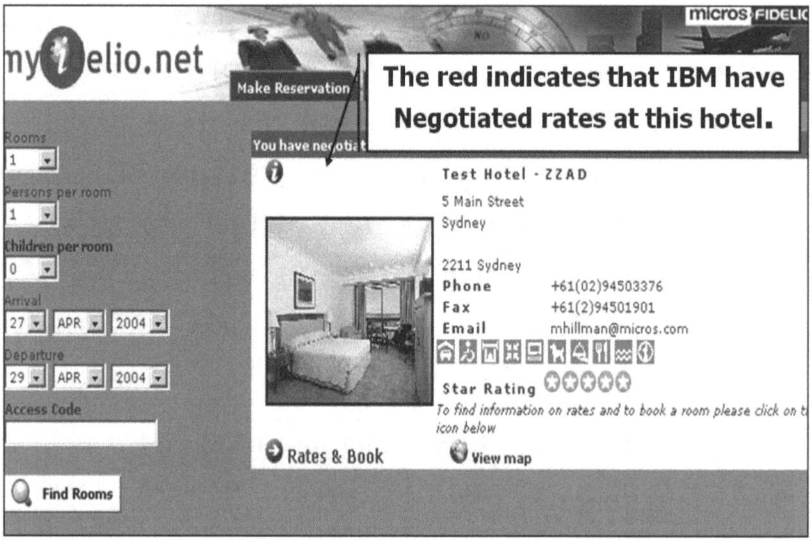

〈보기 1-40〉 myfidelio.net 흐름도

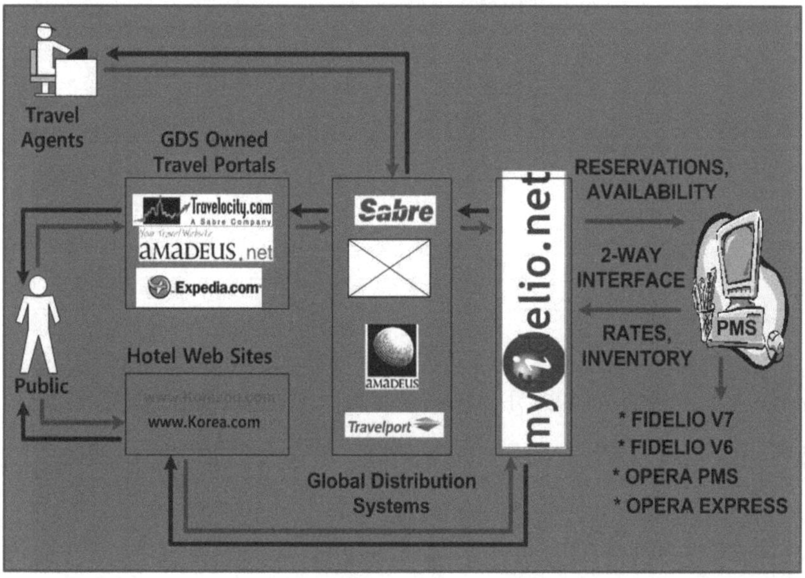

인터넷의 급속한 확산으로 포털 인터넷 여행사 사이트로 급속하게 성장하고 있는 e-Commerce 개념의 전문적 예약 솔루션이다. 다른 예약 소스를 인터넷 온라인 예약을 위한 myfidelio.net의 파트너로서 구성하고, 구성된 파트너의 시스템적 솔루션을 극대화하기 위한 인터넷상의 온라인 예약과 서비스를 통합하여, 파트너들에게 최근 호텔 정

보, 증가하는 예약 요구 등의 전략을 펼쳐갈 수 있는 통합적 서비스를 제공한다. 파트너에게 완벽한 온라인 서비스를 제공함으로써 e-Business 전략과 고객 충성도를 높일 수 있다. <보기 1-40>은 단계가 없이 직거래 할 수 있는 흐름도이다.

Internet Booking Engine(IBE)은 호텔 자체 웹 사이트에서 제공하는 경우와 업체가 개발해서 제공하는 경우가 있다. 호텔 자체에서 개발된 웹 사이트의 경우에는 OPERA Web Suites(OWS)와 인터페이스를 해서 실시간 예약을 호텔에서 할 수 있도록 해 준다. 또한, 체인의 경우에도 체인 호텔 웹 사이트를 통해서 전 세계 어디서든지 예약이 가능하며, 실시간으로 전 세계 호텔에 자동으로 예약을 할 수 있도록 한다. <보기 1-41>은 Micros사가 제공하는 Booking Engine의 개념도이다.

〈보기 1-41〉 Web Booking Engine 개념도

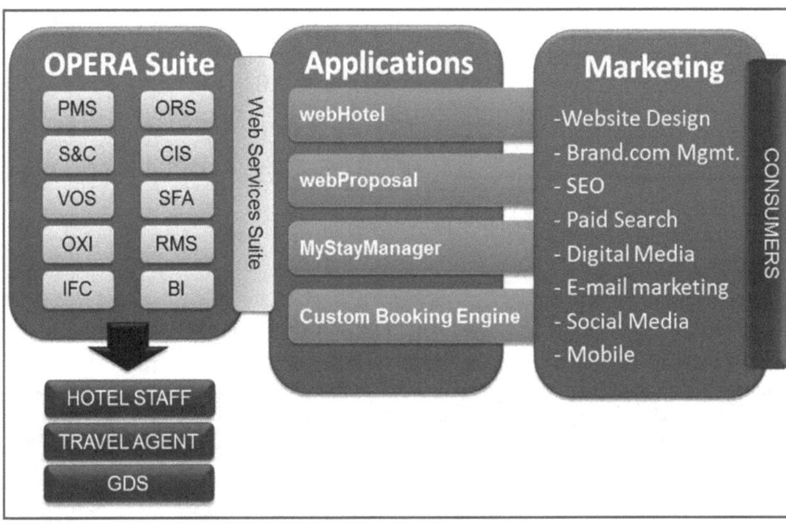

B2C Layer

미래의 호텔 산업에 있어서의 주요 성공 요소는 Guest Engagement, B2C, Service Oriented Architecture(SOA)이다. <보기 1-42>는 IT의 3대 요소에 대한 설명이다.

〈보기 1-42〉 미래 호텔 IT의 3대 요소

더 이상 호텔 직원에 의해서 사용되는 PMS가 호텔의 절대적인 사업의 중요 요소가 될 수 없고, 앞으로는 얼마나 고객이 보유한 컴퓨터 또는 모바일 기기를 이용해서 호텔 정보에 접속할 수 있느냐에 따라서 사업의 성과가 달려 있다고 해도 과언이 아니다.

〈1-43〉 Hospitality Interactive Portfolio

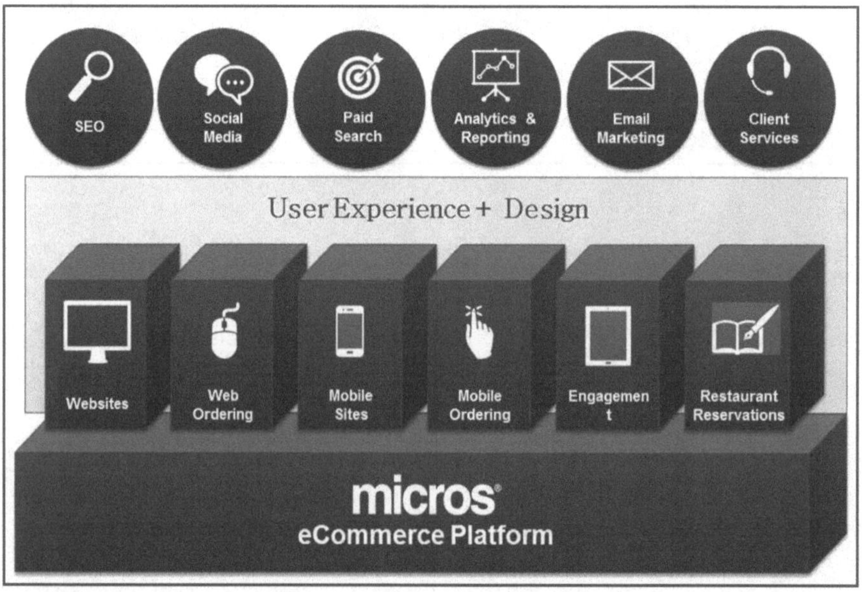

예를 들면, 고객이 호텔 예약실에 연결해서 예약을 요청하는 것이 아니라, 직접 호텔 웹 사이트에 접속을 해서 고객이 원하는 타입의 객실 및 요금, 패키지, Activity 등을 예약을 하는 것을 말한다. 또한, 고객이 투숙을 해서도 원하는 서비스를 전화나 혹은 직접 직원과 연결해서 요청을 하는 것이 아니라, 직접 호텔이 제공한 웹 서비스에 접속을 해서 고객이 원하는 서비스를 선택 및 요청하는 형태로 변화하기 시작하였다. 결국은 고객이 직접 참여를 함으로 인해서 B2C는 점점 더 활성화가 될 수밖에 없고, 자연스럽게 IT는 Service Oriented Architecture로 구현할 수밖에 없게 된다. <보기 1-43>은 Interactive Portfolio이다.

고객이 직접 호텔의 웹 사이트나 혹은 제 3자가 제공하는 웹 사이트를 통해서 호텔 객실 또는 레스토랑을 예약하는 경우가 많아질 것이고, 호텔 자체 웹 사이트를 통한 판매 전략을 활성화함으로 인해서 호텔은 제 3자가 제공하는 사이트를 통함으로 인해서 발생하는 커미션을 최대한 줄일 수 있다. 많은 체인 호텔들은 제 3자가 제공하는 서비스를 이용한 체인 홍보 및 판매 전략을 고수하였지만, 계속적으로 증가하는 체인 및 개인 호텔의 웹 개발 비용 평준화 및 일반화에 따라서 제3자의 서비스를 이용하지 않고, 자체 개발을 주력함으로 인해서 더 많은 홍보 효과 및 비용 절감을 구현할 수 있다.

웹 사이트에 대한 표준화 및 고객 참여를 유도함으로 인해서 더 많은 다양한 서비스를 웹 사이트에 구현함으로 인해서 고객 유도를 꾀할 수 있다.

전통적인 호텔 웹 사이트는 패키지와 프로모션을 고객의 목적과는 상관없이 전부 다 화면에 보여주거나, 패키지의 경우 전체 화면에 간단하게 추가로 보여주는 정도로 구성이 되는 경우가 많았다.

고객이 직접 참여를 해서 가치를 창출할 수 있는 경우는 호텔에 투숙하기 전과 호텔에 투숙 중에 발생하는 두 가지의 경우가 있다.

최근에 개발되는 웹 사이트는 고객이 구매하고자 하는 패턴에 의해서 화면 구성이 자동적으로 변화할 수 있도록 하고, 패키지 또는 패키지 구성 요소들을 가치가 있는 'Awards'를 고려해서 고객이 다양한 선택을 할 수 있도록 구성을 한다. <보기 1-44>는 호텔 웹 사이트 기본 구성도 예제이며, 호텔에 투숙하기 전에 고객이 직접 접속하는 경우를 말한다.

〈보기 1-44〉 호텔 웹 사이트 기본 구성도

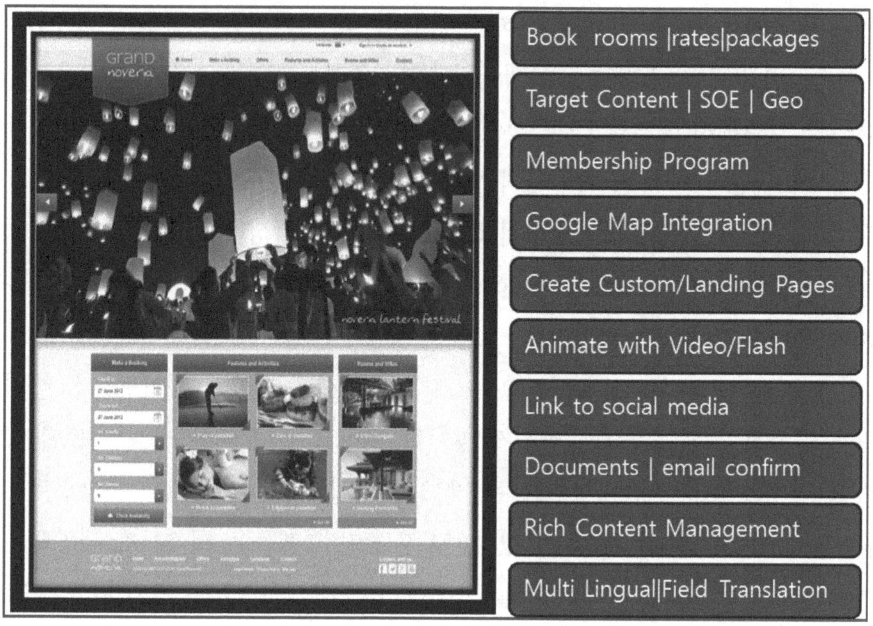

'Awards' 가치를 구성하는 단계는 다음과 같다.

■ **1단계: 기본 메시지**

- 로열티 프로그램
- 호텔 정보
- 뉴스

■ **2단계: 가치 추가**

- 무료 아침 제공
- 무료 발렛 서비스
- 이벤트 티켓
- 추가 무료 소모품 서비스

■ **3단계: 요금 할인**

- 추가 무료 숙박
- 프로모션 요금
- 할인 서비스

단계가 높아지면 높아질수록 고객이 직접 호텔 웹 사이트에 접속 및 예약할 수 있는 경우는 더 높아질 것이다.

고객이 호텔에 투숙한 후에는 고객이 직접 객실 안에서 객실과 관련된 전기 기기들을 통제하는 웹 사이트와 룸서비스, 고객 Folio 확인, 세탁 서비스 요청, 객실 정비 요청 등을 호텔이 제공하는 웹 사이트를 통해서 직접 고객이 참여하는 웹 사이트가 더욱 더 활성화되고 있다. 이러한 다양한 콘텐츠들을 얼마나 잘 구현하는가가 호텔의 서비스로 평가하게 되며, <보기 1-45>는 호텔에서 제공하는 투숙객 적용 웹 서비스이다.

〈보기 1-45〉 호텔 Tab 기반 웹 서비스

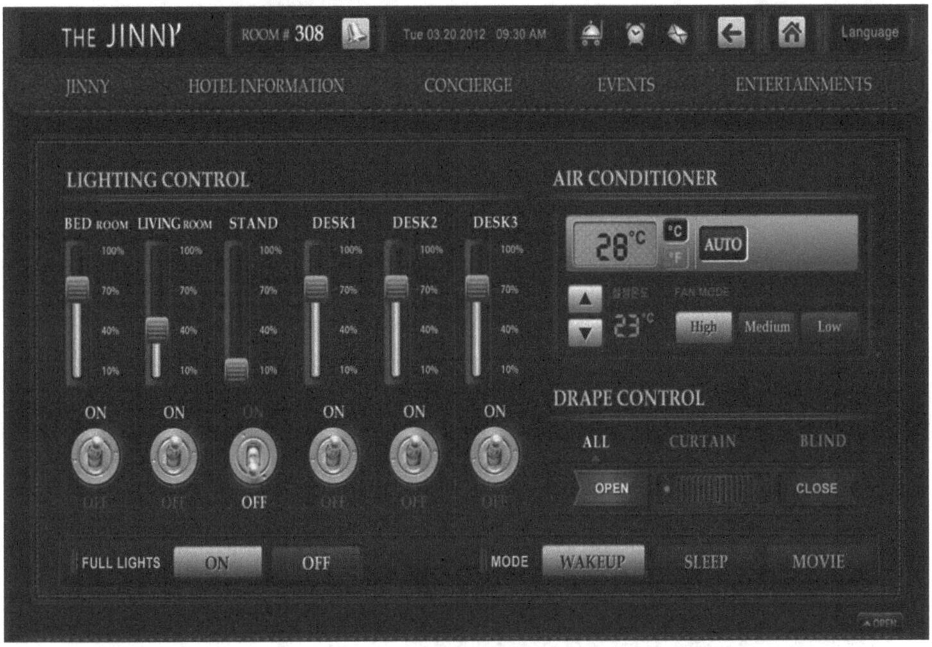

<보기 1-46>은 호텔에 투숙을 하는 고객이 고객 모바일을 통해서 룸서비스를 신청하는 화면과 내부 기능에 대한 예제이다.

레스토랑을 이용하는 고객에게는 고객이 직접 레스토랑에 도착을 하기 전에도 고객에 대한 인증만 가능하다면 주문 서비스 및 포장 서비스도 구현할 수가 있다. 고객이 퇴근길에 레스토랑에 들려서 주문을 하고, 주문된 음식이 만들어져서 포장할 때까지 레스토랑에서 기다리지 않고, 직접 회사에서 포장 서비스를 예약을 하고, 레스토랑에 들려서 주문된 음식을 픽업하는 서비스가 보편화되고 있다. <보기 1-47>은 웹 서비스 오더에 대한 구성 내부 기능 예제이고, <보기 1-48>은 웹 서비스 구성도이다.

〈보기 1-46〉 Micros MyStayManger

〈보기 1-47〉 레스토랑 웹 서비스 디자인

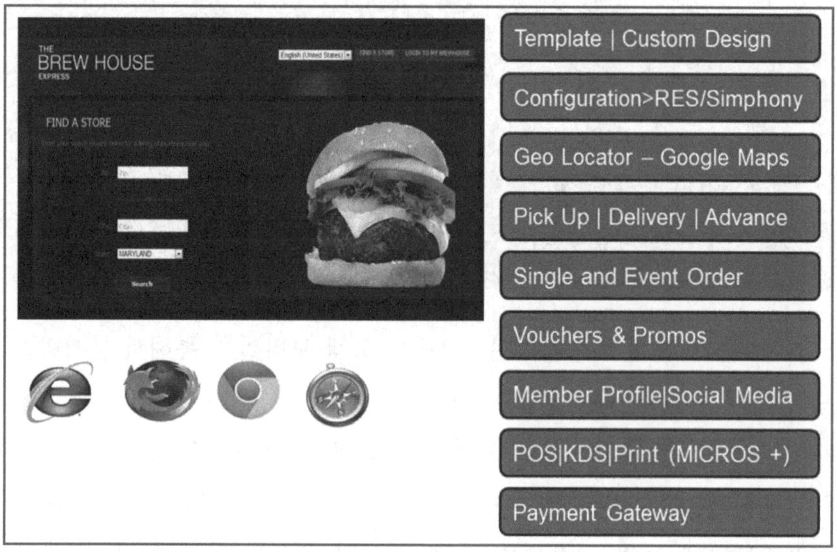

앞으로는 모든 제품들이 고객들과 실시간으로 Social Network Service(SNS)를 구현하는 방향으로 개발이 될 것이고, 더욱더 고객이 직접 참여를 하는 웹 사이트의 활성화가 강화가 될 전망이다. 이러한 고객 참여 증대와 SNS의 활성화로 인해서 호텔은 더욱

더 IT 기반의 서비스를 통한 비즈니스 기회를 창출할 수 있도록 많은 IT 투자와 콘텐츠 강화가 확대될 전망이다.

〈보기 1-47〉 레스토랑 웹 서비스 구성도

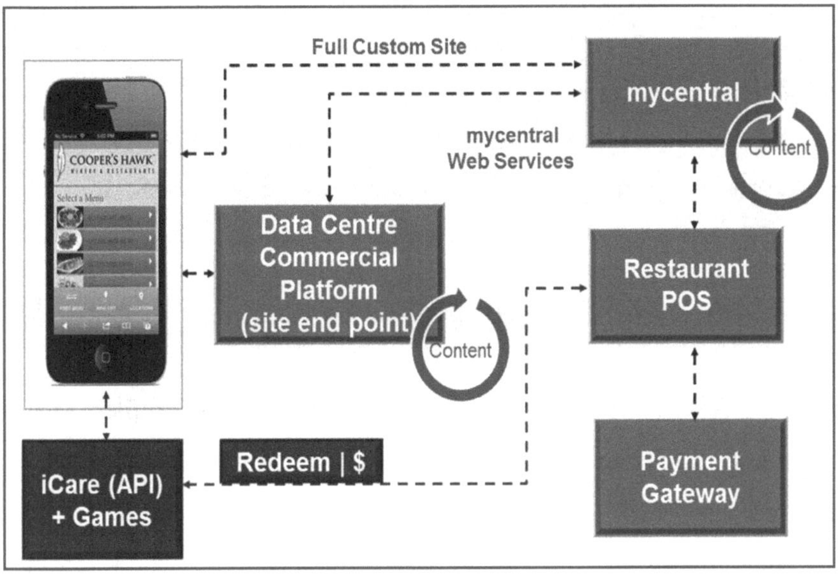

Enterprise Solutions

체인 호텔의 경우에는 전 세계적으로 똑 같은 시스템을 갖추고 일관된 서비스를 제공하기 위해서 Shell이라는 표준화 모듈을 사용한다. Shell은 체인 호텔이 수십 년간 호텔을 운영하면서 만들어진 Know How를 축적 및 집약한 정보로서, 체인에 속한 호텔이 새로 Open 시 체인 호텔의 Standard Operation Procedure(SOP)를 반영한 표준화된 Shell을 설치하고, Shell에 의해서 시스템 교육 및 업무가 시작된다. Shell안에는 본사 차원에서 관리하는 표준화된 체계와 호텔 차원에서 준수해야 하는 표준화된 체계가 있다.

호텔 차원에서 준수해야 하는 표준화 체계는 예약, 프로파일(고객 정보), 화면, 각종 코드 체계(Rate 코드, 패키지 요소, 객실 관련 정보) 등이 있으며, PMS 표준화 프로세스는 <보기 1-48>과 같다.

〈보기 1-48〉 PMS Standardization Process

1. Appoint a Standards Team for the chain.
2. Standards Team identify areas for PMS Standardization across the chain.
3. Standards Team develop coding, functions and standards for PMS.
4. Standards Team document Chain Standards and distribute to properties.
5. Properties to implement new standards as per documentation.
6. Properties to run Configuration Reports and return to coordinating office.
7. Standardization Team to review reports and check for accuracy.
8. Standards Team to sign off on Property Reports.

PMS 상에서 표준화로 정의해야 하는 Code들은 Reservations, Profiles, Memberships, Rate Management, Cashiering, Account Receivable, Users(Permission), General, Operation Polices & Procedure가 있다.

각각의 Code를 정의할 때 다음과 같은 분류 체계를 기본으로 해서 정의한다.

- Mandatory The Hotel Standards - Do not add, change, or delete
- Minimum The Hotel Standards - Property may add but not change or delete
- Hotel Specific - Property may add, change or delete
- Region/Country Specific

Mandatory The Hotel Standards인 경우에는 체인의 정책이 반영이 되어야 하는 Code 체계임으로 체인 본사에서 지정을 해서 Shell안에 포함되어서 배포가 되며, 호텔에서는 절대 추가, 변경, 삭제를 할 수 없도록 되어 있다. Minimum The Hotel Standards인 경우에는 호텔이 원할 경우에는 추가를 할 수 있으나, 변경과 삭제는 하지 못하게 되어 있다. 이 경우에는 반드시 추가하기 전에 체인 본사의 승인을 득해야 한다. Hotel Specific의 경우에는 호텔에서 자유자재로 추가, 변경, 삭제를 할 수 있도록 허용을 한다. 호텔의 특성에 맞게 Code 체계를 생성해서 관리할 수 있도록 하여 준다. 마지막으로 Region/Country Specific은 지역이나 혹은 해당 국가에 특별하게 요구되는 Code 체계가 있을 경우에 사용을 한다.

〈보기 1-49〉 Out of Order/Out of Service 정의

<table>
<tr><th>code</th><th>Out of Order/Out of Service</th></tr>
<tr><td>Definition</td><td>Opera provides two options for flagging a room that is unable to be sold due to damage, maintenance, etc. The difference between the two options is whether or not the total number of rooms in the hotel's inventory (and therefore, the occupancy percentage) is affected by removing these rooms.

Out of Order
If a room is placed Out of Order it is not available to the front desk clerks for assignment. It will also be removed from the total room inventory counts. This effectively reduces the total number of rooms in your hotel. Therefore, for the period the room remains out of order, 100% occupancy is calculated using only the remaining rooms. (Example: If you have a 100 room hotel and place 5 rooms out of order, 100% occupancy is reached when 95 rooms are occupied)

Out of Service
If a room is placed Out of Service, it can be available (depending on user rights) to the front desk clerks for assignment and it remains in the total room inventory counts. This means that the occupancy percentage is calculated by including out-of-service rooms in the total number of rooms in the hotel. Out of Service rooms are generally returned to inventory before the end of the business day.

When placing a room Out of Order or Out of Service a reason is required. Reports can then be produced to show each status sorted by reason code.

Use the worksheet to provide a list of Out of Order/Service reason codes and explanations. Please keep in mind that a remark can be added as each Out of Order/Out of Service room is entered. Therefore, a room with a leaking faucet could be coded PLB (Plumbing) and "Leaking Faucet-Bathroom Sink" entered in the remarks.</td></tr>
<tr><td>Task</td><td>Provide a list of out of order/out of service reasons.</td></tr>
<tr><td>Completed By</td><td>Input from the following department heads is recommended:

• Executive Housekeeper
• Engineering Manager
• Front Office Manager</td></tr>
<tr><td>The Hotel Instructions</td><td>✓ Mandatory
✓ Hotel Specific</td></tr>
<tr><td>Shell</td><td><table>
<tr><th>OOO/OOS Reason Codes</th><th>Description</th></tr>
<tr><td>ACON</td><td>Air Conditioning</td></tr>
<tr><td>PLB</td><td>Plumbing</td></tr>
<tr><td>HEAT</td><td>Heating</td></tr>
<tr><td>GEN</td><td>General Repairs</td></tr>
</table></td></tr>
</table>

Code 체계를 정의하는 방법에 대한 예제는 예약에서 관리하는 Room(Out of Order) 관리로 설명하기로 하겠으며, 이렇게 정의된 Code들은 Mandatory The Hotel Standards인 경우에는 Shell에 기본적으로 포함되어서 체인 호텔에서 발행된다. Out of Order/Out of Service에 대한 Code 정의는 <보기 1-49>와 같다.

정의되어야 할 항목은 사용하고자 하는 Code가 어디에 사용되어야 할지에 대한 설명, Code에 대한 설명, 해야 할 일, 어떤 부서에서 협의를 해서 이 Code를 도출을 해야 하는지에 대한 설명, 마지막으로 Code의 생성 구조를 명시하였다.

이렇게 해서 정의된 Code 값들을 Shell에 적용하게 되며, 예제는 <보기 1-50>과 같다.

〈보기 1-50〉 PMS Code 정의

Opera Codes Reference

1	Mandatory	Do not add, change or delete
2	Minimum Standards	Property may add but not change or delete
3	Hotel Specific	Property may add, change or delete
4	Region / Country Specific	

Section	Sub Menu	Sub Items	Type
Reservations	Codes	OOO Reasons	3
Reservations	Codes	Room Conditions	2
Reservations	Codes	Reservation Types	1
Reservations	Codes	Deposit Rules	2
Reservations	Codes	Cancellation Reasons	1
Reservations	Codes	Custom Guest Type	4
Section	Sub Menu	Sub Items	Type
Reservations	Business Blocks	Status Codes	1
Reservations	Business Blocks	Wash Codes	3
Profile	Preferences	Pref Code - Room Features	2
Profile	Preferences	Pref Code - Special Requests	2
Profile	Geographical Data	Nationalities	1
Section	Sub Menu	Sub Items	Type
Rate Management	Codes	Market Groups	1
Rate Management	Codes	Market Codes	1
Rate Management	Property Calendar	Day Type Codes	4
Rate Management	Property Calendar	Event Codes	3
Section	Sub Menu	Sub Items	Type
Cashiering	Transaction Codes	Group	1
Cashiering	Foreign Currency	Exchange Codes	2
Setup	Track It	Locations	3
Setup	End of Day Sequence	Reports Final Reports	4
Setup	Screen Design	Screen Painter	1

또한, 체인 호텔의 특성을 최대한 반영한 화면 구성을 디자인하고, 그 디자인된 화면 구성을 적용해서 만드는 것을 Screen Masks라고 한다. Screen Mask는 Guest Profile, Company/Agent/Source Profile, Group Profile, Reservation Standard, Reservation More Fields, Check In, Guest In House, Check Out, History 등에 필요하며, 이 Screen Masks는 이미 Shell안에 생성이 되어 있고 신규 호텔 Open 시에 자동 적용이 된다. <보기 1-51>은 Screen Masks의 항목이다.

〈보기 1-51〉 Screen Masks

- **Guest Profile**
- **Company/Agent/Source Profile**
- **Group Profile**
- **Reservation Standard**
- **Reservation More Fields**
- **Check-In**
- **Guest In House**
- **Check-Out**
- **History**

이러한 Screen Masking을 하기 위해서는 기본적으로 화면 내부에서 어떤 기능은 사용을 하고, 어떤 기능은 사용하지 않으며, 화면에 보여주는 순서가 어떻게 구성되어야 하는가에 대한 표준화가 필요하다. Micros 사에서는 이러한 화면에 구성되는 기능에 대한 사용 여부 및 기본 값들은 정의를 해서 기본적인 내용들은 Shell 안에 자동으로 설정을 한다. 이러한 기능 설정을 'Application Setting'이라고 한다.

Application Setting에는 OPMS, OSC, ORS, OCIS에 대해서 각각 지정을 해야 하며, OPMS에는 Reservation, Block, Front, Profile, Cashiering, Account Receivable, Room Management, Membership, End of Day, Commission, General 등이 있다.

Shell안에 기본적으로 포함된 내용은 체인 본사 차원의 표준화된 객실 및 패키지 요금 체제, 표준화된 마켓 코드, 표준화된 소스 코드, 표준화된 채널 코드, 표준화된 자료 입력 방식, 이중 고객 정보 기록 방지를 위한 시스템, 동일한 화면 구성, 표준화된 보안 체제, 표준화된 보고서 사용이다.

Chapter 2

Profile

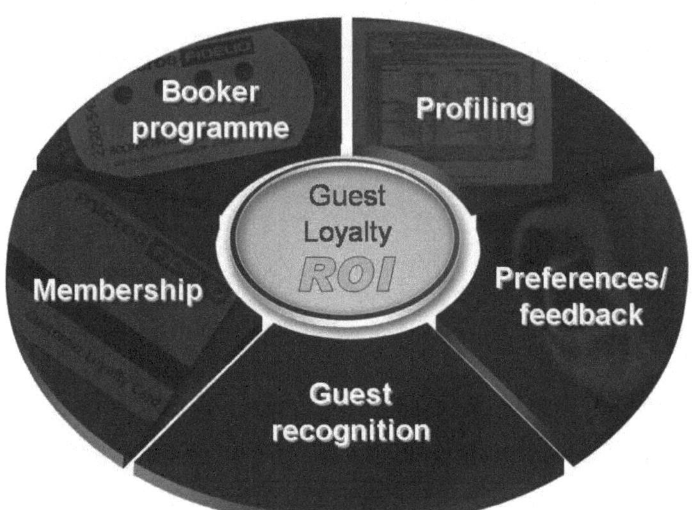

2.1 Profile Introduction

Profile 기능을 사용함으로써 재방문 고객 및 회사를 확인하는 것뿐 아니라 고객 정보 및 선호 사항 등을 저장하여 다시 방문하는 고객에게 더 나은 서비스를 제공할 수 있게 한다.

예약을 생성 할 때에는 반드시 고객(Individual)의 프로파일이 필요하다. 이때 고객의 성함, 주소만 입력하여 간단히 프로파일을 생성할 수도 있고 고객의 선호 사항이나 특이 사항 등을 입력할 수도 있다. 만약 예약 생성 시 고객의 프로파일이나 회사, 여행사 등의 프로파일이 이미 있다면 예약을 생성하는 과정이 좀 더 빠르고 간편해 질 것이다.

Profile Types

OPERA에는 6가지의 Profile Type이 있다. 이 6개의 Profile은 언뜻 보기에 비슷하게 보이지만 각각 입력하는 필드가 다르게 구성되어 있으며 모든 Profile에는 이름, 주소 및 통계화 할 수 있는 데이터 필드를 가지고 있다.

- Individual Profile은 개인 고객의 정보를 입력할 수 있다. 모든 예약은 개인 고객의 프로파일을 기본으로 하며 이를 통해 해당 고객을 기본으로 생성한 모든 예약에서 발생하는 총 매출(Revenue) 및 과거 내역(History)을 확인할 수 있다. 예약 생성 시 고객이 당신의 호텔에 처음 방문이라면 자동으로 해당 고객의 Individual Profile이 생성된다.

- Company Profile은 호텔을 사용하는 회사들의 실적을 확인할 수 있으며 후불 정보(AR number), 계약 요금 등과 같은 데이터를 입력할 수 있다.

- Source Profile은 Conventions, Visitors Bureaus, Internet Booking Engines와 같이 대리로 예약을 만들어 주거나 소개하여 주는 곳의 프로파일로 사용할 수 있다. 대표적으로 많이 사용하는 프로파일이 Price Line, Expedia, Secretary's Clubs 등이 있다.

- Contact Profile은 예약자(Booker)의 실적을 확인하는 프로파일로 OPERA Sales and Catering System을 사용하는 호텔에서 주로 사용한다. 호텔을 투숙하는 고객은

아니지만 단체 예약을 요청하는 경우가 많아 해당 Booker의 주소나 전화번호 등을 입력하는 것이 유용하다.

- Group Profile은 단체 예약을 생성하게 되면 자동으로 생성되며, 이렇게 생성된 Group Profile에서는 그룹별 실적이나 매출 정보를 확인할 수 있다.
- Travel Agent Profile은 여행사별 실적이나 여행사에 지불해야 할 수수료(Commission)를 계산할 수 있다. 여행사의 IATA 번호를 입력하여 해당 여행사로 수수료가 제대로 계산되어 지불되었는지 확인할 수 있다.

Profile Search

메인 메뉴에서 Reservations → Profile을 선택하면 PROFILE SEARCH 화면이 아래와 같이 나타난다.

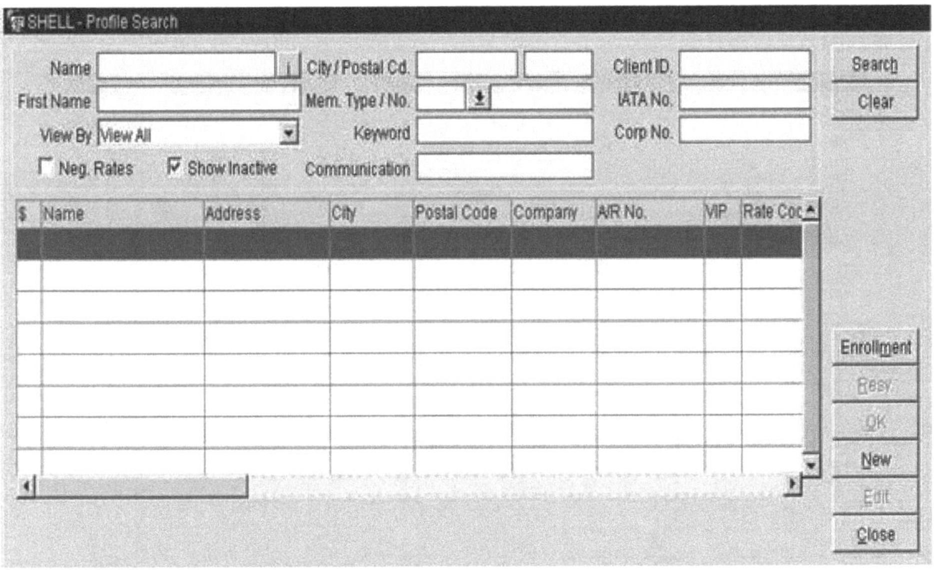

1. 검색하고자 하는 고객의 성(Last name)을 **Name** 필드에 입력한 뒤 **View By** 필드에서 조회하고자 하는 Profile Type을 선택한다. 노란 박스의 검색 조건에 입력하는 값이 적을수록 많은 양의 프로파일 리스트가 나타나게 된다.
2. 검색한 프로파일을 선택한 뒤 더블 클릭하거나 **Edit** 버튼을 선택하면 해당 프로파일 화면이 나타난다.

Creating a New Individual Profile

1. 새로운 프로파일을 생성할 시에는 PROFILE SEARCH 화면에서 New 버튼을 선택한다.

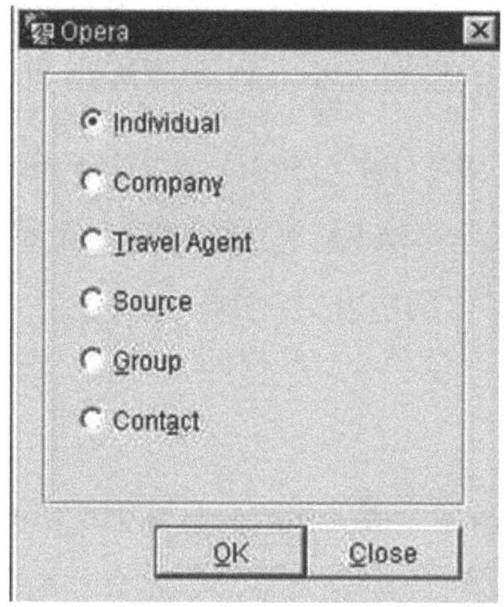

2. Individual을 선택한 뒤 OK를 선택한다.

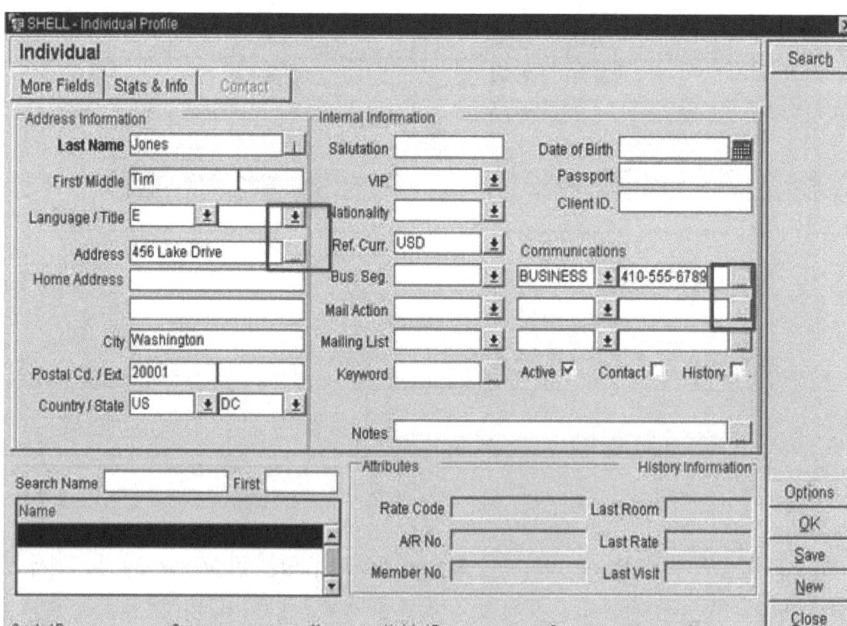

3. 고객의 Name, Address, Communication 정보를 입력한다. 두 개 이상의 주소나 전화번호를 입력하고자 할 시 각 필드의 오른쪽에 위치한 생략 부호 버튼을 선택하여 추가할 수 있다.
4. 입력한 내용을 저장하기 위해 OK 버튼을 선택하면 프로파일이 생성된다.

Creating a New Company, Travel Agent, or Source Profile

Account Profile(예: Company, Travel Agent, Source)을 생성할 때에는 Individual Profile을 생성하는 방법과 크게 다르지 않다.

1. PROFILE SEARCH화면에서 새로운 프로파일을 생성하기 위해 New 버튼을 선택한다.

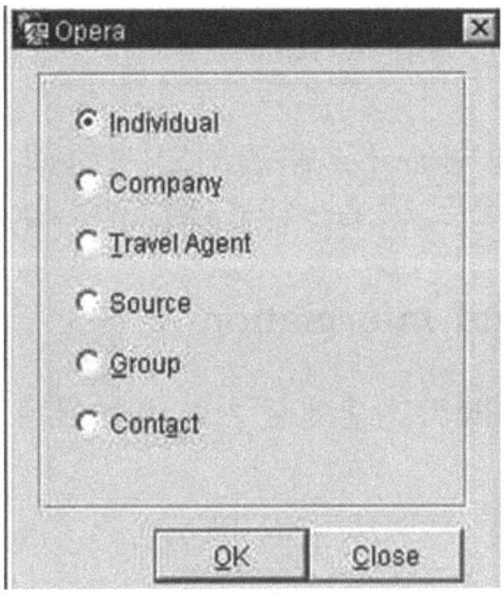

2. 생성하려고 하는 프로파일을 Company, Travel Agent 혹은 Source 중 하나의 Type을 선택한 뒤 OK 버튼을 선택한다.

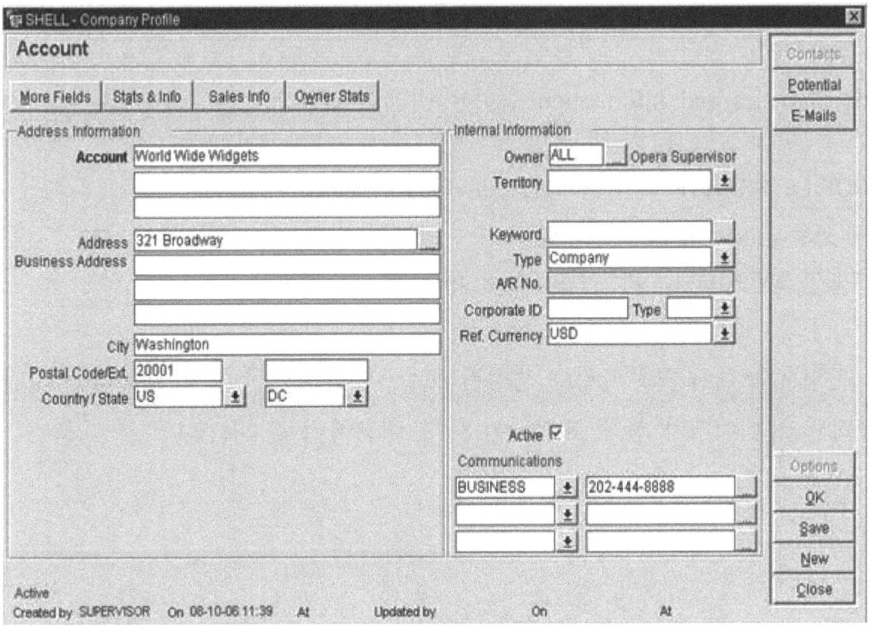

3. **Account, Address, Communication** 정보를 입력한다. 두 개 이상의 주소나 전화번호를 입력하고자 한다면 각 필드의 오른쪽에 위치한 생략 부호 버튼을 선택하여 추가할 수 있다.
4. **Type** 필드는 해당 프로파일이 어떤 Profile Type 인지(Company, Travel Agent 혹은 Source Profile)를 정의하여 준다.
5. Travel Agent Profile의 경우 **IATA** Number를 입력한다.
6. Company Profile에는 **Corporate ID** Number를 입력한다.
7. 입력한 정보를 저장하기 위해 **OK**를 선택한다.

NOTE OWNER 기능을 사용한다면 **Owner** 필드를 반드시 입력해야 한다. Owner는 해당 거래선의 책임자가 누구인지를 입력하는 것으로 일반적으로 담당 Sales Agent를 지칭한다.

Profile Statistics and Information

STATS & INFO 화면(Profile의 상단에 위치한 Tab)에는 다음과 같은 정보를 확인할 수 있다.

- Total Guest Stays
- Total Guest Revenue
- Total No-Show Reservations
- Total Canceled Reservations

Profile Statistics and Information 화면은 아래와 같은 방법으로 확인할 수 있다.

1. **PROFILE SEARCH** 화면에서 해당 프로파일을 검색한다.
2. 해당 프로파일에서 **Edit**을 선택한다.
3. 프로파일 화면의 상단에 위치한 **Stats & Info** 탭을 선택한다.

올해 기준으로 해당 프로파일로 생성된 모든 예약에 대한 요약 데이터를 확인할 수 있으며 작년의 데이터가 함께 표기되어 이를 비교하여 볼 수 있다.

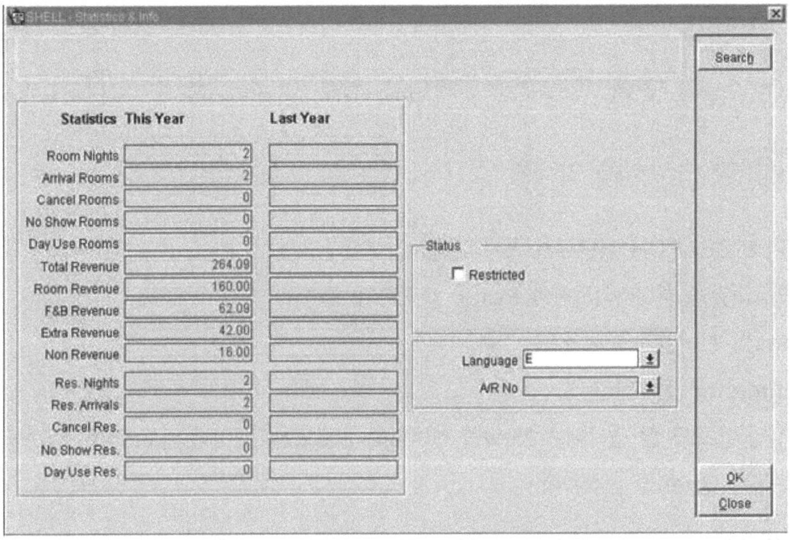

NOTE OPERA에서 보이는 모든 프로파일의 과거내역(History)은 해당 호텔의 데이터에 국한되어 집계된다.

4. **Language** 필드는 해당 프로파일이 선호하는 언어를 입력한다.
5. **A/R No(후불번호)** 필드는 AR Account를 생성할 경우 사용되며 화살표를 선택하여 **SETUP ACCOUNT** 화면에서 필요한 데이터를 입력하면 된다(AR Account를 새로 생성하려면 이에 대한 사용자 권한을 반드시 가지고 있어야 한다).
6. **OK**를 선택한 후 프로파일 메인 화면으로 돌아간다.

2.2 Profile Options

Profile Options 기능들을 사용하기 위해 Profile 메인 화면에서 **Options**를 선택한다.

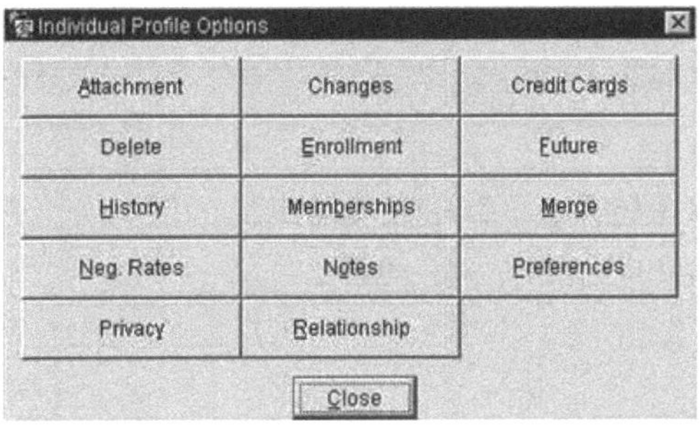

Attachment

Attachment기능을 통해 프로파일에 파일을 첨부 및 확인할 수 있다.

파일을 첨부하는 방법은 아래와 같다.

1. PROFILE SEARCH 화면에서 프로파일을 검색한다.
2. 해당 프로파일을 하이라이트하여 Edit을 선택한다.
3. Options를 선택한다.
4. Attachment를 선택한다.
5. 첨부파일을 업로드 할 경우에는 New를 선택하여 업로드하며, 이미 업로드되어 있는 파일을 확인 할 경우에는 Open을 선택한다.

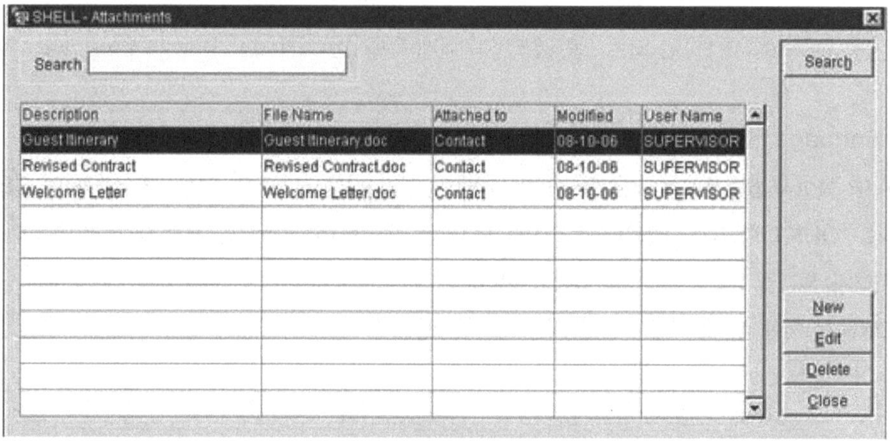

6. 프로파일 화면으로 돌아가려면 Close를 선택한다.

Changes

Changes는 프로파일의 변경된 내역과 업데이트된 내역을 확인할 수 있다.

Changes를 확인하는 방법은 아래와 같다.

1. PROFILE SEARCH 화면에서 프로파일을 검색한다.
2. 해당 프로파일을 하이라이트하여 Edit을 선택한다.
3. Options를 선택한다.
4. Changes를 선택한다.

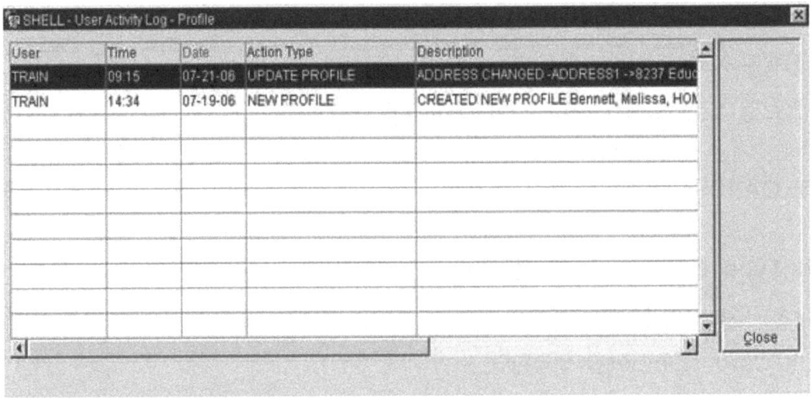

NOTE 프로파일에 업데이트된 변경 로그는 내림차순으로 보인다.

5. 프로파일 화면으로 돌아가려면 Close를 선택한다.

Credit Cards

Credit Cards는 해당 프로파일과 관련된 신용카드 정보를 입력, 수정 혹은 삭제하는 기능이다. 이곳에 신용카드정보를 입력하게 되면 OPERA에서의 Reservations, Billings, Accounts Receivable 등과 같은 곳에서 빠르게 해당 정보를 불러올 수 있다.

프로파일에 신용카드 정보를 입력하는 방법은 아래와 같다.

1. PROFILE SEARCH 화면에서 프로파일을 검색한다.
2. 해당 프로파일을 하이라이트하여 Edit을 선택한다.
3. Options를 선택한다.
4. Credit Cards를 선택한다.

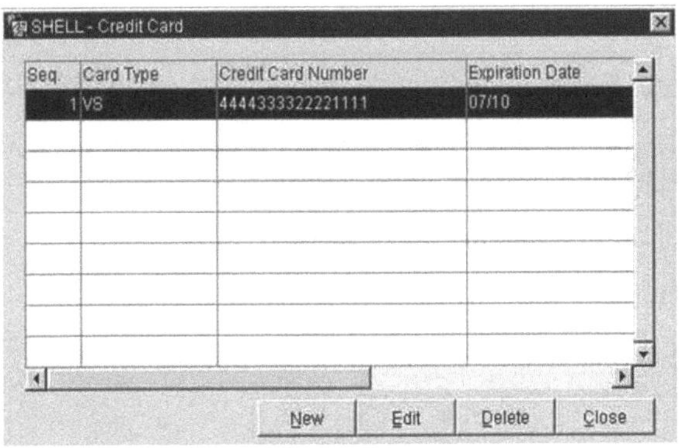

5. 새로운 신용카드 정보를 입력하려면 **New**를 선택한다.
6. 이미 등록된 카드 정보를 변경하려면 **Edit**을 선택한다.
7. 카드 정보를 프로파일에서 삭제하려면 **Delete**를 선택한다.

CREDIT CARD - NEW 화면에서 새로운 카드 정보를 입력하는 방법은 아래와 같다.

1. **Card Type** 필드의 화살표를 선택하여 입력하고자 하는 신용카드 타입을 선택한다(예: Visa, American Express, Master Card).
2. **Credit Card Number**를 입력한다.
3. **Expiration Date**(카드 만료일자)를 입력한다.
4. 신용카드에 표기된 카드 소지자명을 **Name On Card**에 입력한다.
5. **OK**를 선택하여 저장한다.

Delete

Delete 옵션은 프로파일을 데이터베이스에서 완전히 지워버리는 기능이다. OPERA에서는 Delete 기능으로 프로파일을 삭제하기 전 확인 메시지를 보여줌으로써 사용자가 다시 한 번 확인할 수 있게 해 준다.

NOTE 프로파일을 삭제하는 것은 해당 프로파일에 저장된 통계적 자료 및 매출 자료를 모두 잃게 되는 것이므로 추천하지 않는다. 만약 해당 프로파일이 더 이상 사용되지 않는 경우라면 Inactive하는 것이 좋다.

Future

FUTURE RESERVATION에서는 해당 프로파일 아래 생성된 미래의 모든 예약을 확인할 수 있다.

프로파일에서 Future Reservation을 확인하는 방법은 아래와 같다.

1. **PROFILE SEARCH** 화면에서 프로파일을 검색한다.
2. 해당 프로파일을 하이라이트하여 **Edit**을 선택한다.
3. **Options**를 선택한다.
4. **Future**를 선택한다.

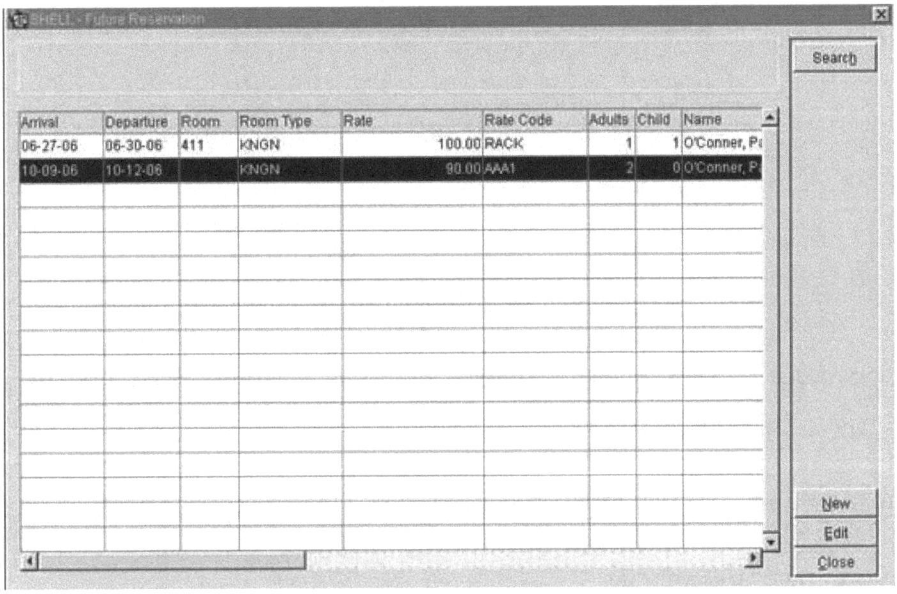

NOTE Future Reservation의 리스트는 날짜 기준으로 오름차순으로 보인다.

위의 화면에서 가능한 옵션은 아래와 같다.

- New 버튼을 통하여 새로운 예약을 만들 수 있다.
- Edit을 선택하면 하이라이트된 예약의 자세한 내역을 확인할 수 있다.

History

History 옵션에서는 해당 프로파일의 과거 및 현재의 예약 정보와 해당 고객이 호텔에서 지출한 매출 내역 등을 확인할 수 있다.

고객 혹은 Account의 History 내역을 확인하는 방법은 아래와 같다.

1. PROFILE SEARCH 화면에서 프로파일을 검색한다.
2. 해당 프로파일을 하이라이트하여 Edit을 선택한다.
3. Options를 선택한다.
4. History를 선택한다.

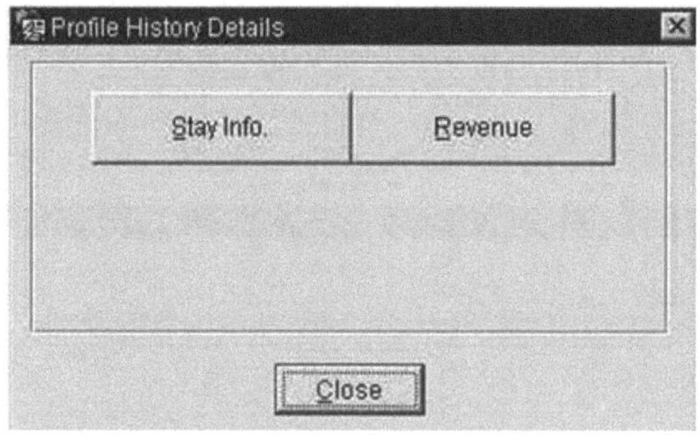

5. 예약에 관련된 History를 확인하고자 할 때에는 **Stay Info.**를 선택하며, 투숙기간에 발생한 매출을 확인하고자 할 때에는 **Revenue**를 선택한다.

NOTE 위의 Revenue 옵션은 호텔에서 Revenue Bucket을 지정한 경우에 확인가능하다.

STAY INFORMATION

Stay History는 현재까지의 Reserved, Due In, Check In, Due Out, Checked Out, No Show, 그리고 Cancelled 상태의 예약 기록은 물론이며, 해당 고객의 Turnaway 기록까지 포함한다.

이 기능에서 제공하는 옵션은 아래와 같다.

- Summary는 연도별 예약과 매출 내역에 대하여 요약한 내용을 보여준다.
- Points는 고객이 소유한 멤버십에 대한 적립 포인트 숫자를 보여주는 MEMBERSHIP POINTS HISTORY 화면을 보여준다. 만약 해당 프로파일에 멤버십이 적용되어 있지 않다면 이 버튼은 선택 사항이 아니다.
- Resv는 하이라이트된 RESERVATION의 예약 화면을 볼 수 있다.
- Turnaway는 해당 고객의 Turnaway로 로그된 예약들의 TURNAWAY STATISTICS 기록을 확인할 수 있다.
- View Folio는 하이라이트된 예약의 FOLIO HISTORY를 확인할 수 있다.
- New는 해당 프로파일에 RESERVATION HISTORY 내역을 사용자가 수동으로 입력할 수 있다.
- Edit은 사용자가 수동으로 입력한 Reservation History 기록을 수정할 수 있다.
- Delete는 시스템에서 History 기록을 영구적으로 삭제할 수 있다.

NOTE 만약 사용자가 수동으로 History를 입력했다면 Points, Resv, View Folio 버튼은 선택할 수 없게 된다.

Merge

Merge Profile은 OPERA에 한 고객에 대하여 중복된 여러 개의 프로파일이 있을 경우 하나의 프로파일로 합쳐 주는 기능이다. 이 기능을 통하여 중복된 프로파일을 없애고 여러 프로파일에 나뉘어 있는 고객의 History 내역도 함께 하나로 만들 수 있다.

두개 이상의 프로파일을 하나로 Merge하는 방법은 다음과 같다.

1. PROFILE 화면에서 Options를 선택한다.

NOTE Merge를 하려고 선택한 첫 번째 프로파일이 Master가 되며 두 번째 선택한 프로파일이 Master 프로파일로 합쳐지게 된다.

2. Merge를 선택한다.
3. PROFILE SEARCH 화면으로 Merge 하려는 프로파일을 선택한 후 OK를 선택한다.

선택한 2개의 프로파일을 왼쪽과 오른쪽에 나누어 비교하여 볼 수 있도록 PROFILE MERGE 화면이 다음과 같이 나타난다.

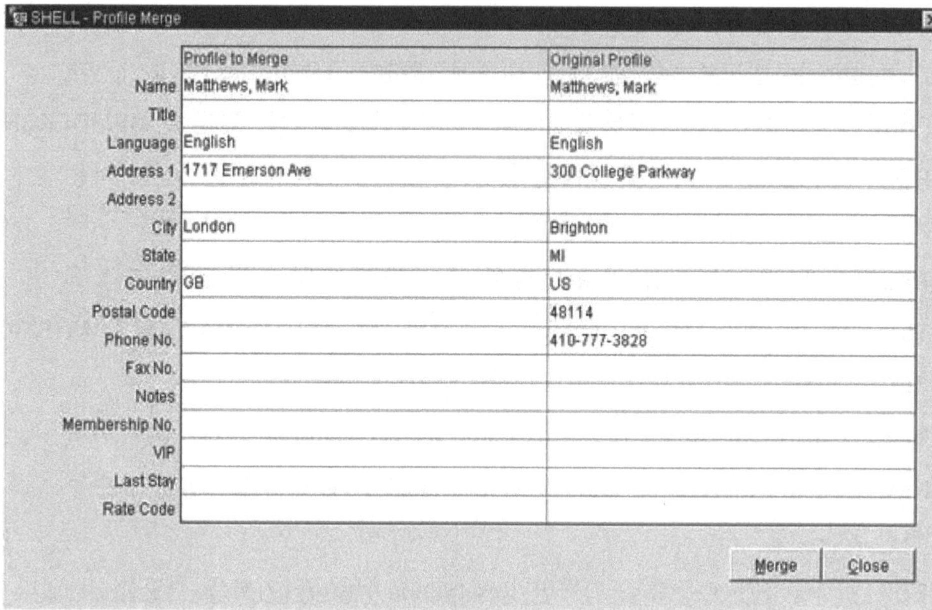

SHELL - Profile Merge

	Profile to Merge	Original Profile
Name	Matthews, Mark	Matthews, Mark
Title		
Language	English	English
Address 1	1717 Emerson Ave	300 College Parkway
Address 2		
City	London	Brighton
State		MI
Country	GB	US
Postal Code		48114
Phone No.		410-777-3828
Fax No.		
Notes		
Membership No.		
VIP		
Last Stay		
Rate Code		

Merge Close

4. 위의 프로파일들을 하나로 합치기 위하여 Merge를 선택하면 모든 정보와 과거 데이터, 매출 등이 합쳐진다.

Negotiated Rates

Negotiated Rates는 해당 회사의 계약 요금만 Rate Query에서 보여주게 함으로써 이를 통해 신속하게 예약을 생성할 수 있게 도와주는 기능이다.

프로파일에 Negotiated Rate를 입력하는 방법은 다음과 같다.

1. PROFILE SEARCH 화면에서 해당 프로파일을 하이라이트하여 Edit을 선택한다.
2. Options를 선택한다.
3. Negotiated Rates를 선택한다.

해당 프로파일에 현재 등록된 Negotiated Rate가 있다면 화면에 보일 것이다.

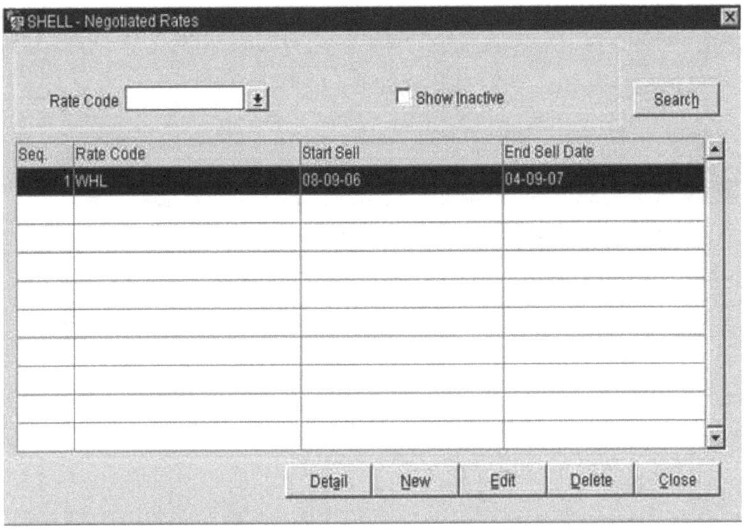

4. 새로운 Negotiated Rate를 입력하기 위해 **New**를 선택한다.

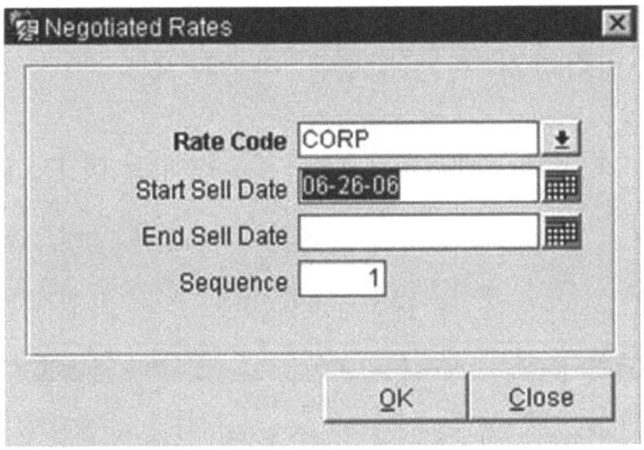

5. **Rate Code** 필드의 화살표를 선택한다.
6. 해당하는 Rate Code를 하이라이트하여 **OK**를 선택한다.
7. 계약기간에 해당하는 **Start Sell Date**와 **End Sell Date**를 입력한다.

NOTE 만약 Rate Code가 완료일자 없이 계속 적용되어야 하는 경우라면 End Date를 입력하지 않고 비워두면 된다.

8. Negotiated Rate를 저장하기 위해 **OK**를 선택하고 Profile 화면으로 돌아간다.

NOTE Negotiated Rate를 입력하면 PROFILE SEARCH 화면에서 해당 프로파일 이름 앞에 달러 표시($)가 표기되며, Rate Code 필드에서도 해당 Rate Code가 보일 것이다. 만약 2개 이상의 Negotiated Rate가 프로파일에 입력되었다면 2개의 달러표시($$)가 보인다.

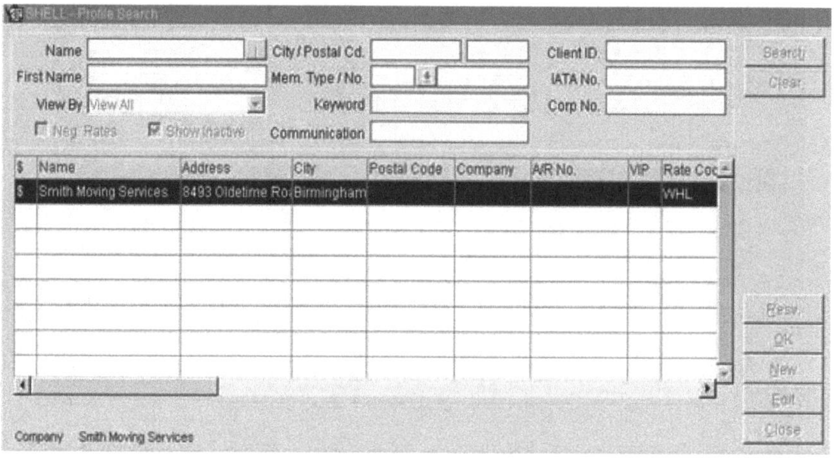

Notes

Profile Notes는 고객에 대한 정보를 추가로 입력할 수 있는 기능이다.

프로파일에 Notes를 입력하기 위한 방법은 다음과 같다.

1. PROFILE SEARCH 화면에서 해당 프로파일을 하이라이트하여 Edit을 선택한다.
2. Options를 선택한다.
3. Notes를 선택한다.

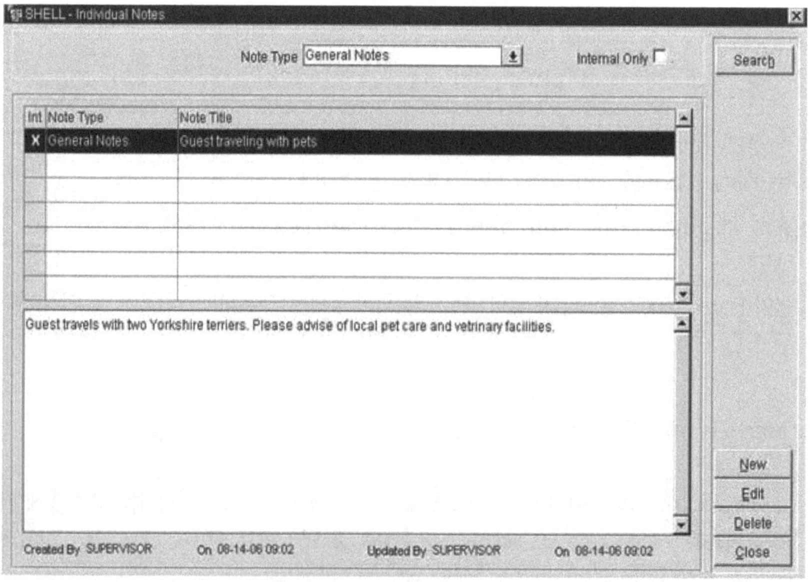

4. **New**를 선택한다.

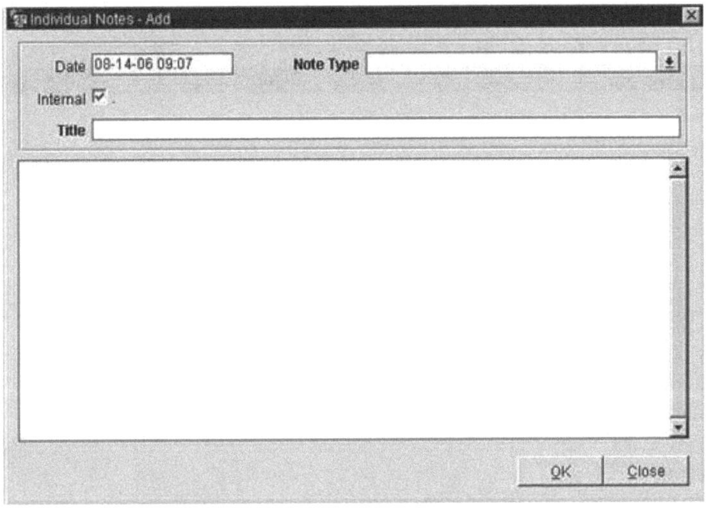

5. **Note Type** 필드의 화살표를 선택하여 타입을 선택한다.

NOTE 만약 Reservation Note Type을 선택하면 이 내용은 해당 고객으로 새로운 예약을 생성할 때 예약 화면에서 Comment 형식으로 보인다.

6. 선택한 Note Type을 하이라이트하여 **OK**를 선택한다.
7. **Title** 필드에 간략히 요약한 내용을 입력한다.
8. 하얀 텍스트 박스를 선택하여 노트 내용을 입력한다.
9. 입력한 내용을 저장하기 위하여 **OK**를 선택하면 **INDIVIDUAL NOTES** 화면으로 돌아간다.

Preferences

Preferences 기능은 고객 혹은 회사에 좀 더 나은 서비스를 제공하기 위하여 고객의 선호사항(예: Room Type, Room Features, Floor, Wine, Newspaper 등)을 입력할 때 사용된다. 이곳에 입력된 내용들은 이 고객 프로파일로 생성되는 모든 미래 예약에 적용되기 때문에 고객이 항상 요청하는 사항들에 대하여 입력하면 된다.

Guest Preference를 입력하는 방법은 다음과 같다.

1. Profile에서 **Options**를 선택한다.
2. **Preferences**를 선택한다.

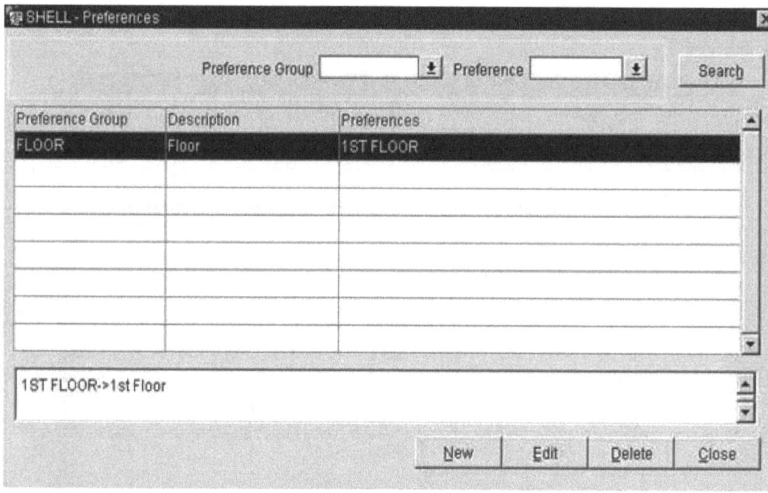

3. New를 선택한다.

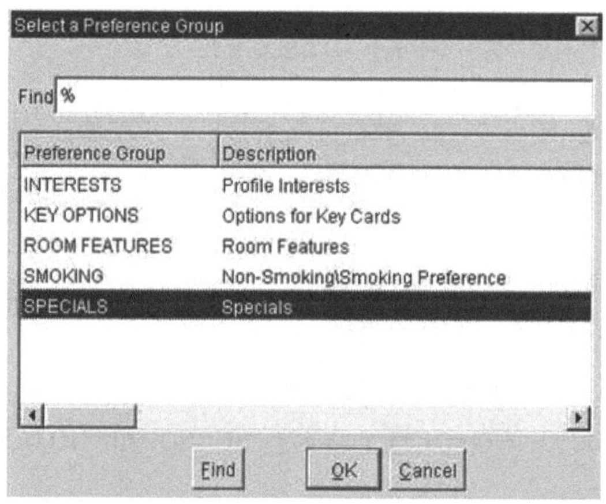

4. 입력하고자 하는 Preference Group을 하이라이트하여 OK를 선택한다.

Preference Group에 대한 설명은 아래와 같다.

- Floor는 고객이 선호하는 객실 층을 의미하며 Check In시 객실을 조회할 때 해당 층에 있는 객실을 먼저 검색한다.
- Interests는 고객의 관심사를 입력하는 것으로 예를 들어 골프 코스, 극장, 이벤트 등을 입력할 수 있다.
- Key Options는 Club Floor, Exercise Room, Guest Room과 같은 곳의 출입이 가능하도록 키를 만들 때 입력한다.

- **Room Features**는 City View나 Quiet Room 등과 같은 특이사항을 입력할 수 있으며, Check In 시 객실을 조회할 때 해당 조건을 가진 객실을 우선적으로 검색할 수 있다.
- **Smoking**은 고객의 흡연 여부에 대한 사항을 입력하여 Check In 시 해당 조건을 가진 객실을 우선적으로 검색한다.
- **Specials**는 Early Check In이나 Late Check Out과 같이 고객의 특별 요청을 입력함으로 Housekeeping 부서나 Front Desk 부서에서 그에 관련된 리포트를 출력하여 그에 대한 객실을 요구 사항에 맞게 준비할 수 있다.

Preference Group을 선택한 후 해당 그룹의 Preference Code를 보여주는 화면이 나타난다.

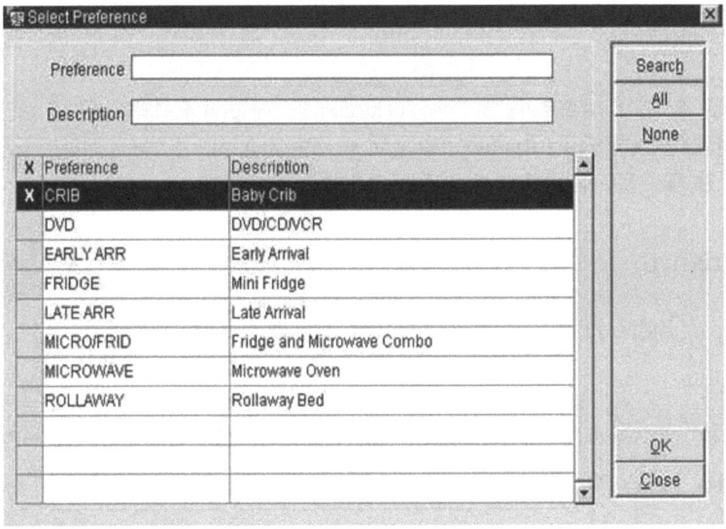

5. 원하는 **Preference**를 하이라이트한다.
6. 마우스를 이용하여 Preference 필드 옆의 “X”를 선택한 후, **OK**를 선택한다.

Privacy

Privacy기능은 해당 고객이 호텔의 프로모션과 같은 호텔관련 정보를 메일로 받을지에 대한 사항을 입력한다.

Privacy기능을 사용하는 방법은 다음과 같다.

1. 프로파일에서 Options를 선택한다.
2. Privacy를 선택하면 아래와 같이 PROFILE PRIVACY 화면이 나타난다.

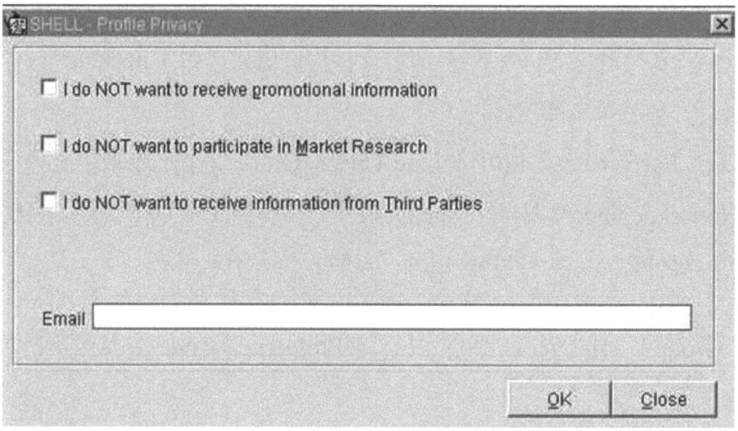

3. 고객이 원하는 Privacy 옵션을 선택하며 Email 주소를 입력한다.

NOTE Email 주소가 고객 프로파일의 Communication 필드에 이미 입력되어 있다면 해당 Email 주소가 화면에 나타나게 되며 PROFILE PRIVACY 화면에서 Email 주소를 수정하게 되면 수정된 Email 주소가 메인 프로파일에도 함께 업데이트가 된다.

Relationship

Relationship은 Individual, Company, Travel Agent, Source, Contact 프로파일 간의 관계도를 나타낸다.

예를 들어 Jim Lawson 고객은 Alpha Sources, Inc 회사의 직원이며, Tim Marks고객은 VIP Sandra Haley의 배우자이며, Asset Management Corp 회사는 County Wide Bank의 자회사라고 Relationship을 입력해 놓게 되면 더 나은 서비스를 제공하는데 도움이 될 수 있다. 또한 프로파일 간 Relationship을 입력하게 되면 Relationship이 형성된 프로파일 간에 Negotiated Rate도 공유가 된다.

프로파일의 Relationship을 생성하기 위한 방법은 아래와 같다.

1. Options를 선택한 후 Relationships를 선택한다.
2. PROFILE RELATIONSHIP 화면에서 New를 선택하면 아래와 같은 화면이 나타난다.

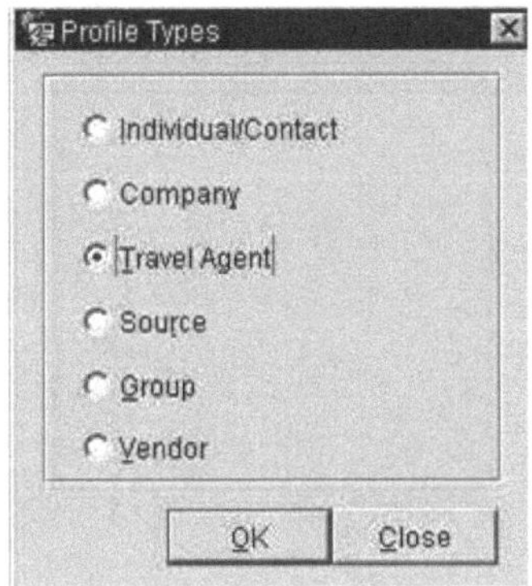

3. 현재 선택한 프로파일과 Relationship을 만들고자 하는 프로파일의 Type을 선택한 후 **OK**를 선택한다.
4. **PROFILE SEARCH**을 사용하여 Individual, Company, Travel Agent, Source, Group 프로파일을 검색한다. 만약 원하는 프로파일이 없다면 **New**를 선택한다.
5. **PROFILE SEARCH** 화면에서 해당 프로파일을 하이라이트한 후 **OK**를 선택하면 아래와 같은 화면이 나타난다.

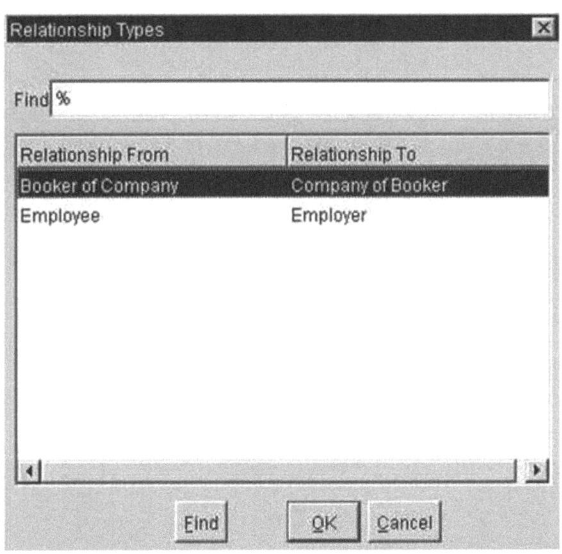

6. 해당하는 **Relationship From/To**를 하이라이트하여 **OK**를 선택한다.

NOTE 여러 개의 Relationship을 추가할 경우 위의 방법을 반복해서 입력하면 된다.

7. 위의 작업이 끝나면 **OK**를 선택하여 프로파일 화면으로 돌아간다.

Chapter 3

Reservation

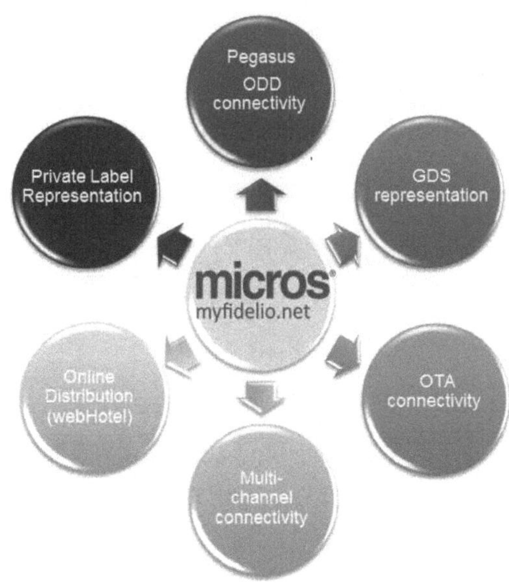

3.1 New Reservation

New Reservation with Rate Query

이번 Chapter를 통해 예약 생성 및 수정, 그리고 취소하는 방법에 대해 알 수 있다. 또한 고객에게 더 나은 서비스 제공하기 위한 추가적인 예약 옵션에 대하여 알아보도록 하겠다.

새로운 예약 생성을 위해 판매 가능한 객실수와 객실료를 확인하는 것이 첫 번째 단계이다.

첫 번째 단계인 Rate Query 화면으로 가기 위한 방법은 아래와 같다.

1. ① F5 Key를 선택하면 RATE INFORMATION 화면을 확인할 수 있는데 그 중 Rate Query 버튼을 선택, 혹은 ② 메인 메뉴에서 Reservation → New Reservation을 선택, 혹은 ③ F7 버튼을 선택한다.

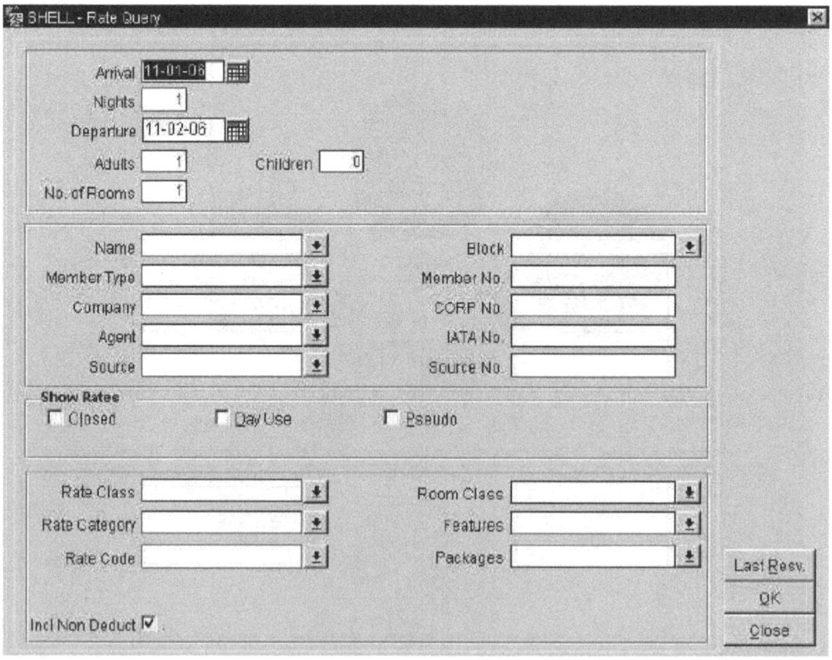

일반적으로 판매 가능한 객실타입 및 가격 범위를 확인하기 위해서는 최소 다음의 조건이 입력되어야 한다.

2. Arrival Date와 Nights를 입력한다.
3. 투숙 인원을 **성인**과 **어린이**별로 입력한다.
4. 만약 예약 고객이 이전에 투숙 기록을 가지고 있는 고객이라면 Name 필드에 고객 이름을 입력한다.

Profile Search 화면이 아래와 같이 나타난다. Profile Search 화면이 나타나면 해당 고객의 프로파일을 찾는다. 이를 통해 신속한 예약 생성이 가능할 뿐 아니라 손님의 이전 예약 기록 혹은 선호 사항들을 확인할 수 있다.

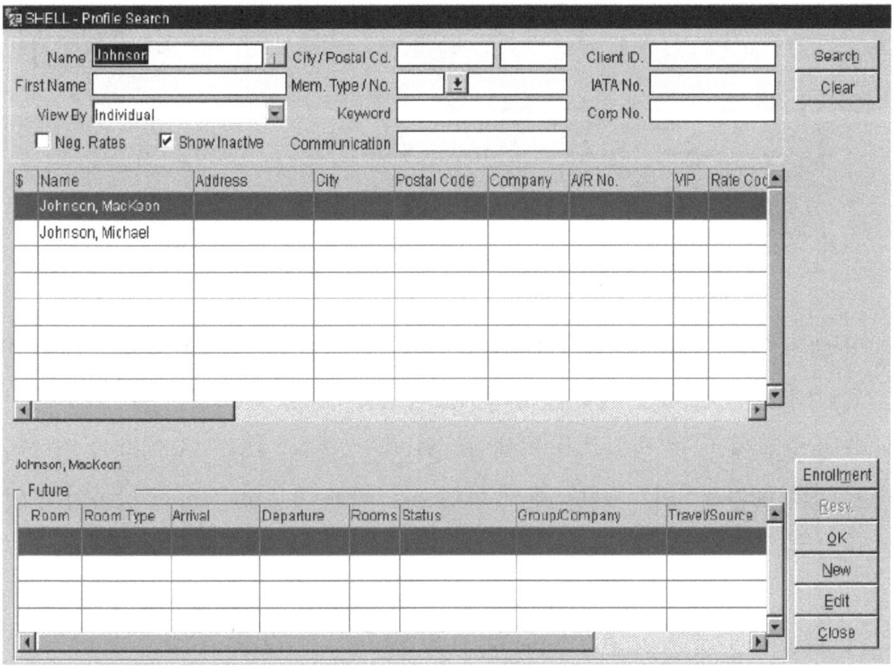

5. 기존 투숙 기록이 있는 고객이라면 Name 필드에 이름을 입력해서 찾을 수 있고 새로운 손님이라면 New 버튼을 통해 새로운 프로파일을 생성할 수 있다.

NOTE 새로운 프로파일 생성은 Profile Chapter를 참고하도록 한다.

6. 필요한 필드를 입력하고 OK 버튼을 선택하면 RATE QUERY 화면으로 돌아간다.
7. Rate Query 화면에서 해당하는 검색 조건을 입력하고 OK 버튼을 선택하면 위에서 입력한 조건에 맞는 판매 가능한 객실 타입 및 객실료를 Grid 형식으로 확인할 수 있다.

RATE QUERY DETAIL 화면이 다음과 같이 나타난다.

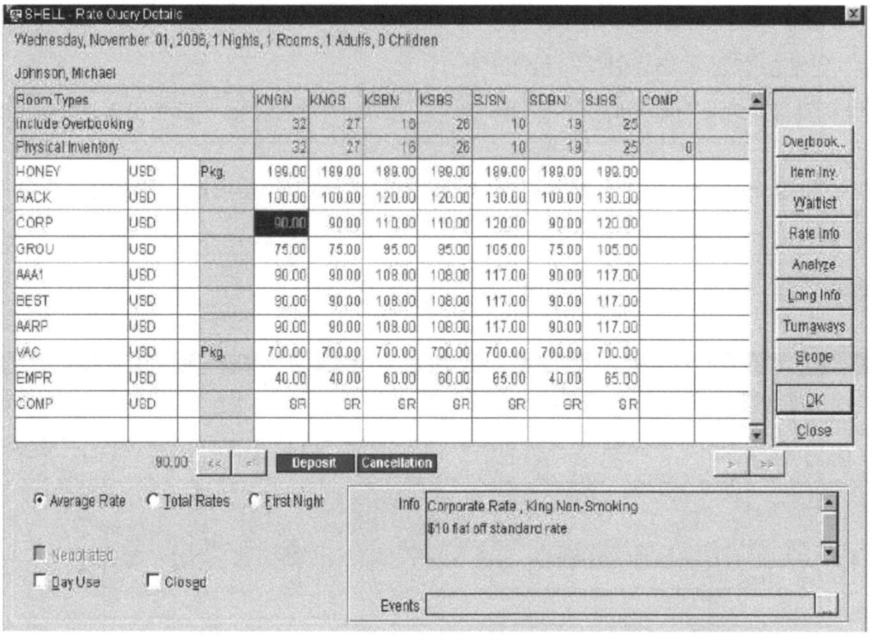

화면 상단에 객실 타입(Room Type), 왼쪽 편에는 객실료 코드(Rate Code)리스트, 그리고 중간에는 실제 해당 객실료(Rate)를 확인할 수 있다.

만약 화면 중간에 있는 객실료가 **녹색**이라면 해당 객실 타입으로 예약이 가능하다는 의미이고, 만약 **빨간색**이라면 해당 객실 타입으로 예약 가능한 객실이 남아있지 않다는 것을 의미한다.

그 중 하나의 셀을 선택하면 그에 해당하는 객실료와 객실 타입에 관련된 설명이 오른쪽 하단 회색 박스에 나타난다. 객실료에 관련된 특이 사항이나 제한 사항 혹은 선수금 및 취소 정보 또한 이 박스 안에 보인다.

- Overbook: 전체 객실수 및 각 객실 타입별 초과 예약 숫자를 확인할 수 있다.
- Item Inv: 만약 하이라이트된 객실료 코드(Rate Code)가 세팅 시 호텔이 보유하고 있는 아이템(예: Rollaway Beds, Baby Cribs)을 첨부하고 있다면 첨부된 아이템의 수량을 보여주고 만약 첨부하고 있지 않다면 호텔이 보유하고 있는 전체 아이템의 날짜 별 수량을 보여준다.
- Waitlist: 만약 고객이 원하는 객실료 혹은 객실 타입이 가능하지 않을 때 이 기능을 통해서 일반 예약이 아닌 실제 Inventory에 영향을 미치지 않는 대기 예약(Waitlist)으로 예약 생성을 가능하게 해준다.

- **Rate Info**: 투숙 기간 동안 날짜 별 객실료, 패키지 요금, 세금 등을 좀 더 자세하게 확인하는 것이 가능하다.
- **Analyze**: 요청된 숙박 일자 동안 객실료 혹은 객실 타입의 관련된 제한 사항이 없는지 확인할 수 있다(예: 특정 날짜가 고객의 도착일이 될 수 없도록 예약 생성 제한, 최소 2박 이상일 시에만 예약 생성 가능하도록 제한).
- **Long Info**: 객실료 코드(Rate Code)에 관련된 좀 더 깊이 있는 설명과 정보를 담고 있다(호텔에서 관련 세부 사항 입력).
- **Turnaways**: 통계 목적으로 예약 진행 중 실제 예약으로 이어지지 않고 문의 단계에서 끝난 이유(호텔 거절: Denials, 손님의 요청 사항이 불가능한 경우: Regrets)나 어떤 형태의 예약에서 발생했는지 기록하기 위해 사용된다.
- **Scope**: 이전 화면인 Rate Query 화면으로 돌아간다.
- **Close**: Rate Query Detail 화면을 종료한다.

8. 예약을 계속 진행하기 위해서 **Rate Query Detail** 화면의 Grid에서 객실료와 객실 타입을 선택한 후 OK 버튼을 선택한다.

RESERVATION 화면이 아래와 같이 나타난다.

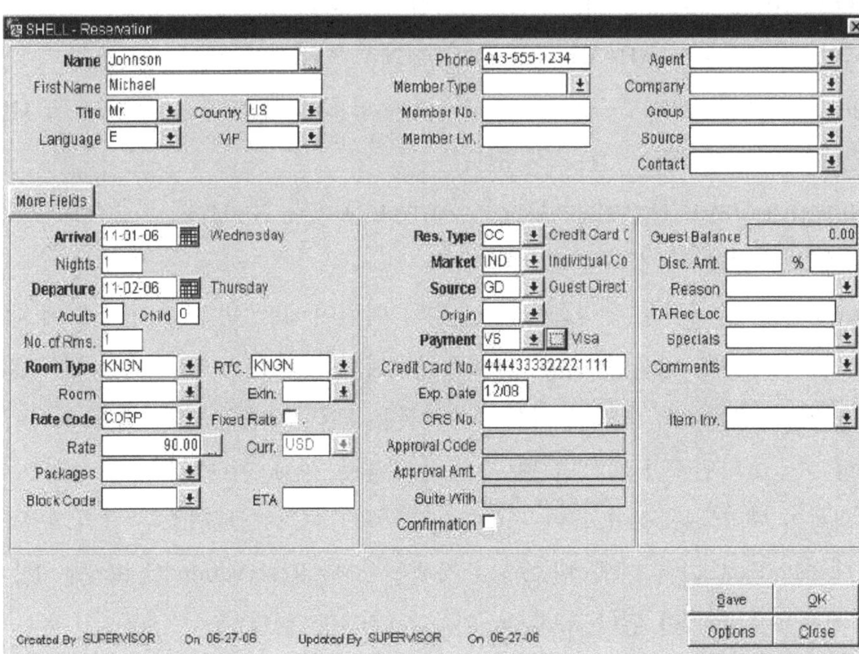

RESERVATION 화면은 아래와 같은 섹션으로 나뉜다.

- Header: 고객의 일반 정보뿐 아니라 회사, 여행사, 그룹, 회원 정보를 가지고 있다. 이름 필드 옆 생략부호 버튼을 누르면 실제 고객 정보를 입력하고 저장할 수 있는 프로파일 화면이 나타난다.
- Detail: 도착일, 출발일, 객실 번호, 객실료 정보, 결제 수단 정보, 그리고 패키지 정보 등 고객이 투숙하는 동안의 숙박 정보를 확인할 수 있다.

9. 모든 필요한 정보를 입력한다. 예약 생성을 위해 반드시 필요한 필드는 굵은 글씨체로 표시되어 보인다.(예: Arrival Date, Departure Date, Room Type, Rate Code, Res Type…)
10. 아래의 방법 중 하나로 예약 정보를 저장할 수 있다.

- OK : 변경 정보를 저장함과 동시에 화면 종료 시 사용한다.
- SAVE : 변경 정보를 저장한다.
- CLOSE : 변경 정보를 저장하지 않고 화면 종료 시 사용한다(현재까지 변경한 정보를 저장할 것인지에 대해 메시지가 나타난다).

RESERVATION 화면 각 필드별 설명:

- Arrival Date: 고객의 도착일 – 날짜를 직접 입력하거나 왼쪽에 있는 달력 박스를 통해서 선택 가능하다(RATE QUERY 화면에서 선택한 날짜를 기본으로 한다).
- Nights: 고객의 숙박 일수 – 이 필드도 Arrival Date와 마찬가지로 RATE QUERY 화면에서 선택한 값을 기본으로 한다.
- Departure Date: Departure Date는 Arrival Date와 Nights를 기준으로 계산되어 자동적으로 값을 가지고 온다.
- Adults/Child: 객실에 투숙하는 성인 수와 어린이 수 – 만약 추가 인원에 대한 추가 요금이 있다면 입력된 수에 따라 객실료에 실질적인 영향을 주는 필드 값이다.
- Number of Rooms: 예약된 객실수 – 기본은 1이다. 예를 들어, 만약 고객이 객실 2개를 요청했다면 2를 넣으면 된다. 이런 방법을 통해 한 번의 예약 생성으로 2개의 객실이 예약되는 것이고 이 경우에는 2개의 객실 예약 번호는 같다. 만약 고객이 각 예약별로 다른 예약 번호를 요청했을 경우 Reservation Option에 있는 Add On 기능을 사용하면 된다(Add On 기능은 추후에 설명).

- Rm. Type: 고객이 요청한 객실 타입 - RATE QUERY 화면에서 선택한 객실 타입을 기본으로 가지고 온다. 화살표 박스를 선택하면 다른 객실 타입 리스트가 보이고 원하는 객실 타입으로 선택 및 변경이 가능하다.
- RTC: Room To Charge라는 필드를 통해서 객실료의 변경 없이 고객의 객실 타입을 고객이 예약 시점에서 요청했던 객실 타입보다 더 좋은 객실 타입으로 변경(Upgrade) 하는 것이 가능하다 - 만약 Rm. Type 필드를 변경하더라도 이 필드는 고객이 원래 예약했던 객실 타입 정보를 가지고 있다.
- ROOM: 고객의 객실 번호. 주로 Check In 시점에서 객실을 지정하지만 예약 시점에서도 객실 지정이 가능하다. 화살표 박스를 선택하면 어떤 객실이 가능한지를 확인할 수 있는 Available Room Search 화면이 나온다.
- Rate Code: 고객에게 청구되는 객실료의 코드로 이 필드도 마찬가지로 RATE QUERY에서 선택한 값을 기본으로 한다. 만약 객실료 코드(Rate Code)를 변경하고자 한다면 화살표 박스를 선택한다. 그러면 다시 RATE QUERY 화면이 나타난다.
- Rate/Fixed Rate: 날짜 별 고객에게 청구되는 객실료 코드(Rate Code)를 입력하면 그에 해당하는 객실료가 자동으로 Update 된다. 만약 숙박 기간 중 객실료가 변경이 되어 일자별 변경된 금액의 세부사항을 보고자 한다면 왼쪽의 박스를 선택하면 된다. Fixed Rate는 이 Chapter의 후반부에 설명이 되니 참고한다.
- Block Code: 만약 이 예약이 Business Block 혹은 그룹에 속해 있다면 관련 코드가 보인다.
- ETA: 고객의 예상 도착 시간을 입력한다.
- Market: 객실료 코드(Rate Code) 선택에 따라 기본 값이 주어진다 - Market은 보고서를 통해 고객이 속한 영업 부분과 고객에게 청구되는 객실료를 정의한다.
- Source: Source를 통해서 예약을 받은 경로를 확인할 수 있다(예: Guest Direct, CRS, Internet) - 객실료 코드(Rate Code) 선택에 따라 자동으로 기본 값이 선택될 수도 있게 설정 가능하다.
- Res Type: 고객이 예약 시점에서 어떤 방법으로 예약을 개런티 했는지를 표시해준다(예: Credit Card, 6pm Hold). 기본 값은 대체적으로 호텔이 가장 많이 사용하는 타입으로 정하는 경우가 일반적이다.
- Payment: 예약을 개런티 하는 결제 방법을 입력하는 필드(예: Visa, American

Express, Cash). 결제 방법을 변경하기 위해서 왼쪽 화살표 버튼을 선택한다. 만약 2개 이상의 결제 방법으로 개런티 한다면 화살표 박스 왼쪽에 있는 생략 부호 박스를 선택 후 추가적인 결제 방법을 입력할 수 있다.

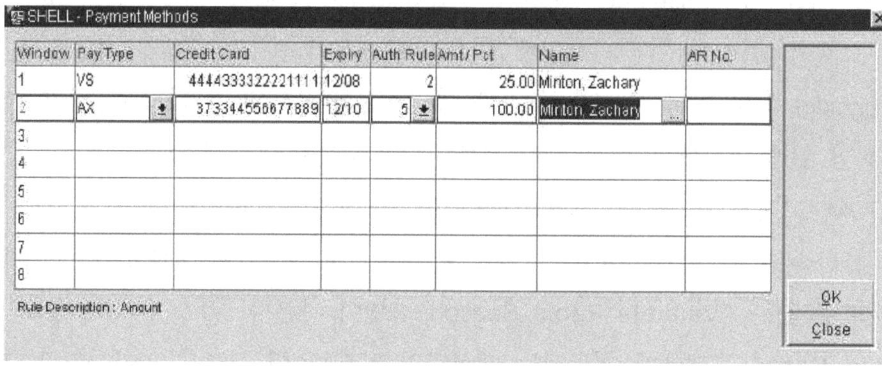

이 화면에서 각 결제 방법 별 승인 Rule도 정할 수 있다. 결제 방법 별 승인 Rule을 정하기 위해 Auth/Rule 필드의 화살표 버튼을 선택한다. 만약 값을 넣어야 하는 Rule이라면 Amt/Rule 필드에 금액, 혹은 Percentage 값을 입력한다.

- Credit Card No: 만약 예약을 신용카드로 개런티 했다면 신용카드 번호를 입력하는 필드이다. OPERA 시스템은 카드 타입에 따라서 입력한 카드 번호가 해당 카드 타입의 번호 체계인지 확인한다. 만약 카드 정보가 고객 프로파일에 입력되어 있다면 기존에 입력된 카드 정보를 사용할 것인지 메시지가 나타난다.
- Exp. Date: 만약 예약을 신용카드로 개런티 한다면 신용카드의 유효기간을 입력하는 필드이다. OPERA는 미래 날짜의 유효기간만 허용한다.
- CRS No: 만약 호텔이 Central Reservation System과 연동되어 있다면 자동으로 그에 대응하는 CRS 예약 번호가 주어진다. 만약 한 예약에 여러 개의 CRS 번호가 부여되었다면 생략 부호 버튼을 선택하여 각 예약 번호를 확인할 수 있다.
- Disc. Amt./%: 예약의 할인 금액이나 할인율을 적용할 때 사용되는 필드이다. Rate 필드는 이 필드에 입력한 값에 의해 변경된다.
- Reason: 할인을 적용한 이유에 대해서 선택하는 필드이다. 화살표 버튼을 통해서 할인 이유 리스트를 확인하고 선택할 수 있다.
- TA Record Locator: 만약 여행사 시스템과 GDS가 연동되어 있는 호텔이라면 여행사 고유 예약 번호가 자동으로 생성 및 입력되는 필드이다.

- Special: 고객의 요청 사항(예: Early Check In, Down Pillow)을 입력하는 필드이다.
- Comment: 예약의 참고 사항을 서술형으로 입력할 수 있는 필드로 만약 Comment를 입력하면 RESERVATION 화면 하단에 빨간색 Comment 박스가 나타난다. 단 한 번의 박스 선택으로 Comment의 내용을 확인할 수 있다.

Comment 필드 왼쪽의 화살표 버튼을 선택하여 Comment를 입력할 수 있다.

- Reservation Comment: RESERVATION 화면에 보인다.
- In-House Comment: Check In 이후 화면에 보인다.
- Cashiering Comment: BILLING 화면에서 보인다.

- Item Inv: 고객이 투숙하는 동안 필요한 아이템(호텔이 구비하고 있는 아이템)을 입력하는 필드(예: Rollaway Beds, Baby Crib, etc.)이다.

예약에 대한 추가 정보를 확인하고 싶다면 Arrival Date 필드 위에 있는 More Field 박스를 선택한다.

MORE FIELDS TAB 화면이 아래와 같이 나타난다.

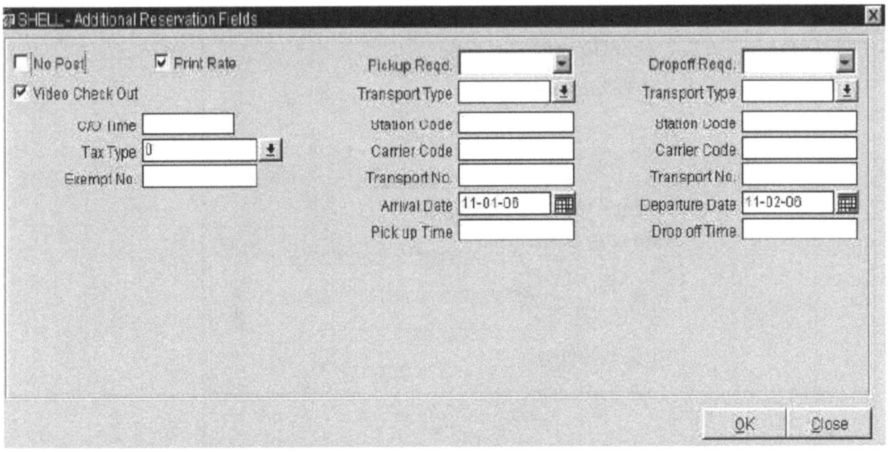

More Field에서 확인할 수 있는 정보는 아래와 같다.

- No Post: 만약 OPERA와 연동되어 있는 모든 과금 시스템(POS 등)에서 이 예약으로 과금 되지 못하게 막고 싶다면 이 박스를 선택한다. 주로 이 박스를 선택하는 경우는 고객이 현금으로 예약을 개런티한 경우이다.

- Print Rate: 등록 카드 혹은 예약 확인서와 같은 예약 관련 문서에 객실료가 표기되기를 원하지 않는다면 Print Rate를 선택하지 않는다.
- Video Check Out: 만약 객실의 TV와 OPERA의 연동 프로그램이 구축된 호텔이라면 고객이 객실에서 TV를 통해 Check Out이 가능하다. 만약 이 박스를 선택하지 않으면 객실에서 TV를 통해 Check Out을 할 수 없게 제한할 수 있다.
- C/O Time: 예상되는 고객 Check Out 시간을 입력한다.
- Tax Type: 고객이 호텔에서 투숙하는 동안 발생하는 모든 요금에 대해서 세금 청구가 가능한 고객인지 아니면 면세 혜택을 가지고 있는 고객인지를 정의해 주는 필드이다. 세금 청구가 기본 값인 것이 일반적이다.

TURNAWAY 화면:

만약 예약 과정 중에 예약 생성까지 이어지지 않고 종료된 경우(RATE QUERY 화면에서든 혹은 RESERVATION 화면에서든), 아래와 같이 Turnaway 화면이 나타난다.

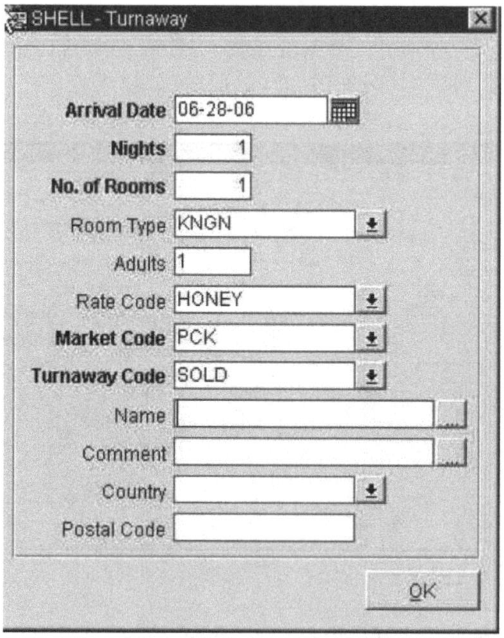

- Turnaway Code를 제외하고는 예약 진행 중 중단된 예약 정보의 값을 기본으로 가지고 온다(예: Nights, No. of Rooms, Market Code 등). Turnaway Code 옆의 화살표 버튼을 통해 값을 선택한 후 OK 버튼을 선택한다.

모든 예약 정보를 넣고 저장을 하면 OPERA 시스템에서 예약 번호를 부여한다.

11. 부여된 예약 번호를 확인하고 OK 버튼을 누른다.

마지막으로 다시 한 번 고객과 예약 정보를 확인하기 위한 CLOSING SCRIPT가 아래와 같이 나타난다.

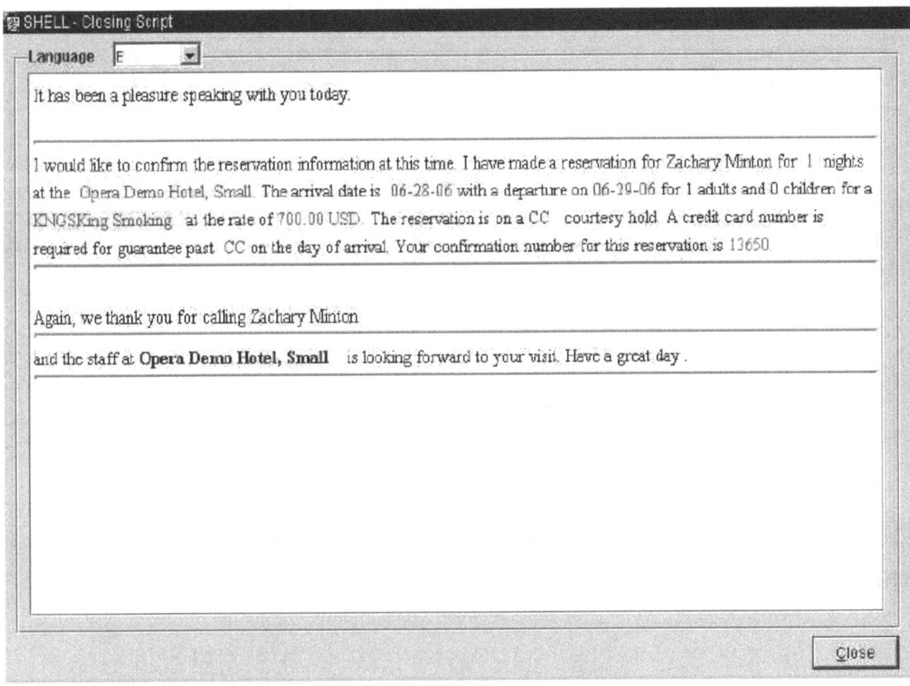

12. 예약 종료를 위해 Close 버튼을 선택한다.

Search and Edit Reservation

이미 생성된 예약을 찾거나 수정하는 방법은 아래와 같다.

1. 메인 메뉴에서 Reservation → Update Reservation을 선택한다. Reservation Search 화면에 없는 예약 검색 조건을 보고 싶다면 Advanced 버튼을 선택한다.

RESERVATION SEARCH 화면은 아래와 같다. 예약 검색 조건은 노란색 박스 안에 있다.

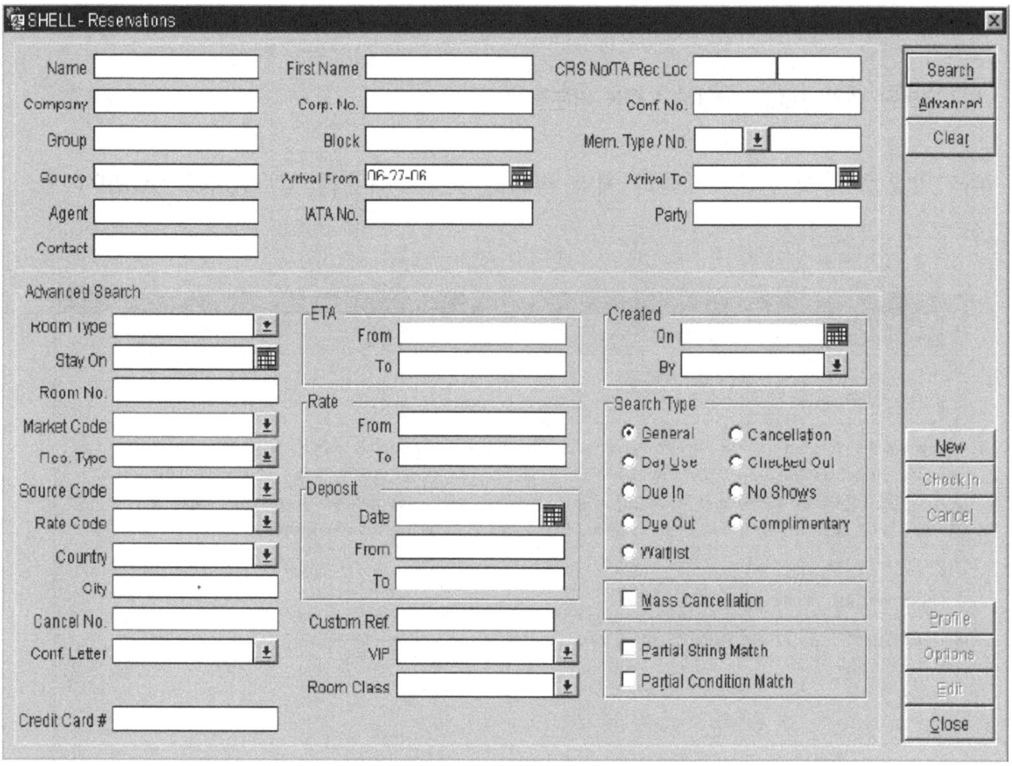

2. 검색 조건(예: Name, CRS No.)을 이용해 고객의 예약을 찾는다.
3. 필요한 모든 검색 조건을 입력했다면 Search 버튼을 선택한다.

위에서 입력한 검색 조건에 맞는 모든 예약 리스트가 화면 하단에 보인다.

Multiple Rate Reservation

객실료 변경은 장기 투숙 예약인 경우나 혹은 고객이 주중, 주말이 함께 포함된 날짜로 투숙을 할 경우 주로 발생한다.

객실료가 변경되는 경우 RATE QUERY 화면에서 아래와 같이 노란색으로 나타난다.

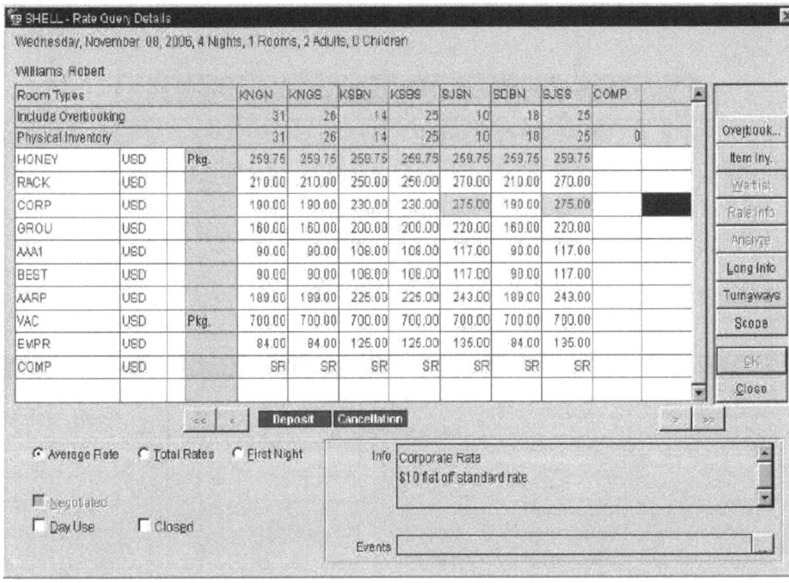

투숙 일수가 2박 이상이면서 투숙 중간에 객실료가 변경되는 예약은 아래와 같은 과정으로 생성 가능하다.

1. Rate Query 화면에서 원하는 객실료를 선택한 후 **OK** 버튼을 누르고 예약을 진행한다.

그러면 아래와 같이 **RATE SUMMARY** 화면이 나타난다.

2. Rate Summary에 표시되는 객실료 변경에 대한 자세한 사항을 고객과 확인하고 **Close** 버튼을 누르고 예약을 계속 진행한다.

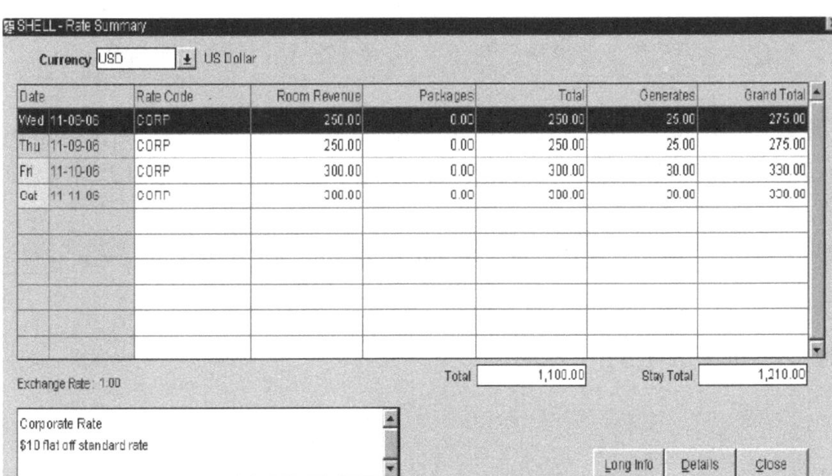

그렇게 하면 투숙 기간 중 객실료가 변경된다는 내용의 메시지가 아래와 같이 나타난다.

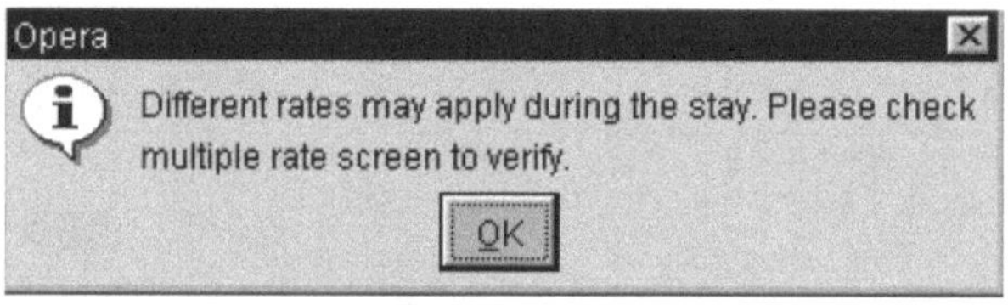

3. OK 버튼을 누르고 예약을 계속 진행한다.

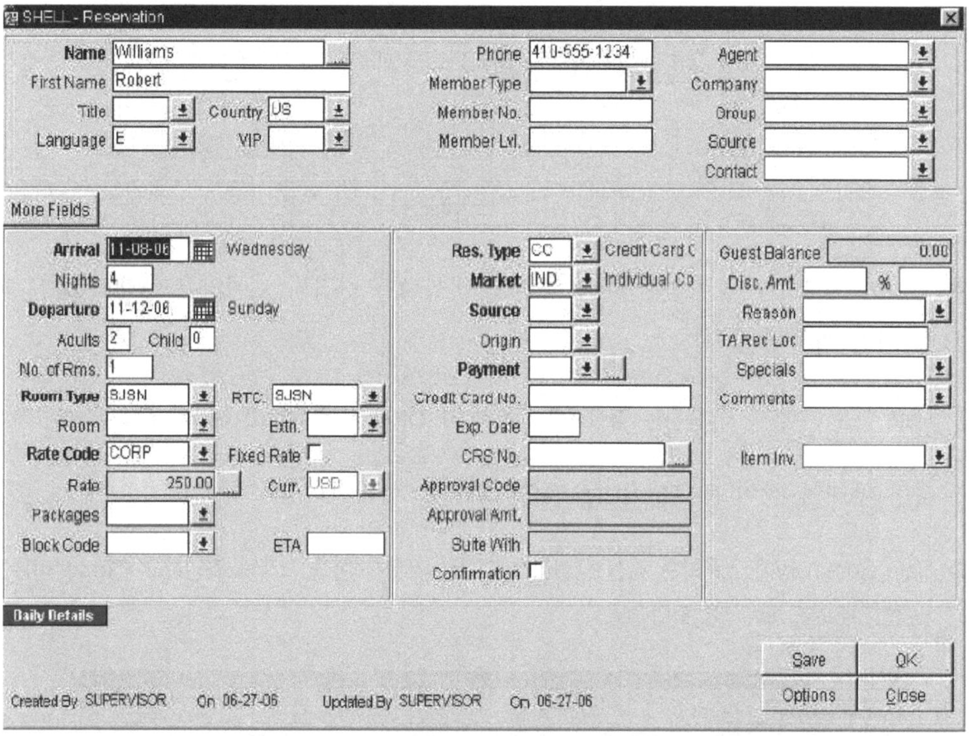

NOTE 투숙 중에 객실료가 변경되면 Rate 필드가 위와 같이 노란색으로 표시된다. 그리고 RESERVATION 화면 하단에 'Daily Details' 박스가 나타난다. 이 박스를 선택하면 날짜 별 객실료를 확인할 수 있다.

4. 객실료에 대한 날짜 별 세부 사항을 보고 싶다면 Rate 필드 왼쪽에 있는 생략 부호 버튼을 선택하거나 Reservation 화면 하단에 있는 'Daily Details' 박스를 선택하면 된다.
5. Daily Details를 선택한다.

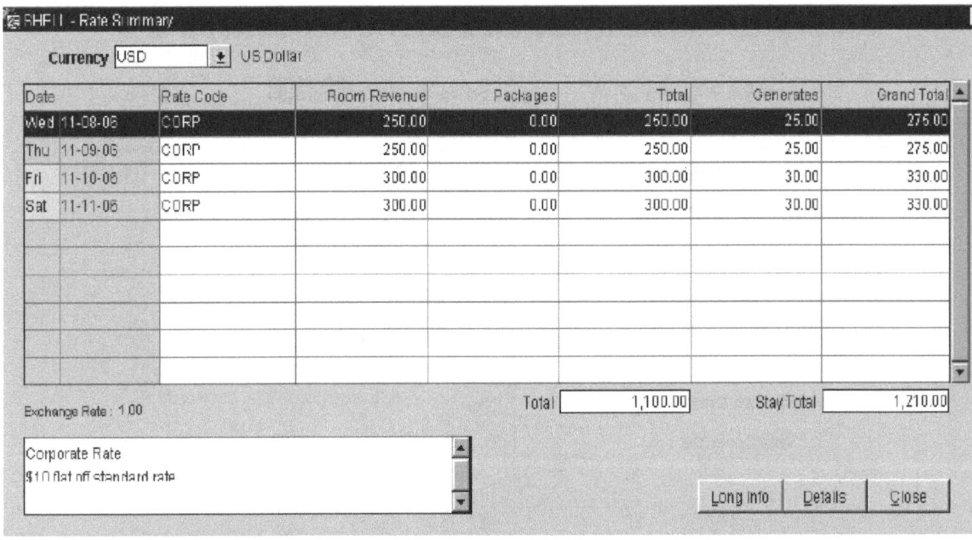
Rate Summary

Currency USD US Dollar

Date		Rate Code	Room Revenue	Packages	Total	Generates	Grand Total
Wed	11-08-06	CORP	250.00	0.00	250.00	25.00	275.00
Thu	11-09-06	CORP	250.00	0.00	250.00	25.00	275.00
Fri	11-10-06	CORP	300.00	0.00	300.00	30.00	330.00
Sat	11-11-06	CORP	300.00	0.00	300.00	30.00	330.00

Exchange Rate : 1.00 Total 1,100.00 Stay Total 1,210.00

Corporate Rate
$10 flat off standard rate

Long Info Details Close

6. **Close** 버튼을 선택하면 Reservation 화면으로 돌아올 수 있고 일반 예약 생성과 마찬가지로 필요한 사항을 입력하여 예약 진행 및 생성을 한다.

Fixed Rate Reservation

경우에 따라 호텔에서 공표된 객실료를 사용하지 못할 때가 있다. 이런 경우 **Fixed Rate** 옵션을 사용할 수 있다. 원하는 객실료로 변경을 하고자 할 때 가능한 그에 대응하는 객실료 코드(Rate Code)를 선택하여 변경하는 것이 좋다. 그렇지만 그에 대응하는 객실료 코드(Rate Code)가 없을 경우 이 옵션을 사용한다.

NOTE 만약 투숙 중 며칠만 할인 금액을 적용하고 싶다면 **Disc Amt** 필드를 이용하는 것이 좋지만 투숙하는 동안 전체 객실료에 대한 금액 변경을 원한다면 이 옵션을 사용하는 것이 좋다.

2박 이상의 예약에 Fixed Rate 옵션을 이용해 객실료를 변경하는 방법은 아래와 같다.

1. 변경을 원하는 예약을 찾아 Reservation 화면으로 들어간다.
2. Rate 정보를 보기 위해서 **Rate** 필드 옆의 생략 부호 버튼을 선택한다.
3. **Daily Details** 버튼을 선택한다.
4. 그러면 다음과 같이 **DAILY DETAILS** 화면이 나타난다.

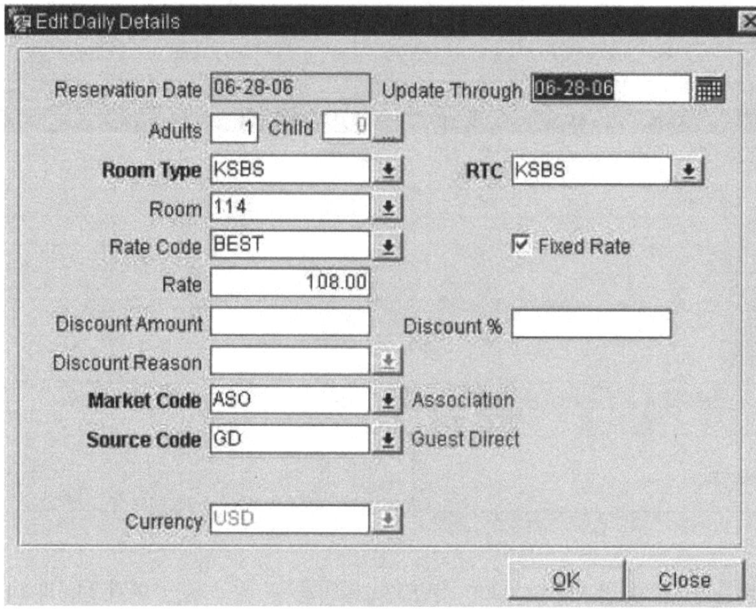

5. Arrival Date에 하이라이트를 하고 **Edit**을 선택한다.
6. **Update Through** 필드에 예약의 Departure Date를 입력한다.
7. **Rate**를 원하는 금액으로 수정한다.
8. 그러면 자동으로 **Fixed Rate**가 선택된다.
9. 변경 사항을 저장하기 위해 **OK** 버튼을 선택한다.
10. **OK** 버튼을 선택하여 Daily Details 화면을 종료한다.
11. **OK** 버튼을 선택하여 변경 사항을 저장하고 예약을 완료한다.

Name Change on a Reservation

예약에 링크되어 있는 프로파일을 다른 프로파일로 변경하는 방법은 아래와 같다.

1. **RESERVATION Search** 화면에서 필요한 조건을 입력하고 변경하고자 하는 예약을 찾는다.
2. 해당 예약을 하이라이트 하고 **Edit** 버튼을 선택한다.
3. **RESERVATION** 화면 상단에 있는 **Name** 필드 옆에 있는 생략 부호 버튼을 선택한다.

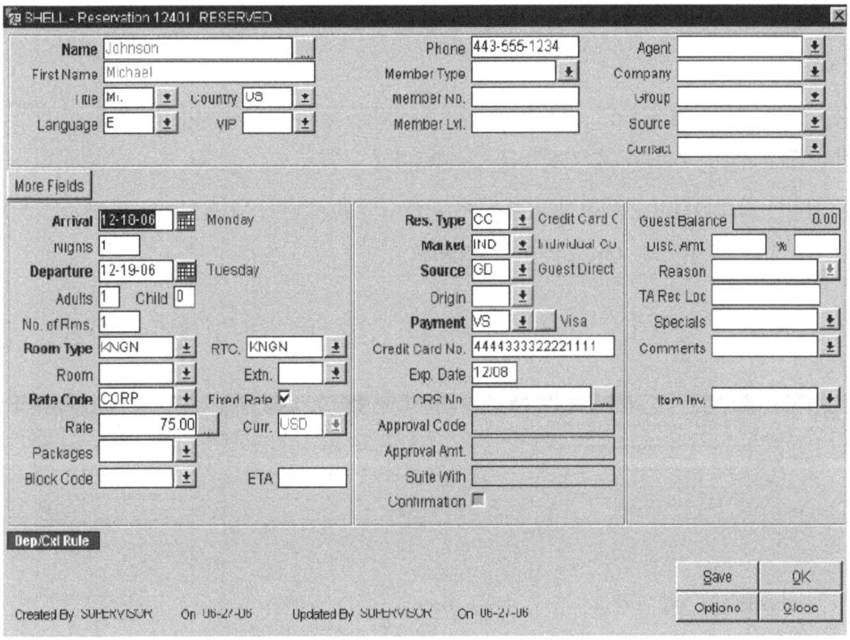

생략 부호 버튼을 선택하면 해당 예약의 프로파일 화면이 나타난다.

NOTE 예약에 링크된 프로파일을 다른 프로파일로 대체하고 싶은 경우 이미 링크된 프로파일 정보를 바로 수정해서 변경해서는 안 된다. 만약 그렇게 한다면 현재 예약에 링크된 프로파일의 정보도 영원히 변경될 뿐 아니라 이 프로파일로 생성된 모든 예약의 프로파일도 변경된 정보와 이름으로 바뀌게 된다.

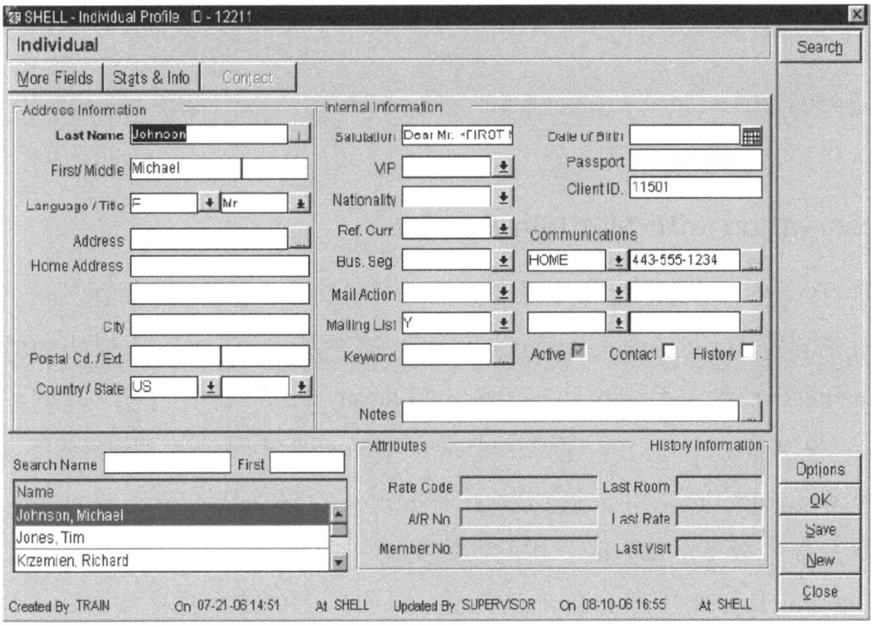

4. PROFILE 화면의 왼쪽 하단의 노란 박스 안에 있는 Search Name 필드에 새로운 고객명을 입력한다.
5. 입력 후 Tab 버튼을 누르면 입력한 조건과 일치하는 고객 프로파일이 여러 개 보인다.
6. 원하는 프로파일을 선택한 후 OK 버튼을 선택한다.
7. 만약 원하는 프로파일이 존재하지 않을 경우 화면 오른쪽 하단에 있는 New 버튼을 선택하여 새로운 프로파일을 생성한 후 OK 버튼을 선택한다.

다시 Reservation 화면으로 돌아오면 아래와 같이 변경된 고객명을 확인할 수 있다.

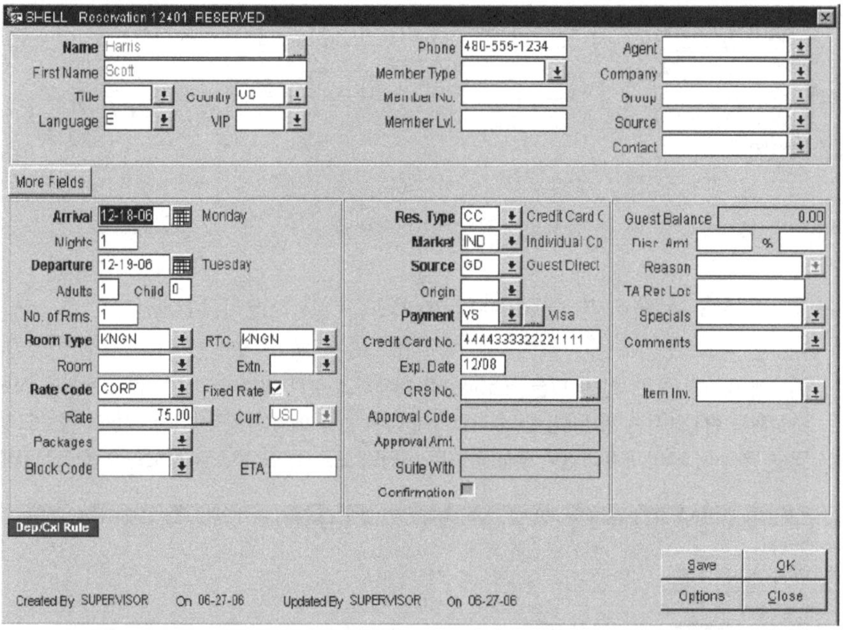

Reservation with Multiple Profiles

Profile Type만 다르다면 하나의 예약에 여러 개의 프로파일을 링크하는 것이 가능하다. 해당 예약에 Travel Agent Profile을 링크할 경우에는 해당 예약에 대한 여행사 수수료(Commission)를 자동 계산하기도 하고 Company Profile을 링크할 경우에는 관련 계약 요금을 예약 생성 시 보여줌으로써 보다 쉽고 빠르게 예약을 생성하도록 도와준다. 또한 Group Profile의 경우에는 Block 예약 생성 시 자동으로 생성 및 예약의 첨부되어 각 그룹별 발생한 Revenue 결과를 쉽게 확인할 수 있다.

다른 Profile Type과 달리 Individual Profile은 모든 예약에 반드시 링크되어야 한다.

Profile Type별 생성 방법 및 추가 정보는 Profile Chapter를 참고한다.

Individual Profile 이외에 다른 Profile Type을 예약에 링크시키는 방법은 아래와 같다.

1. 해당 예약을 검색해 **Reservation** 화면으로 들어간다.
2. 추가적으로 링크하고자 하는 Profile Type(**Company, Travel Agent, Source**) 필드로 가서 옆에 있는 화살표 박스를 선택한다.
3. **PROFILE SEARCH** 화면이 나온다.
4. 기존에 이미 생성된 Profile이라면 검색 후 선택을 하면 되고 새로운 Profile을 링크시키고 싶다면 **New** 버튼을 통해서 새로운 Profile을 생성하면 된다.
5. **OK** 버튼을 선택하면 Profile이 예약에 링크된다.

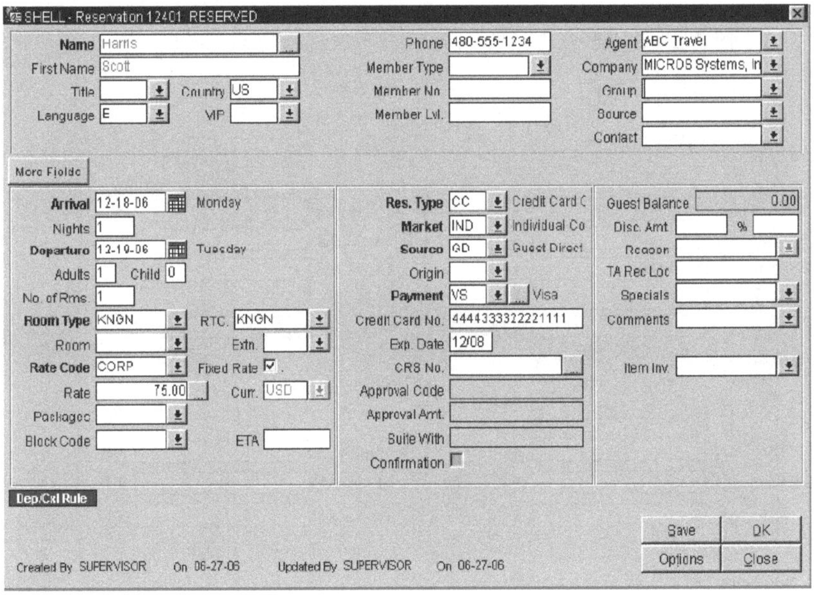

Reservation with Negotiated Rate

회사의 호텔 사용 빈도수나 혹은 신용도에 따라 호텔은 해당 회사와 객실료를 협상하는 경우가 있다. 이 객실료는 호텔이 공표한 요금보다는 할인된 금액으로 반드시 그 회사를 통해 예약이 들어오거나 혹은 그 회사의 직원인 것이 확인이 되어야만 고객이 사용할 수 있는 객실료이다. 만약 회사별로 계약 요금(Negotiated Rate)을 링크시켜 놓으면 그 회사로 예약 생성 시 Rate Query 화면에서 링크된 계약 요금(Negotiated Rate)

만 나타나서 좀 더 빠르고 쉽게 예약 생성을 할 수 있다.

계약 요금(Negotiated Rate)이 있는 Company Profile로 예약 생성하는 방법은 아래와 같다.

1. F7 키를 누르거나 혹은 메인 메뉴에서 **Reservation** → **New Reservation**을 선택한다.
2. 도착일, 투숙 기간, 투숙 인원을 입력한다.
3. 만약 기존에 투숙한 기록이 있는 고객이라면 Rate Query 화면의 **Name** 필드에 이름을 입력한다. 만약 기존 투숙 고객이 아니라면 **Name** 필드는 비워두고 예약을 진행한다.
4. **Company** 필드에 예약 관련 회사명을 입력하고 왼쪽에 있는 화살표 버튼을 선택한다.

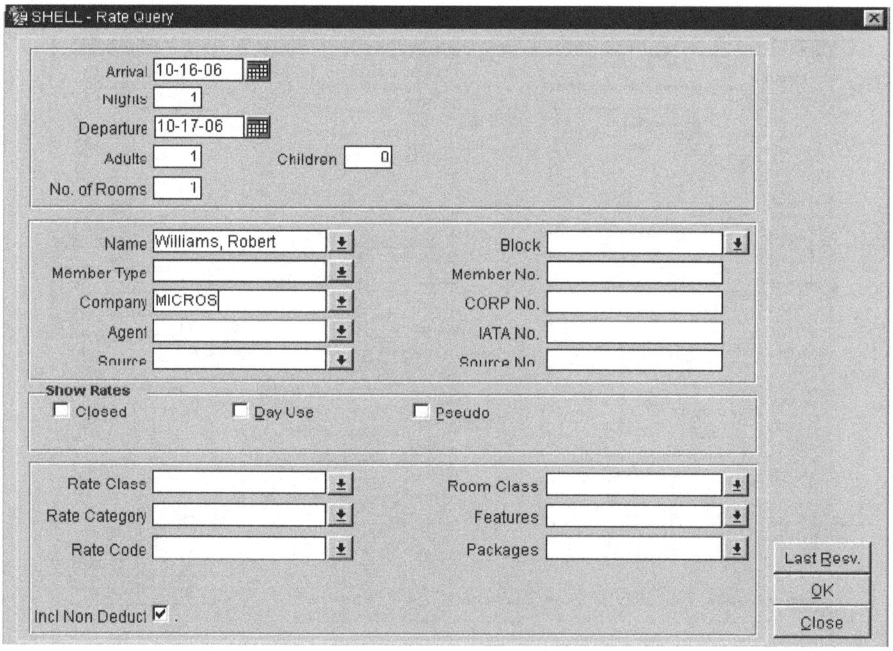

다음과 같이 **PROFILE SEARCH**화면이 나타난다.

NOTE 만약 $표시가 Company 명 왼쪽 편에 아래와 같이 나타난다면 특정 계약 요금(Negotiated Rate)이 Profile과 링크되어 있다는 의미이다.

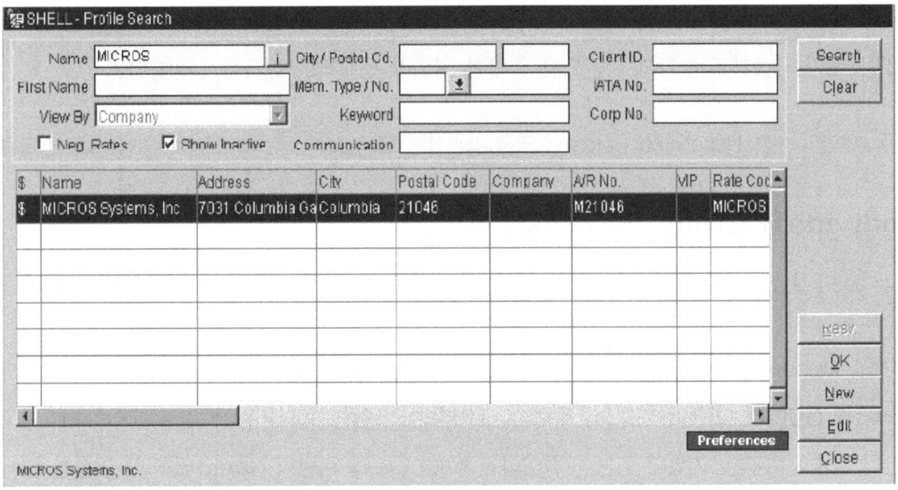

5. 원하는 Company Profile을 선택한 후 **OK** 버튼을 선택한다.

그러면 **RATE QUERY DETAILS** 화면이 나타나는데 이때 이 Company Profile에 링크되어 있는 계약 요금(Negotiated Rate)만 아래와 같이 보이게 된다.

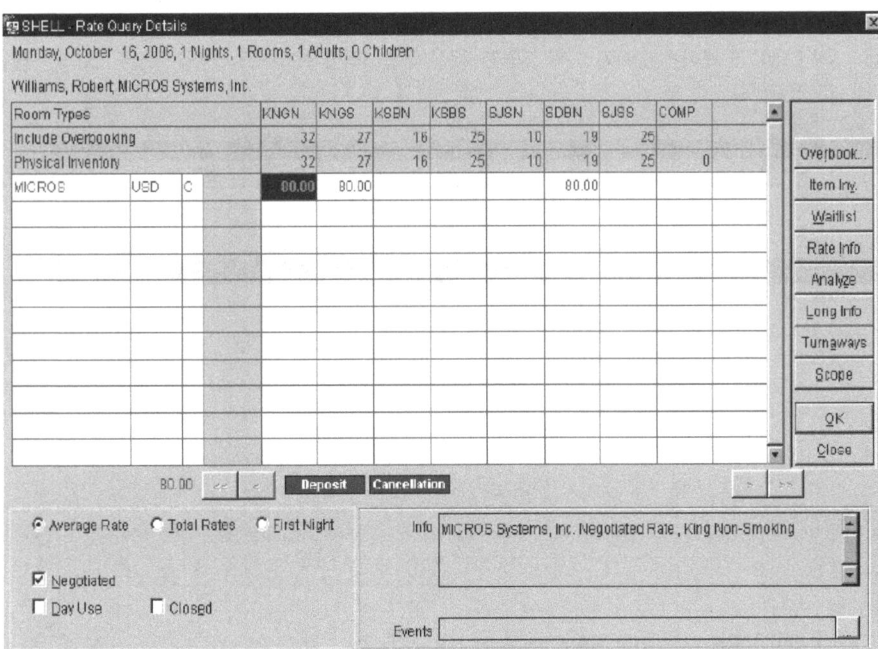

만약 호텔이 가지고 있는 예약 가능한 모든 Rate Code 리스트를 보고 싶다면, Rate Query Details 화면 왼쪽 하단에 있는 **Negotiated** 박스를 해제한다.

6. 화면 Grid에서 예약 가능한 **Room Type**을 하이라이트한 후 **OK** 버튼을 선택한다.
7. 일반 예약 생성과 마찬가지로 반드시 필요한 필드를 입력하고 예약을 완성한다.

NOTE 만약 이때 Negotiated Rate로 예약을 생성하면 Company Profile 또한 예약에 자동 링크된다.

Individual Group Reservation

일반 개인 예약 생성 방법으로 Group 예약을 생성하는 방법은 아래와 같다.

1. Main Menu에서 **Reservation** → **New Reservation**을 선택한다.
2. **RATE QUERY** 화면에 도착일, 투숙 일수, 투숙 인원을 입력한다.
3. 만약 기존에 투숙한 기록이 있는 고객이라면 Rate Query 화면의 **Name** 필드에 이름을 입력한다. 만약 기존 투숙 고객이 아니라면 Name 필드는 비워두고 예약을 진행한다.
4. Rate Query의 오른쪽 중간에 있는 **Block** 필드의 화살표 박스를 선택한다.
5. Block Search 화면이 나타나면서 화면 상단에 2번에서 입력한 도착일과 숙박 일수에 포함하는 모든 Block 리스트를 확인할 수 있다. 그리고 화면 하단에서는 하이라이트한 Block의 예약 가능한 객실 타입이 보인다.

NOTE 하단 Grid에 보이는 숫자가 예약 가능한 객실 타입이라면 **녹색**으로, 만약 그렇지 않다면 **빨간색**으로 표시된다.

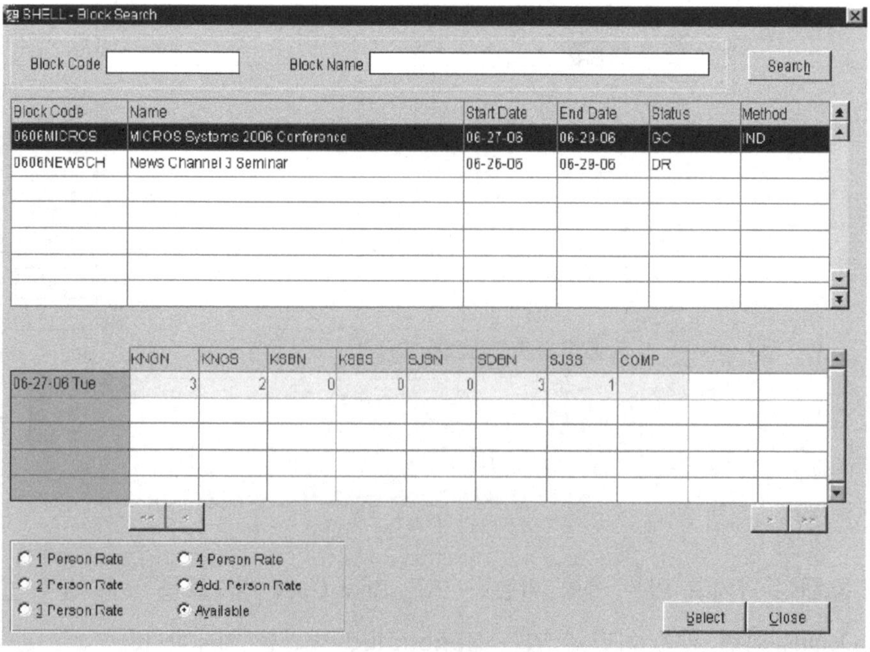

만약 선택한 객실 타입의 해당하는 객실료를 확인하고 싶다면 화면 왼쪽 하단에 있는 Rate Option(예: 1 Person Rate)을 선택한다.

6. 원하는 객실 타입에 하이라이트를 하고 Select 버튼을 선택한다.

그러면 RESERVATION 화면에 방금 선택한 Block의 Block Code와 Room Type이 기본 값으로 자동 입력된다.

7. 일반 예약 생성 방법과 똑같이 필요한 필드 입력 후 OK 버튼을 선택하여 예약을 완료한다.

NOTE 그룹 예약의 경우에는 그룹마다 개별적으로 계약이 이뤄지는 경우가 대부분이므로 객실료 코드(Rate Code)를 사용하지 않고 객실료를 직접 입력하는 경우가 많다. 이럴 경우 Reservation 화면의 Rate Code 필드가 공란이다.

Cancel a Reservation

예약을 취소하는 방법은 아래와 같다.

1. 메인 메뉴에서 Reservation → Update Reservation을 선택하면 RESERVATION SEARCH 화면이 나타난다.
2. 필요한 검색 조건을 입력하여 취소할 예약을 찾는다.
3. 취소할 예약을 하이라이트한 후 Cancel 버튼을 선택한다.
4. Reason 필드 옆의 화살표 버튼을 선택하여 취소 이유를 선택한다.
5. 만약 추가적으로 취소 사유를 입력하고 싶다면 CANCELLATION 화면의 하얀 박스를 선택 한 후 입력할 수 있다. 추가적인 취소 사유를 입력한 후 OK 버튼을 눌러 변경 정보 저장 및 예약 취소를 완료한다.
6. 아래와 같이 예약 취소 번호가 나타난다.

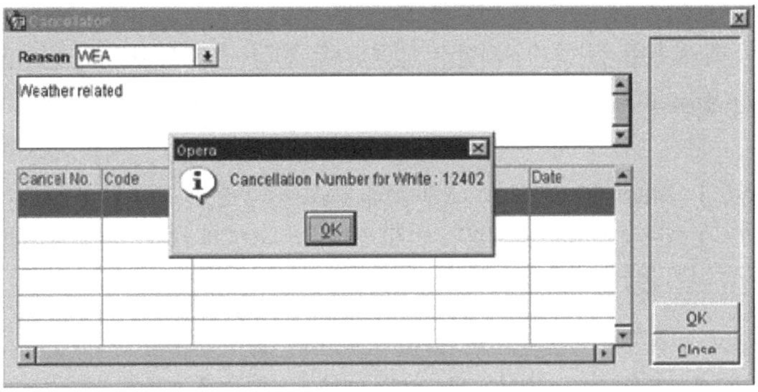

Reinstate a Reservation

취소된 예약을 일반 예약으로 복원시키는 방법은 아래와 같다.

1. 메인 메뉴에서 Reservation → Update Reservation을 선택하면 RESERVATION SEARCH 화면이 나타난다.
2. 필요한 검색 조건을 입력한 후 복원을 해야 하는 취소 예약을 찾는다.
3. 취소 예약을 선택한다.
4. Reinstate 버튼을 선택한다.

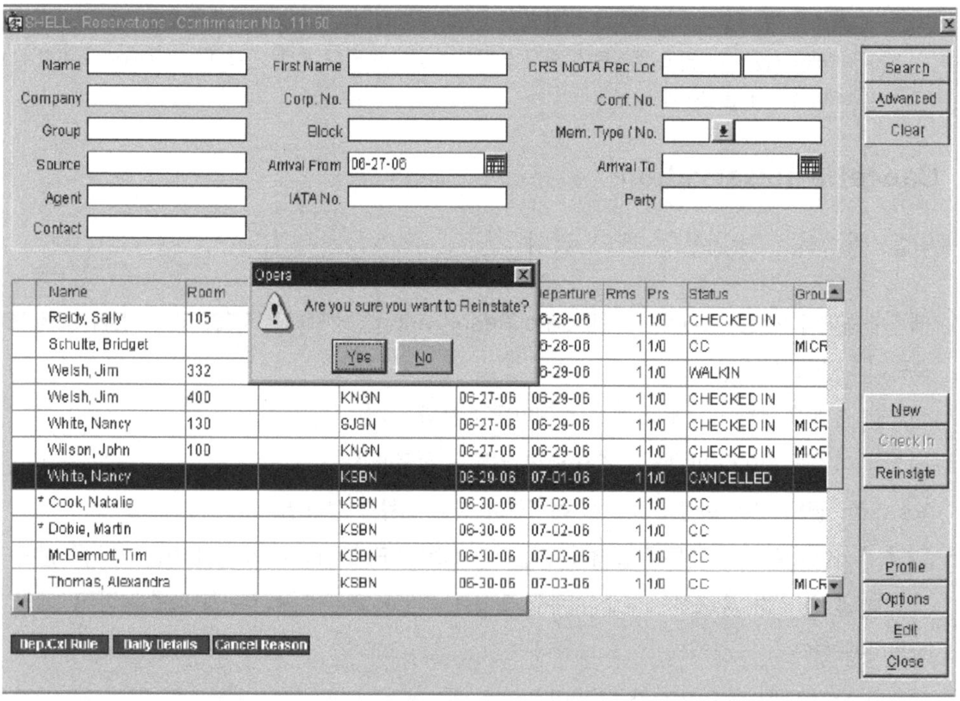

5. 위와 같은 Message가 뜨면 Yes 버튼을 선택한다.
6. 만약 복원 후 예약 관련 정보 변경사항이 있을 경우 변경 후 OK 버튼을 선택한다.
7. 고객에게 예약 확인 번호를 알려준다.

NOTE 만약 호텔이 Central Reservation System과 2-Way로 연동이 되어 있다면 예약 번호는 복원 전의 예약 번호가 아니라 새로운 번호이다. 만약 연동되는 Central Reservation System이 없다면 복원 전 예약번호와 같은 예약번호가 부여된다.

Waitlist a Reservation

만약 고객이 요청한 날짜에 판매 가능한 객실이 없거나 혹은 고객이 원하거나 선호하는 객실이 예약 시점에 없는 경우에는 대기 상태(**Waitlist**)로 예약을 생성할 수 있다.

대기 상태로 예약을 생성하는 방법은 아래와 같다.

1. **RATE QUERY** 화면에서 판매 가능한 객실이 없다면 **Waitlist** 버튼을 선택한다.

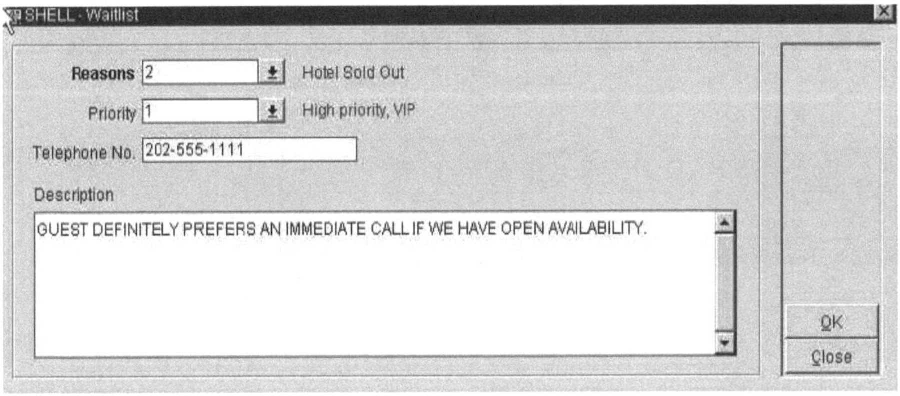

2. Waitlist 화면이 나타나면 **Reason** 필드 옆에 화살표 버튼을 선택하여 대기 상태로 예약을 생성하는 이유를 선택한다.
3. **Priority** 필드 옆에 화살표 버튼을 선택하여 예약 가능한 객실이 생길 경우 우선적으로 연락해야 하는 순서를 결정하는 Priority(예: VIP 고객 혹은 자주 방문하는 고객이 주로 가장 우선시 되는 경우가 많다)를 선택한다.
4. **Description** 필드에 추가 세부 사항을 입력한 후 **OK** 버튼을 선택한다.
5. 일반 예약 생성과 동일한 방법으로 반드시 필요한 필드를 입력한 후 대기 예약을 생성한다.

NOTE 대기 예약은 일반 개인 예약뿐 아니라 Group 예약에도 적용 가능하다. 실제 예약이 아닌 대기 상태의 예약일지라도 Reservation 화면에서 예약 정보 수정이나 변경은 일반 예약과 같이 가능하다. 만약 호텔 객실 예약 상황이 변해 추가 예약을 받을 수 있는 상황이라면 대기 예약을 검색하여 수동으로 실제 예약으로 변경할 수 있다.

WAITLIST 화면에서 대기 예약을 검색할 수 있다.

만약 고객이 투숙하고 싶은 날짜에 고객이 요청했던 객실료로 혹은 객실 타입으로 예약이 가능해지면 실제 예약으로 Status 변경을 할 수 있다. OPERA 시스템은 Night

Audit 진행 중에 대기의 예약의 Departure Date가 Night Audit 실행날짜보다 2일 이상 지난 대기 예약을 자동 삭제함으로써 Waitlist에 데이터가 무한정 쌓이는 것을 막아준다.

대기 상태의 예약을 검색하고 일반 예약으로 상태 변경을 하거나 예약 취소하는 방법은 아래와 같다.

1. 메인 메뉴에서 **Reservation → Waitlist**를 선택한다.

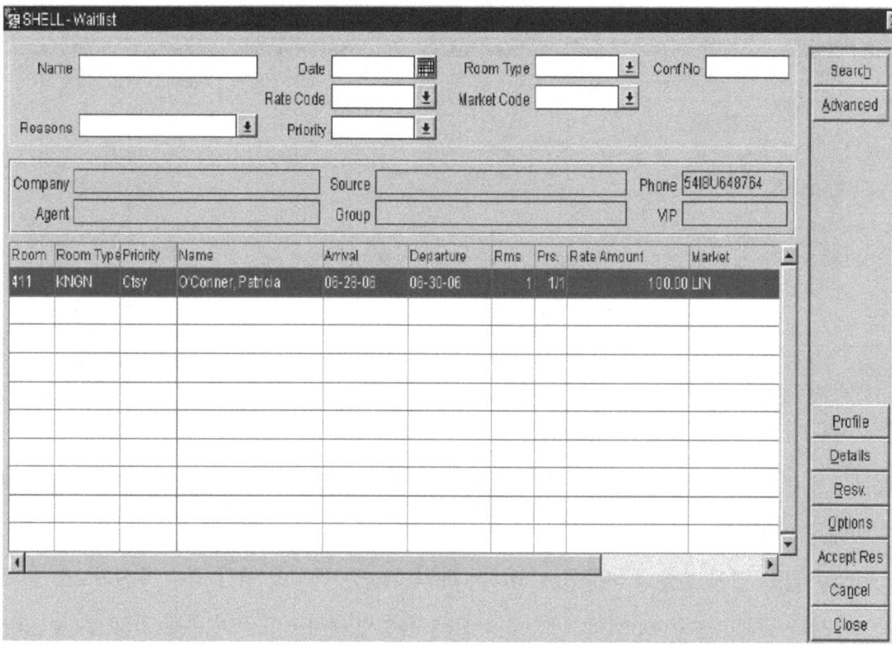

2. 대기 예약을 검색하기 위해 **Name**과 **예약 번호**를 입력한다.

NOTE **Advanced** 버튼을 선택하면 Company, Source, Agent, Group 등 추가적인 검색 조건을 확인할 수 있다. **Details** 옵션을 선택하면 대기 예약의 이유와 세부 사항을 확인할 수 있다.

3. 일반 예약으로 상태 변경을 원하는 대기 예약을 하이라이트한 후 **Accept Res** 버튼을 선택한다.

그러면 대기 예약이 일반 예약으로 변경된다.

4. 일반 예약과 동일한 방법으로 예약을 마무리짓고 **OK** 버튼을 선택한다.

3.2 Reservation Options

Reservation Option은 더 나은 고객의 요청 응대와 예약 관리를 위해 여러 가지 기능들을 제공한다. RESERVATION 화면 혹은 RESERVATION SEARCH 화면에서 특정 예약을 하이라이트한 후 Option 버튼을 누르면 아래와 같은 화면(Reservation Option)이 나타난다.

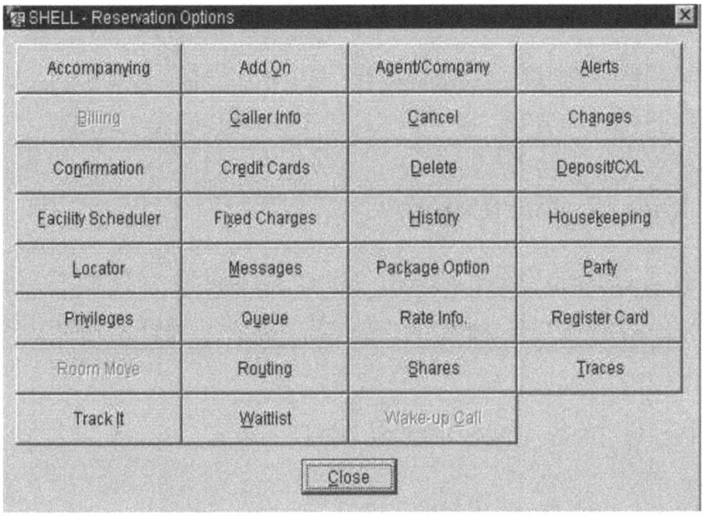

Accompanying Guest

이 기능은 동반 투숙객을 예약에 등록하는 가장 간단한 방법이다. 만약 동반 투숙객이 있다고 하더라도 별도의 예약 번호를 부여해야 할 필요가 없거나 계산 시점에서 따로 계산해야 하는 상황이 아니라면 동반 투숙객 등록에 가장 많이 사용되는 기능이다.

동반 투숙객을 예약에 등록하는 방법은 아래와 같다.

1. Option Menu에서 Accompanying을 선택한다.
2. PROFILE SEARCH 화면에서 기존 프로파일을 검색하거나 New 버튼을 통해서 새로운 프로파일을 생성한다.
3. 원하는 프로파일을 찾았거나 혹은 새로운 프로파일을 생성했다면 해당 프로파일을 선택하고 OK 버튼을 선택한다.

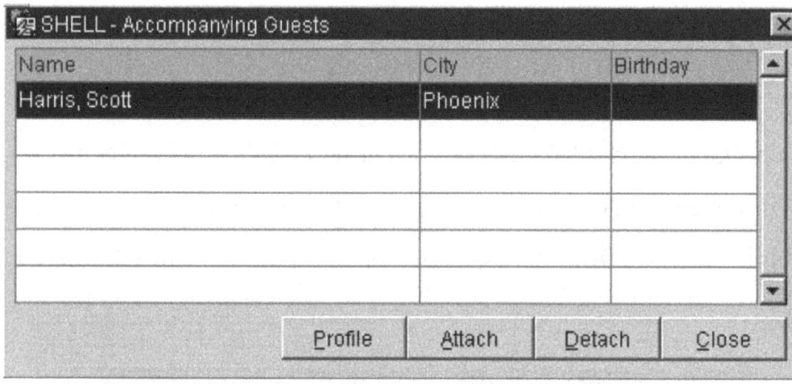

4. 만약 동반 투숙객을 더 예약에 추가하고 싶다면 **Attach** 버튼을 선택한다.
5. 만약 이미 추가된 동반 투숙객을 삭제하고 싶다면 **Detach** 버튼을 선택한다.

Add-On Reservation (Copy)

기존의 예약을 똑같이 복사하여 새로운 예약을 생성하고 싶다면 이 기능을 사용할 수 있다. 이 기능을 통해서 다른 예약 번호를 가진 새로운 예약을 빠르고 쉽게 복사 및 생성할 수 있다.

Add On 예약을 생성하는 방법은 아래와 같다.

1. Option Menu에서 **Add On**을 선택한다.

ADD ON 화면이 아래와 같이 나타난다.

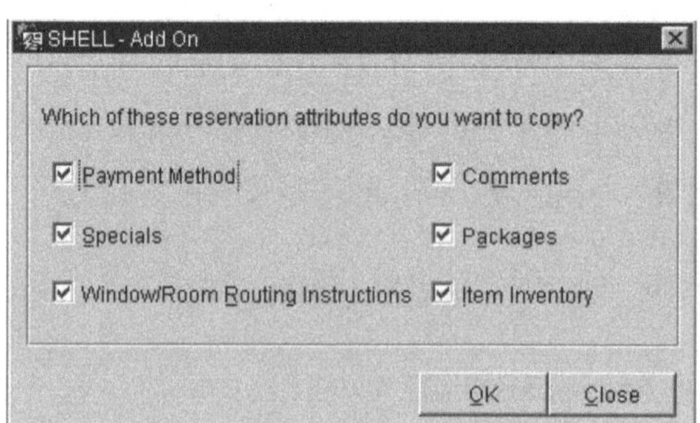

2. 기존 예약에서 복사하고자 하는 속성을 선택 혹은 선택 취소한다. 만약 특정 속성에 대해서 선택 취소를 하지 않으면 모든 속성이 기본적으로 새로운 예약에 복사된다.

3. 원하는 속성을 선택하고 **OK** 버튼을 선택한다.

OK 버튼을 누르면 **RESERVATION** 화면이 나타나며, 이 예약은 예약 번호가 부여되지 않은 미완성 예약 화면이다.

NOTE 복사한 예약의 프로파일 정보는 기존 예약의 프로파일 정보를 가지고 오는 것이 기본이다. 만약 예약의 프로파일 정보를 변경해야 한다면 이번 Chapter의 "Name Changes on a Reservation"을 참고한다.

4. 필요한 예약 정보를 변경한 후 **OK** 버튼을 누르면 예약 번호가 부여되면서 새로운 예약이 생성된다.

NOTE **OK** 혹은 **Close** 버튼을 통해서 새로운 예약의 예약 화면에서 나오게 되면 복사한 기존의 예약 화면의 **Option** Menu 화면이 나타난다. 만약 추가적으로, Add On 기능을 통해서 예약을 복사해야 한다면 같은 방법으로 계속 진행하면 된다.

Agent/Company

Agent/Company Option은 하나의 예약에 여러 개의 프로파일을 링크시키는 방법 중 하나이다. 해당 옵션을 통해 Travel Agent, Company, Source, Group Profile을 링크시키는 방법은 아래와 같다.

1. **Option** Menu에서 **Agent/Company**를 선택한다.

그러면 아래와 같이 **PROFILE LINKAGE** 화면이 나타난다.

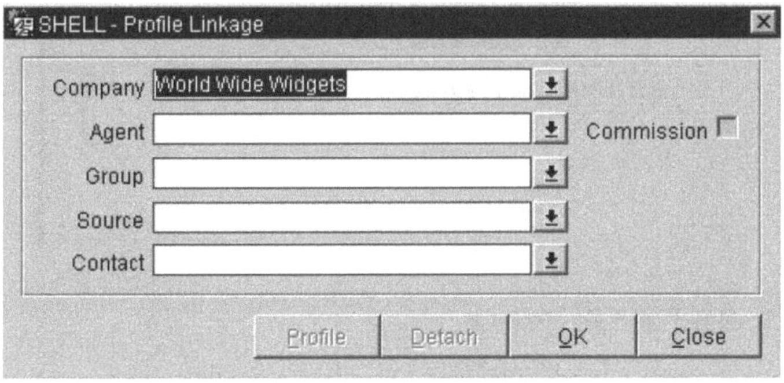

2. Company Profile을 링크하기 위해서는 **Company** 필드 옆의 화살표 박스를 선택한다.
3. Travel Agent Profile을 링크하기 위해서는 **Agent** 필드 옆의 화살표 박스를 선택한다.
4. Source 혹은 Group Profile을 링크하기 위해서는 **Source** 혹은 **Group** 필드 옆의 화살표 박스

를 선택한다.

5. PROFILE SEARCH 화면이 나타나면 링크하고자 하는 프로파일을 검색하여 하이라이트한 후 OK 버튼을 선택한다.
6. 그러면 PROFILE LINKAGE 화면으로 돌아오게 되고 OK 버튼을 선택해 변경 내용을 저장한다.

RESERVATION OPTION 화면으로 돌아오게 된다.

Alerts

이 기능은 사용자가 예약화면을 열 때마다 Pop Up 형태의 메시지를 보여줌으로써 사용자가 예약에 대해 인지해야 하는 내용에 대해 전달하는 기능이다. 이 기능은 메시지의 내용에 따라 어느 시점, 어떤 화면에서 보이게 할지를 다르게 설정할 수 있다. (Check In, Check Out 등등)

예약에서 Alert 기능 사용 방법은 아래와 같다.

1. Option Menu에서 Alerts를 선택한다.
2. New 버튼을 선택한다.

ALERT INPUT 화면이 아래와 같이 나타난다.

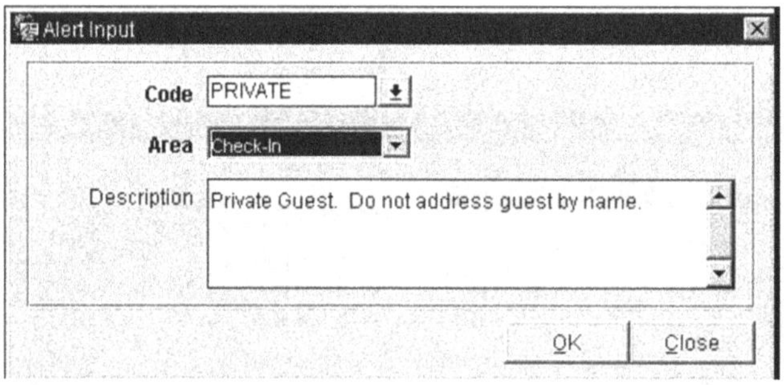

3. Code 필드의 화살표 박스를 선택한다.
4. 시스템에서 설정된 Alert Code를 선택하고 OK 버튼을 선택한다.
5. Area 필드의 화살표 박스를 선택한다.
6. Message를 어느 시점, 어떤 화면에서 보이게 할지를 결정하는 Area를 선택한다. 예를 들어 Check In 시점에서 객실료를 반드시 확인해야 하거나 고객의 ID를 확인해야 한다면 Area를 Check In으로 선택한다.

- **Check In: Front Desk → Arrivals**를 통한 경로로 Reservation 화면에 접근하면 Check In Area로 선택된 Alert Message가 나타난다.
- **Check Out: Cashiering → Billing**을 통한 경로로 Billing 화면에 접근하면 Check Out Area로 선택된 Alert Message가 나타난다.
- **Reservation: Update Reservation → Reservation**을 통한 경로로 Reservation 화면에 접근하면 Reservation Area로 선택된 Alert Message가 나타난다.

7. Alert 등록 화면의 **Description** 박스에 추가 정보 사항을 입력하고 **OK** 버튼을 선택한다.

Billing

Billing 옵션은 Reservation 화면 혹은 In House 화면에서 좀 더 쉽게 고객 Folio를 생성하거나 확인할 수 있게 한다. **Billing** 옵션은 In House 고객 즉 예약 상태가 Checked In 상태의 예약에서만 활성화된다. 고객 Folio는 **Cashiering → Billing** 경로를 통해서도 접근 가능하다.

만약 호텔에서 Pre-Stay Charging 기능을 사용한다면 Check In 전, 즉 Reserved 상태의 예약에서 **Billing** 옵션이 활성화되어 고객 Folio 접근이 가능하다.

Cancel

Cancel 기능을 통해서 예약을 취소할 수 있다. 예약 취소에 대한 자세한 내용은 이번 Chapter의 "Cancel a Reservation"을 참고한다.

Changes

이 기능은 예약 내용의 불일치와 잘못된 예약 정보로 인한 고객 불만 사항을 조정하기 위해 어떻게 예약이 생성 및 변경되었는지 확인하기 위해 사용된다. **Changes** 옵션은 예약 생성 날짜를 시작으로 그 이후 생성 및 수정된 모든 기록을 시간 순으로 담고 있다.

예약 생성 및 변경 기록을 보기 위해서는 아래와 같다.

1. Option Menu에서 **Changes**를 선택한다.

USER ACTIVITY LOG 화면이 아래와 같이 나타난다.

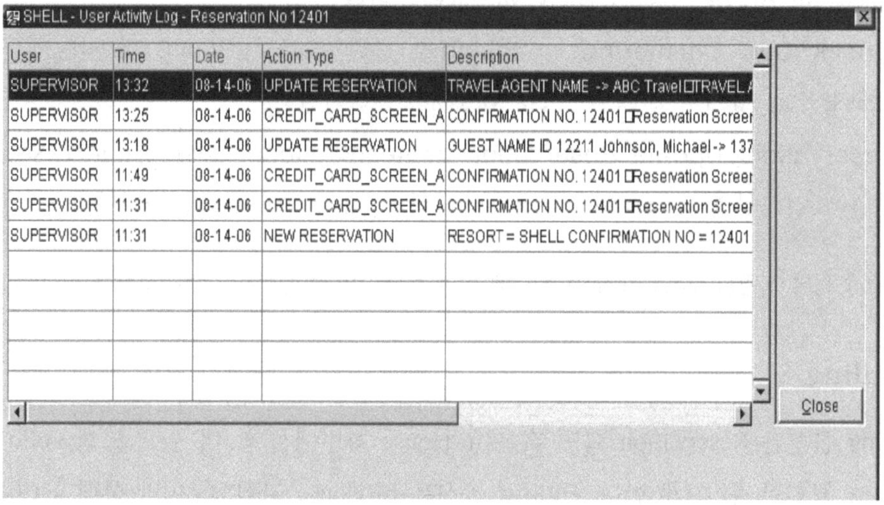

- **User** : 예약을 변경하거나 생성한 사용자 이름
- **Time/Date** : 예약을 변경하거나 생성한 날짜와 시간
- **Station ID** : 예약을 변경하거나 생성한 컴퓨터(Client PC Name)명
- **Action Type** : 예약 변경 및 생성 타입
- **Description:** 예약 변경 및 생성 시 어떤 사항을 변경하고 새로 입력했는지 대한 세부 사항

2. Description에 입력되어 있는 변경 내용들을 한 화면에서 다 보기 위해서는 더블 클릭하면 된다.
3. CHANGES 화면에서 **Close** 버튼을 선택하여 Reservation Option 화면으로 돌아온다.

Confirmation

이 기능은 고객이 예약 확인서를 요청했을 때 사용 가능하다. 예약 확인서를 고객에게 전달하기 위한 방법은 여러 가지다: 출력, 우편 전송, 전자 메일, 팩스.

시스템 설정에 따라 2개 이상의 예약 확인서 양식을 사용하는 것이 가능하다.

NOTE
- OPERA 프로그램에서 직접적으로 전자 메일을 전송하거나 팩스를 보내려면 관련 소프트웨어와 별도의 설정 작업을 해주어야 한다.
- 모든 호텔들은 기본적으로 하나의 예약 확인서 양식을 가지고 있지만 때에 따라서 호텔이 원한다면 OPERA PMS 지원 팀에 요청하면 추가로 다른 양식의 예약 확인서를 생성 및 추가 할 수 있다.

예약 확인서 출력 방법은 아래와 같다.

1. **Option** Menu의 **Confirmation**을 선택한다.

CONFIRMATIONS 화면이 아래와 같이 나타난다.

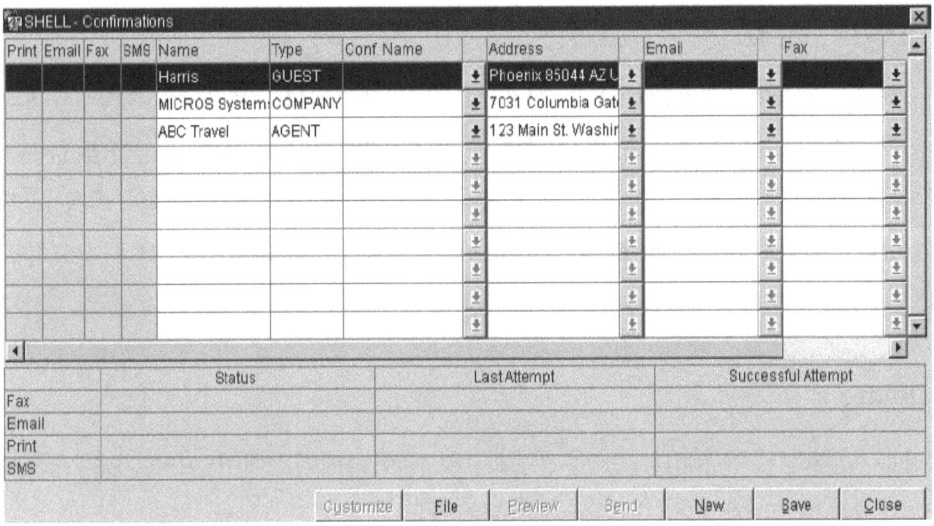

2. 예약 확인서를 전달해야 하는 고객명을 하이라이트하고 앞부분에 있는 **Print** 필드를 선택하여('X') 마크로 표기한다. 만약 여러 개의 프로파일이 한 예약에 링크되어 있다면 Individual Profile로 예약 확인서가 출력될 수 있도록 한다.
3. **Conf. Name**란 옆의 화살표 박스를 선택한다.
4. 어떤 예약 확인서 양식으로 출력할 것인지 선택한다.
5. 만약 선택한 프로파일에 주소가 입력되어 있지 않다면 **Address**필드 옆의 화살표 박스를 선택하여 해당 주소를 입력해 준다.
6. 만약 **전자 메일**로 전송하거나 **Fax**로 보낸다고 가정했을 때 Email란과 Fax란에 대응하는 정보가 입력되어 있는지 확인한다. 만약 대응하는 정보가 없다면 각 필드 옆의 화살표 박스를 선택하여 해당 정보를 입력한다.
7. **Send** 버튼을 선택한다.

NOTE Confirmation 화면 하단에 있는 Status 정보는 예약 확인서 전송 여부에 대한 확인을 가능하게 해준다. "Pending" 상태는 제대로 예약 확인서가 출력, 전자 메일 발송, 팩스로 전달되지 않았음을 의미한다. 반대로 "Successful" 상태는 고객에게 원하는 형태로 예약 확인서가 제대로 전송되었음을 의미한다.

8. 예약 확인서를 미리보기 하고 싶다면 **Preview**를 선택한다.
9. 예약 확인서를 컴퓨터에 파일 형식으로 저장하고 싶다면 **File**를 선택한다.

NOTE OPERA의 예약 확인서는 PDF(Portable Document Format)형식으로 생성되며 전자 메일로 전송 시에는 PDF 형식으로 첨부되어 전달된다.

Credit Cards

이 기능은 고객이 Check In 이후 신용카드로 결제하거나 개런티 할 때만 사용되는 기능이다. 이 기능을 통해 투숙 중 기존에 승인 받았던 카드로 추가 승인을 받을 수 있으며 어떤 카드로 얼마를 승인 받았고 언제 추가 승인을 받았는지에 대한 기록도 확인할 수 있다. 이 부분은 "Front Desk" Chapter에서 좀 더 자세하게 설명되니 참고하도록 한다.

Delete

예약을 삭제하는 기능이다. 만약 영구적으로 데이터베이스에서 예약 기록을 삭제하고 싶지 않다면 이 기능의 사용을 권장하지 않는다.

Deposit/CXL

Check In 전 선수금을 입력하기 위해 사용하는 기능이다. Check In 전이라면 선수금의 액수와 입력 시기는 언제라도 상관없다. Deposit 화면에서 얼마의 선수금을 받아야 하는 지도 입력 가능하며 그 금액에 대한 결제도 가능하다.

DEPOSIT CANCELLATION 화면의 두 번째 Tab인 Cancellation Tab에서는 예약 취소에 따른 벌금(Penalty) 청구를 관리할 수 있다.

선수금 입력 방법은 아래와 같다.

1. **Option** Menu에서 **Deposit/CXL**을 선택한다.
2. Deposit Tab을 선택한 후 **New** 버튼을 선택한다.

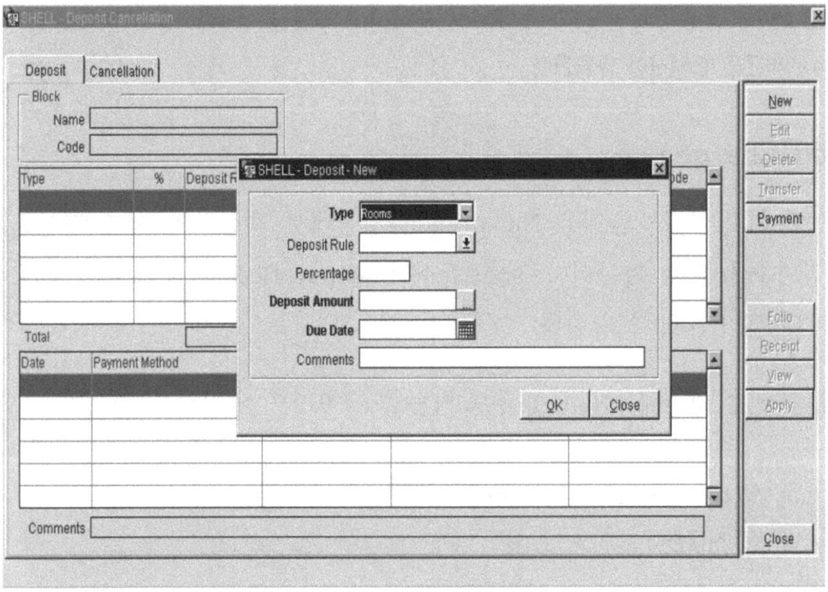

3. **Deposit Rule** 옆의 화살표 박스를 선택한 후 시스템에 이미 설정되어 있는 Deposit Rule을 선택한다(예: 100% 객실료, 1박에 대한 객실료).
4. 어떤 Deposit Rule을 선택하느냐에 따라 그에 상응하는 DEPOSIT- New 화면의 **Percentage** 혹은 **Deposit Amount**가 자동 입력된다.
5. 실제 고객이 선수금을 지불해야 하는 기한 날짜를 **Due Date**에 입력한다.
6. **OK** 버튼을 선택하여 변경 정보를 저장한다.

선수금에 대한 결제 방법은 아래와 같다.

1. **DEPOSIT CANCELLATION** 화면에서 **Payment** 버튼을 선택하면 **CASHIER LOGIN** 화면이 나타난다.
2. 본인의 **Password** 입력 후 **OK** 버튼을 선택한다.
3. **RESERVATION DEPOSIT PAYMENT** 화면에서 지불해야 하는 금액을 입력한, 후 **OK** 버튼을 선택하여 결제 처리한다(이때 **RESERVATION TYPE**을 기존 코드로 유지할 것인지 아니면 “Deposit Received”로 변경할 것인지 확인 후 선택, 변경한다).

그러면 Reservation 화면의 결제 방법을 지금 결제한 선수금 결제 방법으로 변경할 것인지를 묻는 메시지 창이 나타난다.

4. 만약 “Yes”를 선택하면 선수금 결제 방법으로 변경되고 “No”를 선택하면 기존 결제 방법을 유지한다.

5. 선수금 영수증을 출력하기 위해서는 **Print Receipt** 버튼을 선택한다.
6. **Close** 버튼을 선택하여 종료한다.

Fixed Charges

이 기능은 특정 청구 금액을 Night Audit 시점에서 객실료와 함께 자동으로 고객 Folio에 입력(Post)하는 기능이다. 예를 들어 Rollaway Beds에 대한 추가 비용이나 정기 주차비용 등이 이에 해당한다.

In House 고객 예약에 Fixed Charge 기능을 설정하는 방법은 아래와 같다.

1. **Option** Menu에서 **Fixed Charges**를 선택한다.
2. **New** 버튼을 선택한다.

FIXED CHARGES NEW 화면이 아래와 같이 나타난다.

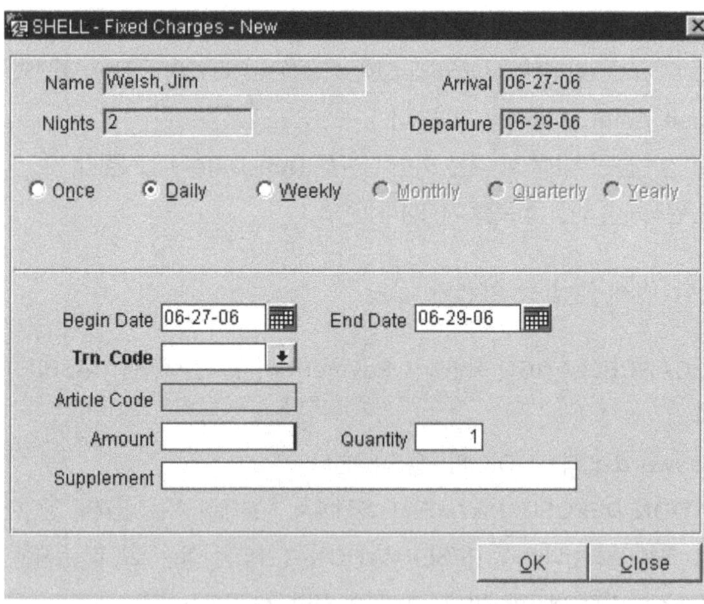

3. 입력(Post)되어야 하는 빈도를 선택한다(예: Once, Daily, Weekly, etc).
4. Fixed Charge가 고객 전체 투숙 기간 동안 적용되지 않는다면 **Begin Date**와 **End Date** 필드 입력을 통해 적용 날짜를 설정할 수 있다.
5. **Trn. Code** 필드 옆의 화살표 박스를 선택한다.

6. 입력(Post)될 거래 코드(Transaction Code)를 선택하고 **OK** 버튼을 선택한다.
7. **Amount** 필드에 입력(Post)할 금액을 입력한다.
8. **Quantity** 필드에 개수 입력을 한다(예를 들어 고객이 차 2대를 주차하여 해당 비용에 대해 청구를 할 경우 이 필드에 2를 입력하면 기본 Amount 금액의 2배에 해당하는 금액이 입력(Post)된다).
9. **Supplement** 필드에 Fixed Charge에 대한 이유를 입력한다(예: Rollaway Beds에 대한 추가 비용).
10. **OK** 버튼을 선택하여 입력한 정보를 저장한다.

History

해당 예약의 프로파일과 관련 있는 모든 과거 예약에 대한 기록을 볼 수 있다.

Option Menu에서 **History**를 선택한다. 이 기능에 대한 좀 더 자세한 정보는 "Profile" Chapter에서 확인할 수 있다.

Housekeeping

이 기능은 호텔에서 Turndown Service를 제공 할 때, 혹은 고객이 룸서비스를 요청할 때 사용된다. 이 기능을 통해서 고객이 사전에 특별하게 요청했던 사항들을 확인하여 요청대로 서비스 제공할 수 있다. 또한 해당 옵션에 남겨진 내용은 Housekeeping 메뉴의 Task Sheet에서 확인할 수 있어 각 예약별 고객이 요청한 객실 정비 사항들을 확인할 수 있게 도와준다.

Turndown Service 기능 이용 방법은 아래와 같다.

1. Option Menu에서 **Housekeeping**을 선택한다.

HOUSEKEEPING 화면이 아래와 같이 나타난다.

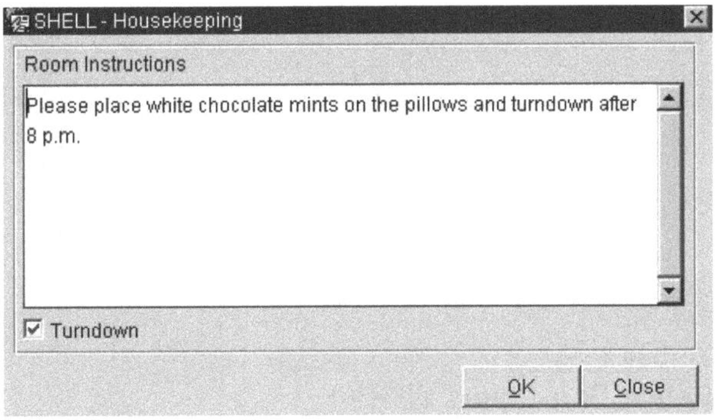

2. Turndown 필드 옆의 박스를 선택한다.
3. 추가적인 지시 사항 혹은 고객 요청 사항을 Room Instruction 필드에 입력한다.
4. OK 버튼을 선택하여 변경 내용을 저장한다.

NOTE 일반 Task Sheet에서는 Turndown Service 요청 여부에 대한 사항을 확인할 수 없지만 별도의 Turndown 메뉴에서 출력한 Task Sheet에서는 관련 내용을 확인할 수 있다.

Locators

이 기능은 In House 고객의 위치 정보를 확인할 수 있는 기능으로 만약 고객이 객실에 머무르지 않고 호텔 내 다른 공간에 있을 경우 고객 앞으로 온 전화나 방문객을 객실이 아닌 해당 위치로 안내할 수 있게 도와주는 기능이다. 만약 Locator에 입력하면 예약 화면 하단 부분에 Locator라는 빨간 박스가 나타나고 PBX 직원들은 이 정보를 확인하고 관련 전화나 방문객을 안내해 줄 수 있다(예를 들어 고객이 호텔 내 레스토랑에서 식사를 할 예정인데 중요한 전화가 올 예정이어서 본인 앞으로 전화가 오면 반드시 객실이 아닌 식사 중인 레스토랑으로 연결을 요청할 때 이 기능을 유용하게 사용할 수 있다).

Locator 기능 사용 방법은 아래와 같다.

1. Option 메뉴에서 Locator를 선택한다.
2. New 버튼을 선택하면 LOCATORS-NEW 화면이 아래와 같이 나타난다.

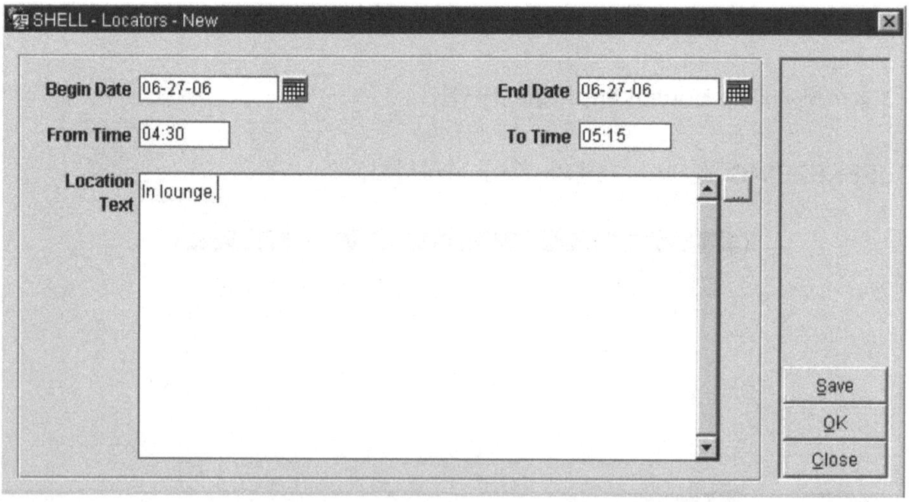

3. 날짜를 Begin Date와 End Date에 입력한다.

4. 시간을 From Time과 To Time에 입력한다.

NOTE From Time과 To Time은 반드시 현재 시간 이후 시간이어야만 한다.

5. Location Text 필드에 고객 위치 정보에 대한 추가 정보를 입력한다.
6. 모든 필요한 정보를 입력한 후 OK 버튼을 선택한다.

Messages

사용자는 이 기능을 통해 고객에게 Message를 남길 수 있다.

Message 생성 방법은 아래와 같다.

1. Option Menu에서 Messages를 선택한다.

MESSAGES 화면이 나타난다. 기존에 메시지가 있다면 이 화면에서 확인할 수 있다.

2. 새로운 메시지 생성을 위해 New 버튼을 선택한다.

NEW MESSAGE 화면은 아래와 같다.

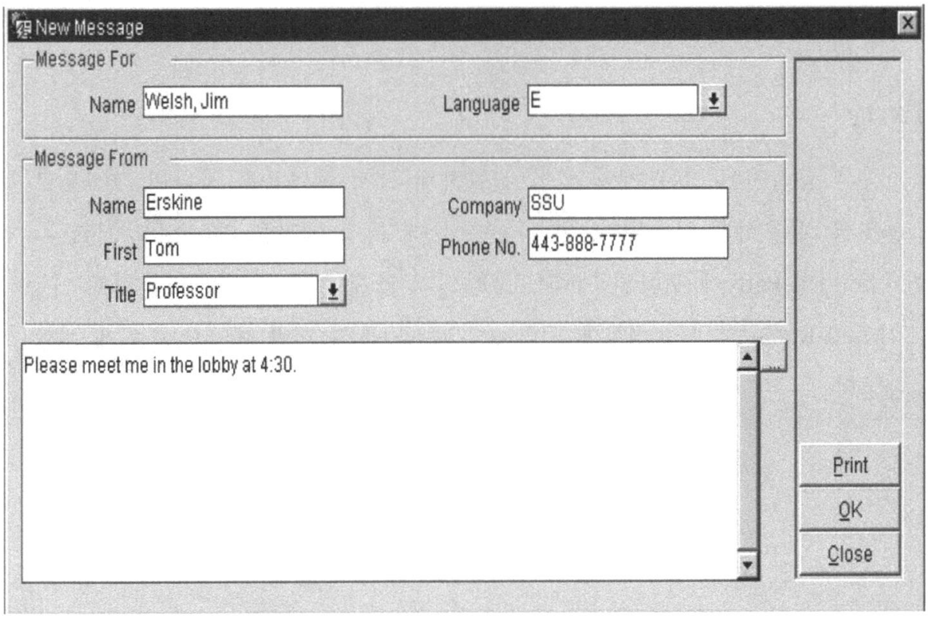

3. Message 발신인의 **Name, First Name, Title, Company Name** 그리고 **Phone No**를 해당 필드에 입력한다.
4. 하얀 박스 안에 메시지 내용을 입력한다.
5. **OK** 버튼을 선택하면 입력 메시지가 저장된다.
6. 메시지 출력을 원한다면 **Print** 버튼을 선택한다.

NOTE 호텔의 전화 시스템과 OPERA 시스템의 연동 여부에 따라 메시지가 새로 생성되면 고객 객실의 전화기 메시지 램프의 불이 들어오게끔 설정할 수 있다. 더 나아가 TV 시스템과 연동 여부에 따라 생성된 메시지의 내용을 객실 안에 설치된 TV에서 확인할 수 있다. 물론 Check In 고객에 한해서만 이 기능들이 가능하다.

Package Option

패키지로 예약된 예약의 경우 관련 패키지 세부 사항들을 이 기능을 통해 확인할 수 있다. 만약 Allowance가 있는 패키지가 입력된 예약의 경우에는 이 기능을 통해 고객이 관련 패키지를 사용했는지, 그리고 사용 시간에 대한 것도 확인할 수 있다(예를 들어 아침 식사가 패키지로 포함되어 있고 아침 식사에 대한 Package Allowance가 존재한다면 아침 식사가 실제 업장에서 고객 Folio에 입력(Post)된 시간과 금액을 확인할 수 있다. 그리고 만약 고객이 패키지 이상의 금액을 아침 식사 시 사용했을 경우 발생한 추가 금액도 이 기능을 통해 확인할 수 있다).

Party

이 기능은 공식적인 그룹 계약 없이 간단하게 특정 예약들을 하나의 그룹으로 묶어주고 싶을 때 유용하게 사용된다. 이 기능을 통해 특정 예약을 Party로 추가할 수 있으며, 반대로 이미 Party에 포함된 예약을 포함되지 않게 설정 변경해주는 것도 가능하다. 그리고 Multi-Room 예약의 경우에는 Party 기능을 통해 개별 예약으로 쉽게 분할할 수 있게 해준다.

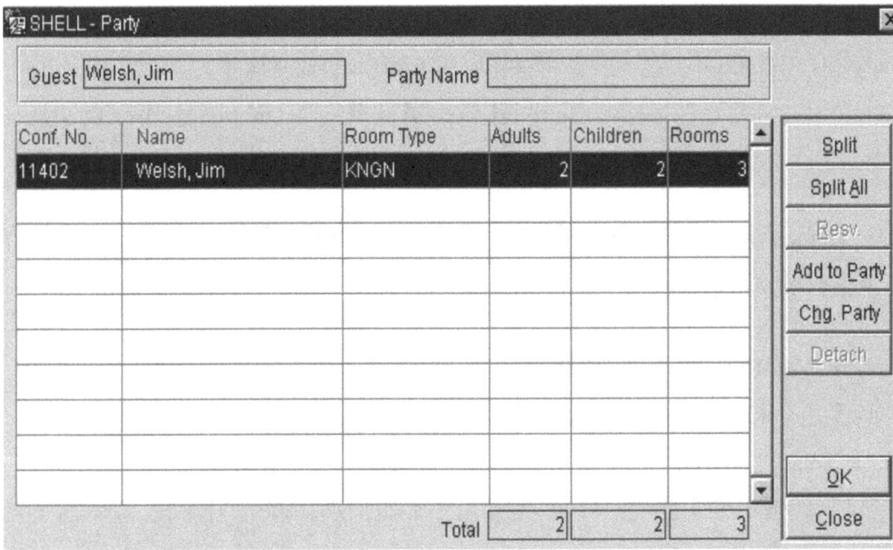

Multi-Room 예약을 Party 기능을 통해 개별 예약으로 분할하는 방법은 아래와 같다.

1. **Option** Menu에서 **Party**를 선택한다.
2. Multi-Reservation의 예약들 중 하나를 분할하고 싶다면 **Split** 버튼을 선택한다(모든 예약들이 하나의 개별 예약으로 분할될 때까지 이 작업을 진행할 수 있다).
3. 만약 Multi-Reservation으로 예약된 모든 객실을 한 번에 개별 예약으로 분할하고 싶다면 **Split All** 버튼을 선택한다(예를 들어, Multi-Reservation의 Number of Rooms가 3개라면 Split All 버튼을 통해서 3개의 개별 예약으로 나뉘게 된다).
4. **OK** 버튼을 선택해 변경 내용을 저장한다.

이미 존재하는 Party에 기존 예약을 추가하는 방법은 아래와 같다.

1. **Option** Menu에서 **Party**를 선택한다.
2. **Add to Party**를 선택한다.
3. 현재 Party에 추가하고자 하는 예약을 검색한 후 해당 예약에 하이라이트한 후 **OK** 버튼을 선택한다.

그러면 선택한 예약은 현재 Party에 추가가 된다.

Party에 이미 추가된 예약을 삭제하는 방법은 다음과 같다.

1. **Option** Menu에서 **Party**를 선택한다.
2. Party에서 삭제하고자 하는 예약을 선택하여 **Detach** 버튼을 선택한다.
3. Party 삭제에 대한 확인 메시지가 나타나면 "Yes"를 선택한 후 **OK** 버튼을 선택하여 변경 내용을 저장한다.

그러면 Detach한 예약은 Party에 더 이상 속하지 않게 된다.

특정 Party에 포함된 예약을 다른 Party로 변경하는 방법은 아래와 같다.

1. **Option** Menu에서 **Party**를 선택한다.
2. Party를 변경하고자 하는 예약을 선택한 후 **Chg. Party**를 선택한다.
3. 변경하고자 하는 Party를 검색 후 하이라이트하여 **OK** 버튼을 선택한다.
4. 기존의 Party에서 현재 선택한 Party로 변경 확인에 대한 Message가 나타나면 "Yes"를 선택한다.

그러면 다른 Party로 변경된다.

Privileges

이 기능을 통해서 개별 예약별로 특정 기능을 제한하거나 혹은 반대로 가능하게 설정하는 것이 가능하다. Privilege Options를 선택 혹은 취소함으로써 관련 권한을 변경할 수 있다.

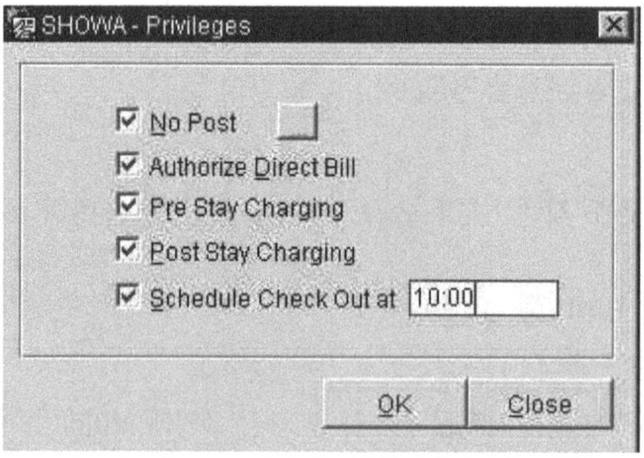

Privileges Option은 아래와 같다.

- **No Post:** 객실료를 제외한 모든 비용이 고객 Folio로 입력(Post)되지 못하게 제한하는 옵션.

- **Authorize Direct Bill:** 후불 처리가 가능한지에 대한 여부를 선택할 수 있는 옵션.
- **Video Check Out:** 고객이 예약에 대한 개런티를 신용카드로 했다면 이 기능 선택 여부에 따라 Video Check Out을 가능 혹은 가능하지 않게 설정할 수 있다.
- **Pre-Stay Charging:** Check In 전에 고객 Folio에 입력(Post)이 가능하게 하는 옵션(예: Check In 전에 호텔 내 레스토랑에서 점심 식사를 한 후 해당 금액을 Check In 전에 예약으로 입력(Post)하게 할 수 있다).
- **Post Stay Charging:** Check Out 한 후에 고객 Folio에 입력(Post)이 가능하게 하는 옵션(예: Check Out 후 호텔 내 레스토랑에서 아침식사를 한 후 해당 금액을 Check Out 예약에 입력(Post)하게 할 수 있다).
- **Scheduled Check Out:** 이 필드에 시간을 설정해 놓으면 고객 Folio의 Balance가 '0'일 경우 자동으로 그 시간에 Check Out 처리가 가능하게 하는 옵션.

Pro-Forma Folio

이 기능을 통해 Check In 전 혹은 투숙 중간에 고객 전체 숙박에 대한 예상 비용을 담은 Folio를 생성할 수 있다. Pro-Forma Folio에 보이는 내용은 Check Out시점의 실제 고객 Folio와 확연히 다를 수 있다.

FOLIO OPTIONS 화면에서 출력 혹은 미리보기 전 사용자 지정 옵션을 설정해 줄 수 있다.

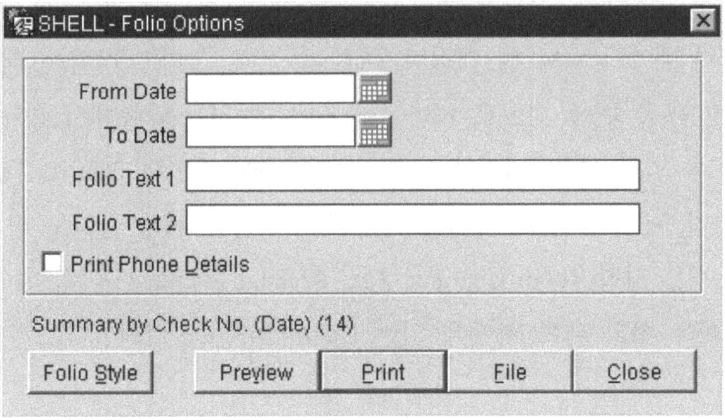

- **Folio Style:** 어떤 형식으로 Folio를 출력할 지의 여부를 결정할 수 있다.
- **Preview:** Folio를 미리보기 한다.
- **Print:** Folio를 출력한다.

- **File**: 선택된 Folio를 PDF 파일 형식으로 해당 PC에 저장한다.

NOTE "Front Desk" Chapter에서 Pro-Forma Folio에 대한 더 자세한 정보를 확인할 수 있다.

Queue

이 기능을 통해서 오늘 도착 예정의 예약을 Check In 대기상태(Queue 상태)로 표기할 수 있다. 만약 고객이 호텔에 도착했을 때 Check In 가능한 정비된 객실이 없다면, 이 기능을 통해서 이 고객으로 지정된 객실이 가장 우선적으로 정비되어야 한다고 표기할 수 있다. 객실 번호 없이도 대기 상태로 표기하는 것 또한 가능하다.

Queue 상태로 예약 상태를 변경하는 방법은 아래와 같다.

1. **Option** Menu에서 **Queue**를 선택한다.
2. **OK** 버튼을 선택하여 예약의 상태 변경을 한다.

NOTE Queue를 선택하면 선택한 예약이 대기 상태의 예약으로 전환되었다는 내용과 함께 대기 상태의 예약들 중 몇 번째 우선순위에 해당하는지에 대한 메시지가 나타난다.

이 기능에 대한 자세한 사용 방법과 정보는 "Front Desk" Chapter에서 확인할 수 있다.

Rate Info

Rate Info에서 예약의 날짜 별 객실료, 패키지 금액, 그리고 세금에 대한 정보를 확인할 수 있다. 만약 투숙 중 객실료가 변동될 경우 이 기능을 통해서 쉽게 변동된 가격 정보를 확인할 수 있다. 더 나아가 **RATE SUMMARY** 화면의 **Grand Total** 필드에서 날짜별 객실 가격, 패키지 금액, 그리고 세금까지 포함한 전체 금액도 확인할 수 있다.

특정 날짜의 세부 사항(Room Charges, Tax, Package Element)을 확인하고 싶다면 그 날짜를 하이라이트 하고 왼쪽 하단에 있는 **Detail** 버튼을 선택한다.

Register Card

이 기능을 통해 해당 예약의 등록 카드를 출력할 수 있다.

고객이 도착하기 전에 미리 등록 카드를 출력하고 싶거나 만약 기존 등록 카드를 잃

어버렸을 때 재출력을 해야 하는 경우 이 기능을 사용할 수 있다.

등록 카드 출력에 대한 자세한 내용은 "Front Desk" Chapter에서 확인할 수 있다.

Room Move

고객이 Check In 후에 객실 변경(Room Move)을 원하거나 해야 할 경우, 이 기능을 통해서 변경할 수 있다. 이 기능은 In House 상태의 예약에서만 활성화된다.

Room Move 방법은 아래와 같다.

1. Options Menu에서 Room Move를 선택한다.
2. Move to Room 필드 옆의 화살표 박스를 선택한다.

AVAILABLE ROOMS SEARCH 화면이 아래와 같이 나타난다.

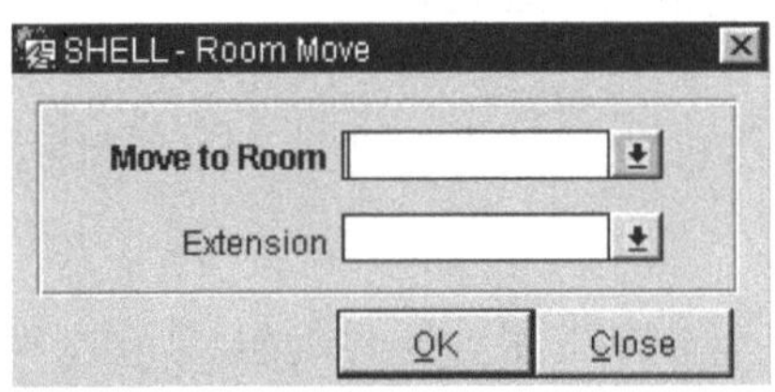

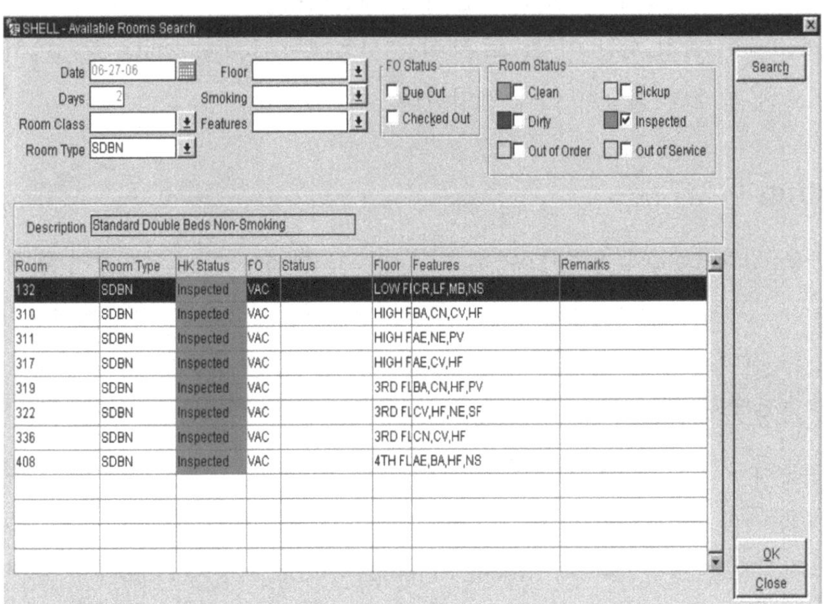

3. 원하는 객실을 찾기 위해 필요한 검색 조건을 입력 한 후 해당 객실 리스트가 보이면 원하는 객실을 하이라이트 하고 OK 버튼을 선택한다.

그러면 다시 ROOM MOVE 화면이 나타난다.

4. OK 버튼을 누르면 선택된 새로운 객실 번호로 예약 정보가 변경된다.

Housekeeping Status(객실 정비 상태)를 선택할 수 있는 메시지가 아래와 같이 나타난다.

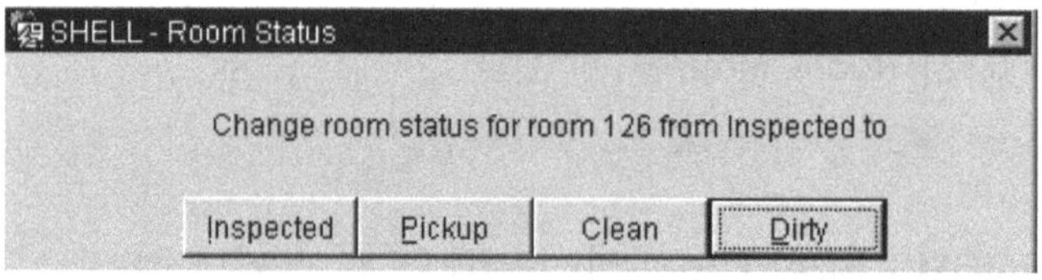

5. 해당하는 Housekeeping Status를 선택한다.

- **Inspected / Clean:** 정비된 객실로 고객이 사용하거나 들어가지 않은 객실의 상태가 이에 해당한다.
- **Pick up:** 만약 시스템 사용자가 정확한 객실의 정비 상태를 모르거나 고객이 짧은 시간 객실에 들어갔다 나온 경우가 이에 해당한다.
- **Dirty:** 고객이 일정 시간 이상으로 객실을 사용해서 Housekeeping 부서에서 재정비가 필요한 상태의 객실이 이에 해당한다.

Routing

이 기능은 고객 Folio에 입력(Post)되는 거래 코드(Transaction Code)에 대해 선택된 창(Window) 혹은 객실(Room)로 자동으로 이동시키는 기능으로 예약에 Routing 등록은 Check In 전이든 후든 관계없이 할 수 있다. 이 기능은 특정 후불 계정으로 후불처리 할 때 가장 많이 사용된다.

Routing은 두 가지로 나눌 수 있다. ① Window Routing의 경우에는 같은 고객 Folio에서 Routing에서 설정된 거래 코드(Transaction Code)가 발생했을 때 어떤 Window로 이동시킬 것인지를 결정한다. ② Room Routing은 해당 고객의 Folio에서 발생한 금액을 다른 고객 Folio로 자동으로 이동하고자 할 때 사용된다.

WINDOW ROUTING:

Window Routing 설정 방법은 아래와 같다.

1. **Option** Menu에서 **Routing**을 선택한다.
2. **New**를 선택한다.

ROUTING INSTRUCTION-NEW 화면이 아래와 같이 나타난다.

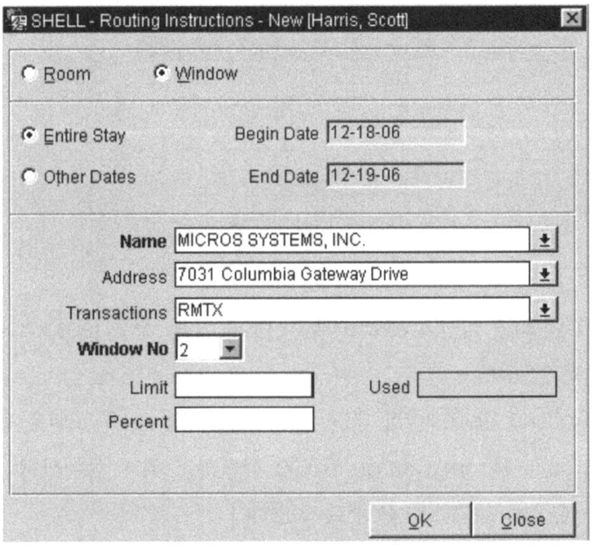

3. 화면 상단에 있는 **Window** 버튼을 선택한다.
4. 화면 중간에 있는 **Entire Stay**를 선택하거나 **Other Dates**를 선택한다. 만약 **Other Dates**를 선택 했다면 **Begin Date**와 **End Date** 필드를 입력한다.
5. **Name** 필드에 고객명이 나타난다. 만약 해당 고객에게 입력(Post)되는 금액이라면 Name 필드는 변경하지 않고 입력된 상태를 유지한다.
6. 만약 다른 고객에게 청구되는 비용이라면(예를 들어 후불 거래선 번호가 있는 Company Profile) **Name** 필드 옆의 화살표 박스를 선택한다.
7. **PROFILE SEARCH** 화면이 나타나면 원하는 Profile을 검색한 후 해당 Profile을 하이라이트한 후 **OK** 버튼을 선택한다.
8. **Transactions** 필드 옆 화살표 박스를 선택한다.
9. 아래와 같은 **Transaction Codes** 화면이 나타나면 상단에 있는 거래 코드(Transaction Code) 리스트를 확인하여 특정 Window로 자동 이동시킬 거래 코드(Transaction Code)를 선택한다. 선택은 각 거래 코드(Transaction Code)앞의 박스를 선택하면 ('X')로 표기된다.

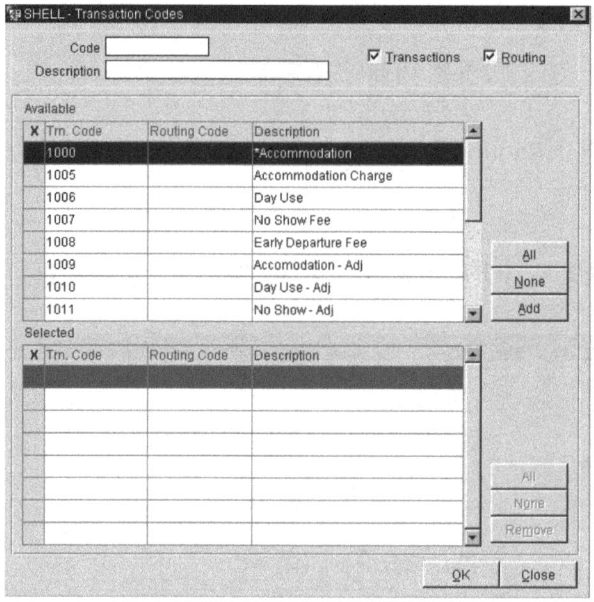

10. **Add** 버튼을 누르면 화면 상단(Available)에서 선택한 거래 코드(Transaction Code)가 화면 하단(Selected)으로 옮겨진다.
11. 기존에 설정된 Routing Codes(여러 개의 Transaction Codes를 하나로 묶어주는 코드/예를 들어 Room Charge + Room Charge Tax)를 선택하기 위해서는 화면 상단에 있는 거래 코드(Transaction Code) 체크 박스를 선택 취소한다.

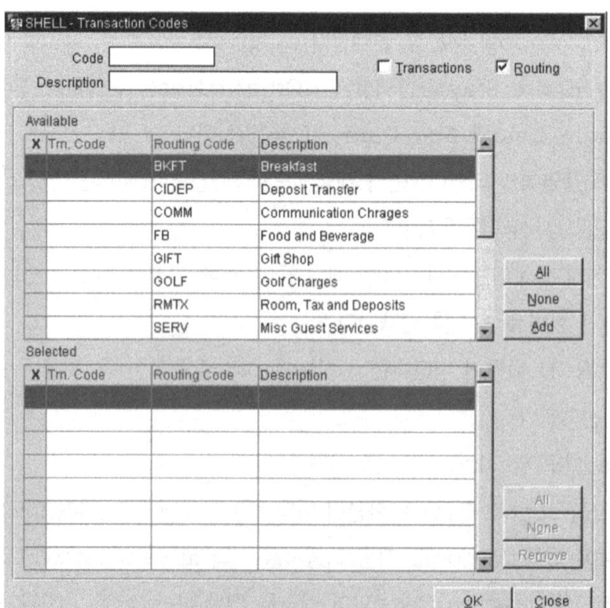

12. 원하는 Routing Code 앞 박스를 선택하면 ('X')로 표기된다. **Add** 버튼을 누르면 ('X')로 표기된 **Routing Code**가 화면 하단(Selected)로 이동한다.
13. **OK** 버튼을 선택하면 ROUTING INSTRUCTIONS-NEW 화면으로 돌아간다.
14. **Window** 필드 옆 화살표 박스를 선택하면 어떤 Window로 위에서 선택한 거래 코드(Transaction Code)가 이동 될 지 선택할 수 있다. 해당 Window를 선택한다.
15. **OK** 버튼을 선택한다.
16. **Close** 버튼을 선택하여 Routing 화면을 종료한다.

ROOM ROUTING :

해당 객실에 입력(Post)된 특정 금액을 해당 객실이 아닌 다른 객실로 자동 이동시키는 방법은 아래와 같다.

1. **Options** Menu에서 **Routing**을 선택한다.
2. **New**를 선택한다.

ROUTING INSTRUCTION–NEW 화면이 아래와 같이 나타난다.

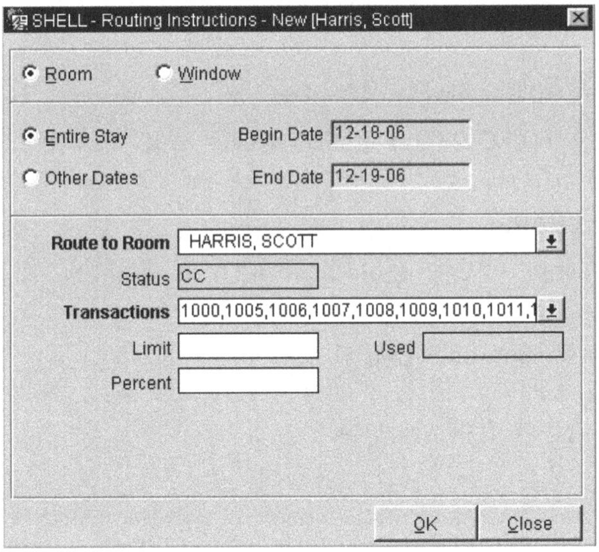

3. 화면 상단에 있는 **Room** 버튼을 선택한다.
4. 화면 중간에 있는 **Entire Stay**를 선택하거나 **Other Dates**를 선택한다. 만약 **Other Dates**를 선택했다면 **Begin Date**와 **End Date** 필드를 입력한다.

5. **Routed to Room** 필드 옆 화살표 박스를 선택한다.
6. 입력(Post)된 금액이 이동되어야 할 객실을 고객명 혹은 객실 번호로 검색한다.
7. 해당 객실을 하이라이트하고 **OK** 버튼을 선택한다.
8. **Transaction** 필드 옆 화살표 박스를 선택한다.
9. Window Routing 에서 설명한 방법과 같이 해당 거래 코드(Transaction Code)를 선택한다.
10. **OK** 버튼을 선택한다.
11. 변경 정보 저장을 위해 **OK** 버튼을 선택한다.
12. **Close** 버튼을 선택하여 Routing 화면을 종료한다.

NOTE Routing 설정 전에 이미 고객 Folio에 입력(Post)된 금액의 경우에는 Routing 설정대로 자동으로 재배열되지는 않는다. 사용자가 직접 해당 거래 코드(Transaction Code)를 선택하여 해당 Window 혹은 Room으로 이동시켜야 한다.

Shares

두 명 이상의 고객이 같은 객실을 공유하고 고객별로 따로 Folio를 요청할 때 사용하는 기능이다.

Share 생성은 아래 2가지 방법이 대부분이다.

- 이미 생성된 두 예약을 하나로 묶어 주는 경우
- Profile로 새로운 예약을 생성해서 기존 예약과 묶어 주는 경우

RESERVATION SHARE:

이미 생성된 두 예약을 하나로 묶어 주는 경우는 아래와 같이 Share를 생성한다.

1. **Options** Menu에서 **Shares**를 선택한다.

SHARE 화면이 다음과 같이 나타난다.

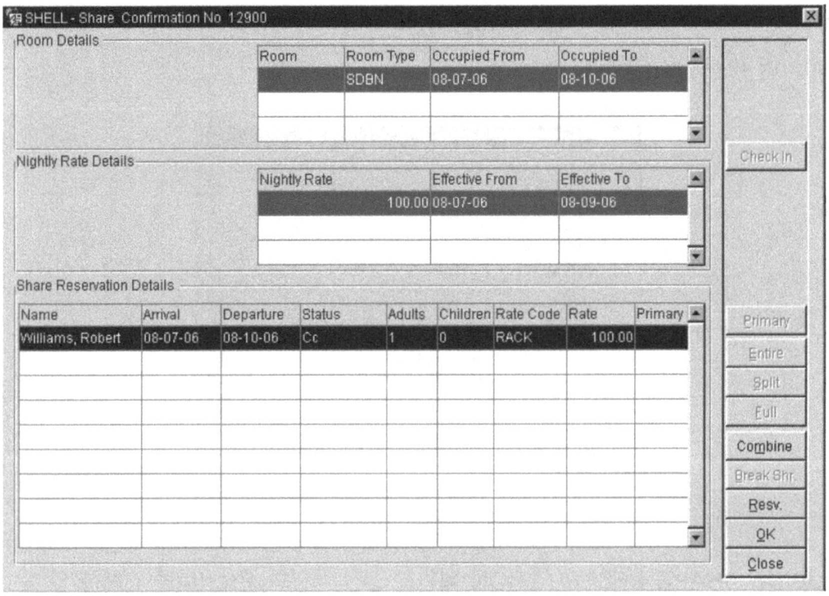

2. Combine 버튼을 선택한다.

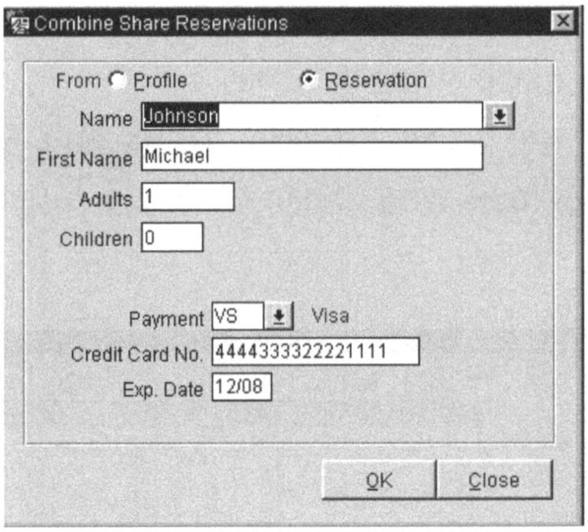

3. 상단에 있는 Reservation을 선택한다.
4. Name 필드 옆의 화살표 박스를 선택한다.
5. 고객명 혹은 객실 번호로 예약 검색 후 해당 예약을 선택한 후 OK 버튼을 선택한다.
6. 변경 정보 저장을 위해 OK 버튼을 선택하면 SHARE 화면으로 돌아온다.

PROFILE SHARE :

Profile을 통해 새로운 예약을 생성하여 기존 예약과 묶어주는 경우는 아래와 같이 Share를 생성한다.

1. Options Menu에서 Shares를 선택한다.
2. Combine 버튼을 선택한다.

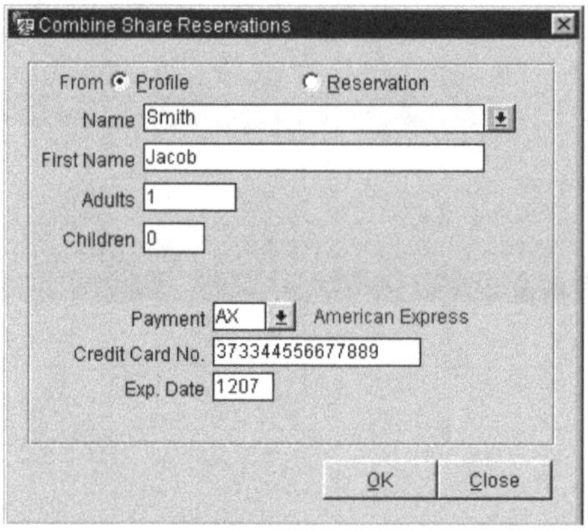

3. COMBINE SHARE RESERVATION 화면의 상단 부분의 Profile을 선택한다.
4. Name 필드 옆 화살표 박스를 선택한다.
5. PROFILE SEARCH 화면이 나오면 해당하는 Profile을 검색하여 하이라이트한 후 OK 버튼을 선택한다.
6. 투숙 인원수(Adults와 Children 필드)를 수정한다.
7. 만약 추가적으로 생성된 동반 투숙객의 결제 방법이 기존 투숙객과 다를 경우 Payment, Credit Card No, 그리고 Exp. Date 필드를 수정한다.
8. OK 버튼을 선택한다.

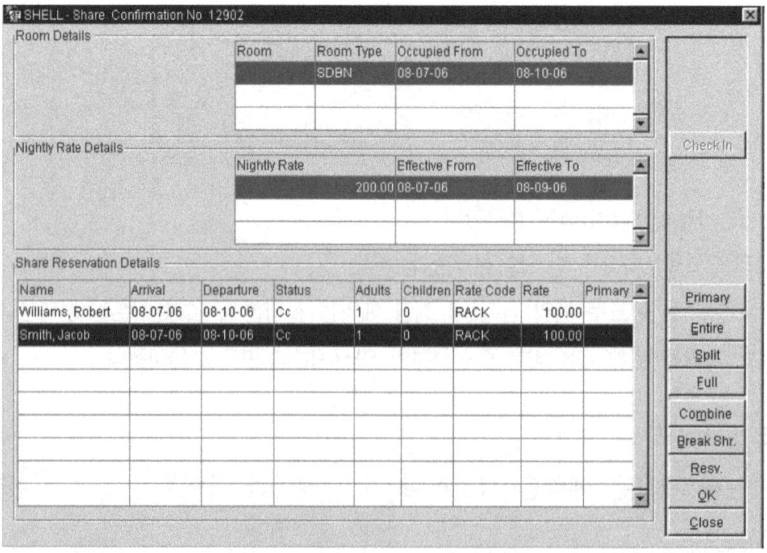

위에서 설명한 어떤 방법으로든 Share 예약을 생성하면 Share 예약에 포함된 각 예약별 객실료를 고객의 요청대로 변경해 주어야 한다. 객실료 설정 옵션은 아래와 같이 3가지이다.

- **Entire-** 하이라이트한 예약에 전체 객실료가 적용된다. 그렇게 되면 다른 예약의 객실료는 '0'이 된다.
- **Split-** 각 예약별로 정확하게 반 가격에 해당하는 객실료가 적용된다.
- **Full-** 두 예약 모두 전체 객실료가 적용된다.

NOTE 만약 각 예약이 다른 객실료 코드(Rate Code)를 가지고 있다면 위의 설명한 Rate 설정 옵션은 적용되지 않는다.

9. **OK** 버튼을 선택한다.

BREAK SHARE:

RESERVATION SHARE 화면에서 Share 기능을 통해 묶어주었던 예약을 다시 개별 예약으로 분리할 수 있다.

Share 예약을 분리시키는 방법은 아래와 같다.

1. **Options** Menu에서 **Shares**를 선택한다.
2. 해당 예약에 하이라이트를 하고 **Break Shr** 버튼을 선택한다.

이 기능을 통해서 하나의 Share 예약이 두 개의 별도의 예약으로 분리된다. 또한 각 예약별로 별도의 예약 번호가 생성된다.

Traces

이 기능은 호텔 내 부서간 혹은 직원간의 특정 예약에 대해 인지하고 있어야 하는 내용들을 공유하게 해 주는 수단으로 고객의 특별한 요청이 있을 경우, 적절한 조치를 취할 수 있도록 도와준다.

예약에 Trace를 입력하는 방법은 아래와 같다.

1. **Options** Menu에서 **Trace** → **New**를 선택한다.

TRACE–NEW 화면이 아래와 같이 나타난다.

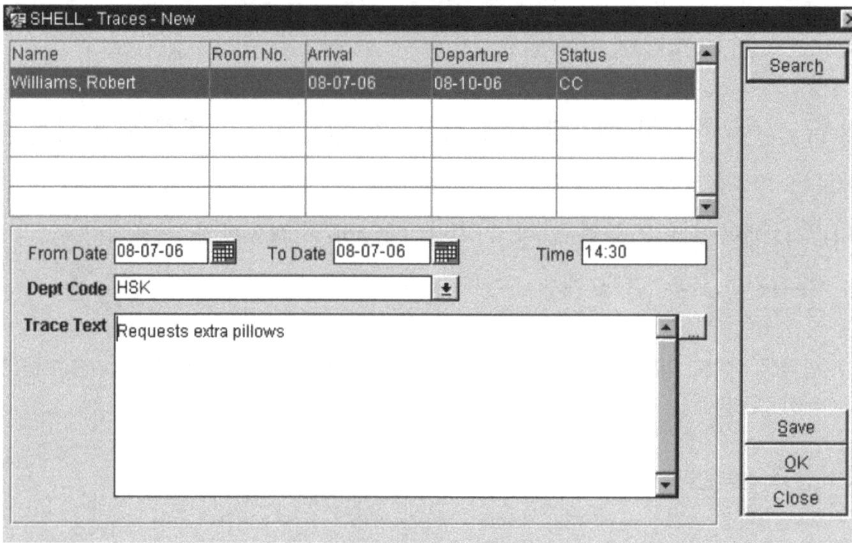

2. Trace에 해당 날짜를 **From Date**와 **To Date**에 입력한다.
3. 입력한 Trace를 확인하고 조치를 취해야 할 해당 부서를 선택하기 위해 **Dep Code** 필드 옆 화살표 박스를 선택한다.
4. 만약 이미 시스템에 설정된 **Trace Text** 있다면 오른쪽 화면에 있는 생략 부호 박스를 선택한다.
5. 만약 시스템에서 설정한 Trace Text 중 해당 사항이 없거나 이미 입력된 Trace Text에 추가로 입력할 내용이 있다면 하얀 박스에 내용을 입력한다.
6. **OK** 버튼을 선택하여 변경 내용을 저장한다.

생성된 Trace의 내용에 상응하는 조치를 취하고 Trace 상태를 완료 상태로 변경하는 방법은 아래와 같다.

1. **Options** Menu에서 **Traces**를 선택한다.

TRACES 화면이 나타난다.

2. 완료된 Trace에 하이라이트한 후 **Resolve** 버튼을 선택한다.
3. 모든 Trace가 완료되었다면 **All** 버튼을 눌러 모든 Trace를 선택한 후 **Resolve** 버튼을 선택하면 모든 Trace의 상태가 완료 상태로 변경된다.

Track It

Track It 옵션을 선택하면 TRACK IT DASHBOARD 화면이 나타난다.

이 기능은 Bell Desk 혹은 Concierge 부서처럼 고객의 물건을 관리하는 부서에서 사용할 수 있다. 고객이 도착하기 전 혹은 투숙 중 고객 앞으로 호텔 외부 혹은 내부에서 물건이 전달될 수 있다. 그럴 경우 물건의 세부 사항(물건의 위치, 전달 받은 날짜와 시간, 물건의 특징)을 이 기능에 입력함으로써 보다 편리하게 물건을 관리 할 수 있다.

Waitlist

만약 고객에게 원하는 객실료 혹은 객실 타입으로 객실 판매가 가능하지 않을 때, 이 기능을 통해서 해당 예약을 일반 예약이 아닌 Waitlist 상태로 변경할 수 있다. Waitlist 상태의 예약은 실제 Inventory에 포함되지 않는다.

이 기능에 대한 자세한 사용 방법과 정보는 이번 Chapter의 "Waitlist a Reservation" 에서 확인할 수 있다.

Wake Up Calls

In House 고객이 Wake Up Call 요청 시 이 기능을 통해서 관련 정보 입력과 관리가 가능하다.

이 기능에 대한 자세한 사용 방법과 정보는 "Front Desk" Chapter의 "Wake Up Calls" 에서 확인할 수 있다.

3.3 Additional Reservation Features

Room Plan

객실별 예약 상황을 관리 및 정리하는 데 유용하게 사용되는 기능이다. Room Plan에서는 각 객실별 지정된 예약의 여부와 지정된 기간을 볼 수 있다.

Room Plan 기능을 통해 오늘 Check In 예정 예약에 객실을 지정하는 방법은 다음과 같다.

1. 메인 메뉴 에서 Reservation → Room Plan을 선택한다.

ROOM PLAN 화면이 아래와 같이 나타난다.

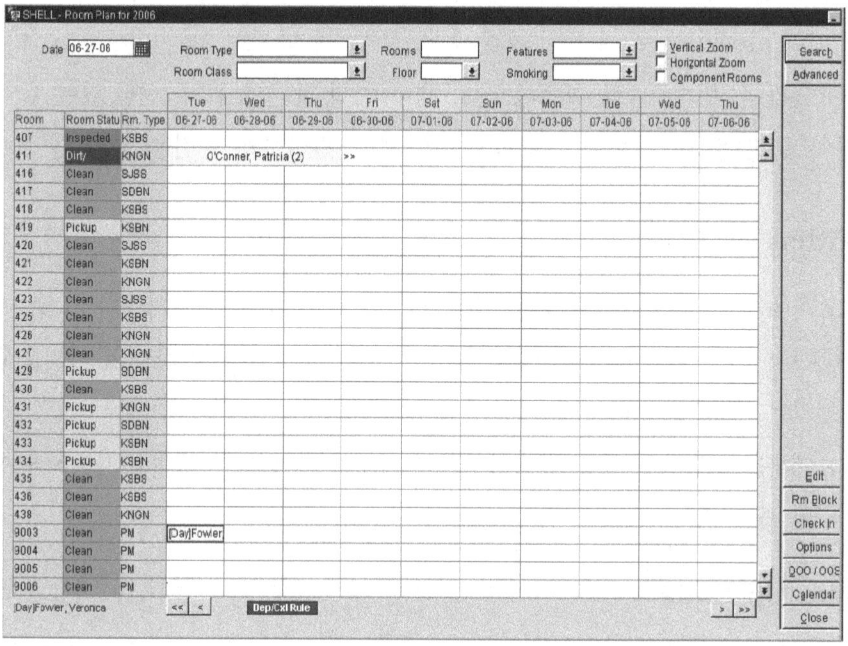

Room Plan 안에 있는 여러 개의 Option들이 예약 생성 및 관리를 보다 쉽게 할 수 있도록 도와준다.

- **New/Edit**: Room Plan 안에 빈 박스를 선택하여 하이라이트한 후 New 버튼을 선택하여 새로운 예약을 생성할 수 있다. 또한 이미 특정 예약에 지정된 박스의 경우에는 Edit 버튼을 선택하여 예약 정보를 수정하거나 확인할 수 있다.
- **Room Block**: 객실을 지정할 수 있는 ROOM ASSIGN 화면이 나타난다. Room Block에 대한 자세한 사용 방법과 정보는 "Front Desk" Chapter에서 확인할 수 있다.
- **Options**: 이 Chapter에서 이미 설명했던 예약 Option 화면이 나타난다.
- **OOO/OOS**: Out of Order 혹은 Out of Service 상태로 객실 상태를 변경할 수 있다.
- **Check In**: 만약 선택한 박스의 예약 도착일이 당일이라면 이 옵션을 통해서 QUICK CHECK IN 화면으로 들어가 보다 손쉽고 빠르게 Check In 할 수 있도록 도와준다.
- **Calendar**: 호텔 내 행사(Event)나 활동에 대한 정보를 확인할 수 있는 달력 화면이 나타난다.

2. 이미 지정된 예약의 객실을 다른 객실로 변경하고 싶다면 간단하게 해당 예약을 선택하여 변경을 원하는 객실로 드래그해서 옮길 수 있다.

Floor Plan

호텔의 각 층별 객실 간의 위치와 관계를 시각적으로 확인하는 것이 가능하다. 또한 모든 객실의 현재 정비 상태도 확인할 수 있다.

Floor Plan 기능 사용은 아래와 같다.

1. 메인 메뉴에서 Reservation → Floor Plan을 선택한다.
2. 원하는 층을 선택하여 하이라이트한 후 View 버튼을 선택한다.

FLOOR PLAN이 아래와 같이 나타난다.

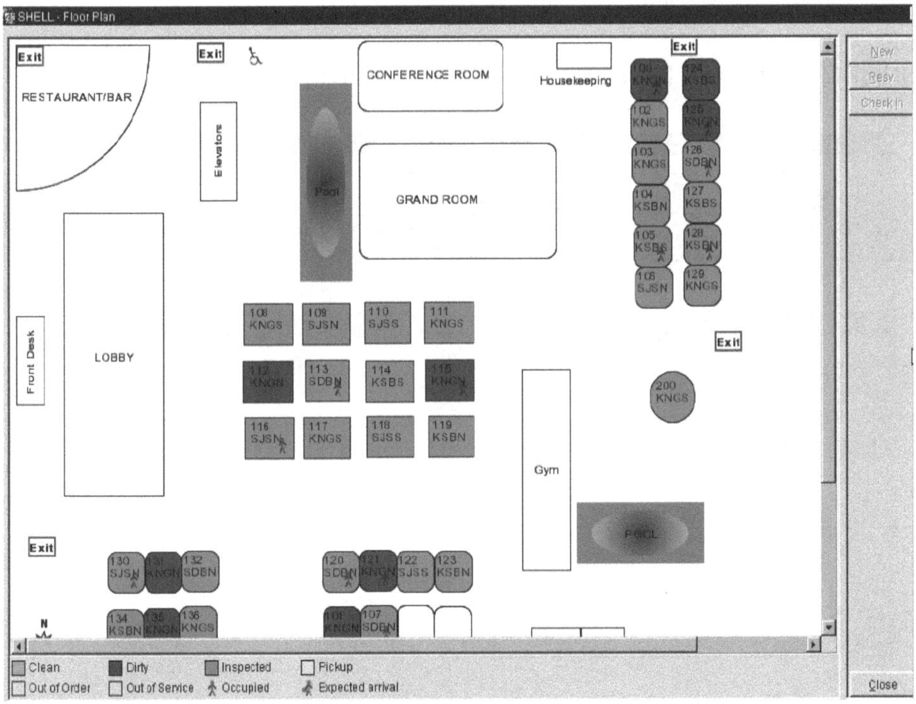

화면 하단 부분을 보면 Floor Plan 화면상 보이는 색깔과 기호가 무엇을 의미(객실 정비 상태(Housekeeping Status)와 객실의 사용 유무(Front Office Status))하는 지 설명이 나와 있다. 색깔과 기호는 객실로 표기된 박스에 대응하는 상태에 맞게 자동 반영된다.

3. Front Office Status가 **Occupied** 혹은 **Expected Arrival**인 객실을 더블 클릭하면 예약 화면이 나타난다.
4. **Close**를 선택해 종료한다.

Batch Confirmations

예약 확인서는 이미 앞서 배운 것처럼 예약 생성과 동시에 바로 출력, 전자 메일 전송, Fax 전송이 가능하다. 예약별로 각각의 예약 확인서를 출력할 필요 없이 이 기능을 통해 일괄적으로 출력할 수 있다. 만약 같은 방법을 전자 메일 전송과 Fax 전송에도 적용하고 싶다면 Interface 작업이 별도로 이루어져야 한다.

개별 예약에 대한 예약 확인서 생성 및 전송은 이미 앞서 배웠으므로 이번 섹션에서는 일괄적으로 예약 확인서 생성 및 전송하는 방법을 알려준다. 그 방법은 아래와 같다.

1. 메인 메뉴에서 **Reservation** → **Confirmation**을 선택한다.

CONFIRMATION LETTERS TO BE SENT 화면이 아래와 같이 나타난다.

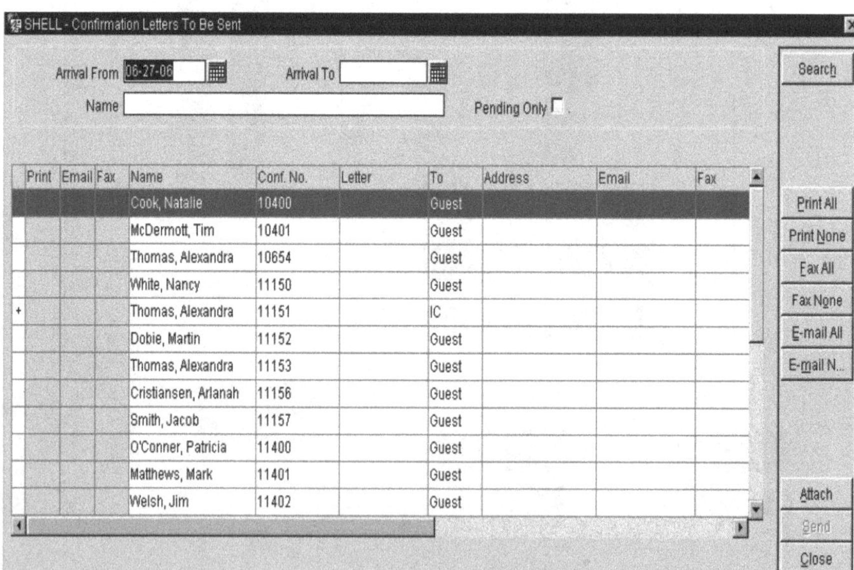

화면에서 보이는 모든 예약은 기본적으로 Check In 되지 않은 예약 리스트이다.

2. 만약 예약 확인서의 상태가 Pending인 예약만 확인하고 싶다면 화면 오른쪽 상단에 있는 **Pending Only** 버튼을 선택하다.

3. 이 기능 안의 여러 가지 옵션의 정의와 사용 방법은 아래와 같다.
   - **Print All**: 예약 확인서가 출력되게끔 사전 설정되어 있는 모든 예약을 선택하는 옵션이다. 선택이 되면 Send 버튼을 선택한다. 그러면 선택된 모든 예약의 예약 확인서가 출력된다.
   - **Print None**: 이미 선택된 예약을 선택 취소하고자 한다면 이 옵션을 선택한다. 출력 대기 상태의 모든 예약 확인서가 취소된다.
   - **Fax All**: 예약 확인서가 Fax 전송되게끔 사전 설정되어 있는 모든 예약을 선택하는 옵션이다. 선택이 되면 Send 버튼을 선택한다. 선택된 모든 예약 확인서가 사전에 설정되어 있는 Fax 번호로 예약 확인서를 전송한다. 이 기능을 사용하기 위해서는 Interface 작업이 반드시 사전에 이루어져야 한다.
   - **Fax None**: 이미 선택된 예약을 선택 취소하고자 한다면 이 옵션을 선택한다. Fax 전송대기 상태의 모든 예약 확인서가 선택 취소된다.
   - **Email All**: 예약 확인서가 전자 메일로 전송되게끔 사전 설정되어 있는 모든 예약을 선택하는 옵션이다. 선택이 되면 Send 버튼을 선택한다. 선택된 모든 예약 확인서는 사전에 설정되어 있는 전자 메일 주소로 예약 확인서를 전송한다. 이 기능도 Fax 전송과 마찬가지로 사전 Interface 작업이 반드시 이루어져야 한다.
   - **Email None**: 이미 선택된 예약을 선택 취소하고자 한다면 이 옵션을 선택한다. 전자 메일 전송대기 상태의 모든 예약 확인서가 취소된다.
   - **Attach**: Batch Confirmation Letter 기능을 통해 추가적으로 예약 확인서를 전송하고 싶다면 이 옵션을 통해서 사전 설정되지 않은 개별 예약을 설정 변경할 수 있다. **Attach** 버튼을 선택하면 **CONFIRMATION LETTER** 화면이 나오고 Fax 번호, 예약 확인서 Format, 전자 메일 주소 등 해당 정보를 입력한다.
4. 전송될 모든 예약 확인서가 선택이 되면 Send 버튼을 선택하여 전송한다. 출력된 예약 확인서는 우편으로 붙이는 작업을 별도로 해야 하며 Fax 전송 옵션은 Fax로 전송될 것이면 전자 메일 전송 옵션은 Adobe Acrobat 형식의 첨부 파일로 메일 전송될 것이다.

Calendar

월 별 호텔의 House Availability를 확인할 수 있다. 만약 다른 월을 보고 싶다면 화면 상단에 있는 월을 원하는 월로 변경한다. 이 기능은 전체적인 House Availability를 보거나 혹은 호텔 내 행사(Event) 정보 확인, 그리고 Day Type을 확인할 때 주로 사용된다.

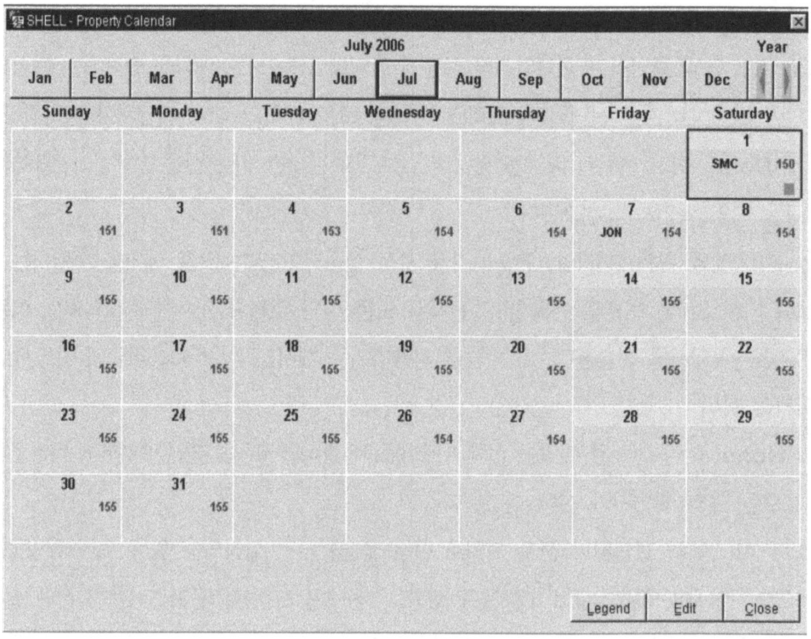

- 각 날짜별 House Availability는 각 날짜 박스의 오른쪽 상단 부분에서 녹색으로 표기된다.
- 호텔에서 주말로 정의한 날짜가 화면에서 노란색으로 표기된다.
- 해당 날짜에 설정된 Event 혹은 Day Type(객실료를 총괄적으로 올리거나 내리는 관리를 하는 옵션)을 수정하거나 추가를 원하면 **Edit** 버튼을 선택한다.

Chapter 4

Block

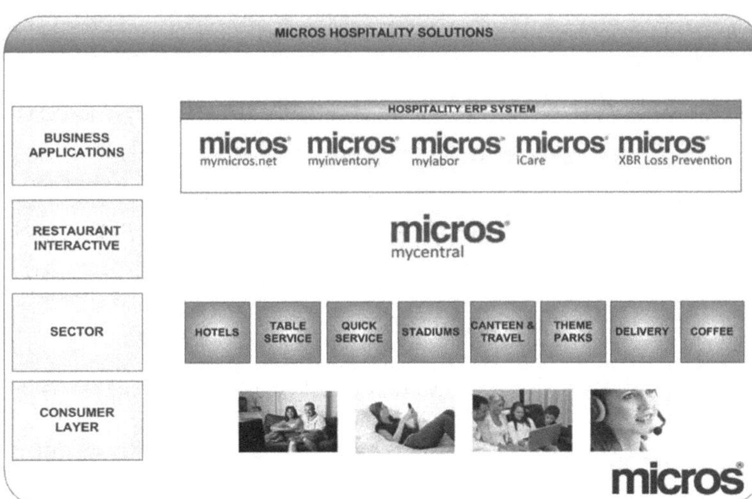

4.1 Group Basics

Business Block vs. Quick Business Block

OPERA에는 그룹에 관련된 기능으로 2가지 버전이 있다: Quick Business Block과 Business Block. 이 두 버전 모두 그룹의 주요 기능을 동일하게 제공하지만 Business Block이 더 많은 기능을 가지고 있으며 Quick Business Block의 경우 소규모의 호텔에 일반적으로 사용된다.

추가로 Business Block 모듈은 Opera Sales and Catering 기능과 함께 사용된다.

OPERA Xpress PMS를 사용하는 호텔에서 Quick Business Block을 주로 사용하나 OPERA PMS를 사용하는 호텔에서도 Business Block의 모든 기능을 필요로 하지 않는 그룹 예약과 컨벤션 예약이 많다면 사용할 수 있다. 반대로 OPERA Xpress PMS를 사용하는 호텔에서도 운영에 따라 Business Block을 사용할 수도 있다.

Group Status Codes

Status Code는 그룹의 현재 예약 상태를 나타낸다. Block Status에서 고려해야 하는 사항은 아래와 같다.

- 그룹 예약이 호텔 객실 판매 개수에 포함되어야 하는가?
- 해당 Block에서 개별 예약이 생성되었는가?

다음에서 Group Status의 예를 정의한다. 이는 호텔의 운영과 Sales 요청에 따라 호텔마다 다를 수 있다. 각 Status는 해당 그룹의 "Life Cycle"에 따라 진행되게 되며 어떤 Status는 판매 객실수에서 포함되지 않을 수 있으며, 어떤 Status는 개별 예약으로 'Pick Up'이 가능할 수 있는 등 모든 Status는 호텔마다 설정이 다를 수 있다.

Group Status의 예는 아래와 같다.

INQUIRY(INQ)

Inquiry 단계는 처음 Group Contract를 시작하는 단계로 이때에는 고객이 단순히 객실의 가능여부를 문의하게 된다. 따라서 이 단계의 객실 블록은 판매 가능한 객실에 영향을 미치지 않는다. 여기서 Proposal 혹은 Tentative, Cancel 등의 단계로 진행할 수 있다.

PROPOSAL(PRP)

이 단계는 그룹 예약의 첫 단계로서 Inquiry에서 바로 확정 예약으로 변경되지 않을 시 Proposal로 선택할 수 있다. Proposal을 생성하여 입력함으로써 Sales Lead에 대한 자료를 더 확보할 수 있으며 만약 제안(Proposal)이 받아들여졌다면 Group Status를 Tentative 상태로 변경하거나 혹은 받아들여지지 않았다면 Cancel로 변경할 수 있다. 이 상태에서도 객실 Block 수는 판매 개수에 영향을 미치지 않는다.

TENTATIVE(TEN)

이 단계는 그룹 계약이 확정되지 않은 상태, 즉 가계약 상태로 객실 Block은 판매 개수에서 영향을 미치지 않는다. Non-Deducted 라 하여 몇 개의 객실이 이 단계에 Block 되어 있는지는 알 수 있지만 실제 판매 개수에서는 여전히 반영되지 않은 상태이다. 또한 아직 개별 예약을 생성할 수 없는 단계(예약을 Pick Up할 수 없는 단계)이며 Definite 혹은 Cancel 상태로 진행할 수 있다.

DEFINITE(DEF)

다음은 계약이 확정되는 단계이다. 이 단계에서는 Block된 객실이 판매 가능 객실에 영향을 미치며 개별 예약을 생성(예약 Pick Up이 가능)할 수 있게 된다. 이 단계에서는 Cancel 만이 가능하다.

CANCELLED(CXL)

그룹이 취소되면 예약으로 잡혀 있던 Block은 다시 판매 할 수 있는 객실로 돌아오게 된다. 이때 취소하게 된 사유와 Block Destination(취소의 원인이 다른 호텔로 결정된 거라면 해당 호텔을 선택)을 입력하는 것은 중요하다. OPERA에서는 이 정보를 저장하여 분석 자료로 활용할 수 있다. Cancellation Trend나 Destination City/Hotel 등에 대한 자료로 활용할 수 있으며 만약 개별 예약이 입력되어 있다면(예약을 이미 Pick up 한 상태) Block 취소는 가능하지 않게 된다.

ACTUAL(ACT)

이 단계는 개별 예약이 Check In 상태가 되거나 Block의 End Date가 현재 날짜보다 과거 날짜가 된 경우로 고객이 Check In을 하게 되면 이 단계로 변경이 된다. 또한 이 단계에서 예상 대비 실제로 발생한 Revenue와 Inventory를 확인할 수 있게 된다.

NOTE 호텔에 따라 Lost 혹은 Refuse Status가 있을 수 있다. 이는 다른 경쟁 호텔로 그룹을 놓치게 되었다거나, 가격 혹은 판매 가능 여부에 따라 호텔에서 계약을 하지 못하게 된 경우에 사용할 수 있다.

Group Block Search

BUSINESS BLOCK SEARCH 화면은 그룹의 Status에 상관없이 다양한 필드 값에 따라 검색이 가능하다.

현재 입력되어 있는 Block을 검색하는 방법은 아래와 같다.

1. 메인 메뉴에서 Reservation → Blocks를 선택한다.
2. Business Block을 선택한다.

BUSINESS BLOCK SEARCH 화면이 나타난다.

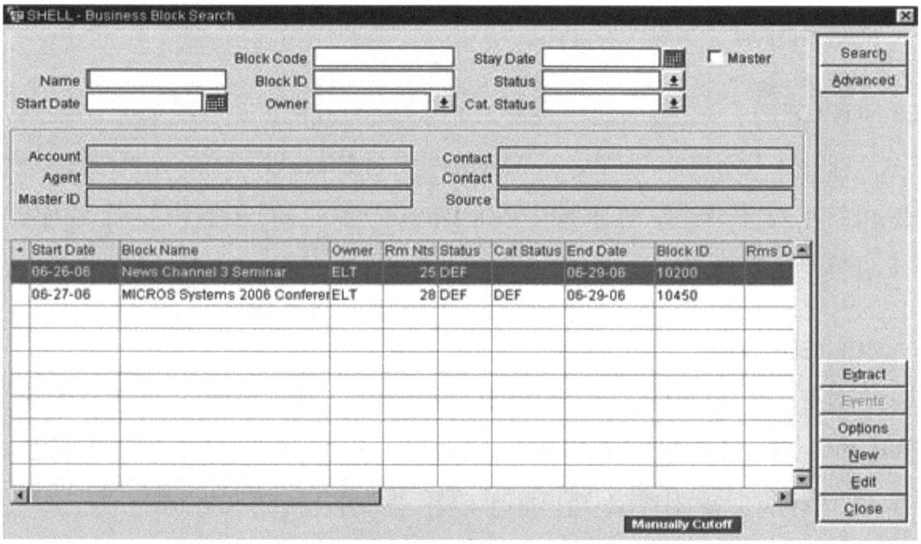

3. Block Name, Block Code 등의 검색 옵션을 달리 입력하고 **Search** 버튼을 클릭한다.

NOTE 더 많은 검색 옵션을 보려면 Advanced 버튼을 클릭한다.

검색 한 결과에 따라 하나의 Block을 선택하게 되면 해당 Block에 대한 몇 몇의 칼럼과 필드 값을 보여준다– **Profiles, Accounts, Contacts, Start Date, Block Name, Owner, Status.**

Inquiry

Inquiry 기능은 고객이 단체 예약에 대한 문의를 하였을 시 가능여부를 확인할 수 있는 기능으로 이곳에 입력된 정보를 통하여 Business Block을 빠르게 생성할 수 있다. 이 기능은 아래와 같은 옵션을 포함한다.

- 고객이 요청한 날짜뿐만 아니라 가능한 다른 날짜의 확인
- 이 기간 동안의 판매 가능 객실 여부의 확인
- 이 기간 동안의 해당 그룹이 Revenue와 Occupancy에 미치는 영향

Inquiry 기능을 사용하는 방법은 아래와 같다.

1. 메인 메뉴에서 Reservations → Block을 선택한다.
2. Inquiry를 선택한다.

NOTE 혹은 Shift F4 단축키를 사용할 수도 있다.

INQUIRY PROCESS 화면이 나타난다.

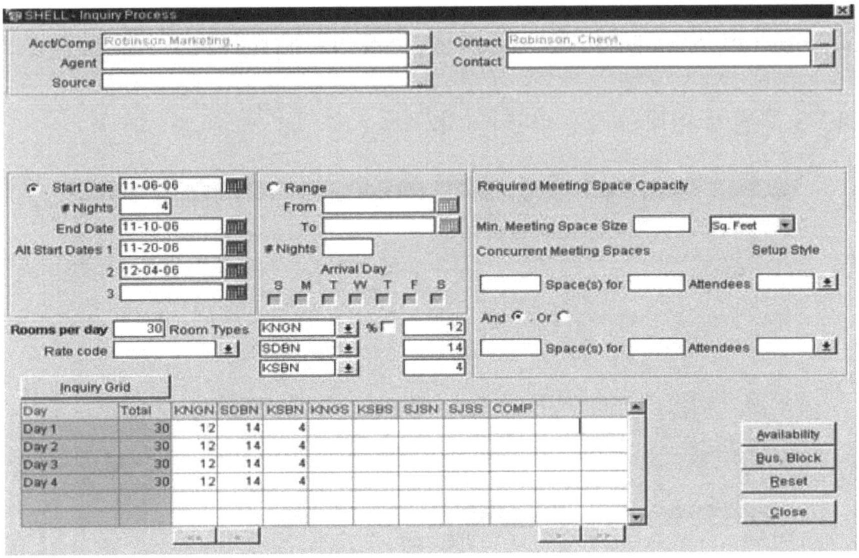

3. 화면 상단의 Profile 필드 옆 생략 부호 버튼을 선택하여 객실 예약 가능여부에 대한 문의를 한 Company 혹은 Account, Contact의 프로파일을 입력한다. 프로파일을 입력함으로써 Group Business와 회사(Account)의 예약자(Contact)를 확인할 수 있게 된다.

4. **Start Date**와 **# Nights**를 입력하며 **Alt. Start Date**에 대체될 수 있는 날짜를 추가로 3개까지 입력할 수 있다. 아직 날짜가 확정되지 않은 경우 유용하게 사용할 수 있다.
5. 혹은 **From**과 **To** dates 필드에 **Range**를 입력할 수 있으며 **# Nights**와 해당 날짜 기간의 요일을 선택할 수도 있다.

NOTE **Required Meeting Space Capacity** 섹션은 Opera Sales and Catering System을 사용할 시에만 사용 가능한 기능이다.

6. **Rooms Per Day**에 필요한 객실수를 입력한다.
7. **Rate Code** 필드에는 이 단체에 해당하는 특정 Rate Code를 입력한다. 단체마다 Special 요금이 주어지기에 반드시 Rate Code를 입력할 필요는 없지만 만약 해당 회사로 생성된 계약 요금이 있다면 해당 Rate Code를 사용할 수도 있다.
8. 각 **Room Type**별 필요한 객실수를 입력한다. 실제로 요청된 객실수를 입력할 수도 있으며 객실 타입별 Percentage 로 입력할 수도 있다(예: 50% KING Beds, 50% Double Beds).
9. **Inquiry Grid**를 선택하면 Start Date 첫날에 대한 객실 가능 여부에 대한 Grid가 나타난다.
10. 만약 객실이 가능하다면 **Bus. Block** 버튼을 선택한다.
11. 새로운 데이터 필드 값을 입력하여 조회하려면 **Reset** 버튼을 클릭하여 데이터를 초기화 할 수 있다.
12. **Availability**를 선택하면 각 Alternate Date별 조회 결과에 대한 자세한 사항을 확인할 수 있다.

RESULTS 화면이 아래와 같이 나타난다.

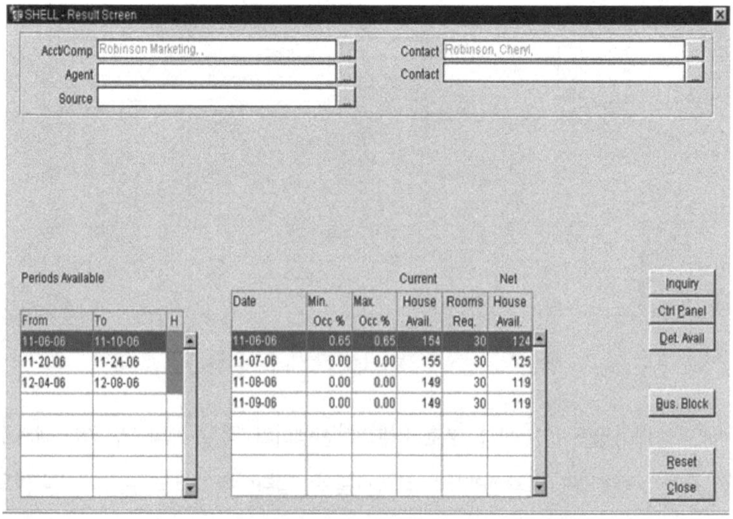

왼쪽 하단에 Date Range와 Alternate Dates가 나타난다. 오른쪽 하단에는 다음과 같은 Availability 필드가 나타난다.

- **Min Occ %**: 100%에 기준한 Hotel Occupancy
- **Max Occ %**: Overbooking 수를 포함한 Hotel Occupancy
- **House Avail(Current)**: 그룹 Block 전 Hotel Availability
- **Rooms Req.**: 그룹에서 요청하는 객실수
- **House Avail(Net)**: 이 그룹이 입력되었을 시의 Hotel Availability

13. 화면 왼쪽의 **Periods Available**에서 날짜 범위를 하이라이트하면 오른쪽에 일자별 Availability를 보여준다.
14. **Ctrl Panel** 옵션을 선택하면 선택한 그룹 날짜에 대한 **CONTROL PANEL** 화면이 나타난다.
15. **Det. Avail** 옵션을 선택하면 선택한 그룹 날짜에 대한 **DETAILED AVAILABILITY** 화면이 나타나 전체 객실수 기준의 예약 가능 여부를 확인할 수 있을 뿐만 아니라 객실 타입별 예약 가능 여부를 확인할 수 있다. 이 화면에서 **Blocks**를 선택하면 **BLOCKS** 화면이 나타난다.
16. 이전 **INQUIRY** 화면으로 돌아가 Inquiry Process를 다시 시작하고 싶다면 Inquiry 버튼을 선택한다.
17. **Reset**을 선택하게 되면 입력된 데이터를 지우고 **INQUIRY PROCESS** 화면으로 돌아간다.
18. 만약 고객이 날짜를 확정하였다면 해당 날짜를 하이라이트한 후 **Bus Block**을 선택한다. 이때 입력된 모든 정보는 저장되어 **QUICK BUSINESS BLOCK**을 생성할 수 있는 화면으로 이동하며 Business Block에서 다시 해당 Block을 열어 필요한 모든 필드를 추가로 입력할 수 있다.

New Block Header

Inquiry를 통해 그룹을 생성하는 것을 대신하여 Business Block에서 바로 그룹을 생성할 수 있다. **Block Header**는 이 그룹 아래 생성되는(Pick up되는) 모든 예약에 적용되는 정보를 입력한다.

새로운 Block을 생성하는 방법은 아래와 같다.

1. 메인 메뉴에서 **Reservations** → **Blocks**를 선택한다.
2. **Business Block**을 선택한다.

BUSINESS BLOCK SEARCH 화면이 나타난다.

3. New를 선택한다.

BUSINESS BLOCK 화면이 아래와 같이 나타난다.

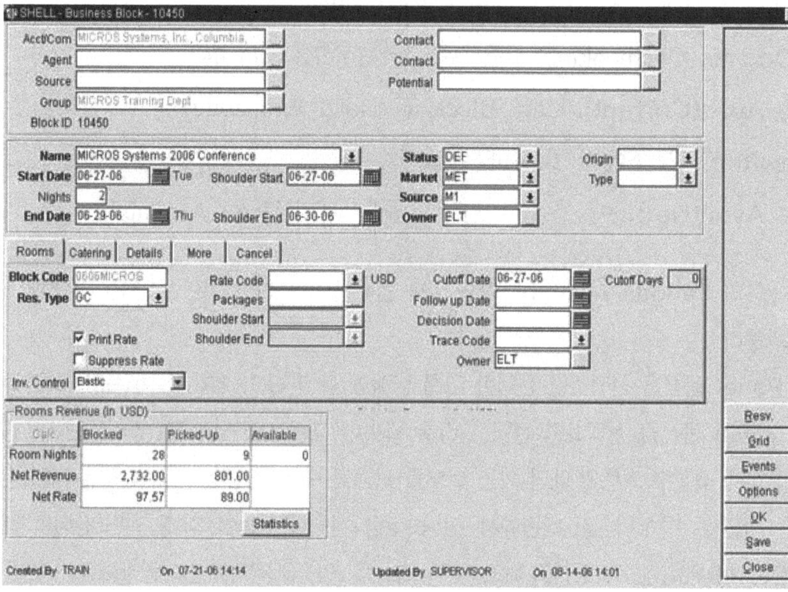

이 화면은 4개의 섹션으로 나뉘어 있다. 첫 번째 섹션은 Profile을 저장하며, 두 번째 섹션은 그룹의 이름과 날짜, 세 번째 섹션은 객실 정보, 마지막 섹션은 매출 정보를 보여준다.

4. 화면 상단에 Company, Travel Agent, Contact, Source 등의 프로파일을 입력한다. Group Profile은 Block을 저장하게 되면 자동으로 생성된다.
5. 그룹의 **Name**을 입력한다. 이 그룹의 Name으로 사용자들이 검색을 하게 된다.
6. **Start Date, Number of Nights, End Date**를 입력한다.
7. 만약 이 그룹이 Shoulder Date에 따라 날짜가 유연하게 변동될 수 있다면 **Shoulder Start Date**와 **Shoulder End Date**를 입력한다. Elastic Block에 대한 자세한 사항은 Room Tab 섹션을 참고한다.
8. **Status**는 이 단체의 현재 Status를 입력한다. 처음 시작 단계는 호텔마다 다를 수 있다. Group Status에 대한 설명은 이 Chapter의 시작 시 나온 Group Status Codes를 참고한다. 일반적으로 그룹의 시작 Status는 TEN(Tentative), PRO(Prospect), 혹은 INQ(Inquiry)이다.
9. **Market Code**를 선택한다. 정확한 그룹의 Market Code를 입력하여 통계 자료로 활용할 수 있도록 한다.

10. **Source Code**를 선택한다.
11. **Owner** 필드에 이 단체의 담당 Sales 혹은 Reservation Manager를 선택한다. 이는 담당자별 영업 실적을 확인하는데 필요하다.

ROOMS TAB:

1. **Block Code**를 입력한다. 시스템 설정(Application Setting)에 따라 Block Code는 재사용할 수 있다.
2. **Reservation Type**을 선택한다. 이곳에 입력된 값은 해당 그룹의 모든 예약에 고정 값으로 입력되게 된다.
3. Sales 부서에서 해당 그룹에 대한 별도의 계약 요금을 생성했다면 **Rate Code**가 반드시 사용되지는 않는다. 객실요금은 Business Block Rate Grid에서 별도로 입력할 수 있기도 하다. 예를 들어 IBM이 호텔에서 Training Meeting을 하게 된다면 이에 대한 계약 요금은 G-IBM16 Rate Code로 Block에 입력할 수 있다. 이 경우 이 단체의 Rate Grid로 Rate Code의 금액을 복사하여 적용할 수 있다.
4. **Inv. Control** 필드의 화살표를 선택하여 **Elastic**을 선택한다. 이 기능은 이 단체에 블록된 객실이 없더라도 예약을 만들 수 있는 기능으로(전체 호텔 객실수 기준으로 예약 가능한 객실이 있어야 함) 이 기능을 선택하여 이 단체 일자에 지정된 객실수보다 많은 객실을 예약할 수 있게 된다. 만약 계약된 Block 개수에 맞게 판매를 하려면 **Non-Elastic**을 선택한다.
5. **Package** 필드에 이 그룹에 적용할 Package Element를 입력할 수 있다. Package 가격은 그룹 요금에 포함시키거나 추가할 수도 있다.
6. **Cutoff Date** 혹은 **Cutoff Days**를 입력한다. Cutoff Date는 해당 필드에 입력된 날짜에 Available로 남아있는 모든 Block의 수를 다른 손님에게 판매 가능하게 Hotel Inventory로 되돌리는 날짜이며 Cutoff Days는 해당 필드에 입력된 숫자만큼 Start Date 기준으로 해당 숫자만큼 전 날짜에 Available로 남아있는 Block의 수를 Hotel Inventory로 다시 되돌려주는 값으로 일자별로 적용되게 된다.
7. **Follow-Up Date**는 그룹 계약 시 Follow Up 해야 하는 사항이 있다면 해당 일자를 입력하면 된다.
8. **Decision Date**는 그룹 계약이 확정되어야 하는 날짜 등을 입력하면 된다.
9. **Owner**는 객실 Block의 Sales 혹은 Reservation Manager 담당자를 입력하는 것으로 직원별 영업 실적을 확인하는 데 사용된다. Owner Name(일반적으로 3자릿수)은 User Configuration에서 설정된다.
10. Block Header를 모두 입력하였다면 **Save**를 선택하여 저장한 후 다음 탭으로 이동한다.

DETAILS TAB:

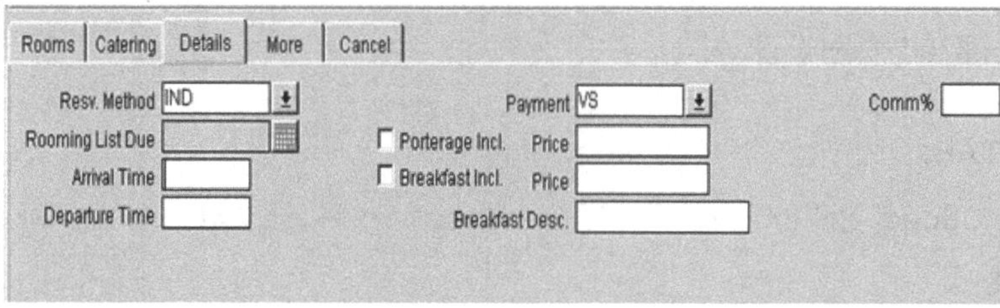

이 탭에서는 좀 더 많은 그룹 예약을 관리 할 수 있는 필드가 있는데 해당 사항이 있는 그룹에 사용하도록 한다.

- Resv Method는 이 그룹 Block이 예약으로 어떻게 만들어질 것인지에 대한 정보를 입력한다(예: Rooming List, Reservation Card, etc).
- Rooming List Due는 그룹으로부터 받을 Rooming List의 예상 날짜를 입력한다.
- Arrival Time/Departure Time은 Tour Group의 Check In/Check Out 시간을 입력한다.
- 이곳에 Payment를 입력하게 되면 PM 예약으로 복사되어 이 그룹의 모든 예약에 적용될 수 있다. 특히 하나의 신용카드로 결제되어야 하는 그룹에 유용하게 사용될 수 있다. 그리고 이곳에 신용카드 정보를 입력하게 되면 개별 예약마다 입력할 필요가 없게 된다.
- Comm%는 해당 그룹의 여행사에 지불하는 고정 수수료가 실제 여행사 수수료와 다르게 적용되어야 하는 경우 입력한다.

CANCEL TAB:

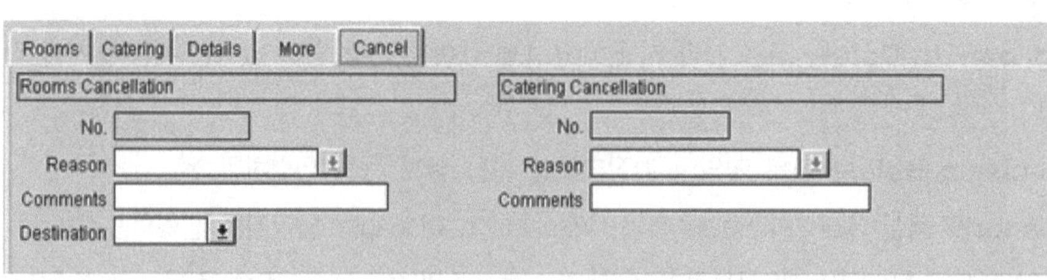

이 탭은 Business Block이 취소되었을 경우 통계 자료로 활용할 수 있는 정보를 입력한다.

- Rooms Cancellation No.는 이 단체의 객실 Block에 대한 취소 번호를 보여준다.
- Rooms Cancellation Reason은 Cancel이나 Lost로 Status가 변경되었을 때 왜 취소가 되었는지에 대한 사유를 선택한다.
- Rooms Cancellation Comments는 선택된 Cancellation Reason의 별도의 설명이 필요하다면 추가적인 코멘트 내용을 입력할 수 있다.
- Rooms Cancellation Destination은 어느 경쟁 호텔로 단체 예약이 옮겨져서 취소되었는지를 입력한다.
- Catering Cancellation No./Catering Reason/Catering Comments는 연회 행사의 Cancellation Number/Reason/Comments 사항을 보여주거나 입력할 수 있다.

Quick Business Block

그룹을 생성하는 또 다른 방법은 Quick Business Block으로부터 바로 생성하는 것이다. Quick Business Block 기능으로 새로운 Block을 생성하는 방법은 아래와 같다.

1. 메인 메뉴에서 Reservations → Blocks를 선택한다.
2. Quick Business Block을 선택한다.

QUICK BUSINESS BLOCK SEARCH 화면이 나타난다.

3. New 버튼을 선택한다.

QUICK BUSINESS BLOCK 화면이 나타난다.

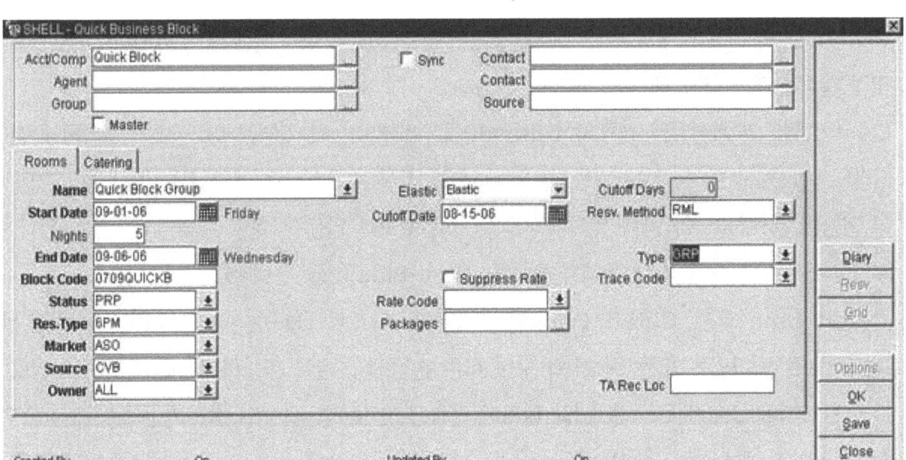

이 화면은 2개의 섹션으로 나뉘어 있다. 첫 번째 섹션은 프로파일을 저장하며 두 번째 섹션은 그룹의 이름과 날짜, 객실 정보를 보여준다.

4. 화면 상단에 **Company, Travel Agent, Contact, Source** 등의 프로파일을 입력한다.

Group Profile은 Block을 저장하게 되면 자동으로 생성된다.

ROOMS TAB:

5. 그룹의 **Name**을 입력한다. 이 그룹의 Name으로 사용자들이 검색을 하게 된다.
6. **Start Date, Number of Nights, End Date**를 입력한다.
7. 만약 이 그룹이 Shoulder Date에 따라 날짜가 유연하게 변동될 수 있다면 **Shoulder Start Date**와 **Shoulder End Date**를 입력한다.
8. **Block Code**를 입력한다. 시스템 설정에 따라 이 코드는 자동으로 입력될 수도 있고 특정 형식으로 입력할 수 있게 설정할 수도 있다(예: 숫자와 글자의 혼합).
9. **Status**는 이 단체의 현재 계약 상태를 입력한다. 처음 시작 단계는 호텔마다 다를 수 있다.

Group Status에 대한 설명은 이 Chapter 시작 시 나온 Group Status Codes를 참고한다. 일반적으로 그룹의 Starting Status는 TEN(Tentative)이다.

10. **Reservation Type**을 선택한다. 이곳에 입력된 값은 해당 그룹의 모든 예약에 고정 값으로 입력된다.
11. **Market Code**를 선택한다. 정확한 그룹 Market Code를 입력하여 통계 자료로 활용할 수 있도록 한다.
12. **Source Code**를 선택한다.
13. **Owner** 필드에 이 단체의 담당 Sales 혹은 Reservation Manager를 선택한다. 이는 담당자별 영업 실적을 확인하는 데 필요하다.
14. **Elastic** 필드의 화살표를 선택하여 **Elastic**을 선택한다. 이 기능은 이 단체에 블록된 객실이 없더라도 예약을 만들 수 있는 기능으로(전체 호텔 객실수 기준으로 예약 가능한 객실이 있어야 함) 이 기능을 선택하여 이 단체 일자에 지정된 객실수보다 많은 객실을 예약할 수 있게 된다. 만약 계약된 Block 개수에 맞게 판매를 하려면 **Non-Elastic**을 선택한다.
15. **Cutoff Date** 혹은 **Cutoff Days**를 입력한다. Cutoff Date는 해당 필드에 입력된 날짜에 Available로 남아있는 모든 Block의 수를 다른 손님에게 판매 가능하게 Hotel Inventory로 되돌리는 날짜이며 Cutoff Days는 해당 필드에 입력된 숫자만큼 Start Date 기준으로 해당 숫자만큼 전 날짜에 Available로 남아있는 Block의 수를 Hotel Inventory로 다시 되돌려주는 값으로 일자

별로 적용되게 된다.

16. **Resv Method**는 이 그룹 Block이 예약으로 어떻게 만들어질 것인지에 대한 정보를 입력한다(예: Rooming List, Reservation Card, etc).
17. **Type**은 예약의 타입으로 Convention, Tour, Group 등을 입력한다.
18. 만약 객실료를 직원 및 고객에게 알리기 원하지 않는다면 **Suppress Rate**를 선택한다.
19. Sales 부서에서 해당 그룹에 대한 별도의 계약 요금을 만들었다면 **Rate Code**가 반드시 사용되지는 않는다. 객실 요금은 Business Block Rate Grid에서 별도로 입력할 수 있기도 하다. 예를 들어 IBM이 호텔에서 Training Meeting을 하게 된다면 이에 대한 계약 요금은 G-IBM16 Rate Code로 Block에 입력할 수 있다. 이 경우 이 단체의 Rate Grid로 Rate Code의 금액을 복사하여 적용할 수 있다.
20. **Package** 필드에 이 그룹에 적용할 Package Element를 입력할 수 있다. Package 가격은 그룹 요금에 포함시키거나 추가할 수도 있다.
21. 모든 입력 사항을 저장하려면 **Save**를 선택한다.

QUICK BUSINESS BLOCK 화면이 다시 나타나며 화면 하단에 Grid가 보인다.

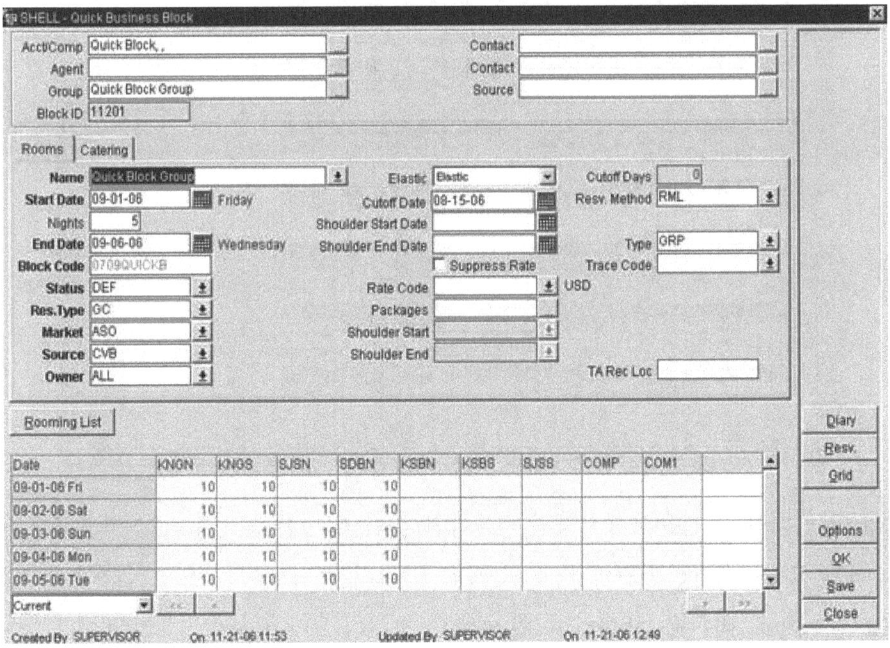

Block에서 Room Range 혹은 Wash에 관한 설명은 이 Chapter의 Rooms Grid를 참고한다.

Block Grid

Group Room Grid는 Block의 객실수, 객실 타입별 요금, 예상 매출 등을 관리하는 메뉴로 Grid는 그룹이 Tentative 상태가 되면 사용 가능하게 된다. Grid가 Tentative 상태에서 객실수에 변경이 있다면 Original Grid에만 반영이 되며 개별 예약을 입력할 수 있는 상태(Pick Up이 가능한 Status)로 변경되게 되면 Original Grid는 변경가능하지 않은 필드가 되며 Current Grid의 객실수로 반영되게 된다.

Block Header를 저장한 후 Grid를 사용하는 방법은 아래와 같다.

1. Block Header 혹은 Quick Block Header에서 **Grid**를 선택한다.

CURRENT GRID 화면이 아래와 같이 나타난다.

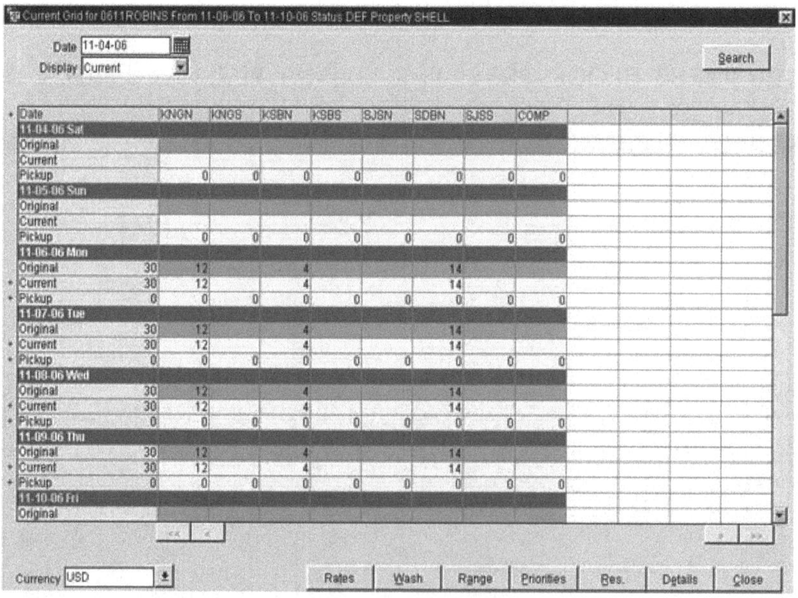

Grid를 입력하는 방법은 2가지가 있다. 화면 하단의 버튼을 사용하는 방법과 Grid 화면에서 해당 Room Type 필드에 바로 숫자를 입력하는 방법이 있으며 추천하는 방법은 첫 번째 방법으로 버튼을 사용하여 입력하는 것이다.

Grid의 하단에 위치한 화살표 키를 이용하여 오른쪽/왼쪽으로 이동할 수 있으며 노란색으로 표기된 날짜는 호텔에서 정의한 주말에 해당한다.

화면 상단의 Display 메뉴는 아래와 같은 조건으로 Grid를 볼 수 있게 도와준다.

- Original은 Tentative 상태에 Block한 객실수이다.
- 그룹이 Definite 상태가 된 후에는 객실수가 Current에 반영되어 현재 해당 그룹으로 Block된 객실수를 보여준다.
- 개별 예약이 Pick Up되지 않고 남아 있는 Block의 개수는 Available로 나타난다.
- Rates는 일자별로 객실 타입에 해당하는 요금을 반영하여 보여준다.
- Contract는 선택적으로 사용되어지며 계약한 객실수를 반영하여 리포트에 Current와 비교하여 볼 수 있도록 사용할 수 있다.

Range Rooms to Grid

Block Grid에 객실수를 입력하는 방법은 아래와 같다.

1. CURRENT GRID 화면에서 Range를 선택한다.

BLOCK RANGE SETTING 화면이 나타난다.

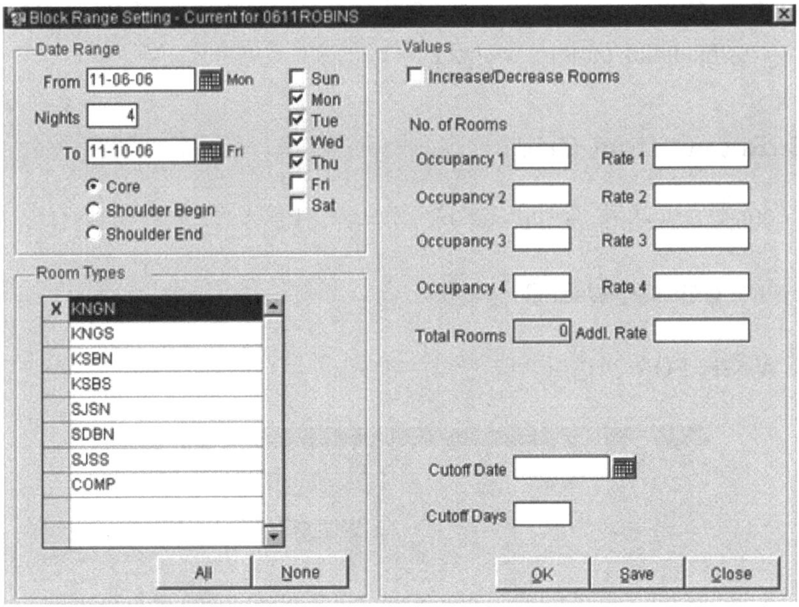

2. From, Nights, To date를 선택하여 Date Range를 입력하며 요일별 선택도 가능하다.
3. Block할 객실 타입을 Room Type 옆 ('X')박스에 표기한다. 여기에서 선택한 객실 타입들은 모두 같은 객실수를 가지게 된다. 예를 들어 KNGN, KNGS, TDBN, TDBS를 선택하였다면 같은 객실수가 동일하게 적용된다(객실수 5를 입력 시 총 20의 객실이 Block된다).

4. **Increase/Decrease Rooms** 박스는 몇 개의 다른 기능이 있다.
   만약 이 선택 박스를 선택하지 않고 객실수를 입력하게 되면 이 숫자가 실제 개수로 Grid에 반영된다. 예를 들어 10을 입력하고 이미 20개가 Block되어 있었다 할지라도 최종 객실수가 10개가 된다. 이 선택 박스를 선택한 후 값을 입력할 경우 입력한 값만큼 추가되거나 적어지게 된다. 예를 들어 5 혹은 -5를 입력하고 이미 10개가 Block되어 있다고 하면 최종 객실수는 15개 혹은 5개가 된다.

NOTE **Occupancy 1-4** 필드에는 객실을 투숙 인원 별로 Block할 수 있다(예를 들어 1명이 투숙하는 객실 2개, 2명이 투숙하는 객실 2개, 3명이 투숙하는 객실 3개 등).

5. **Rate 1** 필드에는 투숙 인원 한명일 경우에 대한 객실료를 입력할 수 있으며, **Addl. Rate**에는 추가되는 인원에 대한 추가 요금을 입력할 수 있다.

NOTE Additional Rate 기능을 사용할 시에는 Rate Query 시 투숙 인원에 대한 정확한 정보를 입력하여 조회하여야 Rate Query 시점에 정확한 금액을 고객에게 알려줄 수 있다.

6. **Sell Limit**는 해당 그룹에 Overbooking을 할 수 있는 객실수를 입력하여 예약 생성 시 이 개수를 넘지 못하게 할 수 있다.
7. **Cutoff Date/Cutoff Days**에는 객실 타입별 Cutoff Date/Days를 입력할 수 있다.
8. **OK**를 선택하여 입력한 데이터를 저장한다.

Wash Rooms from Grid

Wash Rooms는 Block된 객실을 줄이는 것으로 사용 방법은 아래와 같다.

1. **CURRENT GRID**에서 **Wash**를 선택한다.

BLOCK WASH FOR 화면이 나타난다.

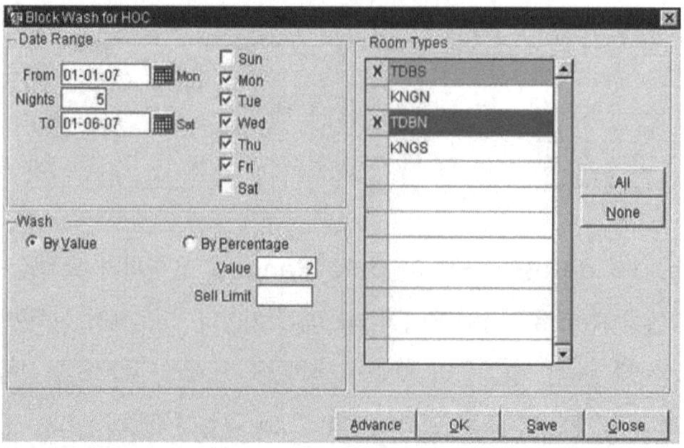

2. **From, Nights, To** 필드를 선택하여 **Date Range**를 입력하거나 요일을 선택할 수 있다. 추가로 화면 하단의 **Advance** 버튼을 선택하여 별도의 Wash 값을 입력할 수 있다.
3. **By Value** 혹은 **By Percentage** 버튼을 선택하여 **Value** 혹은 **Percentage**를 입력한다.
4. 객실수를 줄이려는 객실 타입을 선택('X')하거나 모든 객실 타입을 선택하려면 **All**을 선택한다.
5. 변경 데이터를 저장하기 위해 **OK**를 선택한다.

Room Type Priorities in Grid

Priorities 옵션에서는 Grid에서 보이는 객실 타입의 순서를 수정할 수 있다. 이 기능을 통해 해당 그룹에 Block된 객실 타입만 쉽게 우선적으로 볼 수 있다.

Room Type의 Priority를 변경하는 방법은 아래와 같다.

1. **CURRENT GRID** 화면에서 **Priorities**를 선택한다.
2. 판매 가능한 객실수를 확인하기 위해 **Yes**를 선택한다.

ROOM GRID PRIORITIES 화면이 나타난다.

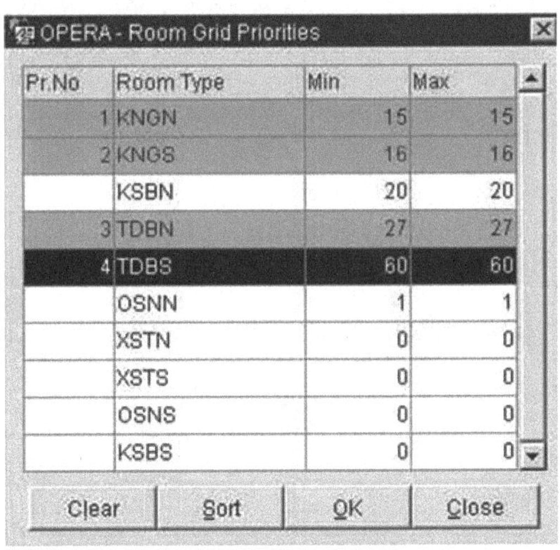

3. 가장 많은 객실이 Block된 객실 타입 왼쪽 **Pr. No** 필드를 선택하면 1이라는 숫자가 자동 입력된다. 다음으로 많은 수를 가진 객실 타입을 선택하면 2라는 숫자가 입력된다. 이렇게 계속 진행하여 Block된 객실 타입의 순서를 정한다.
4. **OK**를 선택하면 위에 지정된 순서에 따라 다시 정렬되며 이 순서로 이 그룹의 Rate Query 시 보이게 된다.

Group Block Reservations

Group Block Reservation은 Block Header에서 만들 수 있다.

아래와 같이 Group Block → Reservation 메뉴를 선택한다.

1. 메인 메뉴에서 **Reservations** → **Blocks**를 선택한다.
2. **Business Block**을 선택한다.
3. 원하는 Block을 검색하여 하이라이트한 후 **Edit**을 선택한다.
4. **Resv** 버튼을 선택한다. 이 버튼은 그룹이 Definite 상태이거나 Pick Up이 가능한 상태에서만 선택할 수 있다.
5. 화면이 열리면 "A Post Master will be created, would you like to continue?"라는 **PM** 거래선을 생성할 것인지에 대한 메시지가 나타나며 **"Yes"**를 선택한다.

RESERVATIONS LIST 화면이 나타난다.

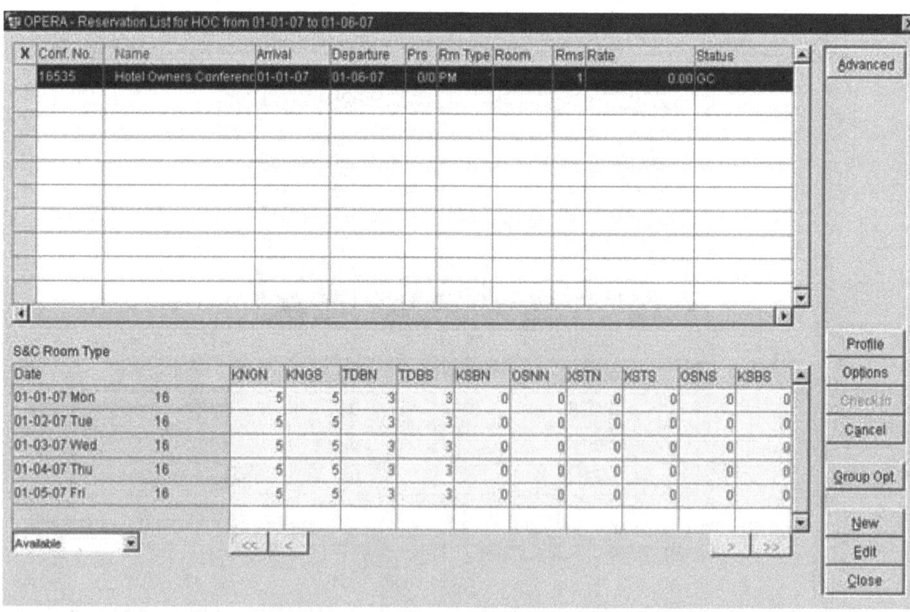

화면의 상단에 이 그룹으로 생성된 예약의 리스트가 보일 것이다. 적어도 PM 예약은 보일 것이다.

화면에 나타나는 기능 중 **New** 기능을 뺀 나머지는 하이라이트한 예약과 관련된 기능에 해당한다.

- New – 해당 그룹의 새로운 예약을 만들 수 있다. 아래 화면에 판매 가능한 객실을 선택하여 새로운 예약을 생성하면 된다.
- Edit – 선택한 예약을 수정할 수 있다.
- Options – 선택한 예약의 Reservation Options를 확인할 수 있다.
- Profile – 선택한 예약의 Profile을 보여준다.
- Check-In – 선택한 예약이 오늘 Check In 예정이라면 Check In을 할 수 있다.
- Advanced – 이 그룹의 예약을 추가 조건으로 검색할 수 있는 RESERVATION SEARCH 화면을 보여준다.
- Cancel – 선택한 예약을 취소할 수 있다.
- Reinstate – 예약이 취소되었다면 Cancel 버튼 대신 Reinstate 버튼이 보인다. 이 두 기능은 OPERA의 어느 예약에서든 동일하게 적용된다.
- RESERVATION LIST 이전 화면으로 돌아오려면 Close를 선택한다.

화면 하단에는 이 그룹의 Grid를 보여주는데 여기서 객실수 혹은 객실료 정보를 확인할 수 있다.
화면 하단에 위치한 화살표를 선택하여 Available 혹은 Rates를 선택하면 된다.

4.2 Group Options

RESERVATION LIST 화면에서 Group Opt를 선택한다.
Group Options 메뉴를 선택하기 전 두 가지 고려할 사항이 있다.

- Group Options 메뉴를 오픈하기 전 그 그룹의 PM(Posting Master)예약을 하이라이트한 채 선택해야만 PM에 입력된 예약 정보가 새로운 예약을 만들 때 동일하게 적용되어 생성된다.
- Block을 "GTD Only"로 설정했다면 Block Header의 Details Tab에 Payment를 입력하는 필드가 있다는 것을 기억한다.

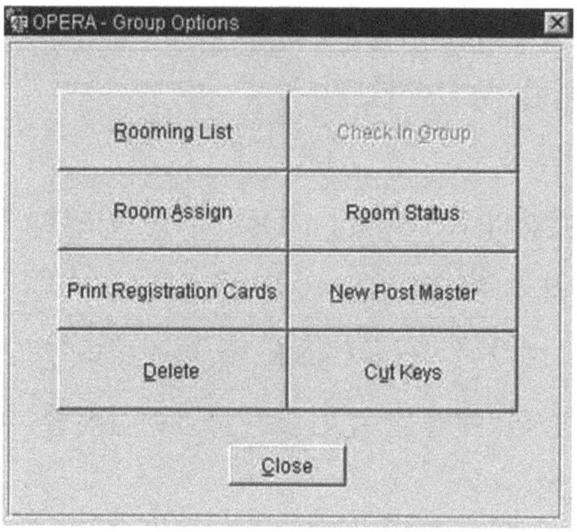

Rooming List

그룹 Rooming list를 입력하는 방법은 아래와 같다.

1. Group Options 메뉴에서 Rooming List를 선택한다.

GROUP ROOMING LIST 화면이 나타난다.

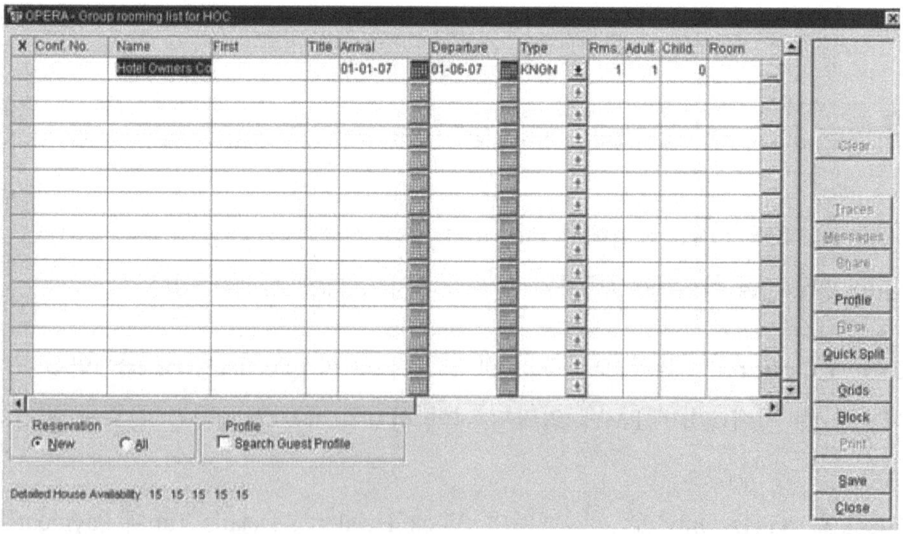

2. Rooming List를 입력 할 시 기존에 생성된 Profile에서 선택을 하고 싶다면 화면 아래의 Search Guest Profile 박스를 선택한다. 이 기능을 선택하게 되면 Rooming List에서 새로운 예약을 입력 시 PROFILE SEARCH 화면이 나타나게 된다.

NOTE 잘 보이지는 않지만 Cursor는 Rooming List의 **Name** 필드에 위치해 있으며 이 필드에는 그룹명이 나타난다.

3. 고객의 **Last Name, First Name, Arrival, Departure, Room Type**을 Tab 키를 사용하여 필드간 이동하면서 입력한다.
4. 만약 Posting Master 예약에 Payment Type이 입력되어 있지 않다면(예: 예약별로 Guarantee Type이 다른 경우) Guarantee Type을 입력하기 위해 Tab 키로 **Payment** 필드로 이동한다.
5. 리스트에 첫 번째 고객의 예약 정보를 모두 입력 한 후 키보드의 화살표 아래 키를 선택하여 다음 고객으로 넘어간다. 모든 예약을 입력할 때까지 이 과정을 반복하면 된다.

NOTE 마지막 고객의 정보를 입력하였다면 다시 다음 라인으로 화살표를 선택하지 않아야 불필요한 새 예약을 생성하지 않게 된다. 만약 하게 된다면 다시 돌아가 이 예약을 취소해야 한다.

6. 완료하였다면 **Save**를 선택한다.

Rooming List with Shares

만약 Rooming List에서 모든 예약에 Share를 입력해야 한다면 아래와 같이 진행하며 **Save**를 선택하지 않는다.

1. 모든 고객의 이름과 날짜, 객실 타입 등 위에 설명한 대로 입력한다.
2. 고객 입력 후 객실을 Share 할 2번째 고객, 4번째 고객의 Conf No 왼쪽을 클릭하여 ('X')로 표기한다. 첫 번째 이름이 Share의 Primary Name이 된다.

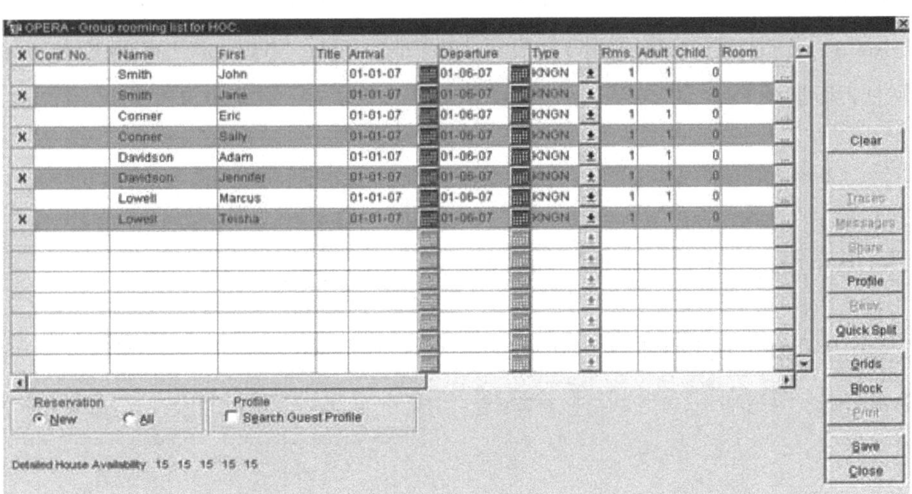

3. 변경된 예약을 저장하기 위해 **Save**를 선택한다.

객실료를 어떻게 나눌 것인지에 대한 Pop Up 메시지가 나타난다.

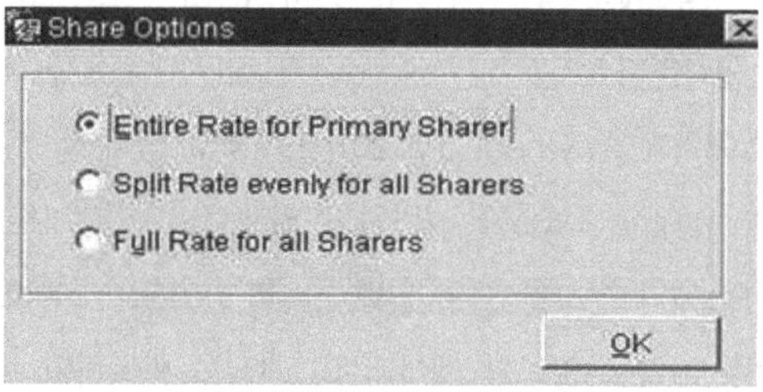

여기에는 3가지 옵션이 있다.

- **Entire Rate for Primary Sharer** 는 Primary Guest가 객실료의 총 금액을 지불하는 것으로 다른 고객은 객실료를 지불하지 않게 된다.
- **Split Rate evenly for all Sharers** 는 객실을 Share하는 모든 고객에게 동일하게 나누어 요금이 입력된다.
- **Full Rate for all Sharers**는 같이 투숙하는 고객에게 모두 Full Rate를 적용하는 것으로 투숙인에게 모두 총 금액을 입력하게 된다. 이 기능은 투숙 인원별 요금을 따로 지불하게 할 경우에만 사용할 수 있다.

4. Rate Share Option중 하나를 선택한 후 **OK**를 선택한다.

Share 예약을 생성하게 되면 고객의 Last Name 왼편에 * 기호가 붙게 되어 Share Reservation임을 알 수 있게 한다. 화면의 하단에는 다른 Share 고객명과 Rate Portion이 나타나게 된다.

NOTE Share에 대한 자세한 설명은 "Reservations" Chapter의 Share 섹션을 참고하기 바란다.

또한 **ROOMING LIST** 화면에는 아래와 같은 기능이 있다.

- **Clear**는 Rooming List에 입력한 정보를 삭제하여 새로운 리스트로 시작할 수 있다.
- **Traces**는 하나의 그룹 예약에 Trace를 입력하여 모든 그룹 예약에 적용할 수 있게 한다.

- Messages는 하나의 그룹 예약에 Message를 입력하여 모든 그룹 예약에 적용할 수 있게 한다.
- Share는 Rooming List에서 2개의 예약을 선택하여 Share 예약을 생성할 수 있다.
- Profile을 선택하면 하이라이트한 예약의 Profile 화면이 나타난다.
- Resv을 선택하면 하이라이트한 예약의 Reservation 화면이 나타난다.
- Quick Split은 이 Block에 남아있는 예약 가능한 객실을 Split 하여 예약을 생성하는 기능으로 Generic Reservation으로 만들어진다. 이 기능에 대한 설명은 다음 섹션을 참고한다.
- Grids를 선택하면 ROOM GRID 화면이 나타난다.
- Block을 선택하면 BUSINESS BLOCK 화면이 나타난다.
- Print는 이 그룹의 Rooming List를 출력한다.

NOTE Rooming List 기능은 Quick Business Block의 Block Header에서 바로 접근 가능하다.

Rooming List Quick Split

그룹 Block에 남아있는 모든 예약 가능한 Block을 **Quick Split** 기능으로 실제 예약으로 생성하며, 방법은 아래와 같다.

1. ROOMING LIST 화면에서 **Quick Split**을 선택한다.

ROOMING LIST - SPLIT 화면이 나타난다.

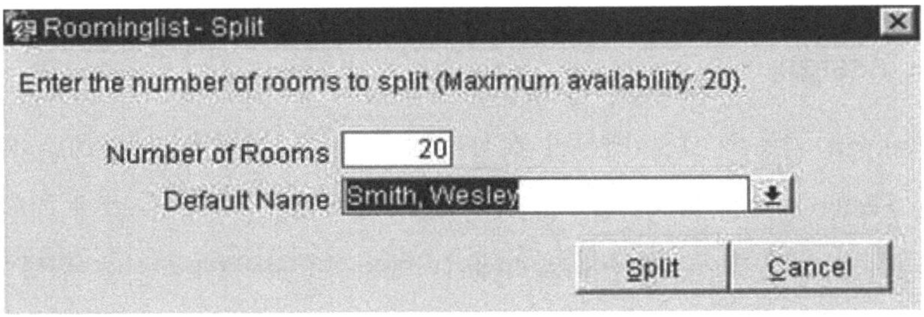

2. Split할 객실수를 **Number of Room**에 입력한다. 이 Block에서 Pick Up 가능한 객실수가 고정 값으로 나타난다. 이 고정 값을 그대로 사용하거나 혹은 이보다 적은 수를 입력할 수 있다.
3. Profile을 선택하기 위해 **Default Name** 옆의 화살표를 선택한다.
4. **Split**을 선택하여 예약을 생성한다.

아래의 화면과 같이 Split된 개별 예약은 같은 프로파일을 사용하게 된다.

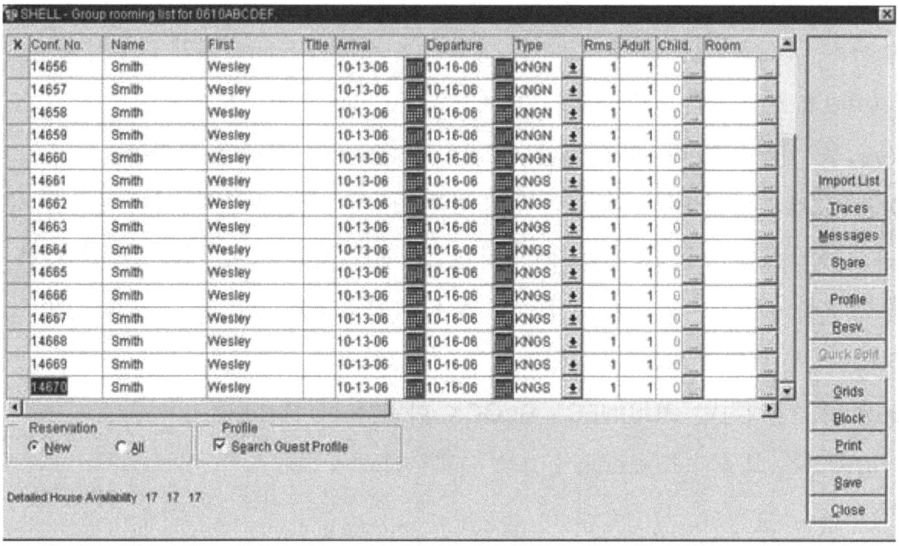

5. 실제 고객의 명단을 받게 되면 예약화면에서 Profile Name을 별도로 수정하도록 한다.

Rooming List Import

그룹 담당자가 Rooming List를 Excel 파일 형태로 호텔에 전달할 경우 ROOMING LIST 화면으로 업로드가 가능하다. Rooming List를 업로드 하는 방법은 오페라 서버에 있는 XML 파일에 맞추어 입력해야 한다.

이 파일의 위치는 F1 혹은 OPERA HELP를 선택하여 확인할 수 있다.

Room Assign

Room Assign 기능은 그룹 객실의 객실 번호 지정을 쉽고 빠르게 해준다. 그룹 객실 지정 시 Features 혹은 Floor 필드를 사용하여 특별 요구 사항에 맞게 지정할 수 있다. 예를 들어 단체의 모든 객실이 엘리베이터에서 먼 조용한 객실을 원한다면 해당 Features를 입력하게 되면 이미 다른 객실에 지정이 되어있지 않거나 투숙중이지 않은 객실을 시스템에서 지정을 할 수 있다.

Block에 객실 번호를 미리 지정하는 방법은 다음과 같다.

1. Group Options에서 Room Assign을 선택한다.

AUTOMATIC ROOM BLOCKING 화면이 나타난다.

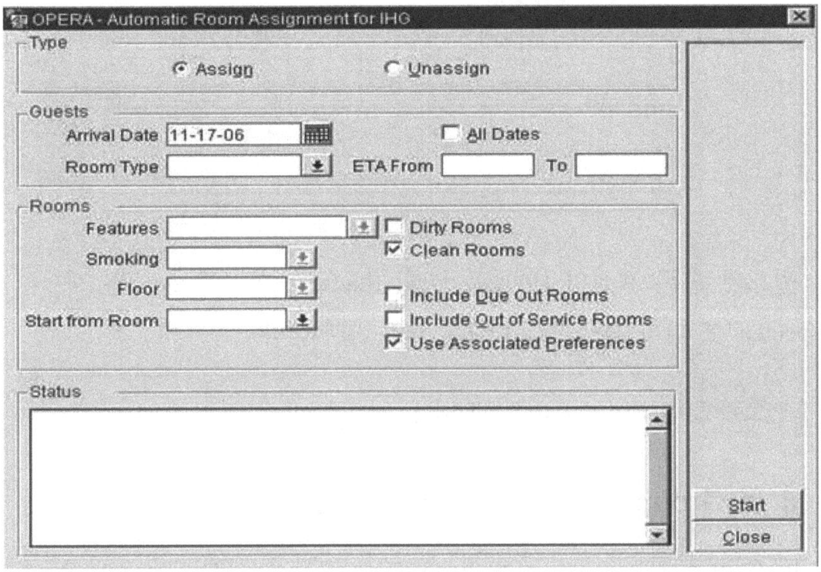

2. Assign을 버튼을 선택하며 Guests 혹은 Rooms 필드에 원하는 정보를 입력한다.
3. Start를 선택하면 아래 Status 창에 Assignment Status를 보여주어 객실이 지정되었는지 확인할 수 있다.
4. 완료되었으면 Close를 선택한다.

Room Assignment에 대한 더 많은 정보는 “Front Desk” Chapter를 참고한다.

Room Status

Room Status 기능을 통해 그룹 Check In 전 오늘 Check In할 그룹 고객의 객실 정비 상태를 확인할 수 있다. 이 기능은 특별히 Pre-Registered 혹은 Pre-Assigned 그룹에 유용하게 사용할 수 있다.

1. Group Options 메뉴에서 Room Status를 선택한다.

GROUP ROOM STATUS 화면이 나타난다.

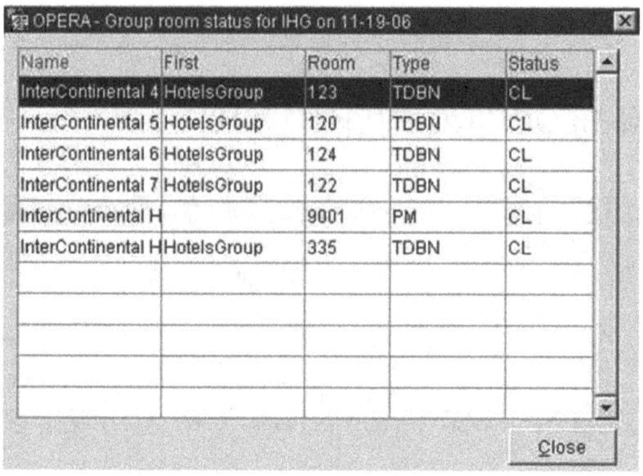

Status 필드에 모든 객실의 Housekeeping Status를 확인하여 모든 객실이 "Clean" 혹은 "Inspected"로 나타나면 그룹 Check In을 진행한다.

2. 이전 화면으로 돌아가려면 Close를 선택한다.

Check In Group

Check In Group 기능은 Room Status에 따라 그룹을 쉽게 Check In 할 수 있는 기능으로 등록 카드의 출력 혹은 Key Interface에 따라 객실 Key를 생성할 수도 있다.

그룹 Check In을 하는 방법은 아래와 같다.

1. Group Options 메뉴에서 Check In Group을 선택한다.

CHECK IN GROUP 화면이 아래와 같이 나타난다.

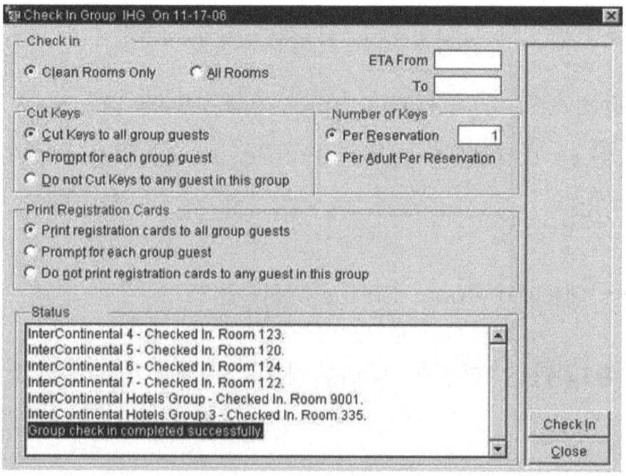

2. Check In Clean Room Only를 선택한다.

그룹의 객실 Key를 생성하려면 Cut Keys 혹은 Number of Keys에서 원하는 조건을 선택한다.

3. Print Registration Cards에서 원하는 조건을 선택 후 Check In을 선택한다.
4. 완료 후 Close를 선택한다.

NOTE 화면 하단에 위치한 Status 창에 객실별 Check In 상태를 보여주며 만약 예약에 Payment Type이 입력되어 있지 않다면 Payment Type을 입력할 수 있는 Pop Up 창이 나타난다.

New Posting Master

New Post Master 기능은 그룹의 Posting Master를 추가로 생성할 수 있는 기능으로 하나의 PM 예약은 첫 번째 예약을 생성하려 할 때 자동으로 만들어진다. 이 기능은 2nd 혹은 3rd Master Accounting 용도로 추가 생성할 필요가 있을 시 사용한다.

Delete

Delete 기능은 일반적으로 호텔에서 사용하는 기능은 아니다. 이 기능은 권한에 따라 사용할 수 있으며 Block의 삭제를 원할 시 사용하는 기능으로 필요 없는 Block이라면 Cancel을 하도록 한다. Block을 삭제한다는 것은 데이터베이스에서 완전히 삭제되는 것으로 시스템에서 해당 Block의 히스토리까지 모두 삭제된다. 이 기능은 새로 OPERA를 사용하는 호텔에서 실수로 잘못 입력하였을 시에만 사용하도록 한다.

Cut Keys

Cut Keys는 그룹 객실의 객실 Key를 미리 만들 수 있는 기능으로 Key Interface가 가능한 호텔에서만 사용할 수 있다.

그룹 Check In을 진행하지 않고 단체의 객실 Key를 만드는 방법은 아래와 같다.

1. Group Options 메뉴에서 Cut Keys를 선택한다.

CUT KEYS 화면이 다음과 같이 나타난다.

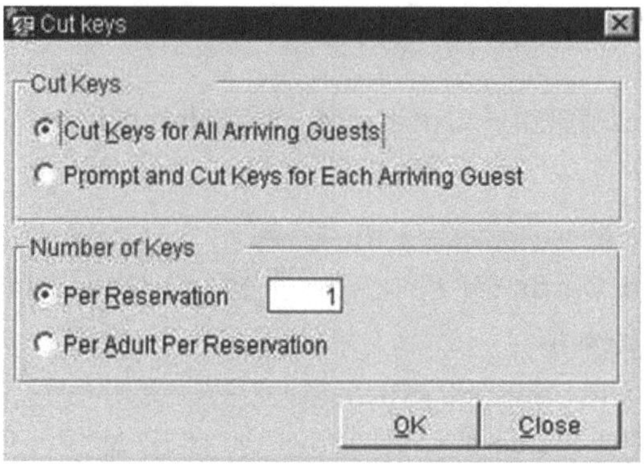

2. Cut Keys와 Number of Keys의 조건 중 하나를 선택하여 OK를 선택한다.

Print Registration Cards

Group Options의 Print Registration Cards 기능을 통해 그룹 고객의 등록 카드를 Due In, In House, Reserved와 같이 선택적으로 출력할 수 있다.

그룹의 등록 카드를 출력하는 방법은 아래와 같다.

1. Group Options 메뉴에서 Print Registration Cards를 선택한다.

PRINT REG. CARDS 화면이 나타난다.

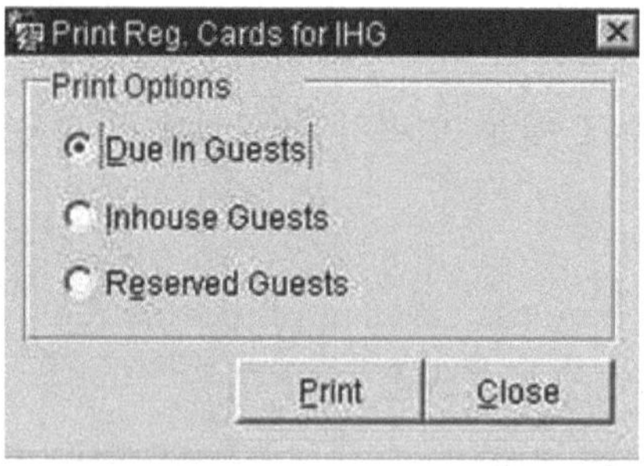

2. Print Options를 선택하여 Print를 선택한다.

NOTE 이 단체의 객실을 미리 지정하지 않았다면 등록카드에 Room Number 필드는 공란으로 출력될 것이다.

4.3 Block Options

Block Options 기능은 Block의 전체적인 관리를 할 수 있는 기능으로 BLOCK HEADER 화면의 오른쪽에 버튼이 위치해 있다.

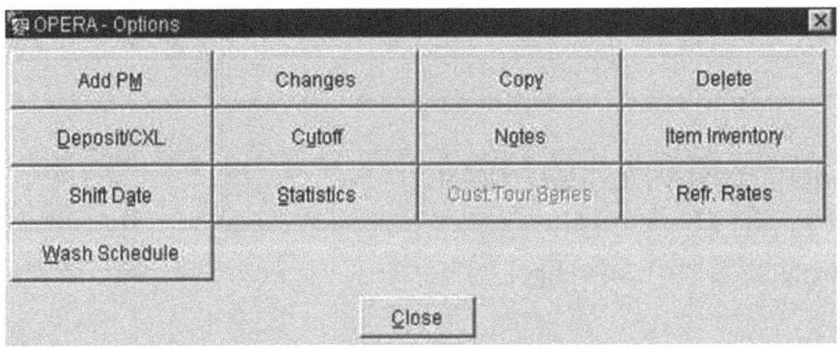

Add PM

Add PM 기능은 Posting Master를 추가로 생성하는 기능으로 복잡한 Billing을 가진 그룹의 경우 요금을 구분하여 나누기 위해 두 번째 혹은 세 번째 Posting Master가 필요할 수 있다.

Changes

Changes 기능은 Block에 대한 데이터 변경 내역을 보여주는 기능으로 누가 이 Block에 대해 어떤 변경을 하였는지 확인할 수 있다. 이 기능은 Reservation 혹은 Profile Changes 기능과 유사하다.

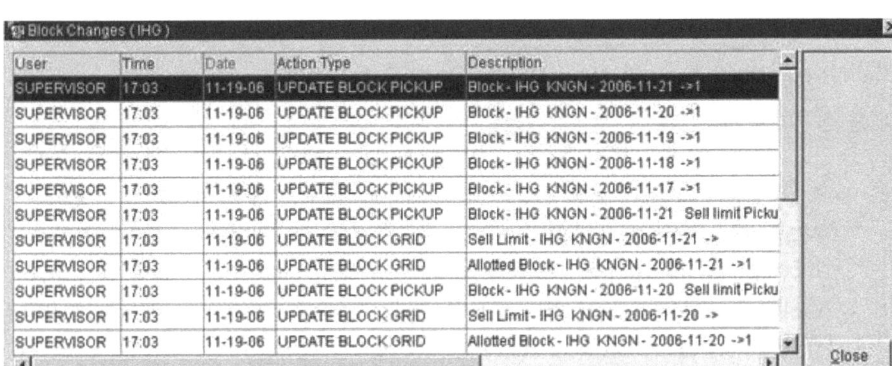

Copy

Copy 기능을 통해 같은 Block을 생성할 수 있다. 특히 연속적으로 비슷한 Block을 생성할 시 유용한 기능으로 필요한 모든 정보를 Original Block에 입력하여 생성한 후 미래 날짜의 Block으로 복사하여 다른 Block을 생성할 수 있다.

Block과 해당 Block의 객실수 및 요금을 모두 복사하여 다른 Block을 생성하는 방법은 아래와 같다.

1. **Block Options** 메뉴에서 **Copy**를 선택한다.

COPY BOOKING 화면이 나타난다.

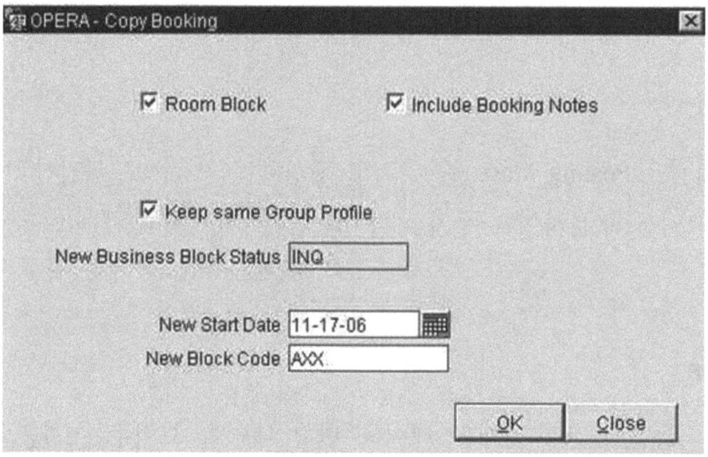

2. Original Block에서 Grid 내역까지 복사하기 위해 **Room Block**을 선택한다.
3. 같은 Group Profile과 Note 내역까지 복사하려면 **Include Booking Notes**와 **Keep same Group Profile**을 선택한다.
4. 그룹의 **New Start Date**와 **New Block Code**를 입력한다.
5. **OK**를 선택하여 저장한다.

NOTE
- Copy 옵션을 사용하여 미래 날짜의 그룹에 대하여 Block Code를 재사용 할 수 있다. 단, 이는 시스템 설정에서 Block Code를 재사용하지 못하게 설정하였다면 동일한 코드를 사용 할 수는 없다.
- Block을 복사하여 생성한 경우 시작 Status는 무조건 Tentative이다. 그룹 Block을 생성하고 Grid의 객실수를 판매 객실수에서 제하려면 복사한 Block Header에서 Status를 Definite로 변경해야 한다.

Cutoff

Cutoff 기능은 그룹의 모든 객실을 Cutoff 하는 것으로 Available 객실을 판매 가능한 객실수로 돌려주는 것이다. 이 기능은 Cutoff Date/Cut off Days와 비슷한 것으로 선택 시 바로 그 시점에 호텔 판매 가능 객실로 돌려주게 된다.

NOTE 이 기능을 사용하게 되면 Block된 객실은 취소되어 호텔 판매 객실로 돌아가 다시 Block Inventory로 되돌릴 수 없다.

Deposit / CXL

Deposit/CXL 기능은 미리 결제 받은 Payment를 입력하는 기능으로 입력 된 Group Deposit는 일반적으로 그룹 예약의 객실료가 (PM)Master로 입력(Post)되도록 Routing되기에 Posting Master 예약에 적용된다.

또한 이 기능으로 모든 예약에 Deposit Rule 혹은 Cancellation Rule을 적용할 수 있다.

Deposit을 입력(Post)하는 자세한 설명은 "Reservation" Chapter를 참고하도록 한다.

Notes

Notes는 Block에 대한 노트 사항을 입력하는 기능으로 일반적으로 Internal Note에 해당한다. 개별 고객에게 남겨져야 하는 노트이거나 Follow Up되어야 하는 사항은 Reservation Traces, Messages, Alerts에 입력하도록 한다.

Block에 Note를 남기는 방법은 아래와 같다.

1. Block Options 메뉴에서 Notes를 선택한다.

BUSINESS BLOCK NOTES 화면이 나타난다.

2. 새로운 노트를 입력하기 위해 New를 선택한다.

BUSINESS BLOCK NOTES - NEW 화면이 다음과 같이 나타난다.

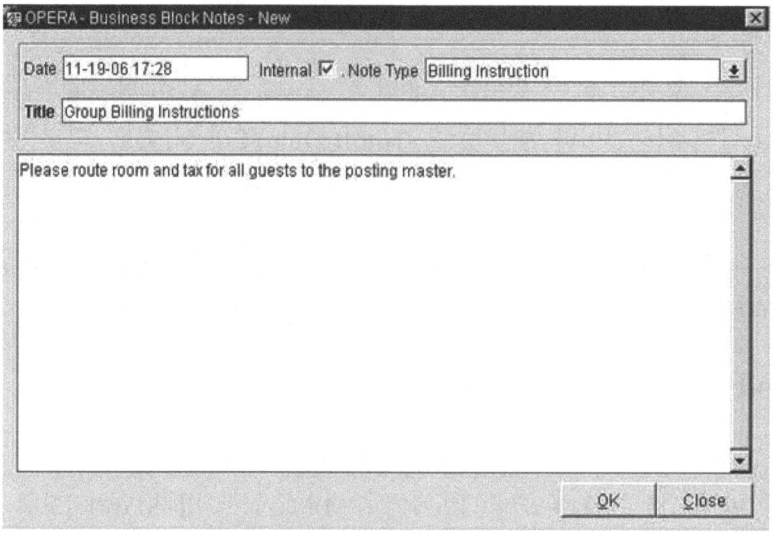

3. Note 내용을 Internal용으로 그룹관련 리포트에 출력되지 않도록 하려면 **Internal** 박스를 선택한다.
4. **Note Type** 옆의 화살표를 선택하여 Note Type을 선택한다.
5. **Title**을 입력하고 하얀 텍스트 박스에 내용을 입력한다.
6. **OK**를 선택하여 저장한다.

Item Inventory

이 기능은 그룹에 Item Inventory를 지정하는 기능으로 Rollaway Beds, Cribs 혹은 그 외 Item 등을 입력할 수 있다. Item Inventory에 대한 설명은 "Reservations" Chapter를 참고하도록 한다.

Shift Date

Shift Date는 Block의 날짜를 다른 날짜로 옮기는 데 사용하는 기능으로 새로 시작하는 날짜를 입력하게 되면 그 외 입력된 데이터가 새로운 날짜로 모두 옮겨지게 된다.

단 이 기능은 이 그룹으로 만들어진 예약이 있다면(Pick Up된 예약이 있다면) 사용할 수 없는 기능으로 이럴 경우 그 그룹을 복사하여 새로운 날짜로 입력하여 그룹의 예약을 새로운 날짜의 그룹으로 변경하도록 한다.

예약이 아직 Pick Up되지 않은 그룹의 Start Date를 Shift Date 기능을 통하여 변경하는 방법은 아래와 같다.

1. Block Options 메뉴에서 Shift Date를 선택한다.

SHIFT DATE 화면이 나타난다.

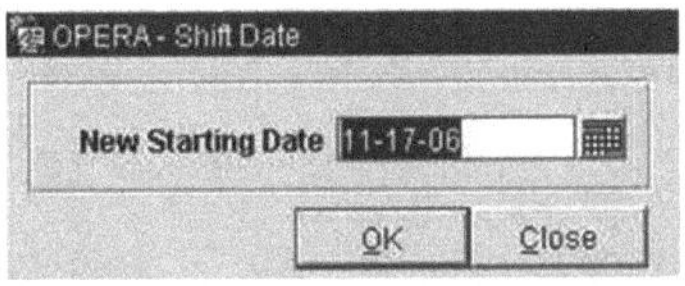

2. New Starting Date를 입력하며 OK를 선택한다.

Statistics

Statistics는 그룹에 주어진 객실수와 매출에 대한 정보를 보여주는 기능으로 Potentials에서는 Block된 모든 객실의 예약이 생성될 경우의 매출을 보여주며 Actual은 실제 Pick up된 예약에 대한 정보를 보여준다.

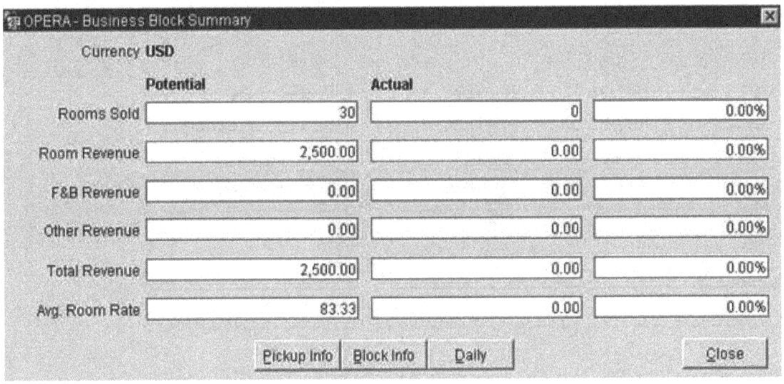

Block Info를 선택하면 나타나는 리포트는 아래와 같다.

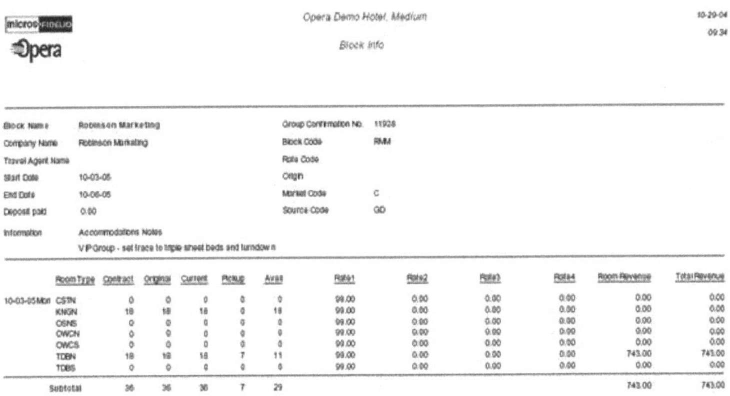
micros FIDELIO Opera

Opera Demo Hotel, Medium

Block Info

10-29-04
09:34

Block Name	Robinson Marketing	Group Confirmation No.	11926
Company Name	Robinson Marketing	Block Code	RMM
Travel Agent Name		Rate Code	
Start Date	10-03-05	Origin	
End Date	10-06-05	Market Code	C
Deposit paid	0.00	Source Code	GD
Information	Accommodations Notes VIP Group - set trace to triple sheet beds and turndown		

	Room Type	Contract	Original	Current	Pickup	Avail	Rate1	Rate2	Rate3	Rate4	Room Revenue	Total Revenue
10-03-05 Mon	CSTN	0	0	0	0	0	99.00	0.00	0.00	0.00	0.00	0.00
	KNGN	18	18	18	0	18	99.00	0.00	0.00	0.00	0.00	0.00
	OSNS	0	0	0	0	0	99.00	0.00	0.00	0.00	0.00	0.00
	OWCN	0	0	0	0	0	99.00	0.00	0.00	0.00	0.00	0.00
	OWCS	0	0	0	0	0	99.00	0.00	0.00	0.00	0.00	0.00
	TDBN	18	18	18	7	11	99.00	0.00	0.00	0.00	743.00	743.00
	TDBS	0	0	0	0	0	99.00	0.00	0.00	0.00	0.00	0.00
	Subtotal	36	36	36	7	29					743.00	743.00

Pickup Info는 그룹의 Pick Up 상황을 보여주며 Daily는 Block의 정보를 일자별로 나누어 보여준다.

Custom Tour Series

Custom Tour Series 기능은 연속적으로 있는 그룹 예약을 복사하는 기능으로 Tour Group이 매월 호텔에 예약을 한다면 이 기능을 통해 Original Block의 Block Header 정보를 그대로 사용하여 매월에 해당하는 Block을 생성할 수 있다.

Custom Tour Series를 생성하는 방법은 아래와 같다.

1. Block Options 메뉴에서 Cust. Tour Series를 선택한다.

CUSTOM TOUR SERIES 화면이 나타난다.

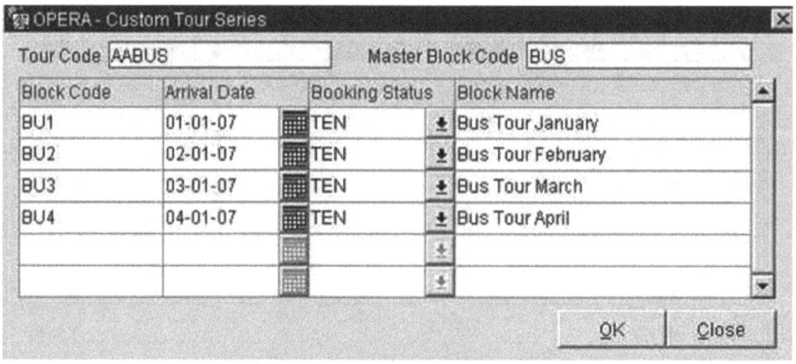

2. Tour Code와 Mast Block Code를 입력한다.

NOTE Custom Tour Series는 Master와 Sub Block의 형태로 생성된다. 만약 시스템 설정(Application Setting) 중 Unique Block Code가 켜져 있다면 시리즈의 Block Code는 모두 달라야 한다. 만약 이 기능이 켜져 있지 않다면 날짜가 동일하지 않은 한 같은 Block Code를 사용할 수 있다.

3. 첫 번째 Block Code와 Arrival Date를 입력한다.
4. 첫 번째 Booking Status와 Block Name을 입력한다.
5. 키보드의 아래 화살표를 눌러 다음 칸으로 이동한다.
6. Tour Series의 각 Block마다 위와 같이 입력하여 진행한다.
7. 모두 입력 하였으면 OK를 선택하여 저장한다.
8. Tour Series를 생성할 것인지에 대한 메시지에 Yes를 선택한다.

9. COPY BOOKINGS 화면에서 OK를 선택한다.

NOTE 모든 Block의 Booking Status는 "TEN"(Tentative)로 시작하며 추후 "DEF" 상태로 변경한다.

Refresh Rates

이 기능은 Grid의 모든 객실료를 Refresh 하는 것으로 Block Header에서 Rate Code가 추가되었을 경우 사용할 수 있다.

NOTE Original Rate로 이미 Pick Up된 예약의 경우에는 Refresh되지 않으며 고객의 혼돈을 막고자 원래의 금액으로 남아 있게 된다.

Wash Schedule

Wash Schedule은 그룹의 Cutoff Date가 전에 설정한 스케줄에 따라 객실수를 줄이는 기능으로 Wash Schedule에 따라 객실수는 자동적으로 General Inventory로 돌아가게 되며 더 이상 해당 그룹으로 판매할 수 있는 객실이 아니게 된다.

Automatic Washing Room의 스케줄을 설정하는 방법은 아래와 같다.

1. Block Options 메뉴에서 Wash Schedule을 선택한다.

BLOCK WASH SCHEDULE 화면이 나타난다.

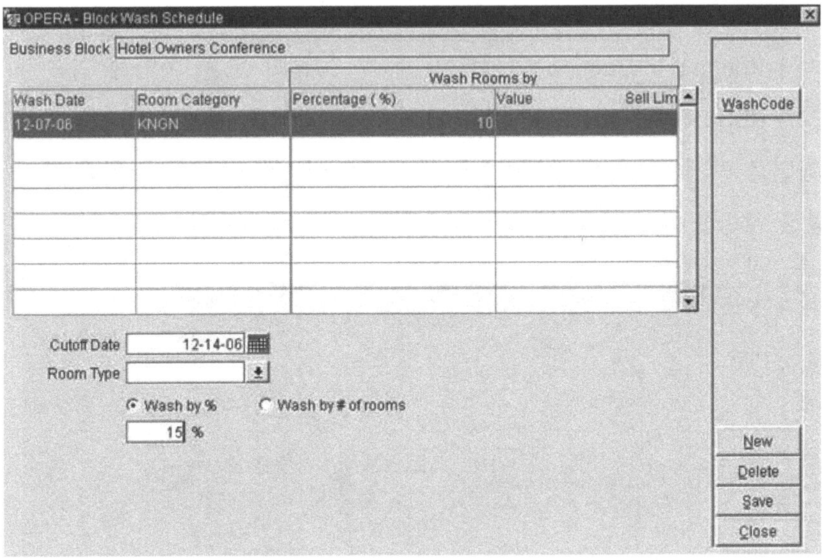

2. Washing 하려는 **Cutoff Date**와 **Room Type**을 선택한다.
3. **Wash by %** 혹은 **Wash by # of rooms**를 선택한다.
4. **Save**를 선택하여 이 스케줄을 저장한다.
5. 다른 Room Type 혹은 날짜에 대한 스케줄을 입력하려면 **New**를 선택한다.
6. Wash Schedule의 타입을 입력하기 위해 **Wash Code**를 선택한다.
7. 종료하려면 **Close**를 선택한다.

NOTE 날짜에 따라, Room Type별 Wash 하려는 객실수에 따라, 다르게 Wash Schedule을 입력할 수 있다. 단, 그룹의 Cutoff Date가 겹치거나 Manual Cutoff가 실행되었다면 이 Wash Schedule은 더 이상 사용할 수 없다. 추가로 Wash Schedule은 Cut Off 기능과 마찬가지로 End of Day 동안 실행된다.

4.4 Additional Group Features

Block Charge Routing

그룹 메뉴에서 가장 일반적으로 사용하는 Reservation Option 기능이 Routing Instruction 이다.

Business Block Module의 한 가지 기능은 그룹의 예약 중 업데이트 사항이 있을 시(예: Routing) OPERA에서는 해당 그룹의 전체 예약에 동일하게 변경 사항을 복사하여 적용할 수 있다는 것이다.

이는 특히 Routing Instruction을 설정할 때 이 그룹의 모든 예약에 일괄 적용할 수 있는 것으로 **RESERVATION LIST** 화면에서 그룹 예약을 수정하거나 업데이트 시 저장한 후 화면을 닫게 되면 이 기능이 활성화 된다. 아래에서 보는 화면과 같이 모든 고객에게 변경 사항을 적용할 것인지에 대한 메시지를 볼 수 있다.

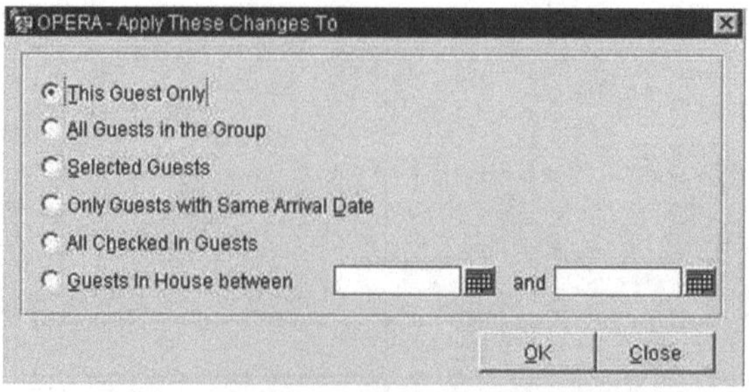

원하는 옵션을 선택한 후(예: All Guests in the Group) OK를 선택한다. 그룹 중 하나의 예약에 Routing을 설정한 후 이 기능을 통하여 그룹의 전체 예약에 복사하여 적용할 수 있다.

Cancel a Group

Cancelling a Group은 예약의 상태를 변경하는 것과 동일한 방법으로 Block의 취소 시 해당 Group에 Block된 객실들이 모두 Hotel Inventory로 돌아가 다른 예약을 받을 수 있게 된다.

NOTE 만약 해당 그룹에 예약이 생성되어 있다면(Pick up된 예약이 있다면) 그룹 취소를 진행할 수 없다.

그룹 취소를 하는 방법은 아래와 같다.

1. BLOCK HEADER 화면에서 Status 화살표를 선택하여 취소에 해당하는 Status(CXL)를 선택한다.
2. OK를 선택하여 입력한 사항을 저장한다.

CANCEL BLOCK 화면이 나타난다.

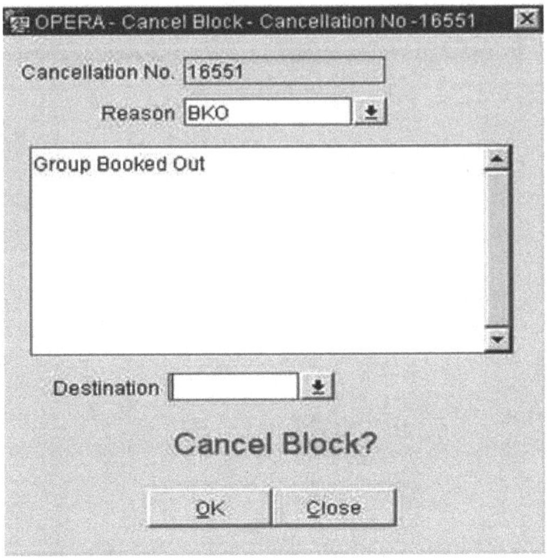

3. Reason 필드 옆 화살표를 선택하여 Cancellation Reason Code를 선택한다.
4. 아래의 하얀 텍스트 박스에 추가적인 사항을 입력할 수 있다.

5. **Destination** 필드 옆 화살표를 선택하여 다른 경쟁 호텔 혹은 다른 지역으로 해당 그룹을 놓치게 되었다면 그 경쟁 호텔/지역을 선택한다.
6. Posting Master가 있다면 PM 예약의 취소 사유를 입력하는 메시지가 나타날 것이다.
7. **OK**를 선택하여 저장한다.
8. 만약 이 그룹이 Master Block이라면 추가로 Sub-Block을 선택하여 취소하거나 **None**을 선택하여 Sub-Block은 그대로 남겨둘 수도 있다.

Family Blocks

Family Block 기능을 활성화하게 되면 OPERA에서는 자동으로 Quick Business Block이 Elastic으로 인식하게 된다. 이는 곧 해당 그룹으로 Block할 객실수를 입력하지 않더라도 예약을 생성할 수 있게 된다. 필요한 사항을 Quick Business Block 기능을 통해 Block Header를 생성하여 Status를 Definite로 설정하는 것으로 이는 특히 항공사 승객의 그룹 혹은 공식적인 계약 과정 없는 예고 없이 발생한 그룹에 유용하게 사용할 수 있다. 또한 이 간소화된 Rooming List 기능으로 예약을 간단히 생성할 수 있게 된다.

Quick Business Block 기능을 통해 Block Header를 생성한 후 Status를 Definite로 변경하게 되면 **QUICK BUSINESS BLOCK** 화면의 하단 부근에 **Rooming List** 버튼이 나타나게 된다.

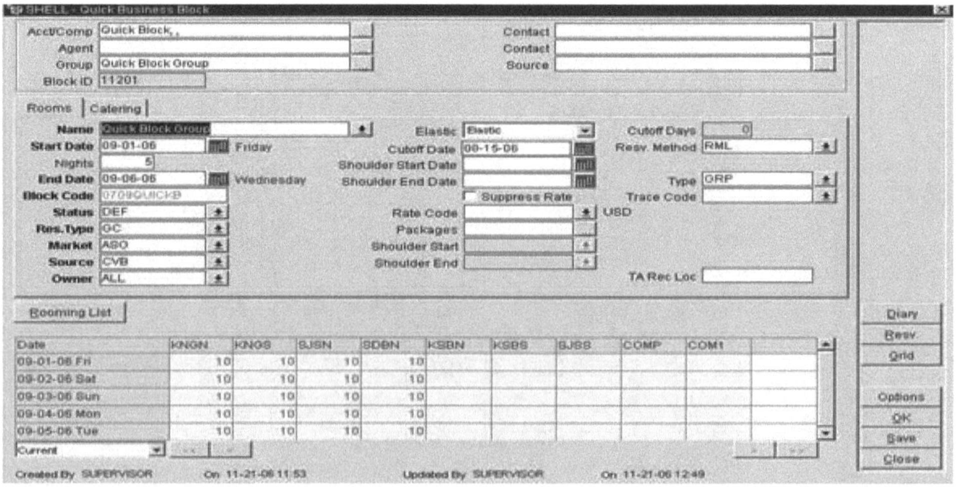

1. Block할 객실수를 입력하지 않아도 **Rooming List**를 선택할 수 있게 된다.

ROOMING LIST 화면이 아래와 같이 간소화된 형태로 나타난다.

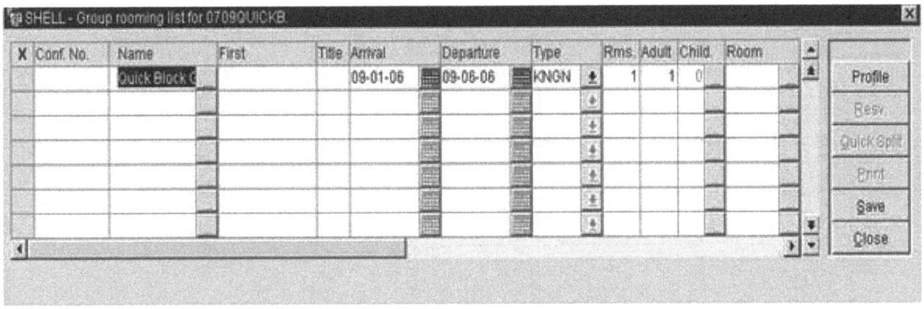

2. Reservation의 리스트를 이번 Chapter에서 설명된 것과 같이 입력한 후 **Save**를 선택한다.

NOTE 이 Block으로 예약된 객실이 없기 때문에 모든 예약은 General House Availability에서 빌려 오게 된다. 따라서 이에 대한 메시지가 나타날 것이다.

Chapter

5

Front Desk

micros®

mymicros.net
myinventory
mylabor
iCare

5.1 Arrivals and Check In

Searching for Arrivals

Arrivals 기능은 예약이 있는 고객 혹은 예약이 없는 고객의 Check In을 진행하기 위한 기능으로 고객 Search, Check In 및 Walk In 등의 기능이 지원된다.

도착 예정인 고객을 Search 하는 방법은 아래와 같다.

1. 메인 메뉴에서 Front Desk를 선택한다.
2. Arrivals를 선택한다.

아래와 같은 Arrivals 화면이 나타난다.

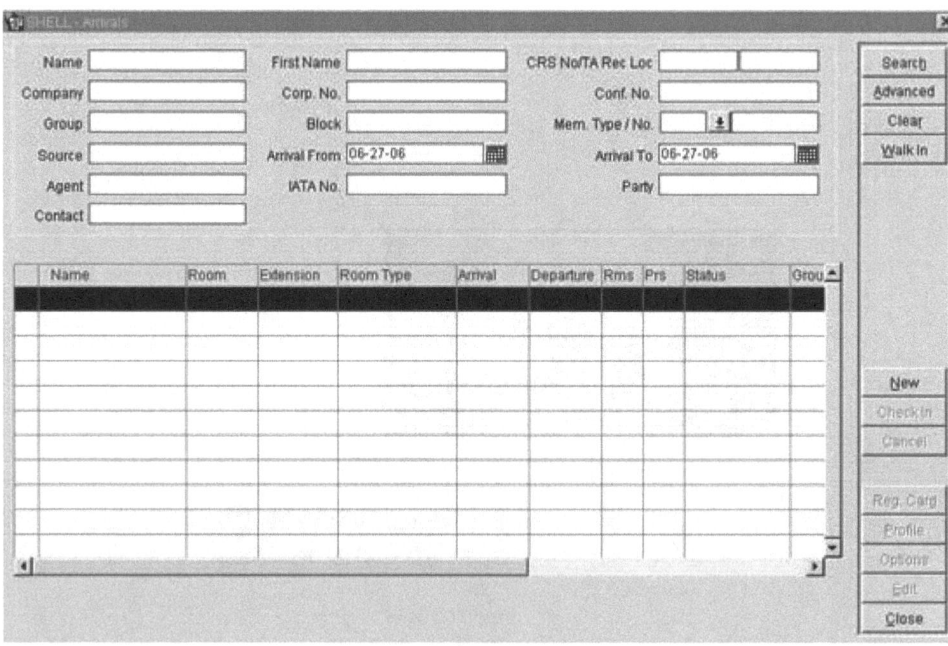

화면의 상단에 도착 예정 고객을 찾을 수 있는 다양한 검색 조건이 보이며 하단의 화면은 검색 조건이 일치하는 예약 리스트를 보여준다.

3. 검색을 위한 조건을 해당 필드에 입력한다. Advanced 선택 시 더 많은 검색 조건을 입력 할 수 있다. 입력한 검색 조건을 모두 삭제하고 새로운 검색을 하려면 Clear 버튼을 이용한다.

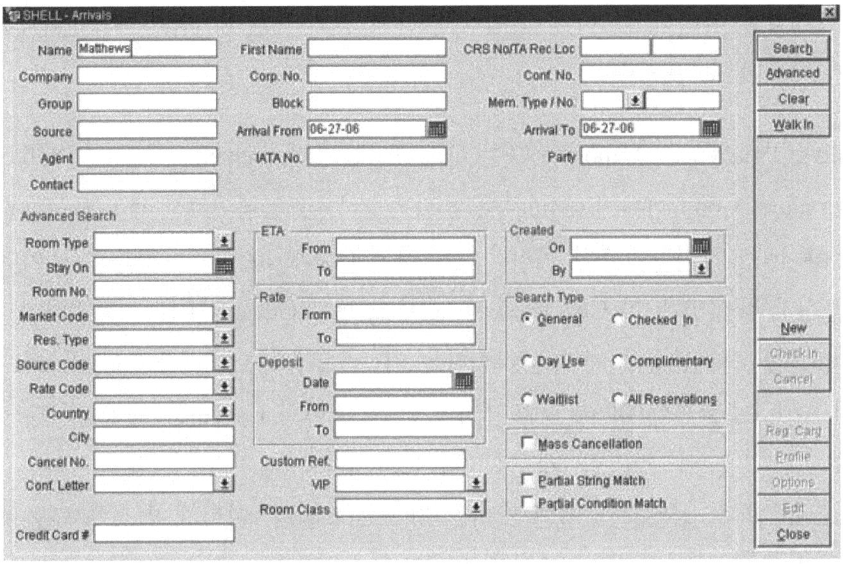

NOTE 일반적으로 Name, CRS No/TA Rec Loc, Conf. No를 통해 예약 검색을 할 수 있다.

검색 결과를 확인하기 위해 Search 버튼을 선택한다.

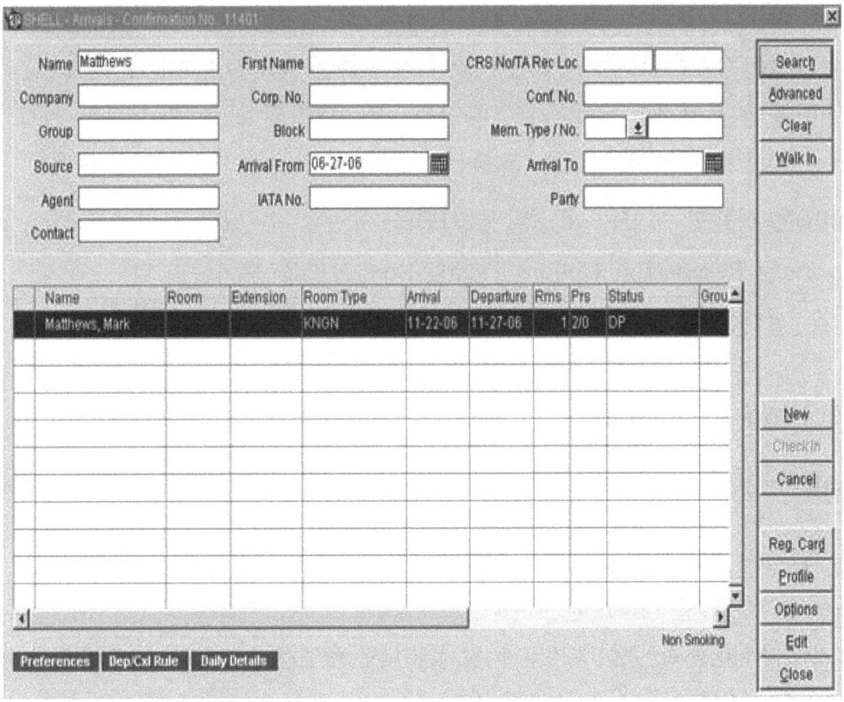

검색한 예약을 하이라이트하게 되면 다양한 기능의 버튼이 활성화되며 아래와 같이 추가적인 기능이 보인다.

- **Lamp**는 Preferences, Depositor 또는 Cancellation Requirements, Shares, Profile Notes, Reservation Comments, Routing 등과 같은 기능이 업데이트되어 있음을 나타낸다.
- **Check In**은 하이라이트된 예약을 신속하게 Check In 할 수 있는 기능이다. 이에 대한 상세한 설명은 이 Chapter의 "Checking In a Guest" 섹션을 참고하기 바란다.
- **Cancel**은 도착 예정의 예약을 취소하는 기능으로 예약 상태가 Cancelled로 변경되면서 Arrivals 화면에 더 이상 표기되지 않는다. 예약 Cancel은 예약을 개런티 하지 않았거나 같은 예약이 한 개 더 만들어져 중복되었거나 고객이 어떠한 사유로 Check In 할 수 없음을 호텔에 알리는 경우 사용된다. 이렇게 취소가 되면 해당 객실은 다시 판매할 수 있는 객실이 된다.

NOTE 고객이 Check In 전 Deposit을 지불하였다면 Cancel 기능으로 예약을 취소할 수 없다. 먼저 Cashiering Module에서 Deposit을 환불/취소 한 후 Cancel을 할 수 있다.

- **Reinstate** 기능으로 Cancel된 예약을 다시 예약 상태로 되돌릴 수 있다.
- **Reg. Card** 기능은 선택한 예약의 등록 카드(Registration Card)를 출력하는 기능으로 시스템에서 지정된 등록 카드 파일이 자동 출력된다. 지정된 등록 카드 파일이 없다면 사용자가 어떤 파일을 출력할지 선택할 수 있는 화면이 나타난다.
- **Profile**은 선택한 예약의 프로파일 화면을 확인할 수 있다.
- **Options**는 Reservation Options Dialog Box 화면을 보여준다.
- **Edit**은 선택한 예약의 예약 화면을 보여준다.

Checking In a Guest

Check In 하기 위한 방법은 아래와 같다.

1. 메인 메뉴에서 **Front Desk** → **Arrivals**를 선택한다.
2. Check In 할 고객을 검색하여 선택한다.
3. 고객의 예약 상황을 확인하여 숙박일 수 및 객실 타입 등 변경 내역이 있는지 **Edit**을 선택하여 확인한다. 없을 경우 **Check In** 버튼을 선택한다.

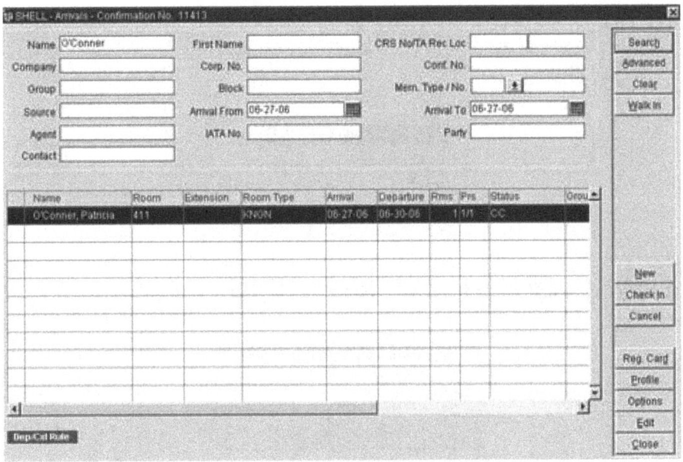

Payment Method를 입력하는 화면이 아래와 같이 나타난다.

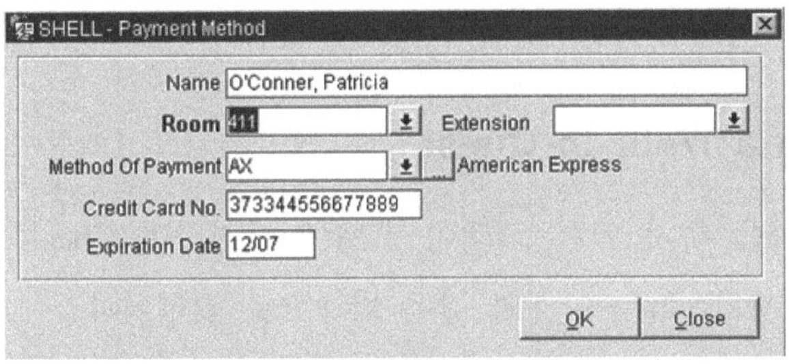

객실 번호는 예약한 객실 타입으로 Check In 가능한 객실이 자동으로 입력되며, 만약 가능한 객실이 없다면 Room 필드는 공란으로 남겨진다.

4. 만약 입력된 객실 번호를 변경하거나 다른 객실을 검색하고자 할 때, Room 필드 옆의 화살표를 선택한다.
5. 다른 객실(Clean 혹은 Inspected)을 검색하여 선택한 후 OK 버튼을 누른다.

Payment Method는 예약에 입력된 값을 보여준다. 지불 정보의 정확성을 위해 Check In 시 고객이 제시한 지불 조건이 예약과 다르거나, 동일한 경우라도 Check In 화면에서 다시 한 번 Credit Card를 입력(Swipe)할 수 있다. 만약 신용카드 Swipe이 가능하지 않다면 카드 번호를 수동으로 입력할 수도 있다.

6. Method of Payment 필드 옆의 화살표를 선택하여 카드 정보를 다시 입력할 수 있다. 혹은 여러 개의 카드 정보를 입력해야 할 경우 이 필드 옆의 생략 부호 버튼을 선택한다.

7. Credit Card No.와 Expiration Date를 입력한다.
8. OK를 선택하여 저장한다.

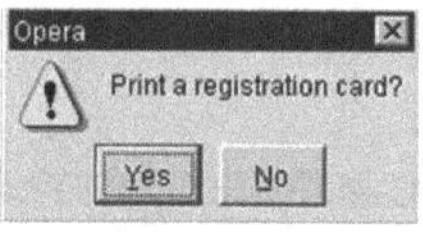

9. 등록카드를 출력할지에 대하여 Yes 혹은 No로 선택한다.

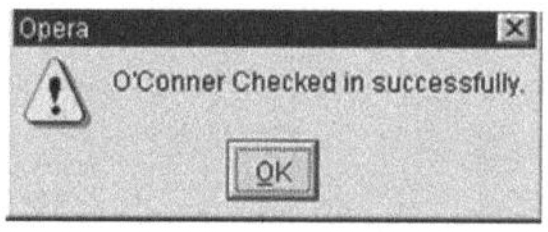

성공적으로 Check In이 되었음을 알려주는 메시지가 나타난다.

10. OK 버튼을 눌러 완료되었음을 확인한다.

Checking In a Walk In Guest

사전에 미리 예약을 하지 않은 고객이 호텔에 도착하여 Check In을 하려는 것을 Walk In이라 한다. Walk In은 아래와 같은 방법으로 진행된다.

1. 메인 메뉴에서 Front Desk → Arrivals를 선택한다.

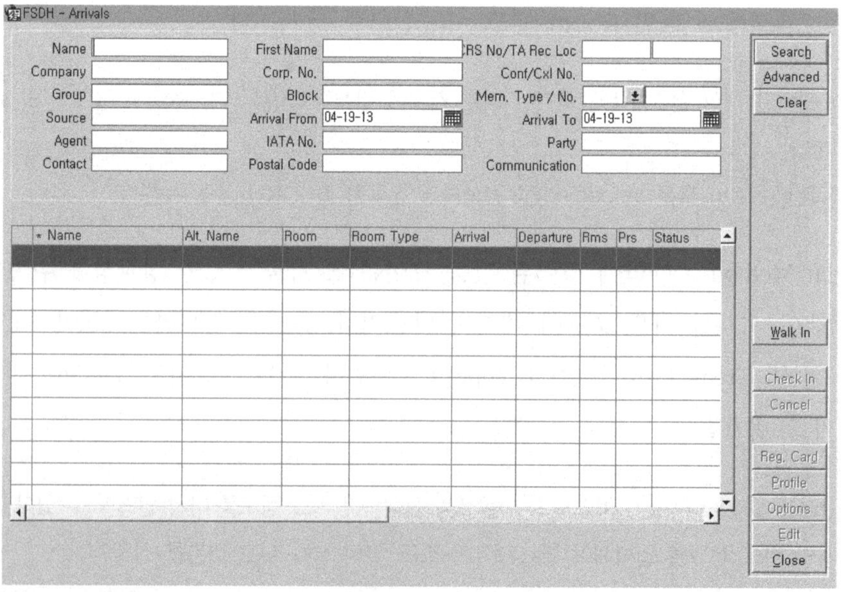

2. Walk In을 선택한다.

RATE QUERY 화면이 나타난다.

3. Rate Query에서 필요한 데이터를 선택하고 OK 버튼을 누른다.

RESERVATION 화면이 아래와 같이 나타난다.

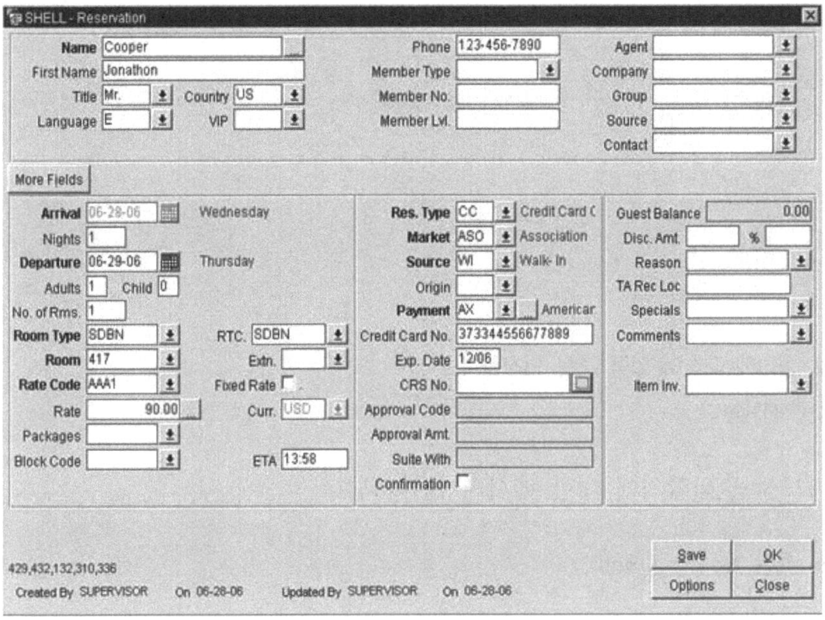

4. Reservation Chapter에서 설명한 예약에 필요한 모든 필드를 입력한다.

NOTE Source에 "Walk In" 코드를 선택한다.

5. 계속 Check In을 진행하기 위해 OK를 선택한다.

NOTE Walk In 진행 시 OK 버튼을 선택하는 것은 매우 중요하다. 만약 Save 버튼을 선택하게 되면 OPERA는 예약을 저장할 뿐 더 이상 Check In 진행을 하지 않게 된다.

"Check In <고객명>?"의 메시지가 나타난다.

6. Yes를 선택한다.

PAYMENT METHOD 화면이 다음과 같이 나타난다.

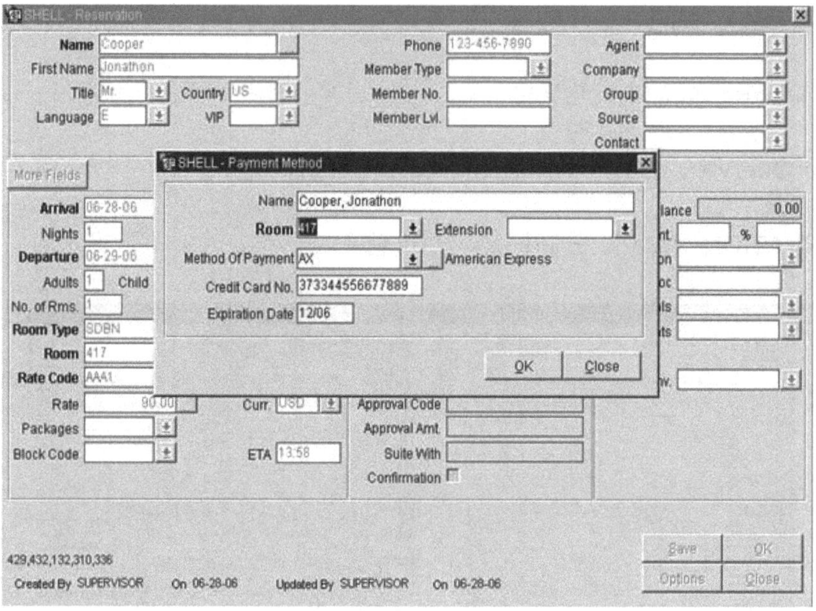

7. 지불 정보에 대하여 입력 혹은 변경한다.
8. OK를 선택한다.

등록 카드를 출력할지에 대한 메시지가 나타난다.

9. Yes 혹은 No 중 선택한다.

Check In이 성공적으로 완료되었음을 알리는 메시지가 나타난다.

10. OK 버튼을 누른다.

5.2 Queue Reservations

Placing an Arrival into Queue

Queue 기능은 고객이 Check In 전 객실 정비를 위해 사용할 수 있는 기능으로 우선순위를 매겨 Housekeeping 부서에서 먼저 정비해야 하는 객실을 알려줌으로써(선 정비 객실 리스트에 올려놓음으로써) Housekeeping 부서와 Front Office 부서에서 더 나은 고객 서비스를 제공할 수 있게 한다.

Queue 리스트에 넣기 위해 반드시 객실을 예약에 미리 지정할 필요는 없다. 객실 번호를 미리 지정하지 않아도 Queue에 올려놓음으로써 특정 객실 타입의 Check In 준비가 끝나게 되면 Clean/Inspected 객실을 지정함으로써 Check In을 진행할 수 있다.

Check In 예정의 객실을 Queue에 넣는 방법은 아래와 같다.

1. 메인 메뉴에서 Front Desk → Arrivals를 선택한다.
2. Queue에 넣을 예약을 선택한 후 Option을 선택한다.

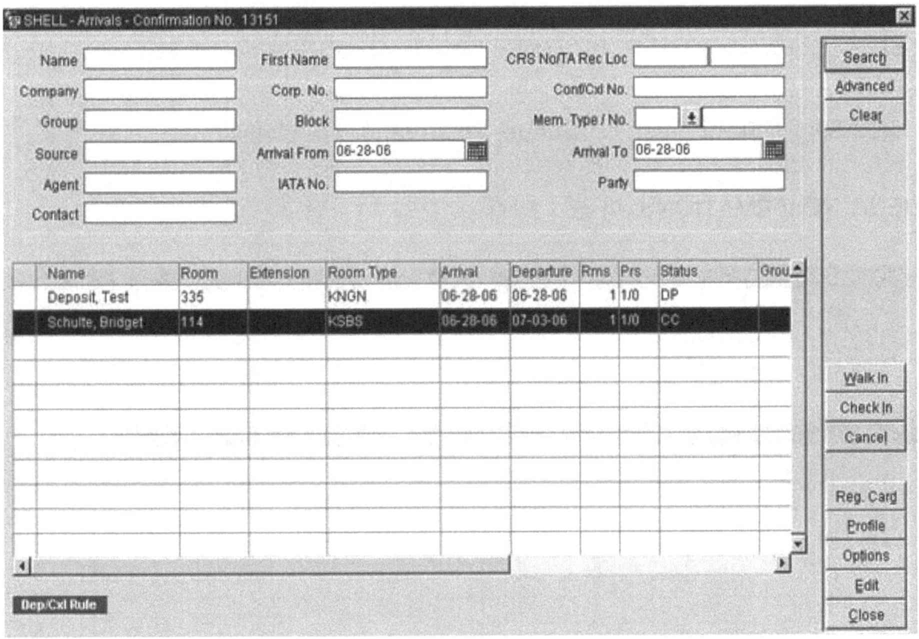

3. Queue 옵션을 선택한다.

해당 예약을 Queue에 넣을 것인지에 대한 메시지가 아래와 같이 나타난다.

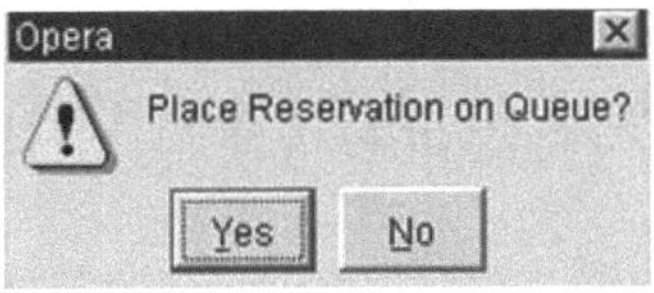

4. Yes를 선택한다.

Queue 리스트에 입력되었음을 확인하는 메시지가 아래와 같이 나타난다.

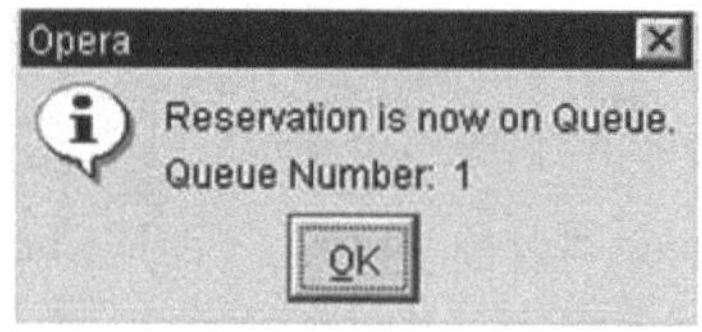

5. OK 버튼을 누른다.

Managing the Queue

예약이 Queue 리스트에 등록되면 Front Desk에서 아래와 같이 Queue 예약을 확인할 수 있다.

1. 메인 메뉴에서 Front Desk → Queue Reservations를 선택한다.

QUEUE RESERVATIONS 화면이 아래와 같이 나타난다.

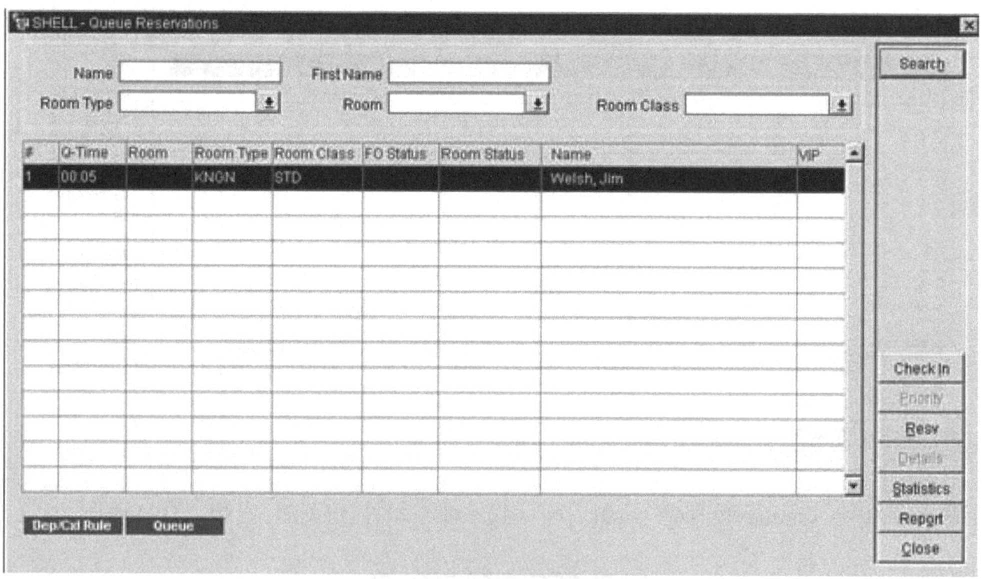

Queue에 입력된 예약 리스트가 Priority 순서로 나타나게 되며 Q-Time과 Room Status가 함께 확인된다.

2. 객실이 정비 완료되어 Check In 준비가 되면 Check In 버튼을 선택하여 Check In을 진행할 수 있다. 이후의 Check In 과정은 앞에서 설명된 것과 같다.
3. Priority 순서를 변경하고자 한다면 해당 예약을 선택한 후 Priority 버튼을 누른다.

QUEUE RESERVATION의 추가적인 기능은 다음과 같다.

- Resv.은 선택한 예약의 예약 화면을 볼 수 있다.
- Details는 해당 예약에 지정된 객실의 ROOM EDITS 화면을 보여준다.
- Statistics는 Queue에 입력된 객실의 객실 타입별 수를 확인할 수 있다.
- Report는 Queue Reservation의 리스트를 출력할 수 있다.

5.3 In House Guests

Searching for In House Guests

IN HOUSE GUESTS에서는 Check In 한 고객의 예약 및 프로파일 정보를 확인하거나 변경할 수 있다. 이 기능은 예약 상태를 선택하여 볼 수 있는 조건 외 RESERVATION SEARCH 화면과 나머지 기능은 동일하다.

In House Guests를 검색하는 방법은 아래와 같다.

1. 메인 메뉴에서 Front Desk → In House Guests를 선택한다.
2. 원하는 검색 조건을 입력한다(예, Name, Room No. 등). 추가적인 검색 조건을 사용하고자 하면 Advanced 버튼을 선택한다.

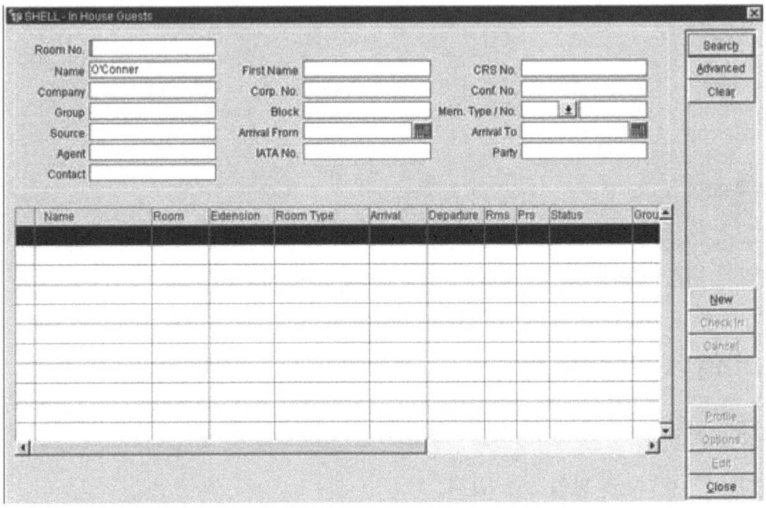

3. Search 버튼을 누른다.

IN HOUSE GUESTS 화면의 하단에 검색한 결과에 대한 예약 리스트가 보인다.

Editing In House Guest Records

고객이 Check In을 하게 된 후 경우에 따라 예약의 연장과 같은 고객의 예약 정보를 변경해야 할 때가 있다.

In House Guest의 예약을 변경하는 방법은 아래와 같다.

1. 메인 메뉴에서 Front Desk → Arrivals를 선택한다.
2. Name, Room No. 등과 같은 검색 조건을 입력한 후 Search 버튼을 누른다.
3. 예약을 선택하여 Edit 버튼을 누르거나 더블 선택한다.

해당 고객의 RESERVATION 화면이 나타난다.

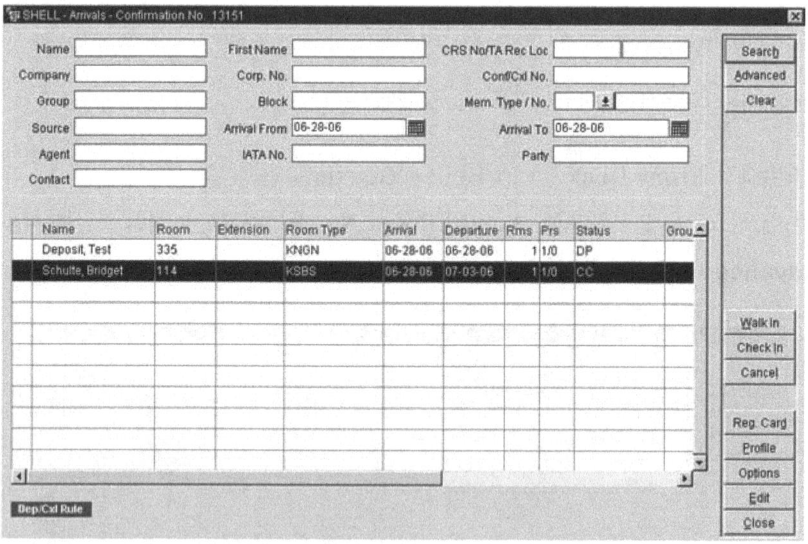

4. 해당 예약에 변경 사항을 입력 한 후 OK 버튼을 눌러 저장한다.

Canceling a Check In

예약을 잘못 선택하여 Check In을 하였거나 Check In 후 예약을 다시 예약 상태로 변경해야 하는 경우가 발생할 수 있다.

NOTE Check In 취소는 Check In 당일 고객의 Billing에 아무런 매출이 발생하지 않았을 경우에만 가능하다. 또한 Check In을 취소한다는 것은 예약을 취소하는 것이 아니라 Due-In 상태로 Status를 변경한다는 것이다.

Check In 된 예약을 취소하는 방법은 아래와 같다.

1. 메인 메뉴에서 **Front Desk** → **Arrivals**를 선택한다.
2. **Name, Room No.** 등과 같은 검색 조건을 입력하여 **Search** 버튼을 누른다.
3. 잘못 Check In 한 객실을 선택한다.

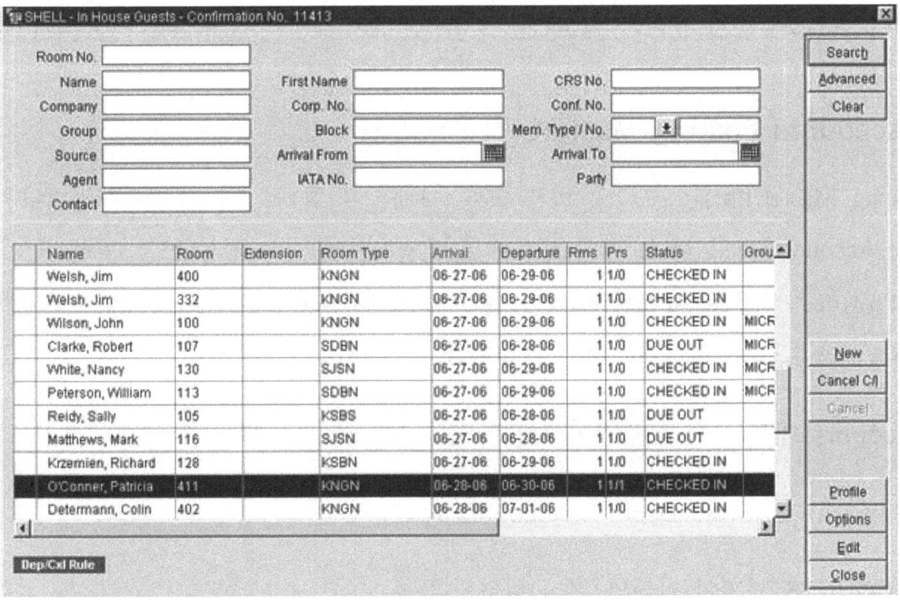

4. **Cancel C/I** 버튼을 선택한다.

다시 한 번 Check In을 취소를 할지에 대한 메시지가 아래와 같이 나타난다.

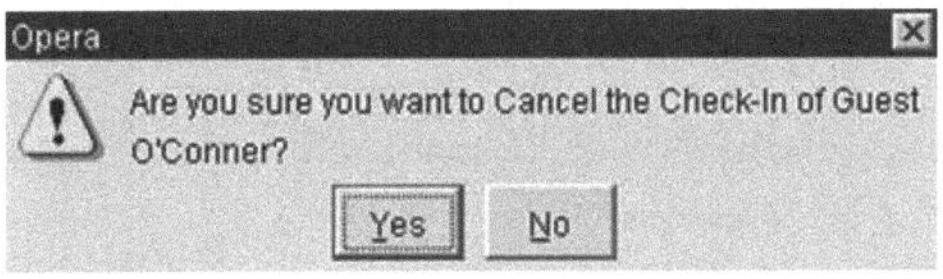

5. **Yes**를 선택한다.

Check In 시 지정해 놓은 객실을 유지할 것인지에 대한 메시지가 아래와 같이 나타난다.

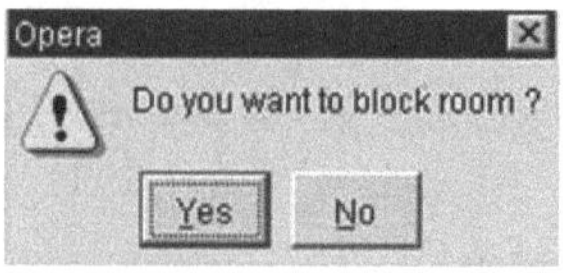

Yes를 선택하게 되면 지정한 객실 번호가 유지되며 No를 선택하게 되면 지정된 객실번호를 삭제하면서 Due In 상태로 Status가 변경된다.

5.4 Additional Front Desk Features

Accounts Posting Masters

Posting Master(PM)는 요금의 발생 혹은 결제를 위한 목적으로 만들어진 예약으로 House Account라고도 한다. 연회 행사에서 발생한 요금 및 내부적으로 발생한 요금을 입력(Post)하는 객실로 Accounts 기능은 Posting Master 혹은 House Accounts 예약을 간소화된 형식으로 Check In 하는 기능이다.

Accounts 기능은 아래와 같이 사용할 수 있다.

1. 메인 메뉴에서 Front Desk → Accounts 기능을 선택한다.

ACCOUNTS 화면이 아래와 같이 나타난다.

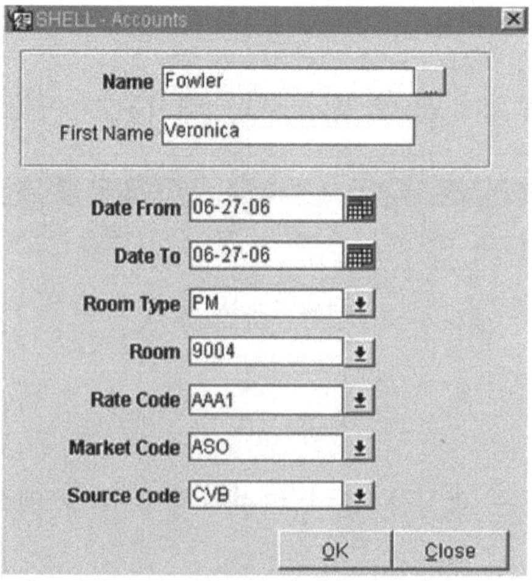

2. Posting Master를 생성할 프로파일 **Name**을 입력하거나 고객명을 입력한다. Name 옆 생략 부호 버튼을 선택하면 **PROFILE SEARCH** 화면이 뜨면서 기존에 생성된 회사명 혹은 고객명을 검색할 수 있다
3. **First Name**란에는 Company, Group, Travel Agent 프로파일이 아닌 개인 고객에 대한 PM일 경우 입력한다.
4. PM Account의 Arrival 일자와 Departure 일자를 **Date From**과 **Date To** 필드에 입력한다.
5. **Room Type** 란에 PM을 입력한다. Room Type 필드의 화살표를 선택하여 PM을 선택하거나 간단히 PM이라고 입력할 수도 있다.

NOTE 호텔에 따라 Posting Master 객실 타입을 여러 가지 생성할 수 있다. 예를 들어 연회 행사 매출 입력(Post)을 위해 필요한 PM의 경우 PB(Posting Banquets)라는 객실 타입을 만들어 사용할 수 있다.

6. **Room** 필드의 화살표를 선택하여 **AVAILABLE ROOMS SEARCH** 화면에서 선택 가능한 객실을 확인한다. 객실번호는 9001, 9002와 같이 9000으로 시작하는 번호가 일반적이다.
7. PM Account 예약에 사용할 수 있도록 생성한 **Rate Code**를 입력한다(예: HOUSE).
8. PM Account 예약에 사용할 수 있는 **Market Code**를 선택한다(예: HU=House Use).
9. PM Account 예약에 사용할 수 있는 **Source Code**를 선택한다(예: HU=House Use).
10. **OK**를 눌러 예약 생성을 모두 완료한다.

만약 Posting Master의 **Date From**이 현재 Business Date와 같다면 해당 객실을 Check In할 것인지에 대한 메시지가 나타난다.

11. **Yes**를 선택하여 PM Account를 Check In 한다.

Room Assignment Individual

Room Assignment 기능을 통해 Check In 예정인 고객의 객실을 간단하게 미리 지정할 수 있으며 이로 인해 Check In 과정을 빠르게 진행할 수 있다. VIP 고객 및 고객의 특별 사항에 맞추어 미리 객실 지정을 함으로써 고객이 도착 전 객실을 준비할 수 있다.

이 기능을 통해 도착 예정의 고객의 예약에 객실 번호를 미리 지정하는 방법은 아래와 같다.

1. 메인 메뉴에서 **Front Desk** → **Room Assignment**를 선택한다.

Room ASSIGNMENT 화면이 나타난다.

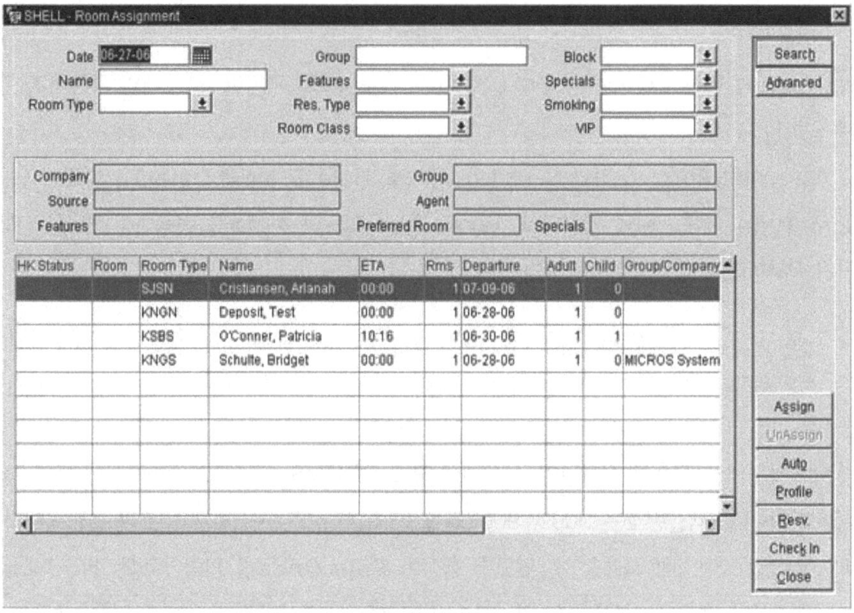

NOTE 이 화면은 객실 번호가 지정되지 않은 예약만을 보여준다.

2. 어떤 고객의 예약에 객실 지정을 할지 검색 조건을 입력한다.
3. 객실 지정하려는 예약을 선택한 후 Assign 버튼을 선택한다.
4. 원하는 객실 번호를 하이라이트하여 선택한 후 OK 버튼을 선택한다.
5. 해당 예약은 객실이 지정되면서 ROOM ASSIGNMENT 화면에서 사라진다.

Room Assignment Auto

Room Assignment Auto 기능은 시스템에서 자동으로 객실 지정을 할 수 있는 기능이다. 예를 들어 VIP 고객 예약의 자동 객실 지정, 그룹 예약 고객의 객실 지정 등을 Auto 기능을 통해 지정할 수 있다.

자동으로 객실 번호를 지정하기 위한 방법은 아래와 같다.

1. 메인 메뉴에서 Front Desk → Room Assignment를 선택한다.
2. ROOM ASSIGNMENT 화면에서 검색 조건을 이용하여 객실 지정을 하려는 예약을 검색한다 (예: 단체 예약, Smoking 객실을 요청한 객실 등).

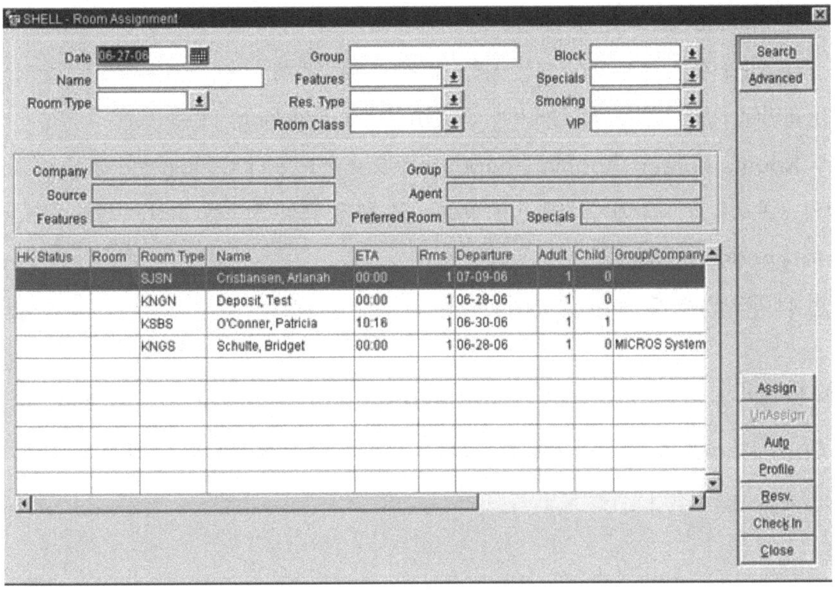

3. Auto 버튼을 선택한다.

NOTE Auto 기능은 ROOM ASSIGNMENT 메인 메뉴에서 나타나는 모든 예약들에 객실을 자동으로 지정한다. Auto 버튼을 사용하기 전 어떤 예약의 객실을 지정할 지를 반드시 검색해야 한다.

AUTOMATIC ROOM ASSIGNMENT 화면이 나타난다.

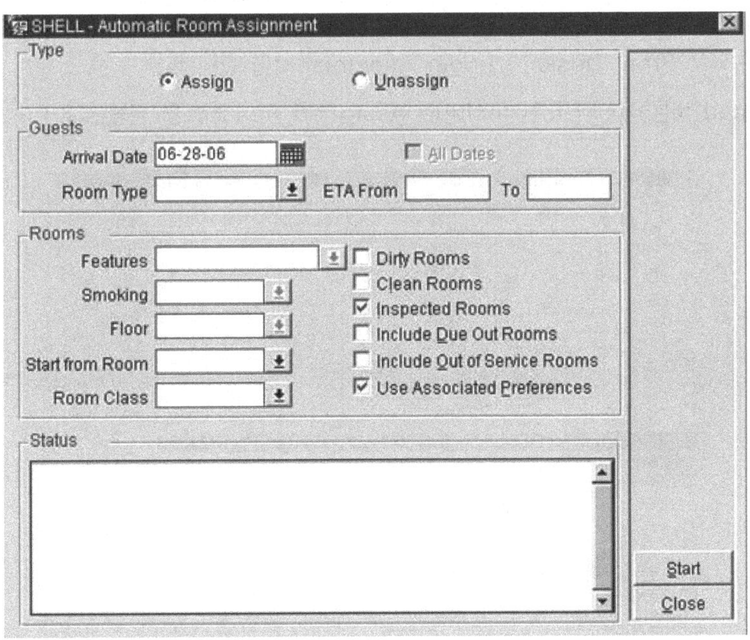

4. 화면 상단의 **Assign** 버튼을 선택한다.
5. 특정 객실 타입 혹은 특정 객실 요청 사항(예: King Non-Smoking, 3rd Floor 등)을 지정하기 위해 이 화면에 해당 사항을 선택한다(예: Room Type, Smoking, Floor 등).
6. **Dirty Rooms, Clean Rooms, Inspected Rooms** 등 Housekeeping Status를 선택한다.
7. 고객의 프로파일과 예약에 입력된 Preference와 함께 객실 지정을 하려면 **Use Associated Preferences**를 선택한다.
8. 필요한 데이터 입력 후 **Start**를 선택한다.

시스템에서 자동으로 객실 지정을 하게 되면 Status 화면에서 지정된 객실 번호를 보여준다. **Auto Room Assignment**가 끝나게 되면 하단에 지정된 객실수와 지정 되지 않은 객실수를 보여준다.

NOTE 이 과정에서 객실이 지정 되지 않으면 조건 옵션에서 선택한 객실 타입, 요청 사항 등에 대한 Selection Criteria를 변경하여 다시 시도해 볼 수 있다. 예약에 너무 많은 Preference가 들어가 있거나 Clean/Inspected 객실의 여유가 많지 않을 경우 자동으로 지정되지 않는 경우가 발생할 수 있다.

Room Assignment Unassign

Check In 전 객실에 지정된 객실 번호를 삭제하는 방법은 아래와 같다.

1. 메인 메뉴에서 **Front Desk → Room Assignment**를 선택한다.
2. **Advanced** 버튼을 선택한 뒤 **Include Assigned Res** 박스를 선택한다.

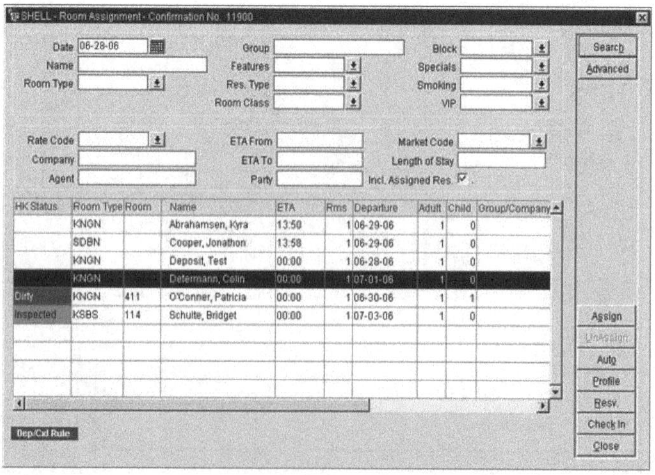

3. 지정된 객실 번호를 Unassign해야 하는 예약을 검색한 후 선택한다.
4. **Unassign** 버튼을 선택한다.

여러 예약을 모두 Unassign해야 하는 경우 아래와 같이 진행한다.

1. 1-3 스텝을 이용하여 지정된 예약들을 검색한다.
2. **AUTOMATIC ROOM ASSIGNMENT** 화면을 보기 위해 **Auto** 버튼을 선택한다.
3. 화면 상단의 **Unassign** 박스를 선택한다.
4. 어떤 예약을 Unassign 할지 검색 옵션을 입력하여 예약을 찾는다(예: Group, Arrival Date 등).
5. **Start**를 선택한다.

위의 조건에 맞는 예약의 모든 객실 번호가 예약에서 Unassign 된다.

Messages

Message 기능은 개별 예약, 그룹 예약 혹은 선택된 여러 예약에 메시지를 남길 수 있는 기능으로 고객에게 여러 개의 메시지를 제한 없이 남길 수 있다. 호텔이 만든 견본 형식으로 입력하여 출력할 수 있으며 고객에게 전달이 되었는지에 대한 여부를 'Received' 혹은 'Not Received'로 나타낼 수 있다. 입력한 메시지는 사용자가 수동으로 Delete(삭제)하거나 고객이 Check Out한 날 End of Day(Night Audit) Sequence까지 데이터베이스 상에 남길 수 있다.

"Reservation" Chapter에서 설명한 Messages 기능이 여기 Front Desk에서 동일하게 사용된다. 단, 하나의 예약에 메시지를 입력하는 경우 Reservation Option의 Message를 사용하고 여러 예약에 한꺼번에 메시지를 입력하는 경우 Front Desk 메뉴에서 사용하는 것이 일반적이다.

CREATE A NEW MESSAGE

Front Desk의 Messages 기능을 사용하여 새로운 메시지를 입력하는 방법은 아래와 같다.

1. 메인 메뉴에서 **Front Desk → Messages**를 선택한다.

MESSAGES 화면이 나타난다.

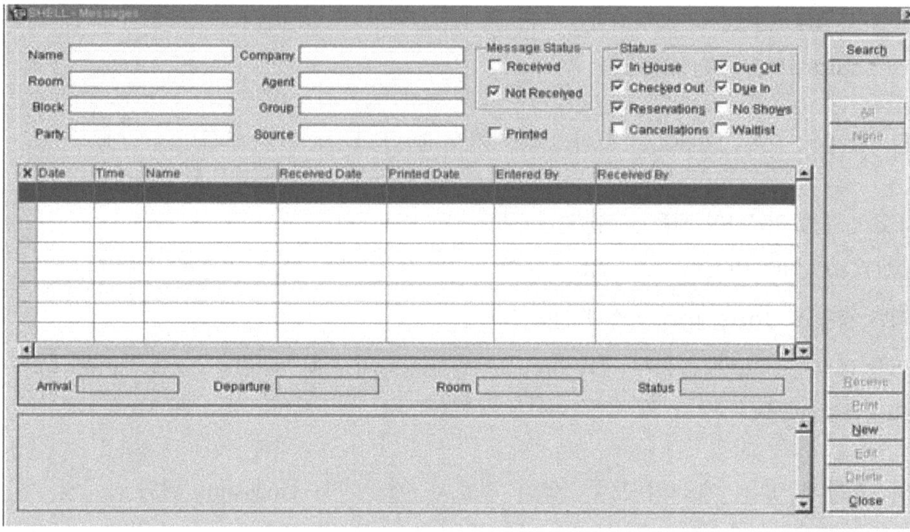

2. New 버튼을 선택한다.

SELECT GUESTS 화면이 나타난다.

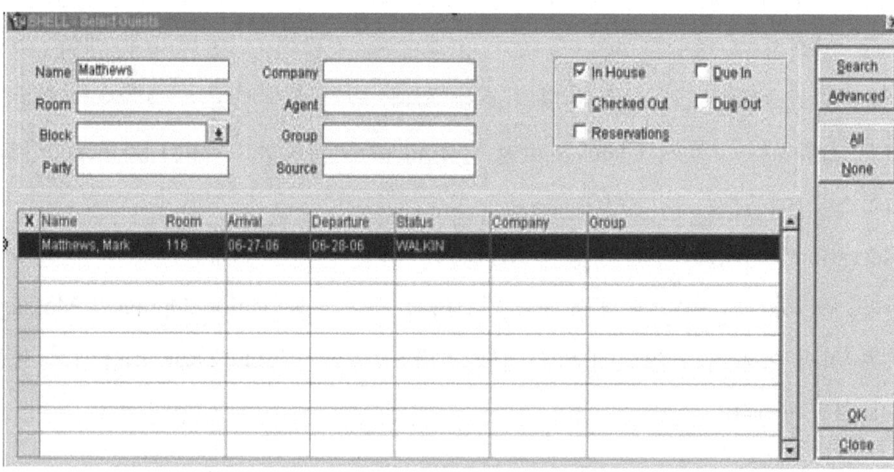

3. 메시지를 받아야 하는 고객의 Name 혹은 Room을 입력하고 Search 버튼을 클릭한다.
4. 고객명 옆 박스를 클릭하여 ('X') 표기를 한 후 OK 버튼을 선택한다.

NEW MESSAGE 화면이 나타난다.

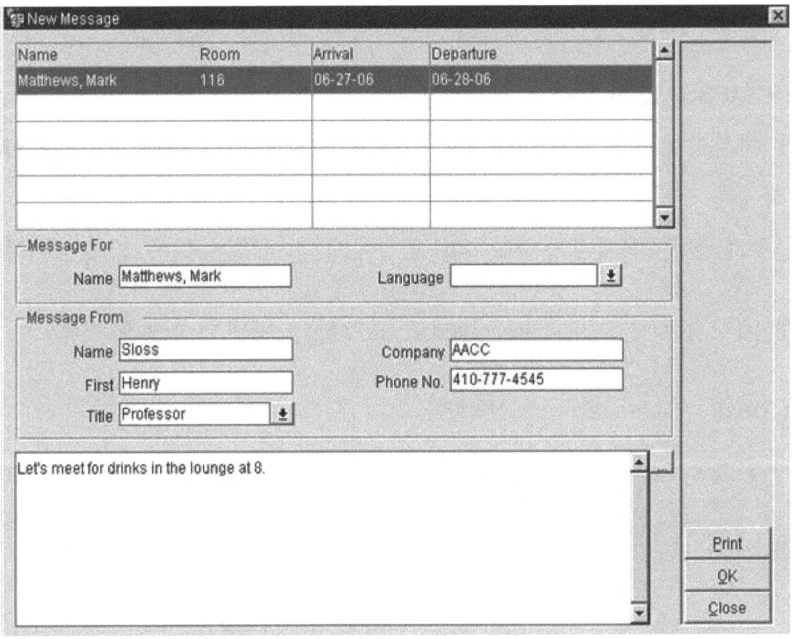

5. "Reservations" Chapter에서 다루었던 것과 같이 메시지를 남기는 발신인의 정보를 입력한다.
6. OK를 선택한다.

EDIT AN EXISTING MESSAGE:

Front Desk → Messages 기능에서 입력된 메시지를 수정하는 방법은 아래와 같다.

1. 수정해야 하는 메시지가 입력된 예약을 검색한 후 OK를 선택한다.

MESSAGES 화면이 나타난다.

2. 변경해야할 메시지를 하이라이트한 후 Edit을 선택한다.

EDIT MESSAGE 화면이 나타난다.

3. 발신인의 정보 및 메시지 내용에 변경하고자 하는 내용을 입력한다.
4. 변경 내용을 저장하기 위해 OK를 선택한다.

만약 해당 메시지를 하나의 예약이 아닌 여러 개의 예약에도 입력한 메시지라면 현재 수정한 이 예약에만 수정 내용을 적용할 지 아니면 해당 메시지를 받은 모든 예약에도 수정 내용을 적용할 지에 대한 메시지가 뜬다.

5. This Guest 혹은 All Guest 중 해당하는 옵션을 선택한다.

DELIVER MESSAGES:

고객에게 메시지를 전달하는 방법은 구두로 혹은 프린터로 출력하여 전달할 수 있다. 이렇게 고객에게 전달된 메시지는 Received로 상태 표기를 해 놓을 수 있으며 이런 표기 기능을 통해 같은 메시지가 여러 번 고객에게 전달되는 일을 막을 수 있다.

고객에게 메시지를 전달하고 Received로 표기하는 방법은 아래와 같다.

1. Front Desk → Messages를 선택한다.

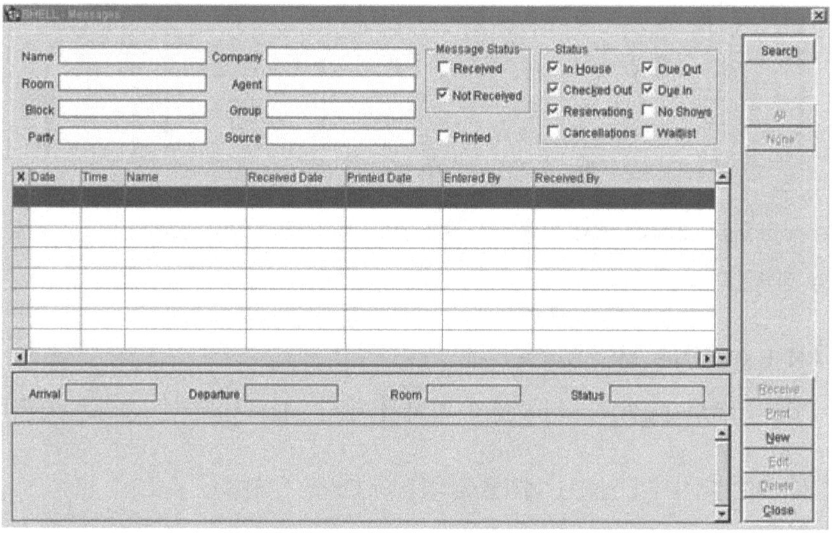

2. 메시지를 받은 예약을 검색한다.
3. 메시지를 선택하여 **Receive** 버튼을 선택한다. 여러 개의 메시지를 한꺼번에 Receive 상태로 표기 할 경우 각각의 메시지에 ('X')를 표기(혹은 전체 선택 시 **All** 버튼을 선택)한 후 Receive 버튼을 선택한다.

Traces Viewing and Resolving

VIEWING DEPARTMENT TRACES:

Traces 기능은 고객의 특별 요청에 대한 부서 간의 메시지를 전달하는 기능으로 다른 직원에게 해당 내용을 전달하는 Reminder로서의 기능으로 사용된다. 개별예약에 Trace를 입력하는 방법은 "Reservation" Chapter에서 이미 설명되었다.

부서별 입력된 Trace를 확인하는 방법은 아래와 같다.

1. 메인 메뉴에서 **Front Desk** → **Traces**를 선택한다.

TRACES 화면이 나타난다.

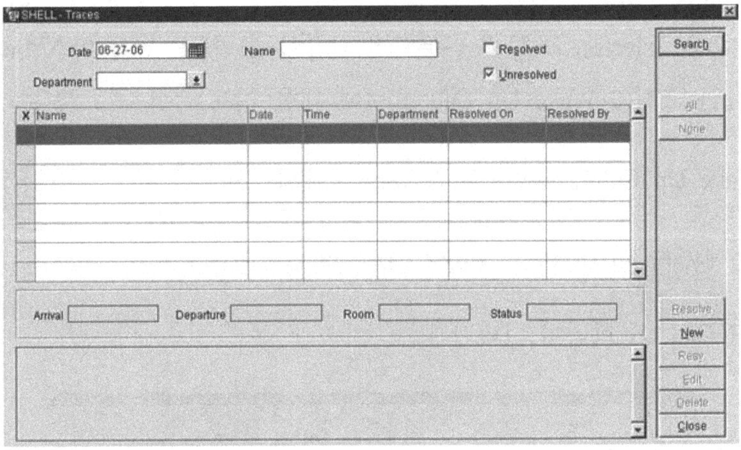

2. **Department** 필드의 화살표를 클릭하여 부서를 선택한다(예: Front Desk, Reservations, Housekeeping 등).
3. **TRACES** 화면으로 돌아가기 위해 **OK** 버튼을 누른다.
4. **Unresolved** 버튼만 선택되어진 것을 확인한다.
5. **Search** 버튼을 누른다.

화면에 해당 부서에 입력된 Trace 리스트가 나타난다.

6. Trace 내용을 자세히 보거나 수정하려면 **Edit** 버튼을 누른다.

TRACES – EDIT 화면이 나타난다.

7. 변경할 내용을 입력하고 **OK**를 선택하여 저장한다.

RESOLVING EXISTING TRACES:

입력된 Trace를 Resolve 하는 방법은 아래와 같다.

1. 원하는 부서를 선택하면 Trace 리스트가 나타난다.
2. 완료된 Trace를 선택한 후 **Resolve** 버튼을 선택한다.

3. 여러 개의 Trace를 한번에 Resolve 상태로 변경하려면 각각의 Trace를 ('X')표기 하여 Resolve 버튼을 선택한다. 해당 부서의 모든 Trace를 Resolve 하려면 ALL 버튼을 선택 한 후 Resolve 버튼을 누른다.

Wake Up Calls

Wake Up Calls 기능은 하나의 예약 혹은 여러 개의 예약에 Wake Up Call을 설정하는 기능으로 PBX Interface와 함께 연동하여 사용할 수 있다. 만약 PBX Interface가 되어 있지 않다면 고객의 Wake Up Call 요청에 대한 리포트 용도로 사용할 수 있다.

새로운 Wake Up Call을 입력하는 방법은 아래와 같다.

1. 메인 메뉴에서 Front Desk → Wake Up Calls를 선택한다.

WAKE UP CALLS 화면이 나타난다.

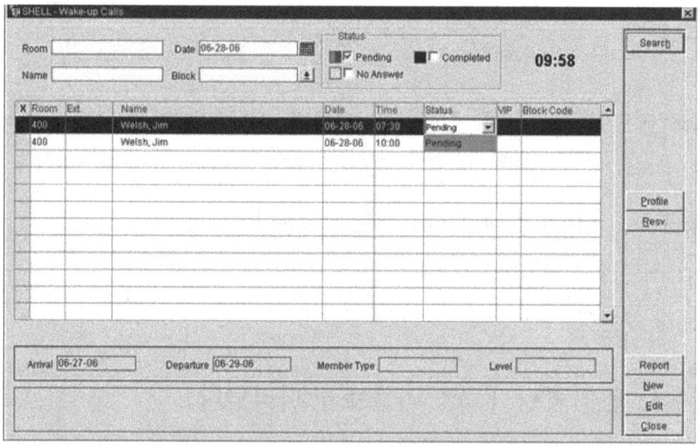

2. New 버튼을 선택한다.

WAKE UP CALLS - NEW 화면이 아래와 같이 나타난다.

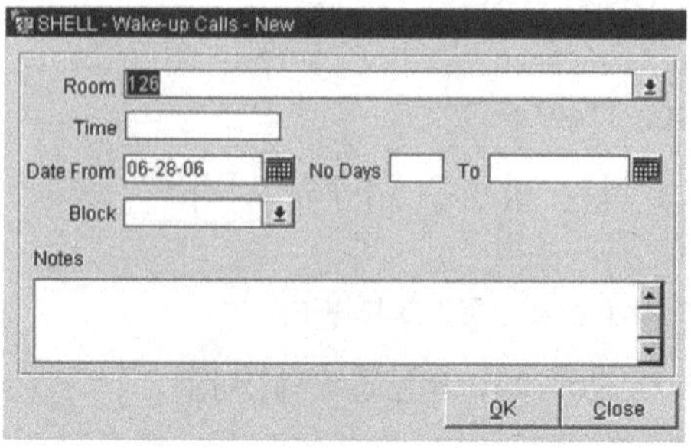

3. 객실 번호를 입력하거나 화살표를 선택하면 **IN HOUSE GUEST SEARCH** 화면이 나타난다.
4. Wake Up Call 시간을 입력하고 요청한 날짜가 하루 이상일 경우 **Date From, No Days, To** 의 정보를 입력한다.
5. 그룹 Wake Up Call을 입력 시 **Block** 필드를 선택하여 해당 그룹을 선택한다.
6. 추가적인 사항을 입력해야 한다면 **Notes** 필드에 입력한다.
7. **OK**를 눌러 저장한다.

새로운 Wake Up Call이 화면에 아래와 같이 나타난다.

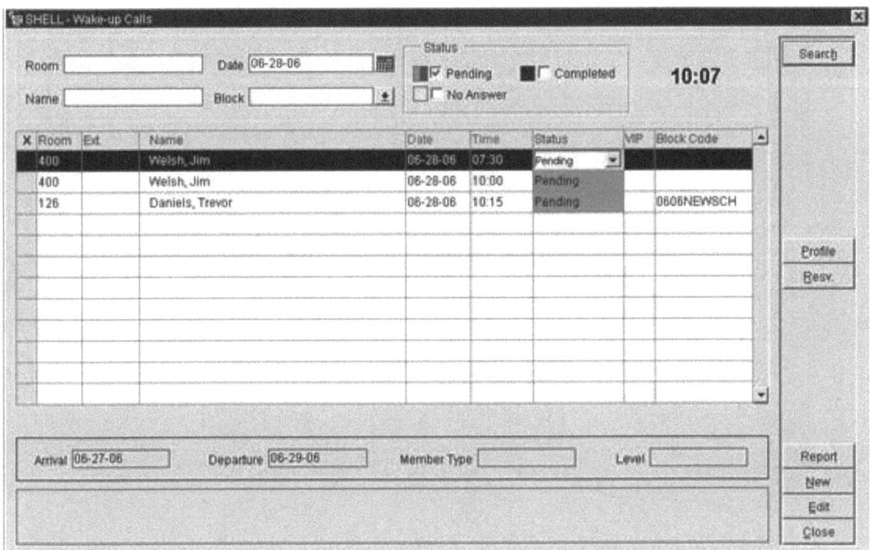

NOTE Share Reservation에 각 고객별 Wake Up Call을 설정할 수 있다. 이 경우 **IN HOUSE GUEST SEARCH** 화면에서 Share 예약의 Wake Up Call을 요청한 고객을 각각 선택하여 입력할 수 있다.

- Wake Up Call을 시스템으로 자동 전달하지 않고 수동으로 전달 할 경우, 'Pending' 상태를 'Completed' 혹은 'No Answer'로 변경한다.
- Wake Up Call을 요청한 리스트에 대하여 리포트를 출력할 경우 **Report** 버튼을 누른다.

Chapter

6

Cashiering

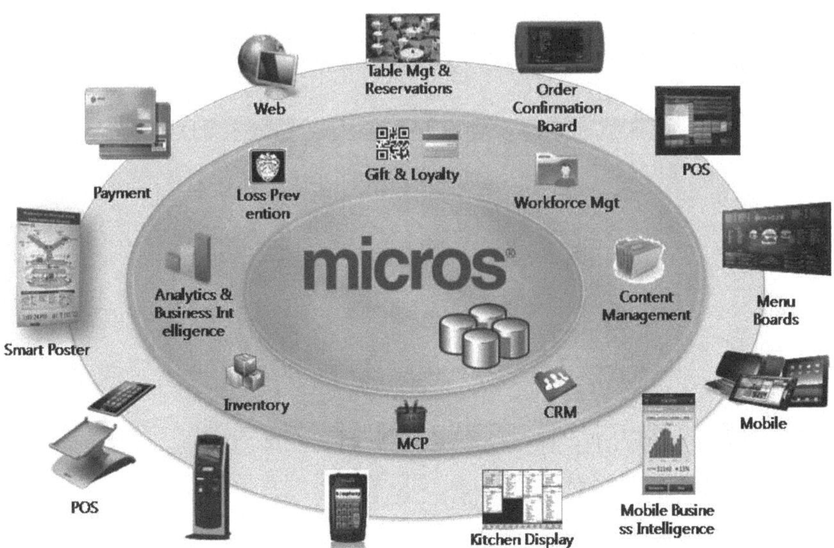

6.1 Cashiering Basics

Understand Debits and Credits

OPERA 재무 업무(Cashiering)라 함은 고객 Folio에 Credit과 Debit을 발생시키는 측면에서 전적으로 이뤄진다고 볼 수 있다. 고객 Folio에 매출을 발생시켜 고객 Balance에 "더하기" 하거나 해당 Folio에 결제 처리하거나 요금 조정을 통하여 "빼기"를 한다. OPERA에서는 Debit과 Credit이 거래의 핵심 요소라고 볼 수 있다.

Debit - "더하기"에 해당하는 것으로 고객이 지불해야 할 요금이 발생하는 것을 의미한다. 예를 들어 고객이 레스토랑에서 저녁식사를 하였다면 해당 "Debit"을 거래 코드(Transaction Code)(예: Restaurant Dinner)를 사용하여 고객 Folio에 입력(Posting)한다.

Credit - "빼기"에 해당하는 것으로 고객이 특정 요금에 대하여 결제를 하였거나 발생한 요금에 대해 조정하는 것을 의미하며 대부분은 Check Out시 결제를 하는 것이 주를 이룬다. 예를 들어 고객이 결제를 하거나 조정(Adjustment) 혹은 수정(Correction)이 발생 했다면 해당 "Credit"을 거래 코드(Transaction Code)(예: Cash)를 사용하여 고객 Folio에 입력(Posting) 혹은 Payment한다.

Cashier Login

Cashiering 모듈로 접속이 가능한 사용자에게는 사용자마다 각각의 User Name, Cashier ID, Password를 부여한다.

OPERA에서는 보안상의 이유로 매출 거래(Financial Transaction)가 발생하는 때마다 ID와 Password를 다시 한 번 입력해야 한다. CASHIER LOGIN 화면은 Cashiering관련 메뉴에 접속하려고 할 때마다 나타나며 사용자가 OPERA 시스템으로 로그인 시 사용하는 Password를 동일하게 입력한다.

각각의 사용자에게는 고유의 Cashier ID가 부여되어 각 사용자별 발생된 모든 매출 거래(Financial Transaction)를 확인할 수 있다. 이러한 보안 기능을 갖는 것은 각 사용자가 수행한 모든 매출 발생과 지불에 대한 활동의 책임을 지게 함으로써 실수나 금융 사고를 줄일 수 있다.

Navigating Folios

고객이 Check In을 하여 In House 고객이 되면 하나 이상의 내역서(Folio)를 생성할 수 있다. 내역서(Folio)는 OPERA에서 "Window"라는 표현으로 대체되어 표현되기도 한다. "Window"라는 용어를 쓰는 이유는 고객 Folio 화면으로 들어가면 바둑판 형식으로 배열되어 마치 창을 연상시키기 때문이다.

미리보기, 출력, 내역을 나누기 위한 Window 생성은 개별 예약별 최대 8개까지 가능하다. 특히 Direct Bill(후불) 시 다중 내역서(Multiple Folio) 생성이 필요하다.

Multiple Folio Windows를 만들어 사용하는 방법은 아래와 같다.

1. 메인 메뉴에서 Cashiering을 선택한다.
2. Billing을 선택한다.
3. Password를 입력 후 Login을 선택한다.

IN HOUSE GUEST SEARCH 화면이 나타난다.

4. Folio를 보고자 하는 고객을 검색하여 하이라이트 후 Select 버튼을 선택한다.

해당 고객의 BILLING 화면이 아래와 같이 나타난다.

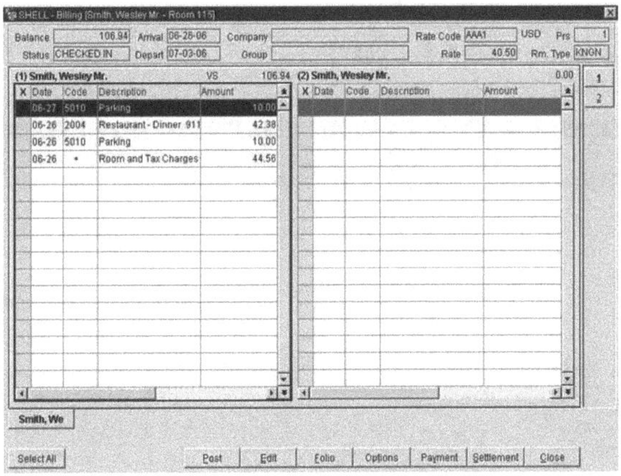

Folio Window의 상단을 보면 고객의 예약 정보를 확인할 수 있다.

5. 오른쪽 마우스 버튼을 선택하면 메뉴 옵션이 나타난다.
6. New Window를 선택한다.
   Folio Window 1 옆에 또 다른 Window가 생성된다.
7. 이 과정을 반복하여 최대 8개까지의 Window를 생성할 수 있다.

마우스를 드래그(Drag and Drop)하여 거래 내역(Transaction)을 다른 Window로 이동시킬 수 있다. 이 경우 이동하려는 거래 내역(Transaction)을 선택(해당 거래 내역 앞에 (‘X’)로 표기)하여 마우스를 드래그하여 다른 윈도우에 Drop 하면 된다.

Posting a Charge

Night Audit을 통하여 시스템에서 자동으로 입력(Posting)되는 경우 사용자가 별도로 해주어야 하는 작업은 없지만 고객의 Folio에 무언가 수동으로 입력(Posting)을 해야 하는 경우가 있다.

수동으로 요금이 부과되도록 입력(Posting)하는 방법은 아래와 같다.

1. 메인 메뉴에서 Cashiering → Billing을 선택한다.
2. Cashier Login에서 Password를 입력 후 Login을 한다.

IN HOUSE GUEST SEARCH 화면이 나타난다.

3. 입력(Posting)하려는 객실을 검색하여 하이라이트한다.
4. Select 버튼을 선택하여 Folio를 연다.
5. Billing 화면의 하단에 Post 버튼을 선택한다.

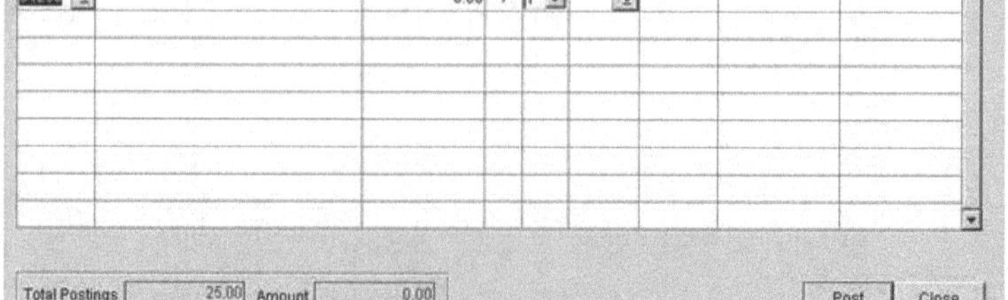

6. **Code**필드 옆 화살표를 선택한다.

NOTE 이때 반드시 화살표를 선택하여 이미 설정된 거래 코드(Transaction Code)를 조회해 볼 필요는 없다. 만약 거래 코드 번호를 알고 있거나 거래 코드(Transaction Code)의 앞 글자를 몇 자 입력하고 Tab 버튼을 누르면 해당 글자로 시작하는 코드가 전부 보이거나 하나의 코드만 있을 경우 해당 코드가 자동 선택된다(예: "Park"라고 입력하면 Parking 코드가 바로 선택된다).

거래 코드(Transaction Code)를 선택하면 **Description** 필드는 자동으로 입력된다.

7. 입력(Posting)할 **Amount** 금액을 입력한다.
8. 같은 금액으로 2개 이상의 거래 코드(Transaction Code)를 입력(Posting)해야 할 경우 **Qty (Quantity)**란에 해당 수를 입력할 수 있다(예: Business Center에서 Copy 비용이 25센트라고 할 경우 고객이 30장의 Copy를 하였다면 Price에 25센트를 입력하고 Quantity에 30을 입력하면 된다).
9. 거래 코드(Transaction Code)를 입력(Posting)할 Window를 **Win** 필드에 선택한다. 기본적으로 1번 Window이다.
10. Folio에 출력 시 여러 가지 거래 코드를 하나로 요약해서 출력하고자 한다면 하나로 묶어 줄 수 있는 해당 **Arr. Code**(Arrangement Code)를 리스트 중 선택한다.

NOTE 모든 거래 코드(Transaction Code)가 Arrangement Code를 가지고 있지는 않다. 이 코드는 같은 성격의 거래 코드(Transaction Code)를 Folio에 출력 시 간단하게 요약하여 보여주기 위해 사용된다(예: Restaurant Charges).

11. 만약 POS 시스템이 다운되어 수동으로 식・음료에 관련된 거래 코드(Transaction Code)를 입력해야 한다면 해당 영수증 번호를 **Check No.**란에 입력한다. 만약 식・음료 업장의 POS 시스템이 PMS와 연동되어 있지 않다면 공란으로 두어도 된다.
12. 요금에 대한 부가적인 설명을 **Supplement**와 **Reference** 필드에 입력할 수 있다. 단, 이 필드들은 Guest Folio에 출력되므로 너무 길지 않게 입력하지 않는 것이 좋으며 고객이 보는 데이터이므로 적절히 입력하는 것이 좋다.
13. **Post** 버튼을 눌러 요금을 부과한다.
14. 추가로 입력(Post)할 사항이 있다면 같은 과정을 위와 같이 반복한다. 입력(Post)이 다 끝난 경우 **Close**를 선택한다.

이제 고객의 Folio에 입력(Post)된 요금이 보인다.

Transfer Charges to/from Another Room

특정 객실에서 다른 객실로 요금을 이동시키는 방법은 아래와 같다.

1. 메인 메뉴에서 Cashiering → Billing을 선택한다.
2. 원하는 객실을 하이라이트한 후 Select 버튼을 선택한다.

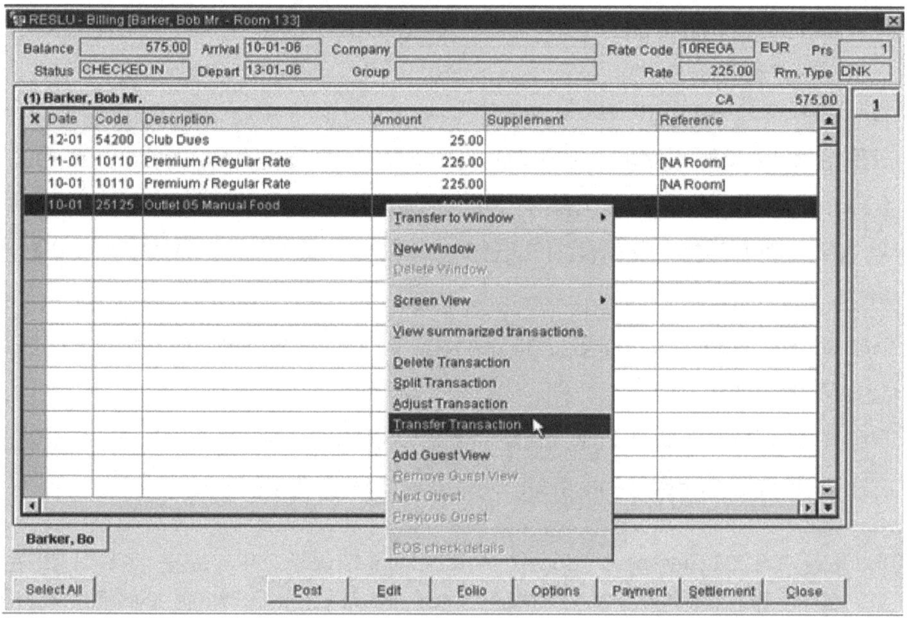

Transfer Charges to/from Another Folio Window

1. 이동 시키려는 거래 코드(Transaction Code)를 선택한 후 마우스 오른쪽 버튼을 선택한다.
2. 2개 이상의 거래 코드(Transaction Code)를 이동시키려면 각각의 거래 코드(Transaction Code) 옆 ('X') 선택을 하거나 해당 거래 코드(Transaction Code)를 하이라이트한 후 SPACE BAR를 누른다.
3. Transfer Transaction을 선택한다.

Transfer Type 화면이 아래와 같이 나타난다.

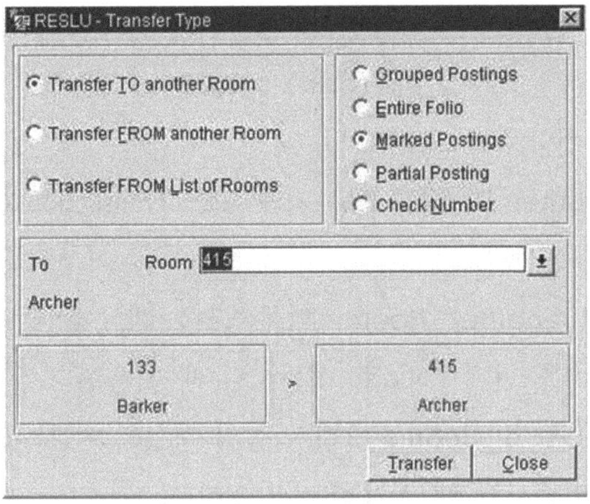

1. Transfer TO another Room 및 Marked Postings를 선택한다.

IN HOUSE SEARCH 화면이 나타난다.

Room 필드를 검색 조건으로 하여 거래 코드(Transaction Code)를 이동시킬 객실을 찾은 후 해당 객실을 선택하거나 객실 번호를 바로 입력할 수도 있다.

객실번호 입력 혹은 선택 시 아래에 해당 객실 고객의 성(Last Name)이 보인다.

2. 이동시킬 객실에 대한 정보 및 이동 거래 내역을 다시 한 번 확인 후 Transfer 버튼을 선택하면 아래와 같은 확인 메시지가 나타난다.

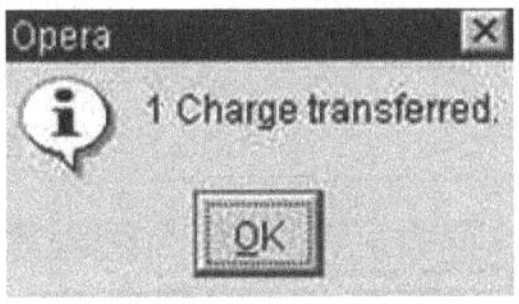

Transfer Transaction에서 사용되는 추가 옵션은 아래와 같다.

- Grouped Postings: 선택한 거래 코드(Transaction Code) 입력 시 같이 입력되었던 모든 거래 코드(Transaction Code)를 같이 이동시키는 기능이다(예: F&B Charges, Charges With Generates).
- Entire Folio: 해당 Folio의 모든 요금을 이동시키는 기능이다.
- Marked Postings: ('X') 표기로 선택된 요금만을 이동시키는 기능이다.
- Partial Posting: 선택된 요금의 금액을 나눈 후(Split) 이동시키는 기능으로 해당

요금의 일부만을 이동시키는 기능이다.

- **Check Number:** 특정 영수증 번호(Check Number)에 해당하는 거래 코드(Transaction Code)만을 이동시킨다.
- **Transfer TO another Room:** 해당 거래 코드(Transaction Code)를 다른 고객의 객실로 옮길 때 사용한다.
- **Transfer FROM another Room:** 다른 고객 객실에 입력(Post)된 거래 코드(Transaction Code)를 현재 Folio로 이동시킬 때 사용한다.
- **Transfer FROM List of Rooms:** 2개 이상의 객실의 거래 코드(Transaction Code)를 현재 Folio로 이동시킬 때 사용하는 기능이다.

거래 코드(Transaction Code)를 한 Folio에서 다른 Folio로 이동시키는 방법은 아래와 같다.

1. 메인 메뉴에서 Cashiering → Billing을 선택한다.
2. 원하는 객실을 하이라이트한 후 Select 버튼을 누른다.
3. 이동시키려는 거래 코드(Transaction Code)를 선택한 후 마우스 오른쪽 버튼을 선택한다.

2개 이상의 거래 코드(Transaction Code)를 이동 시키려면 각각의 거래 코드(Transaction Code) 옆 ('X') 선택을 하거나 해당 거래 코드(Transaction Code)를 하이라이트한 후 SPACE BAR를 누른다.

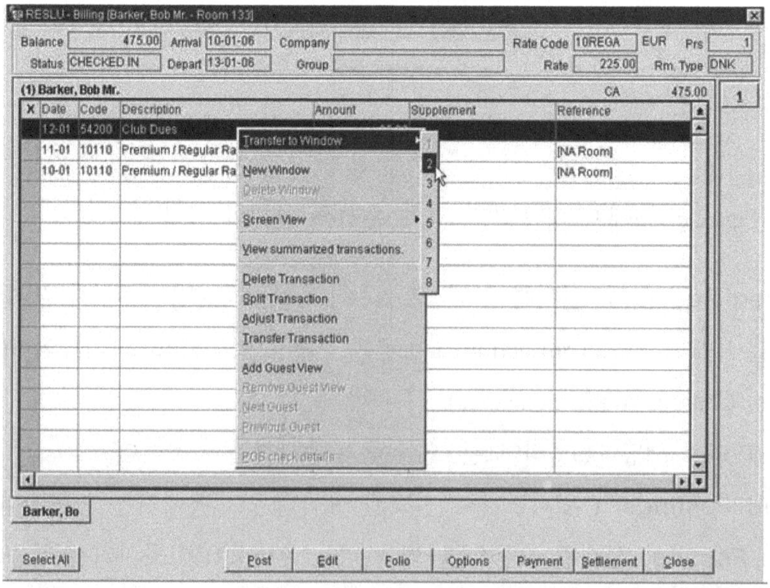

4. **Transfer to Window**를 선택한 후 Windows 번호를 선택한다.

선택한 거래 코드(Transaction Code)가 이동된 Folio Window가 보인다.

NOTE 이동시키려는 거래 코드(Transaction Code)를 선택한 후 마우스로 드래그 하여 다른 윈도우로 이동시킬 수 있다.

Posting Payments

결제(Payment)는 In House 고객이 지불한 Credit을 해당 Folio에 입력하는 것으로 예약 정보에 입력한 결제 방법이 기본적으로 해당 Window의 결제 방법으로 자동으로 보인다.

결제(Payment)를 하는 방법은 아래와 같다.

1. **Billing** 화면에서 해당 Folio를 선택한다.
2. **Payment**를 선택한다.

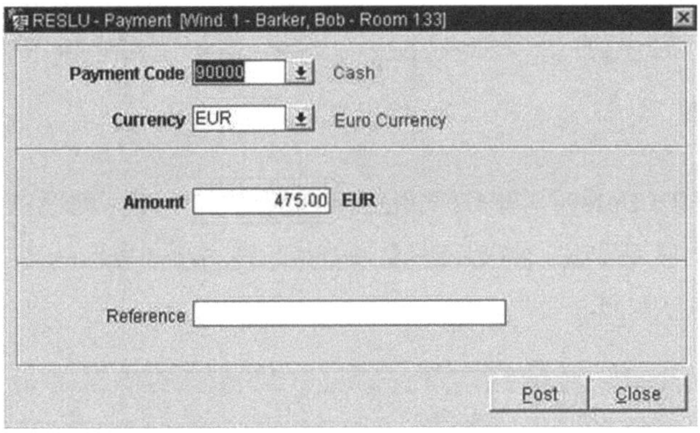

3. 만약 결제 방법이 예약 화면에 입력한 정보와 다르다면 **Payment Code** 필드를 선택한다.
4. 변경하려는 Payment Code를 선택한 후 **OK**를 선택한다.
5. **Amount** 필드에 지불하려는 금액을 입력한다. Amount 금액은 기본적으로 해당 Folio의 Balance를 가지고 온다.
6. 고객이 신용카드로 결제한다면 카드 번호 및 만료 일자를 **Credit Card No./Exp Date** 필드에 입력한다.
7. **Reference** 노트를 입력할 수 있으며, 입력 후 **POST**를 선택한다.

NOTE 결제한 금액이 Folio에 적용되며 Folio Balance가 결제 금액만큼 줄어든 것을 확인할 수 있다.

Preview, Print, and File a Folio

Folio는 해당 Window를 영수증 형식으로 출력하거나 미리보기를 위해 사용된다. 출력 및 미리보기뿐만 아니라 파일 형식으로 해당 컴퓨터에 저장할 수도 있다.

화면에서 Folio를 미리보기 하는 방법은 아래와 같다.

1. Billing 화면에서 해당 Window를 선택한다.
2. Folio 버튼을 선택한다.

Folio Options 화면이 아래와 같이 나타난다.

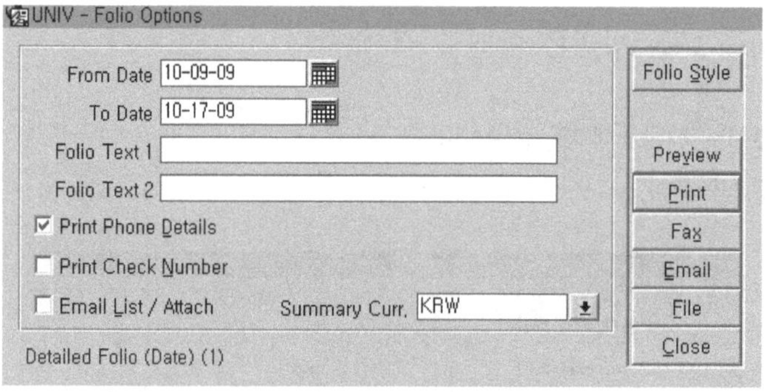

1. From Date와 To Date에 미리보기 하려는 날짜를 선택한다. 이는 오랫동안 투숙한 고객이 영수증을 뽑으려 할 때 해당되는 날짜만 선택할 수 있어 유용하게 사용할 수 있다.
2. Folio Style을 선택한다.

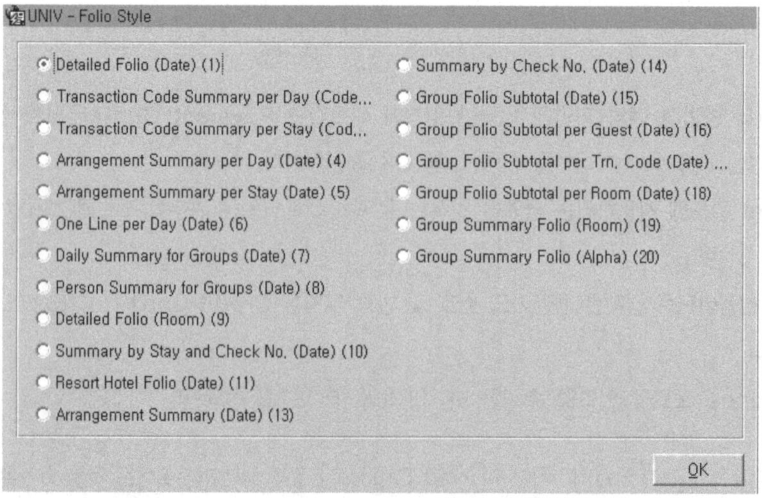

Folio Style은 고객의 요구에 따라 여러 가지 형식으로 Folio를 출력할 수 있는 기능으로 In House 고객뿐만 아니라 Folio History에서 출력하는 Folio에서도 선택할 수 있는 기능이다. 일반적으로 많이 사용하는 Style은 아래와 같다.

- **Transaction Code Summary Per Day:** 같은 거래 코드(Transaction Code)를 일자별로 한 줄에 포함하여 나타낸다.
- **Transaction Code Summary Per Stay:** 같은 거래 코드(Transaction Code)를 전체 숙박일자에 포함하여 한 줄로 나타낸다.
- **Group Folio Subtotal per Room by Stay:** Group Master Account에 Group에 해당하는 고객의 숙박별 Subtotal을 보여주는 Folio로 해당 그룹의 고객별 숙박비용을 한눈에 보여주는 Folio이다.
- **Arrangement Summary Per Day:** Arrangement Code별로 거래 코드(Transaction Code)를 묶어서 한 줄로 표기하여 주는 Folio 형식으로 같은 성향의 거래 코드(Transaction Code)가 요약되어 한 줄로 출력된다.

3. 원하는 Folio Style을 선택한 후 **Close**를 선택한다.
4. **Preview, Print** 혹은 **File** 버튼 중 선택한다.

Split a Charge

입력(Post)된 요금을 '나누기(Split)'해야 하는 경우는 여러 가지가 있다.
2명의 고객이 하나의 객실에 투숙할 경우 객실료를 나누어 계산하고자 요청할 때가 있는데 이런 경우 가장 많이 사용된다.

요금을 Split 하는 방법은 아래와 같다.

1. **Billing** 화면에서 해당 Window를 선택한다.
2. 원하는 거래 코드(Transaction Code)를 선택하여 마우스 오른쪽 버튼을 클릭한 후 **Split Transaction**을 선택한다.

SPLIT AMOUNT/PERCENTAGE 화면이 아래와 같이 나타난다.

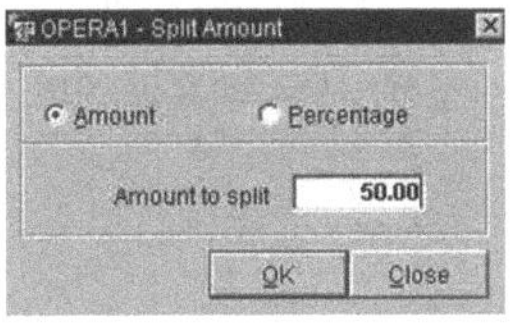

3. **Amount** 혹은 **Percentage**를 선택하여 Split하려는 금액 혹은 Percentage를 입력한다.
4. **OK**를 선택한다.

이제 고객의 Folio에 Split된 2개의 요금이 나타나며 Split된 요금을 다른 Window 혹은 객실로 이동 시킬 수 있다.

NOTE Posting History 기능에서 변경 전 요금과 Split 작업 내역에 대한 세부 사항을 확인할 수 있다.

Adjusting a Charge

매출 조정(Adjustment)은 일반적으로 전날에 발생한 매출(예: 객실료)에 대한 수정이 필요한 경우 발생한다. OPERA에서는 Adjust를 할 시 자동으로 시스템에서 해당 수정 코드를 가지고 오며, 수정할 때 사용된 거래 코드(Transaction Code)는 두 번째 라인에 나타난다.

예를 들어 57300의 거래 코드(Transaction Code)를 가진 $5의 Long Distance Domestic Charge가 Folio에 입력(Post)되었는데 고객의 Complaint로 인해 해당 요금을 받지 못하고 조정해 주어야 하는 경우가 발생하면 Rebate Long Distance 거래 코드(Transaction Code)인 50390의 코드로 -$5가 두 번째 라인에 포스팅되면서 Folio에 나타나게 된다.

NOTE Folio에 Credit에 해당하는 금액을 입력하여 조정할 경우에는 "-" 기호를 반드시 입력해야 한다.

In House 고객의 Folio에서 이미 발생된 요금을 조정하는 방법은 아래와 같다.

1. 해당 고객의 **Billing** 화면으로 들어간다.
2. Adjust 할 거래 코드(Transaction Code)를 선택한 후 마우스 오른쪽 버튼을 선택한다.
3. **Adjust Transaction**을 선택한다.
4. **Adjust Selected Postings**를 선택한다. 이 기능이 선택한 거래 코드(Transaction Code)만을 조정해 주는 옵션이다.
5. **Amount** 혹은 **Percentage**를 선택한 후 하얀 박스에 조정할 금액/Percentage를 입력한다.
6. **Reason Code** 필드의 화살표를 선택하여 조정 사유를 선택한다.
7. **Reason Text** 박스에 추가적인 조정 사유 내용을 입력할 수 있다.

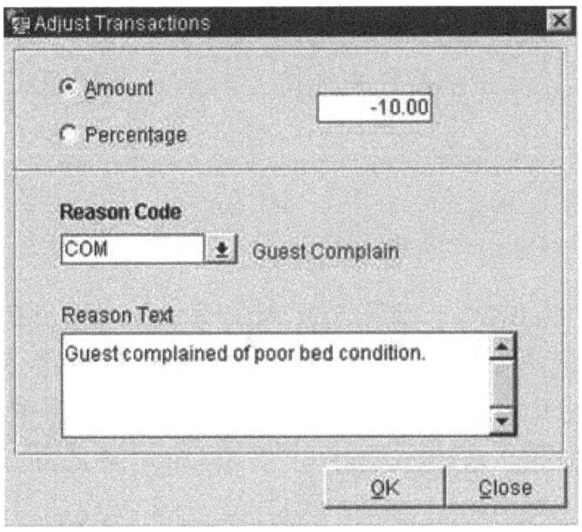

8. **OK** 버튼을 누르게 되면 조정된 내역을 Folio에서 확인할 수 있다.

NOTE 조정된 세부 내역은 Posting History에서 확인할 수 있으며 고객의 Folio에서도 별도로 표기된다.

Adjust an Interface or Night Audit Posting

Interface로 입력(Post)된 거래 코드(Transaction Code) 혹은 Night Audit 시 자동으로 입력(Post)된 객실료를 조정해야 하는 경우 'Post' 버튼을 이용하여 수동으로 수정해 주어야 한다.

Interface로 입력(Post) 혹은 자동 입력(Post)된 내역을 수동으로 조정하는 방법은 아래와 같다.

1. Folio에서 **Post** 버튼을 선택한다.

POSTING 화면이 아래와 같이 나타난다.

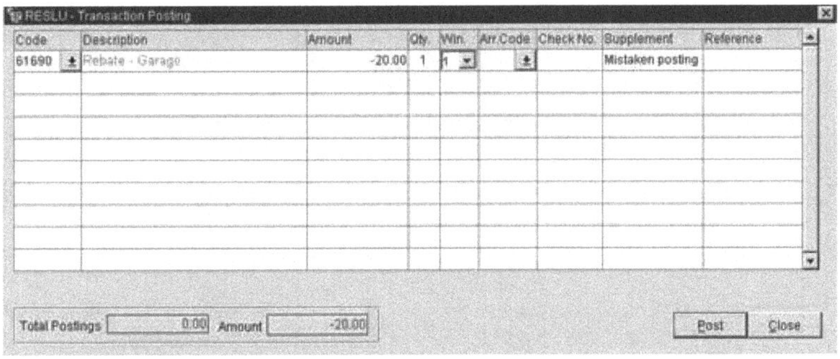

2. 조정할 거래 코드(Transaction Code)에 대한 "REBATE" **Code**를 선택한다.

3. 조정해야 하는 **Amount** 혹은 **Qty**(Quantity)를 입력할 때 "-" 기호와 함께 입력한다.
4. 입력(Post)할 Window를 **Win** 필드에 입력하며 "-" 금액(마이너스 금액) 입력을 하는 이유에 대하여 **Supplement** 필드에 입력한다.
5. **Post**를 선택한다.

NOTE
- 객실료 혹은 "Generates(메인 코드 입력 시 자동으로 메인 코드와 함께 입력되는 코드)"가 함께 입력(Post)되는 요금을 조정할 경우에는 Generates에 해당하는 금액도 함께 조정된다. 다시 말해 발생한 객실료 중 $10을 조정해야 하는 경우 객실료가 발생할 때 자동으로 발생한 Generates(예: 세금)의 5%에 해당하는 세금도 자동으로 조정된다(예: 50cents).
- Interface를 통해 입력(Post)된 요금과 자동으로 입력(Post)된 요금을 수동으로 수정하게 되면 해당 수정 거래 코드(Transaction Code)들은 Folio 상에도 별도로 나타나게 된다.

Correct / Edit a Charge

요금 입력(Post) 시 실수를 하거나 혹은 요금 부과가 잘못되어 수정(Correction)을 해야 하는 경우가 있다. 수정(Correction)은 발생한 날에 한하여 가능하며 해당 Folio에 수동으로 사용자가 수정해야 한다. 예를 들어 주차비로 $10 금액이 입력(Post)되었어야 하나 $20이 입력(Post)되었을 때 해당 요금을 수정해야 한다.

수정하는 방법은 아래와 같다.

1. 해당 고객의 **Billing** 화면에 들어간다.
2. 수정해야 하는 거래 코드(Transaction Code)를 하이라이트 후 더블 클릭하거나 **Edit** 버튼을 선택한다.

EDIT TRANSACTION DETAILS 화면이 아래와 같이 나타난다.

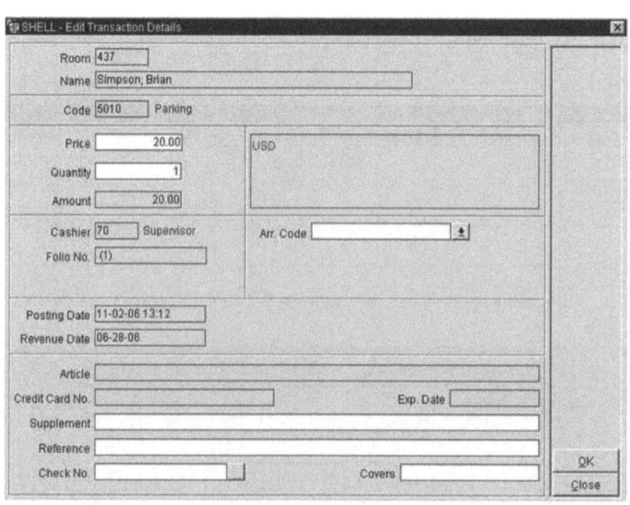

3. **Price** 필드에서 입력(Post) 금액을 수정한 후 **OK** 버튼을 눌러 저장한다.

NOTE 입력(Post)된 날에 같은 사용자가 금액을 수정한 것으로 Folio 상에 별도의 라인으로 표기되지 않으며 수정된 금액으로 변경되어 보이게 된다. 그러나 수정한 세부 내역은 Posting History에서 확인할 수 있다.

Guest Refunds and Paid Outs

Check Out시 해당 예약에 신용 잔액이 남아 있다면 고객에게 남은 금액을 돌려주어야 한다. 이 경우 위에서 설명한 Debit Posting과 같은 방법으로 고객에게 환불 혹은 지급 처리하여 돌려주면 된다.

NOTE 고객에게 지불 금액에 대해 환불해 주거나 요청한 금액을 지급해 주는 경우 Petty Cash나 General Cashier 기능을 사용하면 안 된다. 이 경우는 고객 Folio의 Balance를 '0'으로 맞춰 주기 위해 Guest Folio에 바로 입력(Post)한다.

신용 잔액을 가진 고객의 Folio에 지급(Paid Out) 혹은 환불(Refund) 처리하는 방법은 아래와 같다.

1. 해당 고객의 **Billing** 화면으로 들어간다.
2. **Post** 버튼을 선택하여 '지급(Paid Out)' 혹은 '환불(Refund)'에 해당하는 Code를 **Code** 필드에 입력한다.
3. 환불 할 금액을 **Amount**에 입력 후 **Post** 버튼을 선택한다.

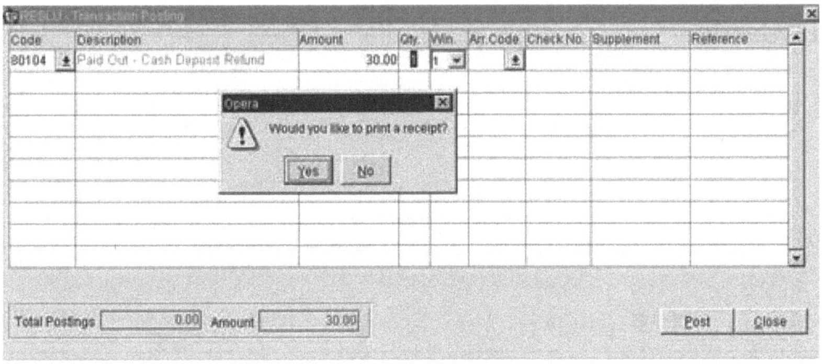

4. 영수증을 출력할 것인지에 대한 메시지에 **YES**를 선택하면 영수증이 출력되고 해당 영수증에 고객의 사인을 받도록 한다.
5. **Close**를 선택하여 Folio 화면으로 돌아간다.

6. Balance가 '0'인지 다시 한 번 확인한다.

NOTE 지급(Paid Out) 혹은 환불(Refund) 관련 거래 코드를(Transaction Code) 입력할 경우에는 Debit 형식으로 입력하는 것이므로 "-"부호를 이용해 금액을 입력할 필요가 없다.

6.2 Billing Options

Folio 화면에서 작업을 하면서 추가적으로 사용할 수 있는 Option 기능들은 여러 가지가 있다. Folio 화면에서 Option 버튼을 선택하면 아래와 같은 화면이 나타난다.

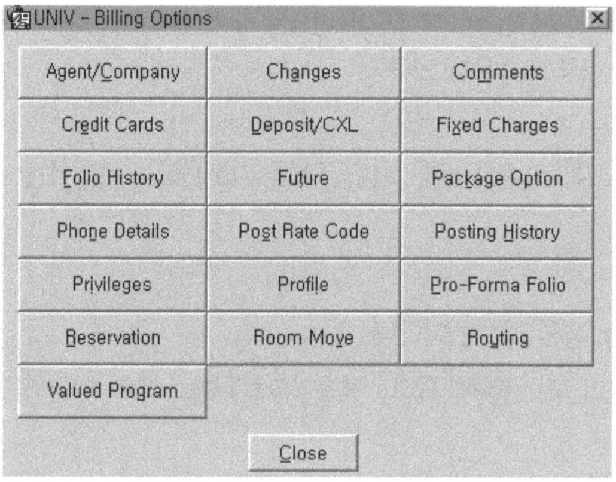

Credit Cards

Credit Cards 옵션은 Front Desk Chapter의 In House 고객 Credit Card 옵션 기능과 동일하다.

OPERA에서 신용카드 승인을 위한 방법은 아래와 같다.

1. 고객의 Billing 화면으로 들어간다.
2. Option 기능에서 Credit Cards를 선택한다.

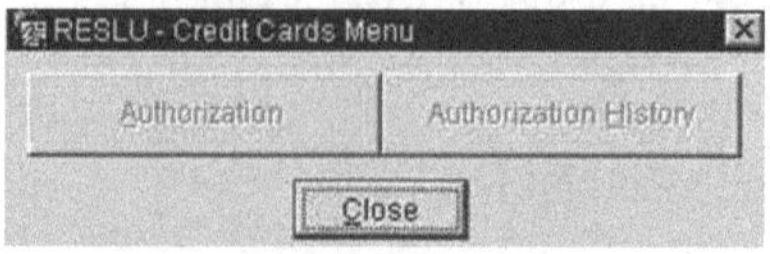

추가 가승인을 받으려면 Authorization 버튼을 선택한다.

가승인/결제 내역을 확인하려면 Authorization History 버튼을 선택한다.

Fixed Charges

Fixed Charges는 Night Audit을 진행하는 동안 시스템에서 특정 거래 코드(Transaction Code)와 금액을 객실료와 함께 고객 Folio에 자동으로 입력(Post)하고 싶은 경우 사용할 수 있다.

Fixed Charge를 설정하는 방법은 아래와 같다.

1. Billing 화면에서 해당 고객을 선택한다.
2. Options를 선택한다.
3. Fixed Charges를 선택한다.
4. Fixed Charges 화면의 필드 값을 입력한 후 OK를 선택한다.

NOTE 더 자세한 사항은 Reservation Chapter의 "Fixed Charges"를 참고한다.

Package Options

많은 호텔들이 아침 식사 혹은 저녁 식사료를 객실료에 포함시킨 패키지 상품을 가지고 있다. 이런 경우 일반적으로 식사료에 대한 비용은 별도로 설정이 되어있다. 때때로 고객이 패키지에서 허용하는 금액 이상을 사용할 경우도 있고 허용 금액을 아예 사용하지 않는 경우도 있다. 이 기능은 어느 만큼의 패키지 금액이 사용되었는지를 확인하고자 할 때 유용하다.

객실에 허용된 패키지 내용과 금액을 확인하는 방법은 아래와 같다.

1. Billing 화면에서 해당 고객을 선택한다.
2. Options를 선택한다.
3. Package Options를 선택한다.

이 화면에서는 고객에게 허용된 패키지 금액 및 사용된 금액을 확인할 수 있으며, 만약 Folio에 추가적으로 금액이 부과되었다면 왜 추가 금액이 발생하였는지에 대하여 설명하는데 도움을 준다.

NOTE • 추가 금액이 발생하여 고객 Folio에 입력(Post)되면 Reference 필드에 Overage라고 표기가 된다.
• 더 자세한 사항은 Reservation Chapter의 "Package Options"를 참고한다.

Phone Details

Phone Details 기능은 고객의 Folio에 입력(Post)된 전화 요금에 대한 자세한 내역을 확인하는 기능으로 고객이 전화 과금 내역에 대하여 문의를 할 때 유용하게 사용된다.

NOTE Phone Details 기능은 Telephone Interface 기능을 사용해야만 해당 내역이 보이며 Interface 프로그램을 통하여 입력(Post)이 이루어진다.

Phone Details를 확인하는 방법은 아래와 같다.

1. **Billing** 화면에서 해당 고객을 선택한다.
2. **Options**를 선택한다.
3. **Phone Details**를 선택한다.

Phone Details 화면이 아래와 같이 나타난다.

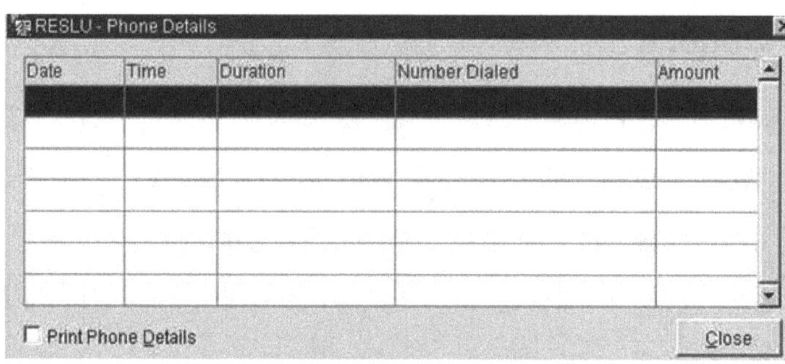

이 화면에서는 전화를 사용한 날짜 및 시간, 통화시간, 발신한 전화번호와 금액이 나타난다.

NOTE Print Phone Details 옵션 버튼은 Folio에 전화 번호 및 해당 내역에 대한 내용을 출력할 것인지에 대해 선택하는 옵션이다.

Posting History

Posting History 옵션은 Folio에 입력(Post)된 내역의 세부 정보를 확인할 수 있는 기능으로 Correction, Split, Adjust 등의 내역 또한 확인 가능하다.

Posting History에서 해당 예약의 모든 거래 활동을 확인하는 방법은 아래와 같다.

1. **Billing** 화면에서 해당 고객을 선택한다.
2. **Options**를 선택한다.
3. **Posting History**를 선택한다.

POSTING HISTORY 화면이 아래와 같이 나타난다.

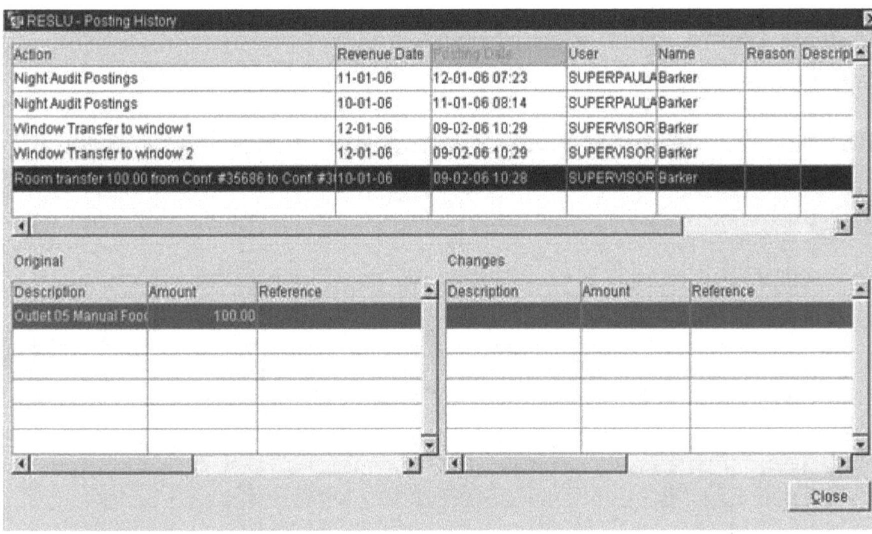

- **Action**은 거래 관련 로그 타입으로 해당 예약의 모든 거래 관련 활동 내역(예: Posting, Split, Adjust, Payment 등)이 나타난다.
- **Revenue Date**는 해당 거래(Transaction)가 발생한 OPERA Business Date(시스템 날짜)를 의미한다.
- **Posting Date**는 해당 거래(Transaction)가 발생한 실제 날짜를 의미한다.
- **User/Name**은 입력 혹은 발생시킨 사용자의 User ID와 이름이 나타난다.
- **Reason/Description**은 조정 매출 발생 시 혹은 "–" 금액을 발생 시킬 때 입력된 사항이 보인다.

NOTE 조정(Adjust)되거나 수정(Correction)된 거래 내역을 하이라이트하면 변경 전 내역과 변경 후 내역이 화면 하단에 보인다.

Post Rate Code

Post Rate Code 옵션은 사용자가 선택하는 Rate Code에 대한 객실료를 자동으로 입력(Post)하는 기능으로 해당 예약의 Rate Code가 기본으로 나타나지만 사용자가 수동으로 변경할 수는 있다. 이 기능은 해당 예약에 설정된 Rate Plan과 다른 Rate를 입력(Post)해야 하는 경우 사용할 수 있다.

1. **Billing** 화면에서 해당 고객을 선택한다.
2. **Options**를 선택한다.
3. **Post Rate Code**를 선택한다.

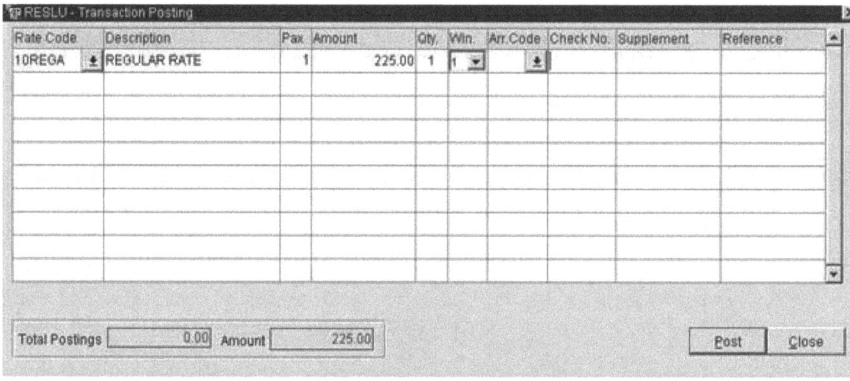

4. 만약 입력(Post)해야 하는 Rate가 해당 예약의 Rate와 다르다면 **Rate Code** 필드의 화살표를 선택하여 변경한다.
5. Rate Code 하이라이트 후 **OK**를 누른다.
6. 요금을 입력(Post)할 **Window**를 선택한 후 **Post**를 선택한다.
7. **Close**를 선택하여 Folio 화면으로 돌아간 후 객실료가 제대로 입력(Post)되었는지 확인한다.

NOTE Post Rate Code는 Night Audit 시점에서 입력(Post)되는 객실료에는 영향을 미치지 않는다. 또한 이 기능을 통해 해당 예약 Rate Code와 다른 Rate로 객실료를 입력(Post)하는 경우 Market 실적이 달라질 수 있다는 점을 유의해야 한다.

Privileges

Privileges 기능은 No Post, Pre/Post Stay Charging, Scheduled Check Out, Authorize Direct Bill 등의 기능을 가능하게 하는 옵션으로 자세한 내용은 Reservation Chapter의 Privileges 기능을 참고하기 바란다.

Routing

Routing 기능은 Direct Billing(후불) 설정을 해야 하는 경우 반드시 사용되어져야 하며 특정 거래 코드(Transaction Code)를 다른 객실이나 Posting Master 계정 혹은 다른 Window로 자동으로 보내야 할(Transfer)경우 사용된다.

1. Billing 화면에서 고객의 Folio를 선택한다.
2. Options를 선택한다.
3. Routing을 선택한다.

NOTE 더 자세한 사항은 Reservation Chapter의 "Routing"을 참고한다.

Additional Options

추가적인 Option 기능은 아래와 같다.

- **Agent/Company:** 자세한 사항은 Reservation Chapter를 참고할 수 있으며, 특히 Billing 화면에서 이 기능은 Direct Billing(후불)을 해야 하는 경우 후불 Company/Agent 프로파일을 입력할 수 있어 유용하다.
- **Folio History:** Cashiering Chapter의 "Folio History"에서 자세한 사항은 확인할 수 있으며, 특히 Billing 화면에서 이 기능이 유용하게 사용되어질 수 있는 경우는 고객이 이전 투숙 시 발행되었던 Folio를 요청할 때 쉽게 찾아 다시 출력할 수 있다.
- **Profile:** 자세한 사항은 Cashiering Chapter의 "Profiles"에서 확인할 수 있으며 Billing 화면에서 이 기능은 고객이 Folio의 이름을 변경하고자 할 때 빠르게 Profile 화면으로 접근하여 변경할 수 있다.
- **Reservations:** Billing 화면에서 이 기능은 예약의 연장 및 예약과 관련된 변경사항을 적용하고자 할 때 유용하다.
- **Deposit/CXL:** 자세한 사항은 Reservation Chapter를 참고한다.
- **Room Move:** 자세한 사항은 Front Desk Chapter를 참고한다.
- **Changes:** 자세한 사항은 Reservation Chapter를 참고한다.

6.3 Check Out

Cash Check Out

Check Out 시 현금으로 지불하는 고객이 많다.

현금으로 결제하여 Check Out하는 방법은 아래와 같다.

1. **Billing** 화면에서 Due-Out 고객의 Folio를 연다.
2. **Check Out**을 선택한다.

CHECK OUT OPTIONS 화면이 아래와 같이 나타난다.

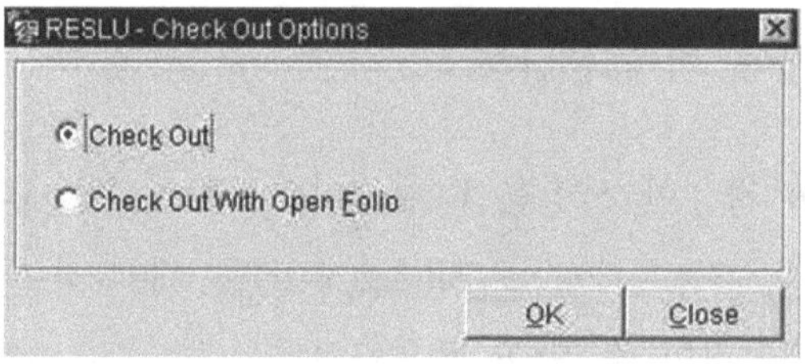

3. **Check Out** 박스를 선택한다.

NOTE **Check Out With Open Folio**는 현재 시점에서 결제를 완료하지 않고 Check Out을 하는 기능으로 Open Folio 기능을 사용하는 호텔에서만 해당 기능이 보인다.

4. **OK** 버튼을 선택한다.

Payment 화면이 다음과 같이 나타난다.

기본적으로 예약에 입력해 놓았던 지불 방법이 보이며 **Amount** 필드는 해당 Folio의 Balance 금액이 나타난다.

5. 만약 **Payment Code**가 Cash가 아니라면 해당 필드의 화살표를 선택한다.
6. Cash를 하이라이트 후 **OK**를 선택한다.

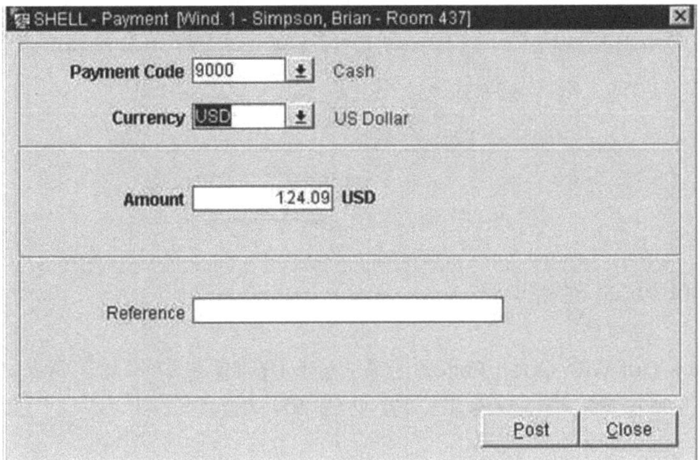

7. 받은 현금의 금액이 **Amount**의 금액과 맞는지 확인한다.
8. **POST** 버튼을 선택하여 결제한다.
9. Payment 영수증을 출력하려면 **Yes**를 선택한다.

첫 번째 Window를 Check Out하게 되면 다음 Window도 결제할 것인지에 대한 메시지가 나타나며 만약 2개 이상의 Window가 열려 있었다면 모든 Window의 Balance가 '0'이 될 때까지 해당 메시지는 나타난다.

모든 Window의 결제가 끝나게 되면 예약 상태가 "Checked Out"으로 변경되며 이는 **Billing** 화면의 왼쪽 상단에 나타난다.

NOTE 만약 Scheduled Check Out 기능을 사용하는 호텔에서는 해당 예약을 나중에 Check Out할 수 있도록 Schedule Check Out을 할 것인지에 대한 메시지가 나타난다. 이에 대한 자세한 설명은 "Scheduled Checkout" 섹션을 참고하기 바란다.

Credit Card Check Out

Check Out 시 신용카드로 결제하는 방법은 아래와 같다.

1. **Billing** 화면에서 Due-Out 고객의 Folio를 연다.
2. **Check Out**을 선택한다.

CHECK OUT OPTIONS 화면이 아래와 같이 나타난다.

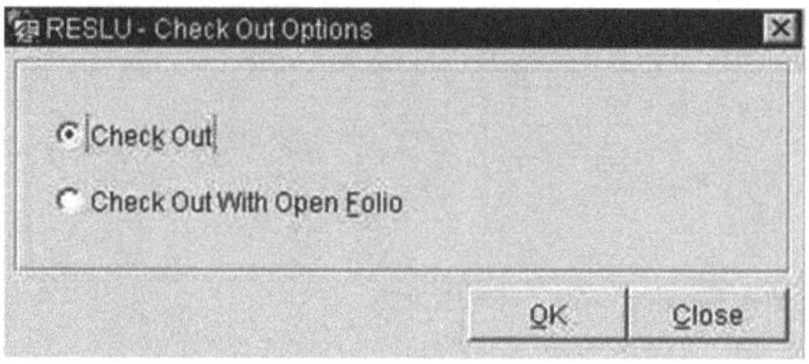

3. Check Out 박스를 선택한다.

NOTE Check Out With Open Folio는 현재 시점에서 결제를 완료하지 않고 Check Out을 하는 기능으로 Open Folio 기능을 사용하는 호텔에서만 해당 기능이 보인다.

Payment 화면이 아래와 같이 나타난다.

기본적으로 예약에 입력해 놓았던 지불 방법이 보이며 Amount 필드는 해당 Folio의 Balance 금액이 나타난다.

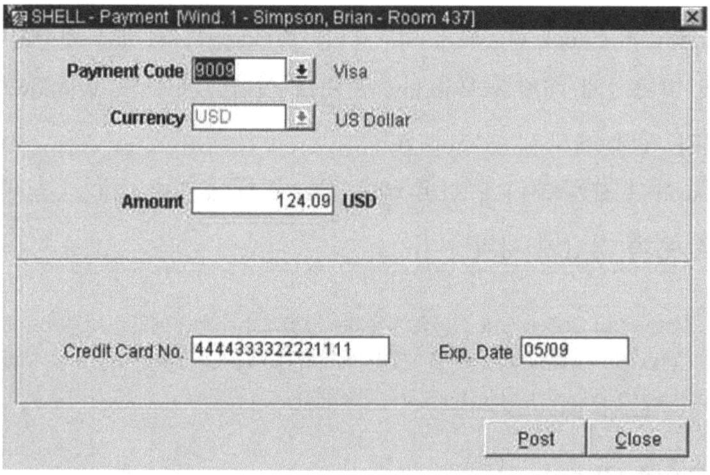

4. 결제하려는 신용카드가 화면에 보이는 카드와 같은지 확인한다. 만약 다르다면 새로운 카드로 다시 선택하여 Credit Card No와 Exp. date를 다시 입력하거나 카드 Swipe을 통해 입력한다.
5. Post 버튼을 선택한다.
6. Payment 영수증을 출력하려면 Yes를 선택한다.

NOTE 만약 같은 신용카드를 사용한다면 시스템은 가승인된 금액에서 추가적으로 필요한 금액만을 더 확보하여 결제하게 한다. 만약 고객이 새로운 카드로 결제하게 된다면 전체 Balance에 대한 금액을 다시 확보 및 승인하여 결제한다.

첫 번째 Window를 Check Out하게 되면 다음 Window도 결제할 것인지에 대한 메시지가 나타나며 만약 2개 이상의 Window가 열려 있었다면 모든 Window의 Balance가 '0'이 될 때까지 해당 메시지는 나타난다.

모든 Window의 결제가 끝나게 되면 예약 상태가 "Checked Out"으로 변경되며 이는 Billing 화면의 왼쪽 상단에 나타난다.

NOTE 만약 Scheduled Check Out 기능을 사용하는 호텔에서는 해당 예약을 나중에 Check Out할 수 있도록 Schedule Check Out을 할 것인지에 대한 메시지가 나타난다. 이에 대한 자세한 설명은 "Scheduled Checkout" 섹션을 참고하기 바란다.

Direct Bill Check Out

후불 결제를 통해 Check Out이 이루어질 경우 이에 대응하는 적절한 과정을 밟아야만 한다. 투숙 고객이 아닌 제 3자가 결제하는 형식임으로 이 결제 방법을 사용하기 전 해당 관련 코드에 대한 정확한 세팅이 이루어져야 한다.

아래는 회사 AR 계정으로 후불 결제가 이루어질 때 필요한 사항이다.

- 예약에 Company Profile이 입력되어 있어야 한다.
- 해당 Company Profile에 AR Number가 입력되어 있어야 한다.
- 해당 AR 계정으로 결제될 거래 코드(Transaction Code)가 별도의 Window에 Routing 되어 있어야 한다.
- 해당 Window는 Company Profile의 명으로 Routing되어 있어야 한다.

회사에서 만약 고객에게 과금된 모든 요금을 결제하지 않는다면 고객이 결제하는 부분에 대한 것을 첫 번째 Window에 남겨 놓고 고객이 제시한 다른 지불 결제 수단을 사용한다(예: Credit Card).

NOTE 후불 결제되는 예약의 Company Profile을 Routing하는 방법은 Reservation Chapter에서 더 자세한 사항을 확인할 수 있다.

Direct Bill로 Check Out을 하는 방법은 아래와 같다.

1. Billing 화면에서 Due Out 객실을 선택한다.

2. Direct Billing에서 이루어져야 하는 세팅이 제대로 되어 있는지 확인한다. 두 번째 Folio는 Company로 Routing이 되어 있어야 하며 후불로 결제한 거래 코드(Transaction Code)들이 해당 Window에 있어야 한다. 만약 제대로 세팅되어 있지 않았다면 다음 단계로 넘어가기 전 수정하도록 한다.
3. 마우스로 두 번째 Window를 선택한다.

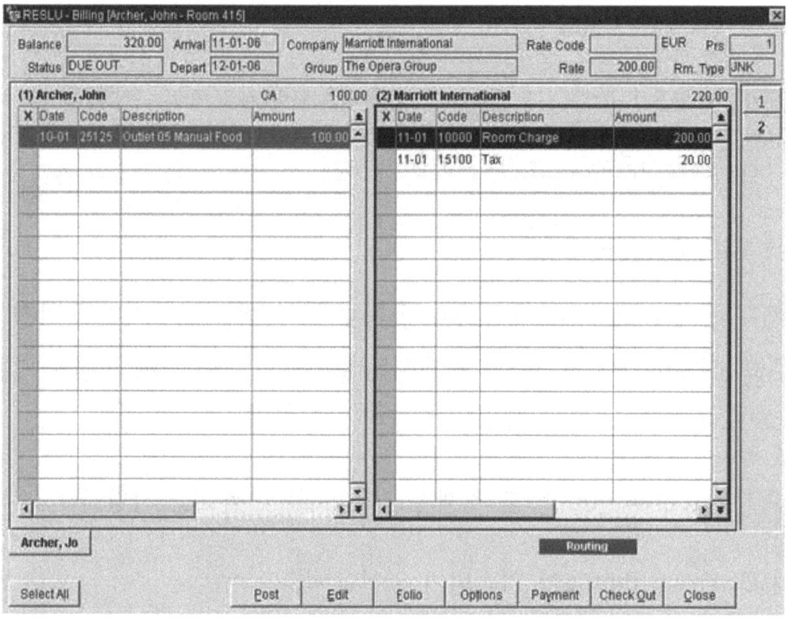

4. Check Out 버튼을 선택한다.

CHECK OUT OPTIONS 화면이 아래와 같이 나타난다.

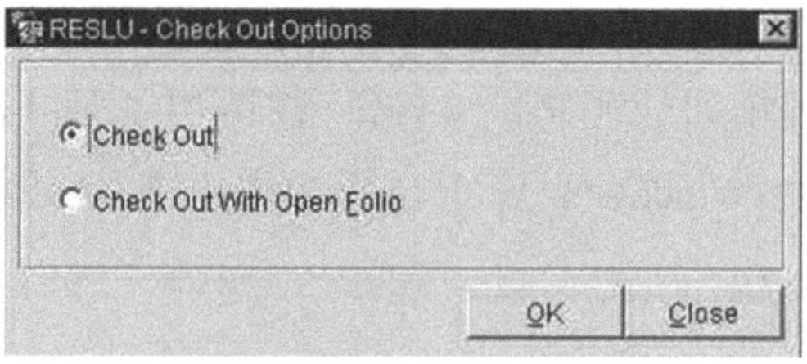

5. Check Out 박스를 선택하고 OK 버튼을 누른다.

PAYMENT 화면이 나타나며 Payment 필드에는 예약 화면에 입력되었던 결제 방법이 기본적으로 나타난다. 기본적으로 예약에 입력해 놓았던 지불 방법이 보이며, Amount 필드는 해당 Folio의 Balance 금액이 나타난다.

NOTE Payment Window에서 기본적으로 보이는 결제 방법으로 결제하지 않도록 유의한다. 대신 후불 관련 지불 코드(Direct Billing Payment Code)를 선택해야 한다.

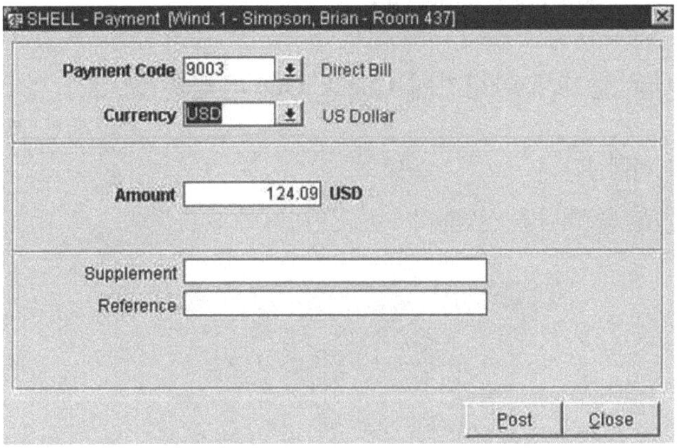

6. **Payment Code** 필드의 화살표를 선택하여 "City Ledger" 혹은 "Direct Bill"을 선택한 뒤 **OK**를 선택한다.
7. **Amount**가 맞는지 확인한다.
8. **POST** 버튼을 선택하여 결제한다.
9. 영수증을 출력하려면 **YES**를 선택한다.

NOTE 만약 고객이 지불하는 Folio Window에 Balance가 있다면 해당 Folio도 결제할 것인지에 대한 메시지가 나타난다. 기본적으로 예약 화면에 등록된 결제 방법이 나타나고 이를 사용하거나 새로운 결제 수단을 고객에게 받아 결제할 수도 있다.

모든 Window의 결제가 다 끝나게 되면 예약 상태는 "Check Out"으로 변경되며 이는 **Billing** 화면의 왼쪽 상단에서 확인할 수 있다.

NOTE 만약 Scheduled Check Out 기능을 사용하는 호텔에서는 해당 예약을 나중에 Check Out 할 수 있도록 Schedule Check Out을 할 것인지에 대한 메시지가 나타난다. 이에 대한 자세한 설명은 "Scheduled Check Out" 섹션을 참고하기 바란다.

Settlement and Early Departure

고객이 예정된 퇴실 날짜 전에 Check Out을 하거나 중간 결제 혹은 결제를 미리 요청하는 경우가 발생할 수 있다. 위의 모든 경우는 현재 시점의 날짜가 Check Out 날짜가 아닌 경우이다. 따라서 이런 경우에 **Billing** 화면에서 Check Out 기능이 활성화되어 있지 않지만 대신 **Settlement**라는 기능이 보이게 된다.

위의 경우 고객의 Folio를 결제하는 방법은 아래와 같다.

1. Billing 화면에서 고객의 Folio를 선택한다.

오늘이 Check Out 날짜가 아니기에 Check Out 옵션은 보이지 않을 것이다.

2. Settlement를 선택한다.
3. 아래 세 가지 옵션 중 하나를 선택한다.

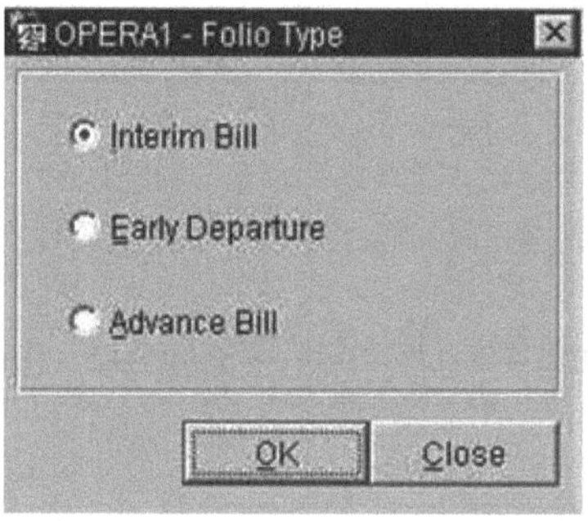

- Interim Bill은 Check Out하지 않고 현재까지 발생한 요금에 대하여 결제하여 Balance를 '0'으로 만드는 것으로 이후에 발생하는 요금은 정상적으로 고객 Folio에 입력(Post)된다. 이 기능은 매주 혹은 매달 말에 발생 내역을 중간 정산할 때 유용하게 사용된다.
- Early Departure는 예정된 Check Out 날짜보다 미리 Check Out할 때 사용한다.
- Advanced Bill은 고객의 객실료를 미리 입력(Post)하여 결제하는 기능으로 고객의 숙박일이 아직 남아 있을 시 남아 있는 날짜에 해당하는 객실료를 미리 입력(Post)할 수 있다. 객실이 지금 바로 Check Out 상태로 변경되지 않는다. 이 기능으로 이미 입력(Post)된 객실료는 Night Audit시 별도로 다시 입력(Post)되지 않는다. 이 기능은 특히 Check Out하기 바로 전날 밤에 요금을 미리 결제하고자 할 때 유용하게 사용한다.

4. 결제에 대한 부분은 Cash Check Out, Credit Card Check Out, Direct Bill Check Out 섹션을 참고하면 된다.

NOTE Interim Bill과 Advanced Bill 옵션은 CHECKED IN 상태를 유지하지만 Early Departure 기능은 예약을 CHECKED OUT 상태로 변경시킨다.

Reinstate a Check Out

Reinstate 옵션은 Check Out한 객실을 다시 In House 객실로 예약 상태를 변경하는 기능으로 Check Out했던 객실을 다시 Due Out 상태로 변경시킨다. Reinstate 옵션은 해당 시점의 날짜에 Check Out 했던 객실에 한하여 사용할 수 있으며 Check Out하여 입력(Post)하지 못한 아침 식사비용 등과 같은 추가 발생 비용(Late Charge)을 해당 고객 Folio에 입력(Post)할 수 있다.

NOTE 만약 호텔이 Post-Stay Charge 기능을 사용한 예약의 경우나 Open Folio로 Check Out한 Folio의 경우 추가적으로 발생한 비용(Late Charge)을 위하여 Reinstate를 할 필요는 없다.

1. **Billing** 화면에서 Checked Out 한 객실을 선택한다.

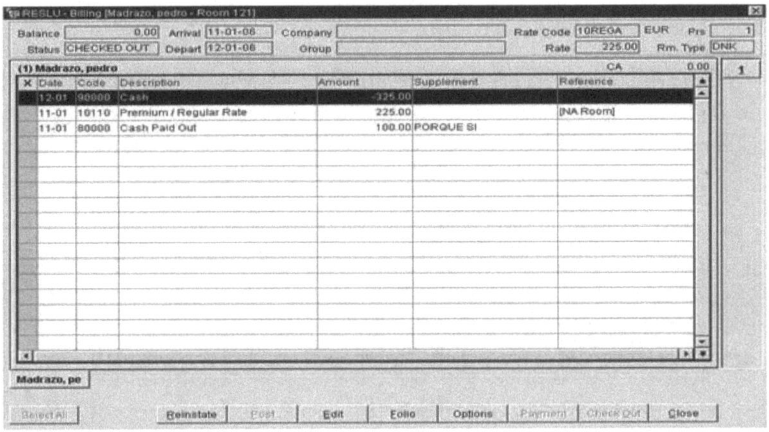

2. **Reinstate**를 선택한다.
3. Reinstate를 할 것인지에 대한 메시지가 나타나며 **YES**를 선택하면 Reinstate가 되며 **No**를 선택하면 Check Out한 상태 그대로 남게 된다.
4. Interface에 Check In 정보를 다시 전송할 것인지에 대한 메시지가 나타나며 고객이 만약 아직 객실에 있는 경우라면 **Yes**를 선택하며 고객은 객실에 있지 않고 추가로 발생한 비용(Late Charge)에 대한 요금만 입력(Post)할 것이라면 **No**를 선택한다.

NOTE Reinstate 한 객실은 이제 Due Out 상태가 된다. 만약 실수로 Check Out을 하였다면 퇴실 날짜를 다시 한 번 확인하여 수정 사항이 있을 경우 해당 사항을 수정한다.

5. 만약 고객이 Check Out을 하였고 추가로 발생한 비용(Late Charge)만 입력(Post)한 경우라면 다시 시스템 상에서 Check Out을 하도록 한다.

Quick Check Out

Quick Check Out 기능은 한번에 2개 이상의 객실을 Check Out하는 기능으로 오전 근무조가 근무 끝나기 전 한번에 2개 이상의 객실을 Check Out하여 정리할 때 혹은 그룹 Check Out을 할 때 유용하게 사용된다.

Quick Check Out을 사용하는 방법은 아래와 같다.

1. **Cashiering** 메뉴에서 **Quick Check Out**을 선택한다.
2. **CASHIER LOGIN** 화면에서 **Password**를 입력한 후 **Login**한다.

IN HOUSE GUEST SEARCH 화면이 나타나며 오늘의 Due Out 객실만이 보인다.

검색 조건을 이용하여 특정 그룹 고객의 리스트를 불러올 수 있다.

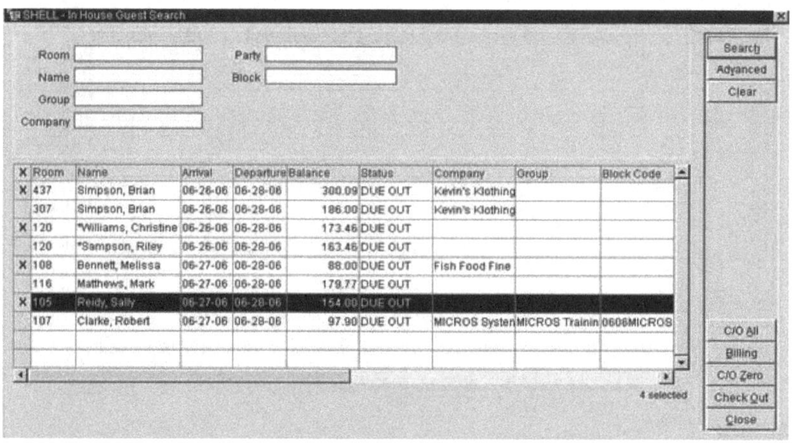

3. 아래 옵션 중 하나를 선택한다.
   - **C/O Zero** - Balance가 '0'인 모든 객실을 Check Out한다.
   - **C/O All** - 오늘 Check Out 예정인 모든 객실을 Check Out하는 기능으로 만약 Folio에 Balance가 남아 있다면 Check Out 처리되지 않고 해당 예약의 Payment Window가 나타나고 이 과정이 반복된다.
   - **Check Out** - 하이라이트하여 선택한 객실을 Check Out하는 기능으로 Balance가 있는 Folio는 Payment Window를 띄운다. 2개 이상의 객실을 Check Out 하려면 Room 필드 옆 박스에 ('X')를 표기하면 된다.
   - **Billing** - 하이라이트하여 선택한 객실의 Billing 화면이 보인다.

Scheduled Check Out

Scheduled Check Out 기능은 호텔에서 추가적으로 선택하여 사용할 수 있는 기능으로 Reservation Option의 Privileges 기능에서 Scheduled Check Out을 선택하고 더 나아가 몇 시에 Check Out 할지 시간을 입력하면 시스템에서 자동으로 해당 예약을 입력된 시간에 Check Out시킨다.

객실에 Scheduled Check Out 시간이 설정되어 있으면 그 시간이 지나게 되면 자동으로 해당 객실은 Check Out된다.

NOTE Scheduled Check Out은 해당 객실의 Balance가 '0'인 경우에만 시스템에서 자동으로 객실을 Check Out시킨다.

오늘 Check Out 예정인 객실 중 해당 기능이 설정된 객실 및 시간을 확인하는 방법은 아래와 같다.

1. **Cashiering** 메뉴에서 **Scheduled Check Out**을 선택한다.

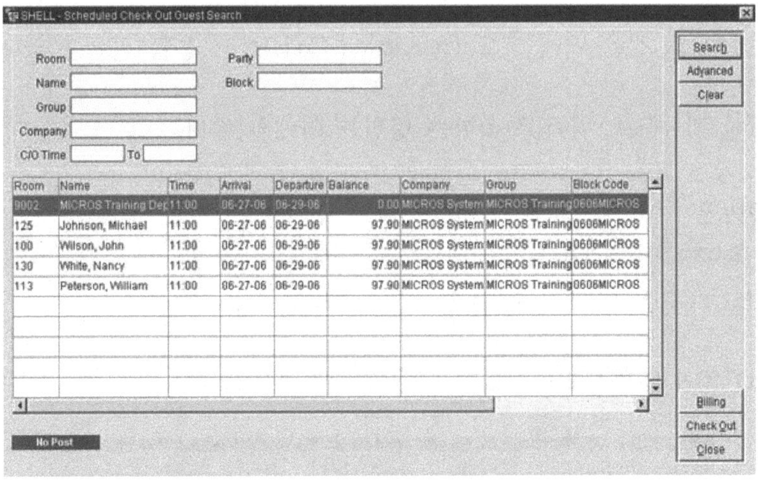

Time 필드에 Scheduled Check Out 시간이 입력된 예약의 리스트가 보인다.

2. 이 기능은 Balance가 '0'인 객실의 경우에만 Check Out이 된다.
3. Balance가 있는 리스트의 첫 번째 객실을 선택하여 **Billing**으로 들어간다.
4. 이 Chapter에서 배운 결제하는 방법에 따라 Folio 결제를 진행한다.
5. **Check Out** 버튼을 선택하여 Check Out하게 되면 이 리스트에서 더 이상 보이지 않게 된다.

6.4 Cashier Functions

Cashier Functions는 고객 재무와 관련한 추가적인 기능을 제공하며 해당 기능은 아래와 같다.

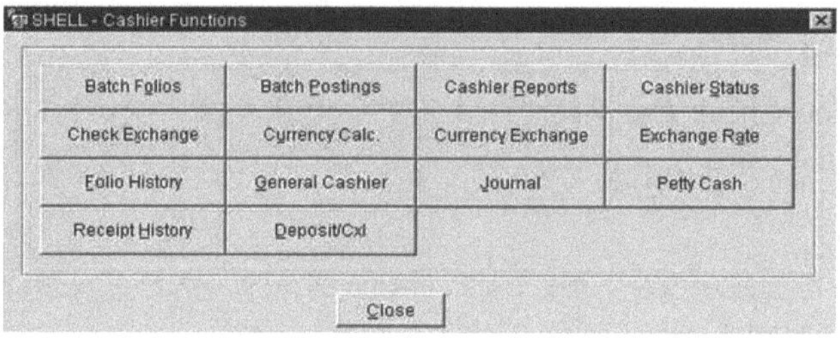

Fast Posting

Fast Posting은 여러 가지의 거래 코드(Transaction Code)를 2개 이상의 객실에 빠르게 입력(Post)할 때 사용할 수 있는 기능으로 해당 기능으로 Laundry Charge 혹은 Mini Bar Charge를 2개 이상의 객실에 빠르게 입력(Post)할 수 있다. Fast Posting을 사용하기 위해 반드시 같은 거래 코드(Transaction Code)를 사용할 필요는 없다.

Fast Posting 기능으로 입력(Post)하는 방법은 아래와 같다.

1. Cashiering 메뉴를 선택한다.
2. Fast Posting을 선택한다.
3. CASHIER LOGIN 화면에서 Password를 입력하고 Login한다.

TRANSACTION POSTING 화면이 아래와 같이 나타난다.

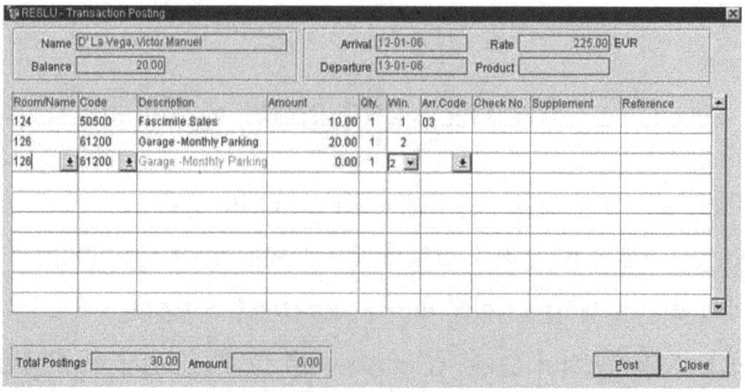

4. **Room/Name**을 입력한다. 객실 번호를 바로 입력해도 되고 화살표를 선택하여 In House Guest Search 화면이 나오면 고객명 혹은 객실 번호로 검색하여 객실을 선택할 수도 있다.
5. "Post a Charge" 섹션에서 배웠던 것과 같이 그 외 필드에 필요한 값을 입력한다.
6. **Post**를 선택한다.
7. 입력(Post)해야 하는 객실 및 거래 코드(Transaction Code)를 선택하여 위의 과정을 반복한다.

NOTE 계속 입력(Post)을 하게 되면 화면의 하단에 **Total Postings**와 **Amount**의 값이 계속 업데이트된다. 이는 특히 모든 입력(Post)이 끝난 뒤 금액이 제대로 입력(Post)되었는지 확인할 수 있어 유용하다.

8. **Close**를 선택하여 완료한다.

Batch Folios

Batch Folio 기능은 야근조가 Express Check Out Folio를 출력하는 데 유용하게 사용할 수 있는 기능으로 여러 객실의 Folio를 한 번에 출력하는 데 사용할 수 있다.

Batch Postings

Batch Posting 기능은 같은 요금 및 거래 코드(Transaction Code)를 2개 이상의 객실에 한 번에 입력(Post)할 때 사용된다. 주로 큰 그룹 아래 포함된 객실에 일괄적으로 Percentage Charge 혹은 Parking Charge 등을 입력(Post)할 때 사용할 수 있으며 Batch Posting을 사용할 때에는 하나의 거래 코드(Transaction Code)만 선택할 수 있으며 금액 또한 선택된 객실에 같은 금액으로 입력(Post)된다.

Batch Posting을 사용하는 방법은 아래와 같다.

1. 메인 메뉴에서 **Cashiering**을 선택한다.
2. **Cashier Functions**를 선택한다.
3. **Batch Postings**를 선택한다.
4. **Password**를 입력한 후 **Login**한다.

BATCH POSTING 화면이 아래와 같이 나타난다.

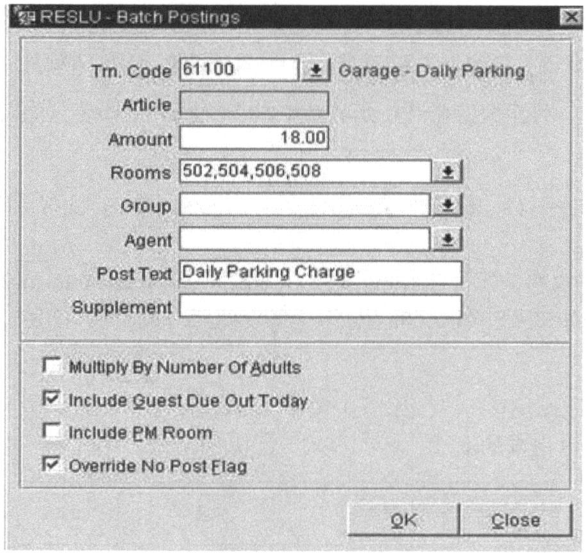

5. **Trn Code**필드의 화살표를 선택하여 거래 코드(Transaction Code)를 선택한다.
6. 입력(Post)할 금액을 **Amount**에 입력한다.
7. **Room** 필드 옆 화살표를 선택하여 입력(Post)하려는 객실에 ('X')를 표기하여 선택한다.
8. **Select**를 선택하여 위의 선택한 정보를 저장하게 되면 **BATCH POSTINGS** 화면으로 돌아간다.
9. **Post Text** 혹은 **Supplement** 필드에 입력하고자 하는 세부 사항을 입력한다.
10. "No Post" 상태로 선택된 객실에도 입력(Post)을 하려면 **Override No Post Flag** 선택 박스를 선택한다.
11. **OK**를 선택하게 되면 선택한 객실에 한 번에 입력(Post) 된다.
12. **"Yes"**를 선택하여 입력(Post)된 내역을 확인할 수 있다.

POSTING DETAIL 화면이 아래와 같이 나타난다.

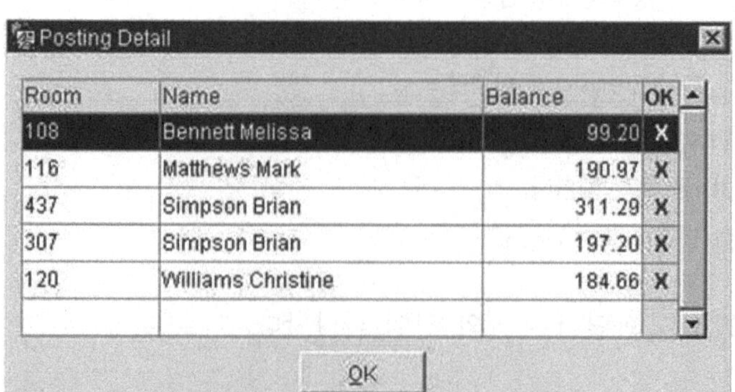

OK 필드에 ('X') 표기는 모든 객실에 입력(Post)이 완료되었음을 의미한다.

13. OK를 선택하여 완료한다.

Cashier Reports

Cashier Reports는 업무를 마감할 때 Cashier 별 입력(Post)된 거래 코드(Transaction Code)의 총 Balance를 맞추어 시제를 마감하기 위해 사용되는 리포트이다. 해당 리포트를 통해 보다 쉽고 간편하게 시제 마감을 할 수 있다.

Cashier가 한번 마감을 하게 되면 Cashier Report는 초기화되어 해당 Cashier의 자세한 내역을 해당 기능에서 다시 확인할 수 없게 된다.

업무가 끝나기 전 Cashier Report를 출력하는 방법은 아래와 같다.

1. 메인 메뉴에서 Cashiering을 선택한다.
2. Cashier Shift Functions를 선택한다.
3. Cashier Shift Reports를 선택한다.
4. Password를 입력한 후 Login한다.

CASHIER REPORTS MENU 화면이 나타나며 6개의 Cashier Report가 결제 방법별로 아래와 같이 나타난다.

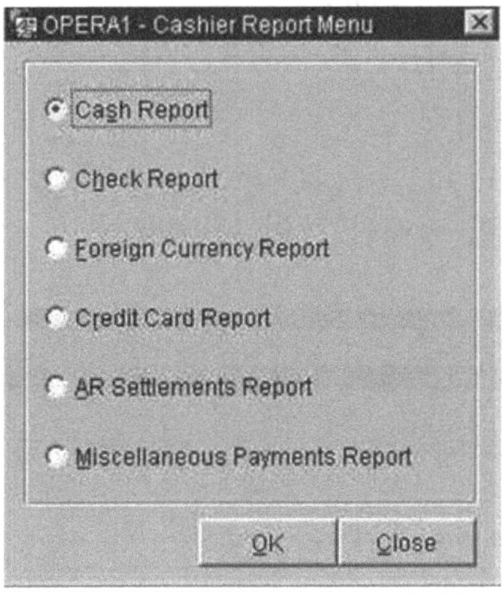

- Cash Report– 모든 현금 결제(지불(Paid Outs)포함)를 보여준다.
- Check Report– 모든 Check 결제를 보여준다.

- Foreign Currency Report– 모든 환전 내역을 보여준다.
- Credit Cards – 오늘 날짜에 결제한 모든 신용카드 내역을 보여준다.
- AR Settlement Report – 오늘 날짜에 모든 후불 결제 내역을 보여준다.
- Miscellaneous Payment Report – 위의 내역 외 다른 결제 수단의 내역을 보여준다.

5. 원하는 리포트를 선택한 후 OK를 선택한다.

해당 Cashier가 입력(Post)한 각각의 거래 코드(Transaction Code)의 리스트를 보여주는 화면이 나타난다.

6. 거래 코드(Transaction Code)별 세부 사항을 확인하려면 Details를 선택한다.
7. 출력하려면 Print를 선택한다.

Cashier Status

Cashier Status 기능은 Night Audit가 어느 Cashier가 시제 마감을 하였고 어느 Cashier가 아직 오픈 상태인지 확인하는 데 도움을 준다. 이는 Night Audit을 시작하기 전 해당 날짜에 오픈된 Cashier가 제대로 다 마감이 되었는지 확인할 때 유용하다.

Cashier Status를 확인하는 방법은 아래와 같다.

1. 메인 메뉴에서 Cashiering을 선택한다.
2. Cashier Functions를 선택한다.
3. Cashier Status를 선택한다.

CASHIER STATUS 화면이 아래와 같이 나타난다.

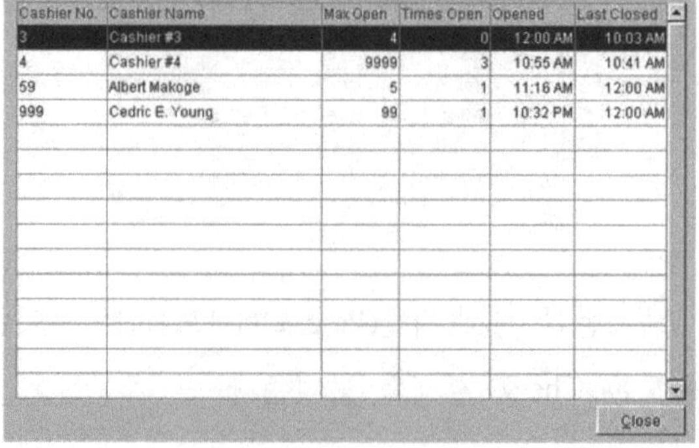

이 화면에서는 Cashier No., Cashier Name, Times Open, Last Closed에 대한 내역을 보여준다.

4. Close를 선택하여 화면을 닫는다.

Check Exchange

만약 호텔에서 Check를 현금화하는 업무를 하고 있다면 Check Exchange 기능을 사용하여 해당 거래 업무에 대한 정보를 시스템에서 쉽게 확인할 수 있고 시제 마감 시 쉽게 Balance를 맞출 수 있다.

Check Exchange를 사용하는 방법은 아래와 같다.

1. 메인 메뉴에서 Cashiering을 선택한다.
2. Cashier Functions를 선택한다.
3. Check Exchange를 선택한다.
4. Password를 입력한 후 Login한다.

CHECK EXCHANGE 화면이 아래와 같이 나타난다.

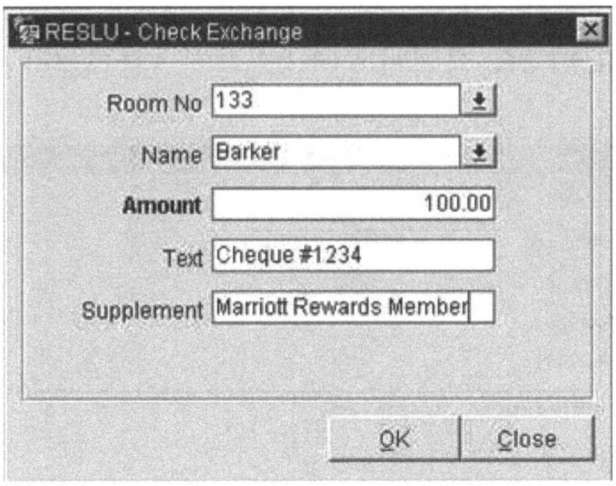

5. 고객의 Roon No. 혹은 Name을 선택한다.

NOTE Check Exchange는 In House 고객에게만 사용할 수 있다.

6. Amount 필드에 Check에 적혀 있는 금액을 입력한다.
7. Text 필드에 Check 번호를 입력한다.

8. 호텔에서 필요한 추가 정보를 **Supplement** 필드에 입력한다(예: 승인 코드, 라이선스 번호).
9. **OK**를 선택하여 완료한다.
10. 영수증을 출력할 것인지에 대한 메시지가 나타나며 **Yes**를 선택하여 출력하거나 **No**를 선택하여 출력하지 않을 수 있다.

NOTE 고객이 현재 시점이 아닌 다른 시점에 Check Exchange의 영수증을 요청할 경우 Cashier Function의 Receipt History 기능에서 재출력할 수 있다. 이에 대한 자세한 사항은 이 Chapter의 "Receipt History"를 참고하기 바란다.

Currency Calculator

Currency Calculator 기능은 환율의 계산 정보를 보여주는 기능으로 시스템에 입력된 환율에 따라 계산되어진다. 여기에 입력된 정보는 실제 시스템의 환율 내역에 적용되진 않는다.

Currency Calculator를 사용하는 방법은 아래와 같다.

1. 메인 메뉴에서 **Cashiering**을 선택한다.
2. **Cashier Functions**를 선택한다.
3. **Currency Calc**를 선택한다.

CURRENCY CALCULATOR 화면이 아래와 같이 나타난다.

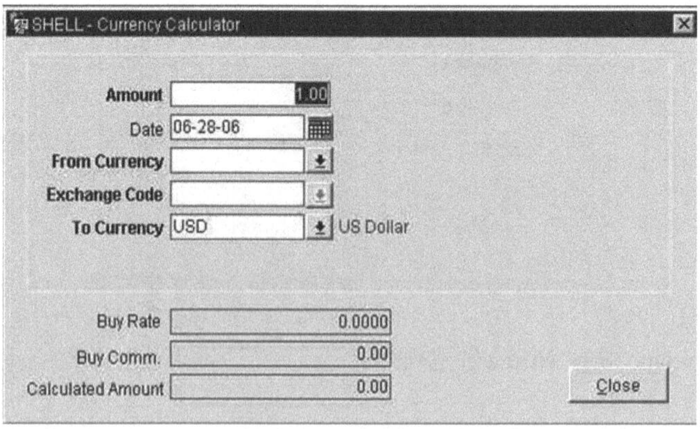

4. **Currency**의 금액을 입력하고 날짜를 선택한다.
5. **From Currency**에 고객에게 받은 외화의 종류를 선택하고 **To Currency**에 고객에게 지급하는 외화(호텔 Local Currency)를 선택한다.

6. Tab 키를 누르면 화면 하단에 아래와 같은 정보를 확인할 수 있다.
   - Buy Rate = 해당 일자의 환율
   - Bus Comm = 외화 환전 서비스로 인한 호텔에서 고객에게 부과하는 수수료
   - Calculated Amount = 고객이 지급 받게 되는 금액
7. Close를 선택하여 화면을 종료한다.

Currency Exchange

호텔 Front Desk 부서에서 외화 환전 서비스를 고객에게 제공한다면 Currency Exchange 기능을 통하여 환전 금액을 시스템에 등록하여 해당 Cashier가 빠르고 쉽게 시제 마감 시 Balance를 맞추거나 해당 거래 활동을 확인할 수 있게 도와준다.

Currency Exchange 기능을 사용하는 방법은 아래와 같다.

1. 메인 메뉴에서 Cashiering을 선택한다.
2. Cashier Functions를 선택한다.
3. Currency Exchange를 선택한다.
4. Password를 입력한 후 Login한다.

CURRENCY EXCHANGE RATES 화면이 아래와 같이 나타난다.

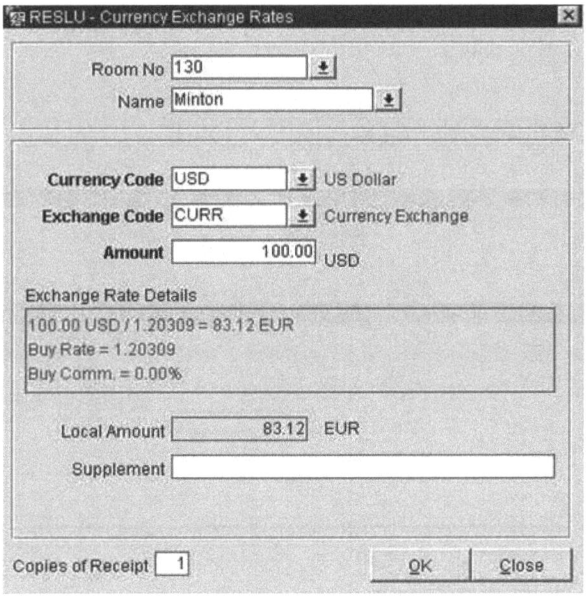

5. 고객의 **Room No.**와 **Name**을 선택한다.
6. 환전할 외화 종류인 **Currency Code**를 선택한다. Currency Code의 화살표를 선택하면 해당 호텔에서 환전 가능한 모든 외화 종류가 나타난다.
7. **Exchange Code**에 "Currency Exchange"를 선택한다.
8. 환전하려는 금액을 **Amount**에 입력한다. 금액을 입력 시 화면 하단에 고객에게 지급할 Local Currency가 나타난다.
9. **Supplement** 필드에 추가정보를 입력한다.
10. **Copies of Receipt** 필드에 숫자를 입력함으로써 2장 이상의 영수증을 출력할 수 있다. 예를 들어 시제 마감 시 보관용으로 필요한 영수증 1장과 고객에게 줄 영수증 1장을 출력하여야 한다면 해당 필드에 숫자 2를 넣어 2장을 출력하면 된다.
11. **OK**를 선택하여 완료한다.

Exchange Rates

Exchange Rates는 정확한 환전을 위하여 시스템에서 해당 외화에 대한 환율정보를 지속적으로 입력하여야 한다.

Exchange Rate를 입력하는 방법은 아래와 같다.

1. 메인 메뉴에서 **Cashiering**을 선택한다.
2. **Cashier Functions**를 선택한다.
3. **Exchange Rate**를 선택한다.

EXCHANGE RATES 화면이 아래와 같이 나타난다.

Exchange에는 6개의 타입이 있다.

- **Exchange**: Exchange는 고객이 외화를 Local Currency로 환전할 때 적용되는 환율이다.
- **Check**: 해외 은행에서 발행된 Foreign Currency Check을 Local Currency로 환전할 때 적용되는 환율이다.
- **Settlement**: 고객 Folio에서 외화로 결제 시 적용되는 환율이다.
- **Postings**: 고객의 Folio에서 외화로 입력(Post)될 때 적용되는 환율이다. 이는 결제시가 아닌 입력(Post)시점에 주로 적용된다.
- **Commission**: 여행사로 수수료를 지급할 때 적용되는 환율로 일반적으로 Cash Exchange보다 낮은 환율로 적용된다.
- **Membership**: 예약에서 발생한 매출을 멤버십 포인트로 전환할 때 적용되는 환율이다.

4. 환율 정보를 변경하려는 외화를 선택하여 더블 클릭한다.
5. Begin Date와 Buy Rate를 입력한다.
6. OK를 선택한다.
7. 미래에 적용될 환율 정보를 확인하려면 해당 외화를 하이라이트하여 Future 버튼을 선택한다.
8. 과거 날짜의 환율 정보를 확인하려면 해당 외화를 하이라이트하여 Past 버튼을 선택한다.

Folio History

Check Out 한 예약의 Billing에 관련된 문의를 확인하거나 해당 Folio의 복사본을 요청할 때 복사본을 고객에게 보내주기 위해 Folio를 재출력해야 하는 경우가 많다.

Check Out한 고객의 Folio History 기능을 사용하는 방법은 아래와 같다.

1. 메인 메뉴에서 Cashiering을 선택한다.
2. Cashier Functions를 선택한다.
3. Folio History를 선택한다.
4. Password를 입력한 후 Login한다.

FOLIO HISTORY 화면이 아래와 같이 나타난다.

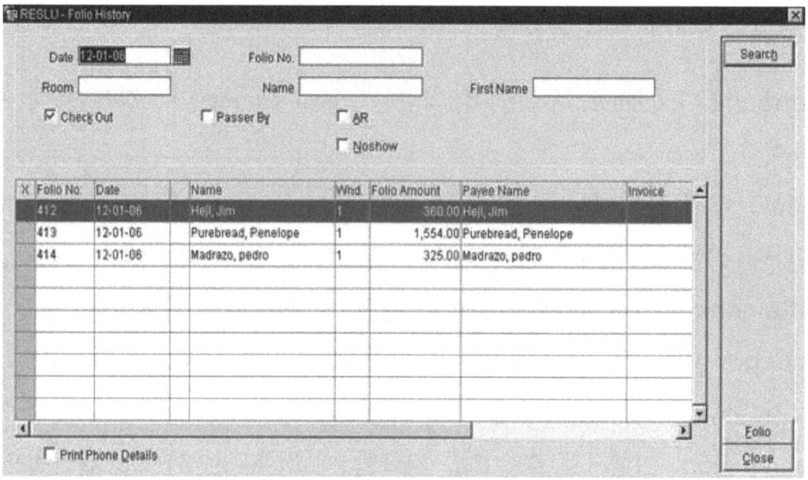

5. 검색 조건에서 해당되는 조건을 선택한다: **Checked Out Guest, Passer By Guest, AR, No Show.**
6. Folio 검색 시 **Date, Folio No., Last Name, First Name** 등의 필드를 조건으로 사용할 수 있다.
7. Folio를 출력하기 전 추가적으로 선택할 수 있는 옵션이 2가지 있다: 첫 번째는 **Print Phone Details**로 Folio에 고객이 사용한 전화 내역의 세부 사항을 함께 출력할 지 여부를 선택한다. 두 번째는 **Folio Style**이다.
8. **Folio** 버튼을 선택하여 **Print** 혹은 **Preview** 등을 선택한다.

Deposit / CXL

Deposit과 Cancellation Rule은 여러 경우에 따라 예약에 적용된다. 일반적으로 선수금(Deposit)은 고객이 Check In을 하기 전 선수금 결제가 필요한 예약에 적용되며 Cancellation은 호텔이 요청한 기간 이내에 취소하지 않아 벌금과 같이 적용된다.

> **NOTE** Deposit을 입력(Post)하거나 Deposit Request를 세팅하는 방법은 "Reservations" Chapter에 자세한 사항이 있으니 참고하기 바란다.

Cancellation Rule에 적용되어 벌금(Penalty Charge)을 예약에 적용하는 방법은 아래와 같다.

1. 메인 메뉴에서 **Cashiering → Cashier Functions**를 선택한다.

2. **Deposit/CXL**을 선택한다.
3. **Password**를 입력하여 **Login**한다.

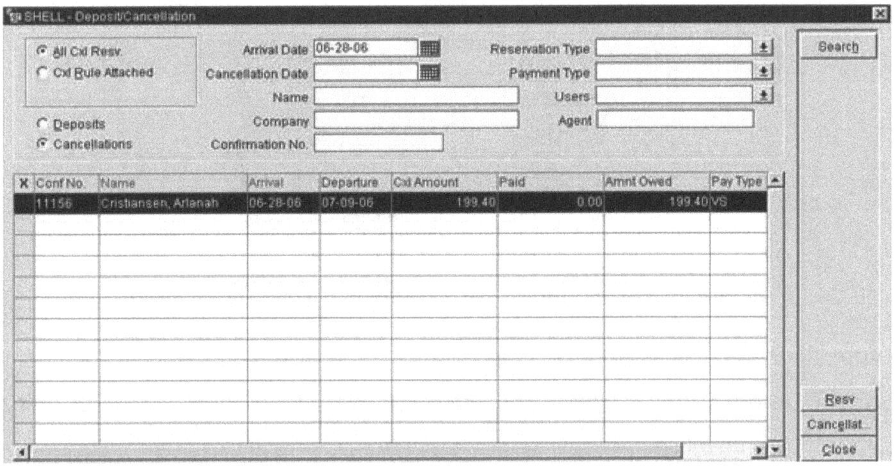

4. **Cxl Rule Attached**를 선택하여 해당 예약만을 보이게 한다.
5. 벌금(Cancel Penalty)을 적용하려는 예약을 선택하여 **Cancellation** 버튼을 선택하면 해당 예약에 적용되는 Rule과 **Amount** 금액이 보인다.
6. **Charge**를 선택한다.

NEW PASSER BY 화면이 나타나며 기본적으로 해당 예약의 **Name, Market, Source** 정보를 가지고 와 보여준다.

7. **Room Class**(일반적으로 House Use)를 선택하며 **Post**를 선택한다.
8. 이 Chapter의 **Passerby** 기능에 따라 나머지 부분을 진행한다.

Passerby가 완료되면 **Deposit /Cancellation** 화면에 해당 예약에 대하여 **Paid**로 적용되어 보인다.

다른 예약에 Cancellation Rule을 추가하는 방법은 아래와 같다.

1. **DEPOSIT/CANCELLATION** 화면에서 해당 예약을 하이라이트한다.
2. **Cancellation** 옵션을 선택한다.
3. **New**를 선택한다.

DEPOSIT CANCELLATION – NEW화면이 아래와 같이 나타난다.

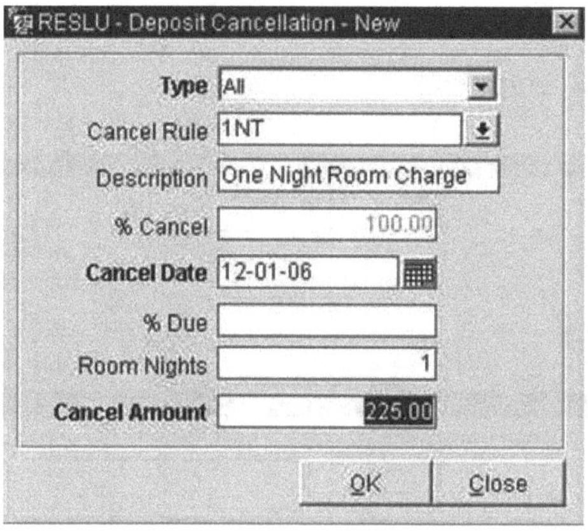

4. **Type** 필드의 화살표를 선택하여 Cancel Rule 리스트 중 하나를 선택한다.
5. **Cancel Date**를 입력한다. 입력된 날짜 이후에 취소되는 예약은 벌금(Cancellation Penalty)이 적용된다.
6. **% Due, Room Nights, Cancel Amount**를 입력하며 대부분 기존에 설정된 Cancellation Rule에 따라 정해진 값들이 계산되어 보인다.
7. **OK**를 선택하여 저장한다.

Receipt History

고객이 과거에 발생한 거래내역에 대한 영수증을 요청할 수 있다. Receipt History에서 과거 거래 내역에 대한 영수증을 미리보기하거나 출력할 수 있다. Receipt History에서 출력할 수 있는 영수증의 종류는 Payment, Paid Out, Deposit, Exchange이다.

Receipt History에서 영수증을 출력하는 방법은 아래와 같다.

1. 메인 메뉴에서 **Cashiering**을 선택한다.
2. **Cashier Functions**를 선택한다.
3. **Receipt History**를 선택한다.

RECEIPT HISTORY 화면이 아래와 같이 나타난다.

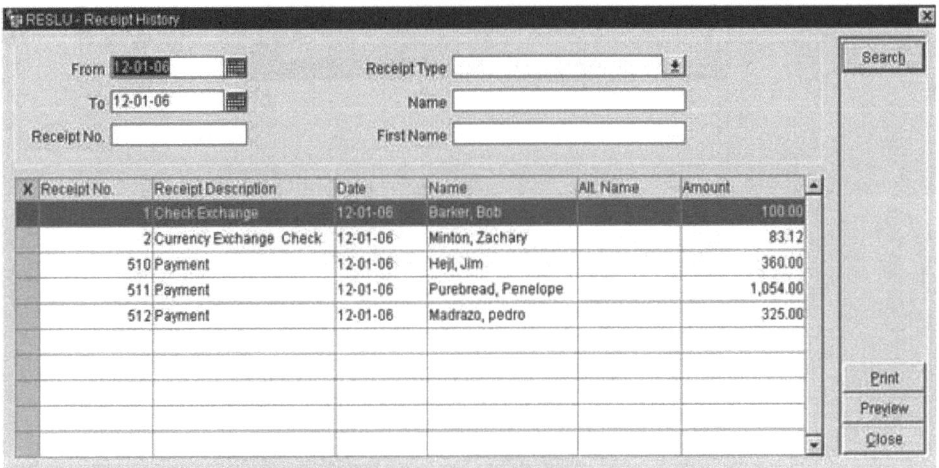

4. Receipt Type의 화살표를 선택하여 타입을 선택한다.
5. Name, From or To 날짜를 선택하여 Search를 선택한다.
6. Preview 혹은 Print 버튼을 선택하여 미리보기를 하거나 출력한다.

Passerby

Passerby 기능은 투숙객이 아닌 고객을 위해 요금을 발생 시킬 때 사용하는 기능이다. 예를 들어 투숙객은 아니지만 고객이 우표를 구매하고 현금으로 계산하였을 때 해당 거래 코드(Transaction Code)를 입력(Post)하고 결제하고 영수증을 발행하는 것까지 모두 이 기능 안에서 한번에 이루어진다. 만약 고객이 결제를 나중에 하고자 한다면 이 기능을 사용할 수 없고 Front Desk 메뉴의 Account-Posting Master를 사용하도록 한다.

Passerby를 사용하는 방법은 아래와 같다.

1. 메인 메뉴에서 Cashiering을 선택한다.
2. Passerby를 선택한다.
3. Password를 입력하여 Login한다.

PASSER BY TODAY 화면이 아래와 같이 나타난다.

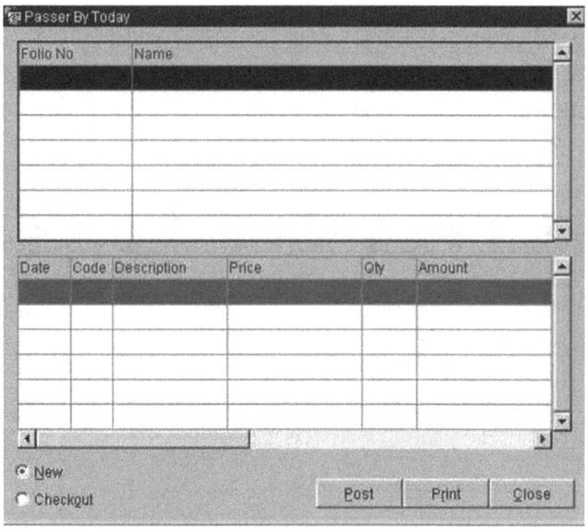

4. Post를 선택한다.

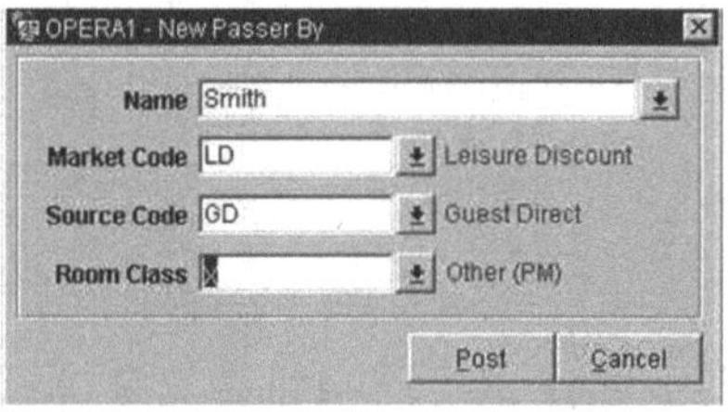

5. Name 필드를 통해 새로운 Profile을 생성하거나 기존에 Profile을 가지고 온다.

호텔에 따라 “Passer By” 혹은 “Non Guests”라는 프로파일을 사용하기도 한다. Passerby가 많은 호텔에서는 “Passerby Fax” 혹은 “Passerby Business Center” 등의 프로파일을 사용하는 것도 좋다. 아니면 고객의 이름으로 프로파일을 생성할 수 있다.

6. Market과 Source 필드가 기본적으로 시스템에서 세팅한 값을 가지고 온다. (예: House Account)
7. Room Class를 선택한다. 일반적으로 고객이 실제로 투숙하는 객실이 없으므로 ‘Pseudo’로 Room Class를 선택하여 요금을 입력(Post)한다.
8. Post를 선택한다.

BILLING 화면에서 보았던 TRANSACTION POSTING 화면이 나타난다.

9. Code, Amount, Quantity, Supplement/Reference를 입력하고 Post를 선택한다.
10. Close를 선택한다.

BILLING 화면에서 보았던 PAYMENTS 화면이 나타난다.

11. Payment Code와 Amount, 그 외 필요한 사항을 입력 후 Post를 선택한다.

영수증으로 Passerby Folio가 출력된다.

General Cashier

호텔에 따라 Bank Transaction과 Mid-Shift Drop의 밸런스를 맞추기 위해 General Cashier 기능을 사용할 수 있다.

Mid-Shift Drop과 Cashier 마감 시 Drop해야 하는 금액을 줄이기 위하여 General Cashier 기능을 사용한다면 아래와 같이 사용할 수 있다.

1. 메인 메뉴에서 Cashiering → Cashier Functions를 선택한다.
2. General Cashier를 선택한다.
3. Password를 입력하여 Login한다.

GENERAL CASHIER 화면이 아래와 같이 나타난다.

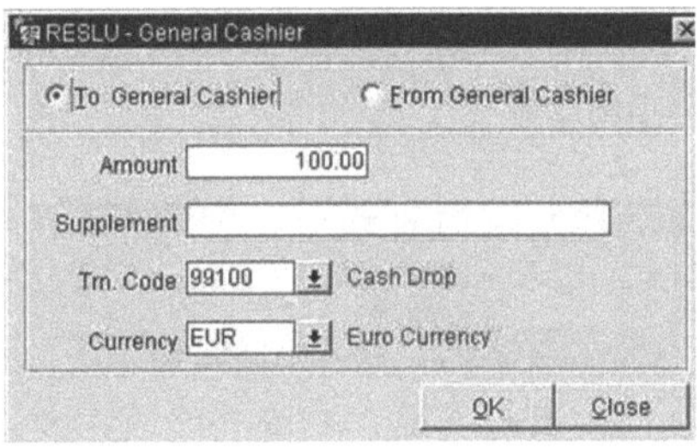

4. To General Cashier를 선택하여 General Cashier에게 주어야 할 Amount를 입력한다.
5. Trn Code 필드에서 "Cash Drop"를 선택하고 해당 Currency를 선택한다.

NOTE 호텔의 세팅에 따라 Trn Code에 입력된 코드는 다를 수 있다.

6. OK를 선택한다.

General Cashier로부터 'Due Backs'를 받기 위한 방법은 아래와 같다.

1. 메인 메뉴에서 Cashiering → Cashier Functions를 선택한다.

2. General Cashier를 선택한다.
3. Password를 입력하여 Login한다.
4. From General Cashier를 선택하고 받아야 하는 금액을 Amount에 입력한다.
5. Trn Code(예: Cash)를 선택하고 Currency를 선택한다.
6. OK를 선택하여 완료한다.

Petty Cash

Petty Cash 기능은 Cashier가 본인 시제에서 돈을 빌리는 것으로 Petty Cash로 발생한 금액은 시스템에서 지불(Paid out)개념으로 인지 해 해당 Cashier가 시제 마감 시 해당 금액도 합계되어 보인다. 예를 들어 Shuttle Van의 주유비, 컨시어지가 구매한 고객을 위한 선물비용 등이 이에 해당한다.

Petty Cash는 2가지 기능이 있다: Petty Cash를 시제에서 빌려오는 경우와 해당 시제로 갚는 경우이다.

시제에서 지불(Paid out)형식으로 Petty Cash로 처리하는 방법은 아래와 같다.

1. 메인 메뉴에서 Cashiering → Cashier Functions를 선택한다.
2. Petty Cash를 선택한다.
3. Password를 입력하여 Login한다.

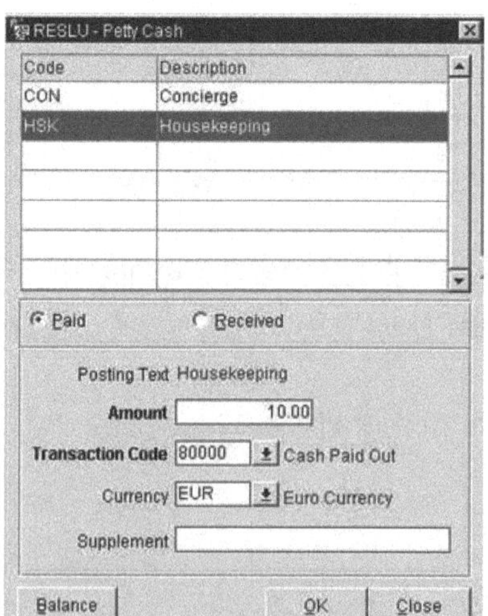

4. Paid 옵션을 선택하고 Amount에 금액을 입력한다.

5. **Transaction code**에 "Cash Paid Out"을 선택하고 **Currency**를 입력한다.
6. 추가 입력할 사항이 있다면 **Supplement**에 입력하고 **OK**를 선택한다.

Petty Cash가 발생하고 해당 금액을 Cashier가 다시 돌려받게 되면 아래와 같은 방법으로 다시 시제에 포함시킬 수 있다.

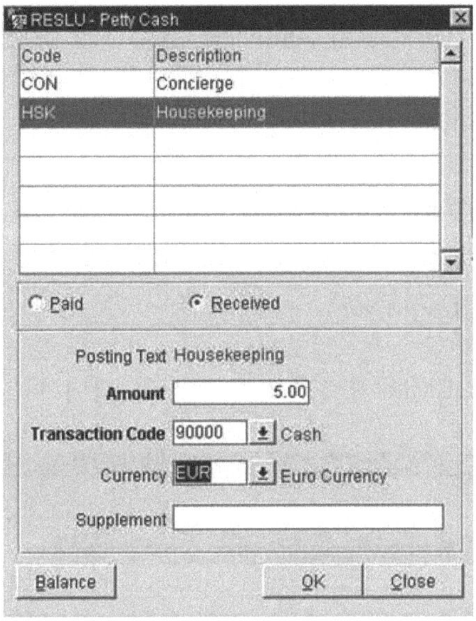

1. **PETTY CASH** 화면에서 **Received** 옵션을 선택하여 **Amount** 란에 금액을 입력한다.
2. **Payment**에 해당하는 **Transaction Code**(예: Cash)를 선택하고 **Currency**를 입력한다.
3. 추가 입력할 사항이 있다면 **Supplement**에 입력하며 **OK**를 선택한다.

NOTE 해당 Cashier 시제는 입력한 금액만큼 추가되어서 보인다. 만약 아직 돌려받지 못한 Petty Cash를 확인하려면 **Balance** 버튼을 선택한다.

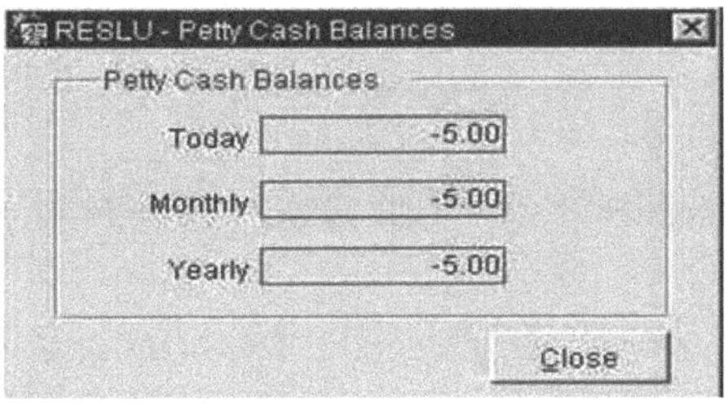

Cashier Shift Close

업무 마감 시 Cashier는 반드시 그날에 본인 Cashier ID로 발생한 모든 거래 금액(현금 결제, 외화 환전 등)을 확인하고 Drop할 금액과 현재 시제가 잘 맞는지 확인 후 마감 작업을 진행해야 한다.

Cashier Close 작업을 하게 되면 Transaction Total이 ‘0’으로 초기화된다.

매 업무 시작 시 Billing 화면과 같은 재무 관련된 OPERA 화면으로 접속하려고 하면 Cashier Open을 할 것인지에 대한 메시지가 나타난다. 오늘 하루 동안 해당 Cashier에 의해 발생된 거래 내역은 오늘의 Journal에 나타나게 된다.

업무 마감을 할 때 Cashier Close를 하는 방법은 다음과 같다.

1. 메인 메뉴에서 Cashiering을 선택한다.
2. Cashier Shift Functions → Cashier Shift Close를 선택한다.
3. Password를 입력하여 Login한다.

CASHIER CLOSURE SUMMARY 화면이 아래와 같이 나타난다.

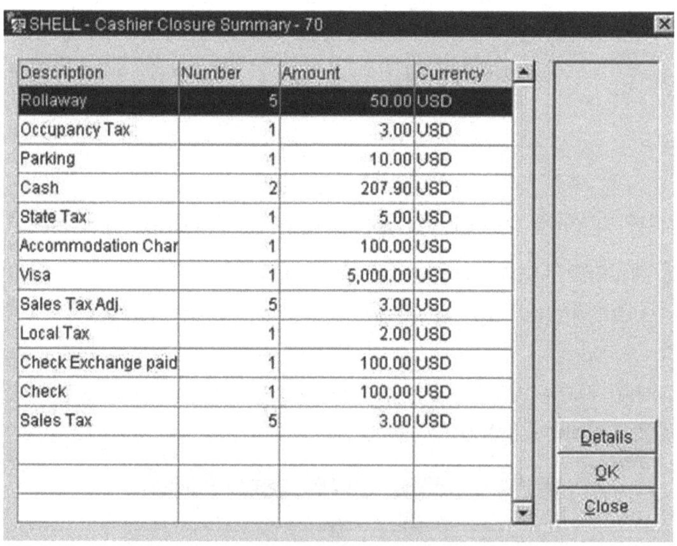
SHELL - Cashier Closure Summary - 70

Description	Number	Amount	Currency
Rollaway	5	50.00	USD
Occupancy Tax	1	3.00	USD
Parking	1	10.00	USD
Cash	2	207.90	USD
State Tax	1	5.00	USD
Accommodation Char	1	100.00	USD
Visa	1	5,000.00	USD
Sales Tax Adj.	5	3.00	USD
Local Tax	1	2.00	USD
Check Exchange paid	1	100.00	USD
Check	1	100.00	USD
Sales Tax	5	3.00	USD

이 화면에 오늘 해당 Cashier의 총 거래 내역을 보여준다.

4. 거래 코드(Transaction Code) 타입별 세부 사항은 Description을 하이라이트 후 Details 버튼을 선택한다.

JOURNAL 화면이 아래와 같이 나타난다.

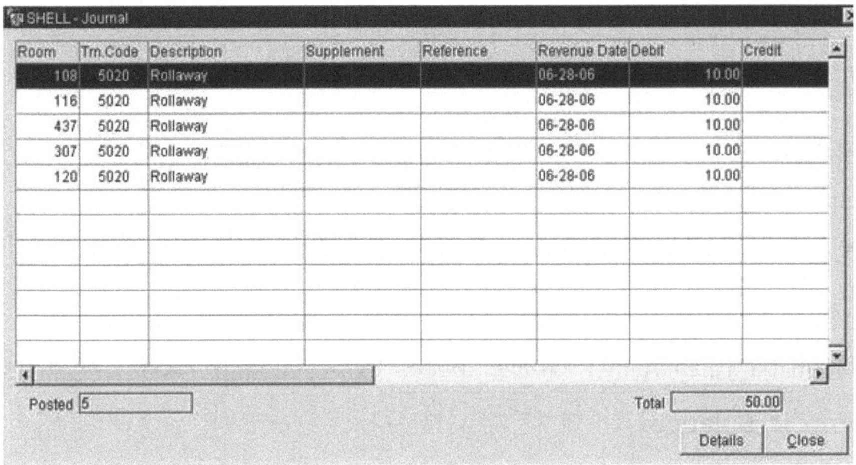

발생된 거래 내역별 자세한 사항을 확인하려면 해당 내역을 하이라이트 후 Details 버튼을 선택한다. EDIT TRANSACTION DETAILS 화면이 나타난다.

5. Details 화면을 닫고 CASHIER CLOSURE SUMMARY 화면에서 OK 버튼을 선택하여 다음 단계로 진행한다.

CASHIER CLOSURE 화면이 아래와 같이 나타난다.

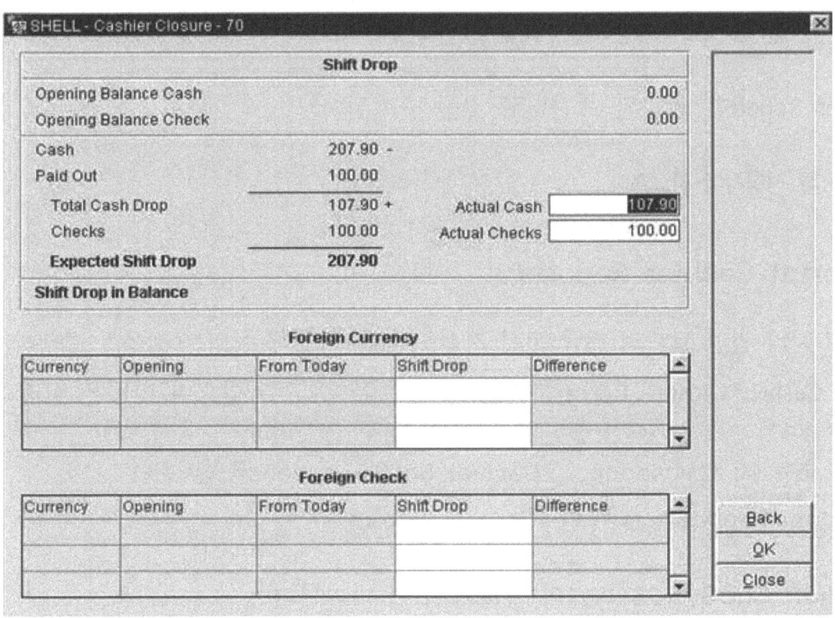

화면의 왼쪽에 Cashier 오픈 후 받은 현금 총액과 지불(Paid out) 총액을 보여주며 **Expected Shift Drop** 필드에서는 해당 필드 값이 계산되어 보인다.

6. 현재 가지고 있는 시제의 금액에서 Drop해야 하는 금액을 구분한다.
7. **Actual Cash** 필드에 Drop해야 하는 현금의 금액을 입력한다.
8. Check를 받은 내역이 있다면 **Actual Checks** 필드에 Drop해야 하는 Check의 금액을 입력한다.

만약 Actual Cash와 Actual Checks 금액이 Expected Shift Drop 금액과 맞는다면 **Shift Drop in Balance**라는 메시지가 나타난다.

만약 Actual Cash와 Actual Checks 금액이 Expected Shift Drop 금액과 맞지 않다면 **Shift Drop Over** 혹은 **Shift Drop Short** 메시지가 나타난다. 즉, 이는 시제의 금액과 Drop 금액이 맞지 않다는 것으로 이를 확인하기 위해 **Back** 버튼을 선택하여 **CASHIER CLOSURE SUMMARY** 화면으로 돌아가 **Journal**을 다시 한 번 확인한다.

Foreign Currency와 **Foreign Check**는 Cash 혹은 Check의 외화 환전 내역을 보여주는 필드로 **Shift Drop**에 반드시 이 내역도 포함되어야 한다.

9. 모두 확인이 되었다면 Shift Closure를 완료하기 위해 **OK** 버튼을 선택한다.
10. 확인한 금액이 모두 맞는다면 **"Yes"**를 선택한다.

Cashier Report가 연결된 프린터로 자동 출력된다.

11. **OK**를 선택하여 완료한다.

Reprint Cashier Reports

경우에 따라 지난 날짜의 현금 관련 거래 내역을 확인해야 하는 경우가 발생하게 된다. 이 경우 Cashier Closure Report를 재출력하여 확인할 수 있으며 방법은 아래와 같다.

1. 메인 메뉴에서 **Cashiering → Cashier Shift Functions**를 선택한다.
2. **Reprint Reports**를 선택한다.

CASHIER CLOSURES 화면이 아래와 같이 나타난다.

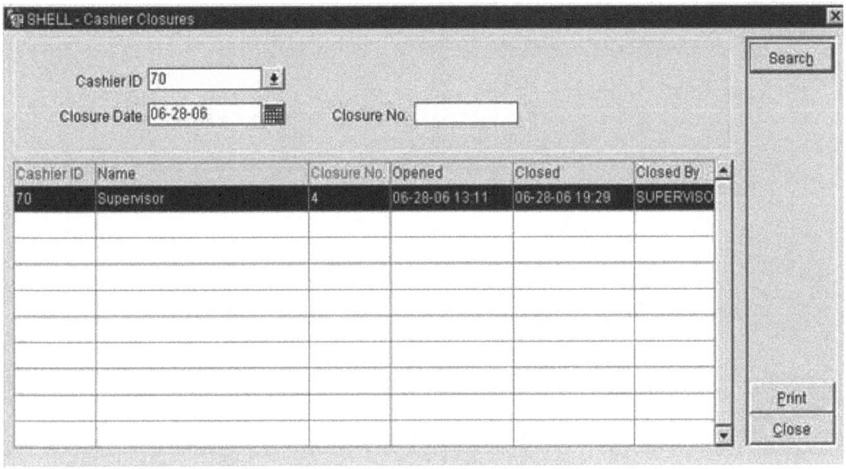

3. **Cashier ID** 옆의 화살표를 선택하여 Cashier를 선택한다.

4. 재출력할 **Closure Date**를 입력하여 **Search**를 선택한다.

5. **Print**를 선택한다.

Chapter

7

Housekeeping

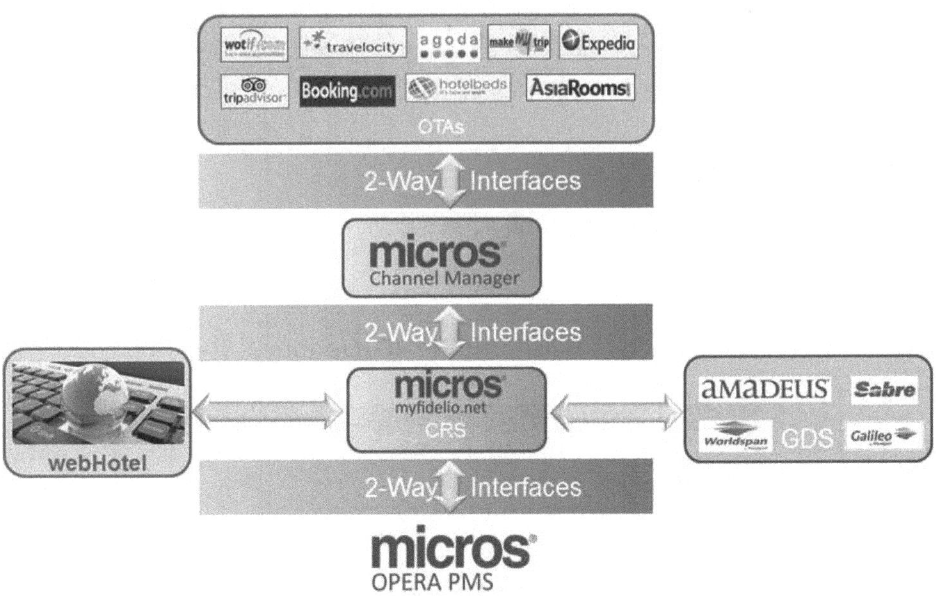

7.1 Rooms Management

Overview

Rooms Management Module은 직원들이 다양한 방법으로 객실의 Condition, Status, 그리고 Availability를 관리하고 확인할 수 있게 하는 기능들로 구성되어 있어 Housekeeping 직원들에게 높은 고객 만족도를 위한 더 좋은 서비스를 제공할 수 있도록 효율적으로 일할 수 있는 기능들이 제공된다.

Rooms Management Module은 크게 Housekeeping, Out of Order/Service, Room History, Overbooking, Graph, Maintenance 등 6개의 메뉴로 나뉘어진다.

Housekeeping Management Screen

Rooms Management 섹션에서 가장 일반적으로 사용되는 기능이 Housekeeping과 Room Status를 확인하는 Housekeeping Management이다. Housekeeping에서는 정비가 필요한 객실, 해당 객실을 정비하는 Attendant 지정, 업무 Point 관리 등이 지원되며, Discrepancy Rooms기능을 통해 Housekeeping과 Front Office의 Status가 맞지 않는 객실을 확인하여 Cross Check를 할 수 있다. 또한 객실의 Status를 변경할 수 있으며 고장이나 문제가 있는 객실의 입력, Task Report 생성 등을 할 수 있다.

HOUSEKEEPING 화면

1. 메인 메뉴에서 Rooms Management를 선택한다.
2. Housekeeping을 선택한다.

다양한 옵션을 선택할 수 있는 HOUSEKEEPING Option 화면이 나타난다.

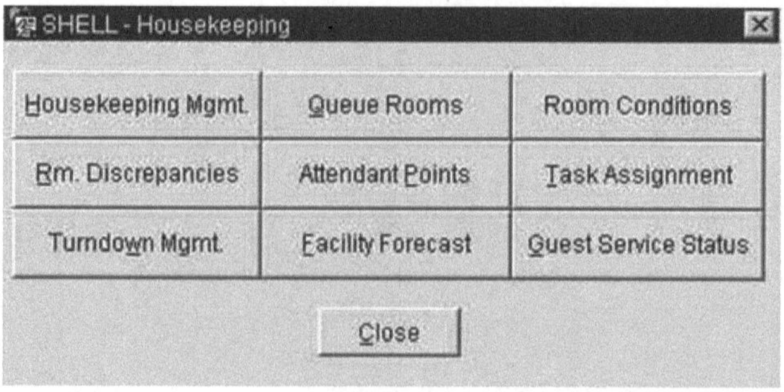

3. Housekeeping Mgmt 옵션을 선택한다.
4. 메인 HOUSEKEEPING 화면이 나타난다.

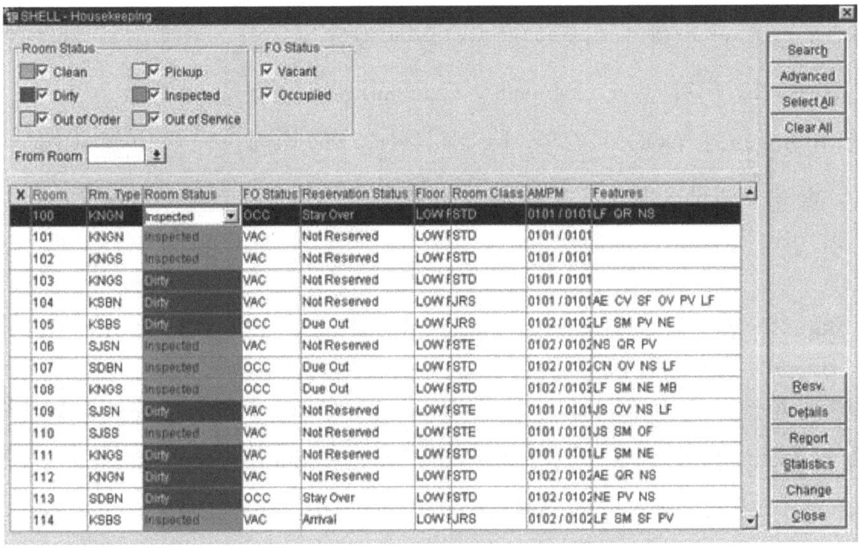

화면 상단의 왼쪽 화면에는 Room 및 Front Office Status별 검색할 수 있는 조건 필드가 나타난다. 기본적으로 모든 Status가 다 선택되어 호텔이 보유하고 있는 전체 객실 리스트가 보인다. Clear All 버튼을 선택한 후 원하는 조건을 선택하도록 한다. 하단에 보이는 객실 리스트는 객실 번호 순으로 보인다. 만약 보이는 리스트의 순차를 변경하려면 Room 필드 외 다른 필드를 선택하면 된다.

Changing the Status of a Room

OPERA에서의 Housekeeping Room Status는 아래와 같다.

- Clean: 객실 정비가 끝나 고객을 Check In 시킬 수 있는 객실.
- Dirty: 객실 정비가 되지 않아 Check In 시킬 수 없는 객실.
- Pickup: Full Service가 필요하지 않은 객실 상태로 고객이 잠시 객실을 사용했다거나 가벼운 정비만으로 Check In을 시킬 수 있는 상태로 변경할 수 있는 객실.
- Inspected: 추가적인 객실 정비 상태로 Housekeeping Supervisor가 객실 정비가 끝나 마지막 점검까지 끝난 객실로 Check In 시킬 수 있는 객실.

추가적으로 다른 메뉴에서 설정하는 객실 Status이지만 Housekeeping Management 화면에서 보이는 Status로 아래의 Status가 있다.

- Out of Order: 어떠한 이유로든 객실을 판매할 수 없는 상태이다. 이 경우 판매 객실수에 포함되지 않아 Occupancy Calculation에 영향을 미친다.
- Out of Service: OOO와 같은 기능이나 판매 객실수에 영향을 미치지 않는 Status로 당일에 수리가 끝날 수 있는 작업이 필요한 객실이나 Sales Show Room시 사용할 수 있다.

객실 Status를 변경하는 방법은 2가지가 있다.

- 첫 번째 옵션은 Room Status 필드의 화살표를 선택하여 변경할 수 있다. 만약 여러 객실의 Status를 한 번에 변경하려면 해당 객실 Room 필드 옆 박스에 ('X')를 표기한 후 하나의 객실의 Status를 변경하면 변경 Status가 선택된(X로 표기된) 모든 객실에 적용된다.
- 두 번째 옵션은 Change 기능을 사용하는 것이다.

1. HOUSEKEEPING 메인 화면에서 Change 버튼을 선택한다.

QUICK CHANGE ROOM STATUS 화면이 나타난다.

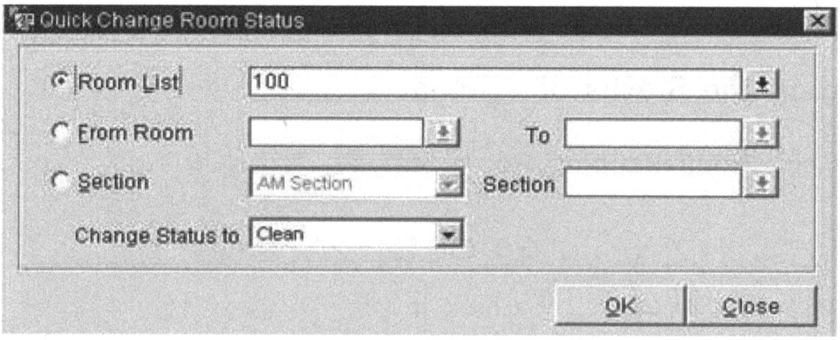

이 화면에서 Room Status를 변경하는 3가지 옵션은 아래와 같다.

- Room List 옵션은 콤마(,)를 구분자로 해서 여러 객실 번호를 입력할 수 있다.
- From Room/To는 선택하고자 하는 객실 번호 범위를 정하여 입력할 수 있다.
- Section은 Housekeeping 정비 구역에 따른 객실을 선택할 수 있다.

2. 새로 변경할 Status를 **Change Status to**에 선택한다.
3. **OK**를 선택한다.

Viewing Housekeeping Statistics

HOUSEKEEPING MANAGEMENT 화면의 **Statistics** 옵션은 Housekeeping 부서에서 필요한 호텔의 전체적인 Overview 정보를 보여준다.

Housekeeping Statistics 화면을 보는 방법은 아래와 같다.

1. **HOUSEKEEPING** 화면으로 들어간다.
2. **Statistics** 버튼을 선택한다.

ROOM STATISTICS 화면이 아래와 같이 나타난다.

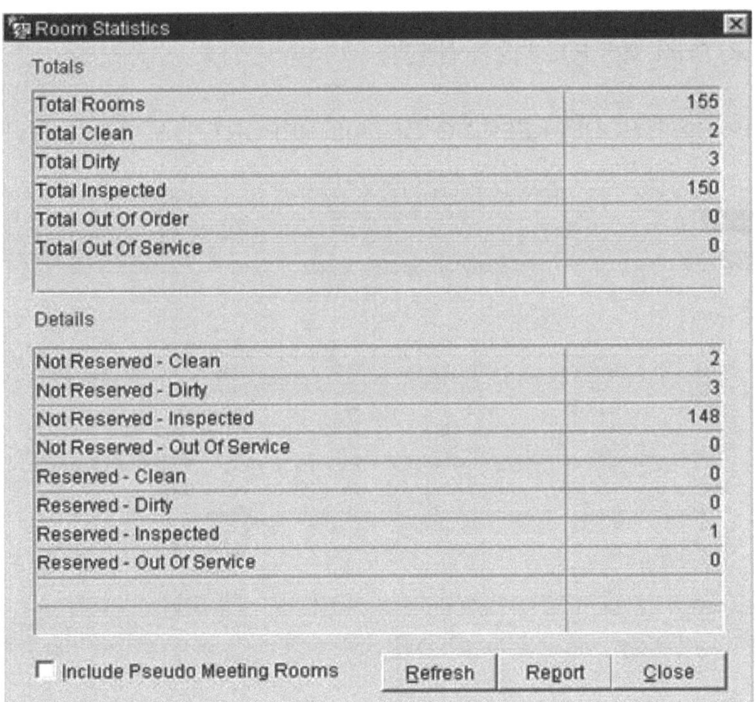

화면의 상단에 Room Statistics의 Total을 보여주며 그 아래로 세부 내역들이 보인다.

3. Room Statistics 화면을 출력하려면 **Report** 버튼을 선택한다.
4. **HOUSEKEEPING** 메인 화면으로 돌아가려면 **Close**를 선택한다.

Printing Housekeeping Management Screen

Housekeeping Management 화면은 Report 옵션 기능을 통해 출력할 수 있다. Report 기능은 HOUSEKEEPING 화면에서 검색했던 리스트에 대해 출력하는 것이다.

Report를 미리보기, 출력 혹은 파일로 저장하는 방법은 아래와 같다.

1. Report를 선택한다.

REPORT PARAMETERS 화면이 아래와 같이 나타난다.

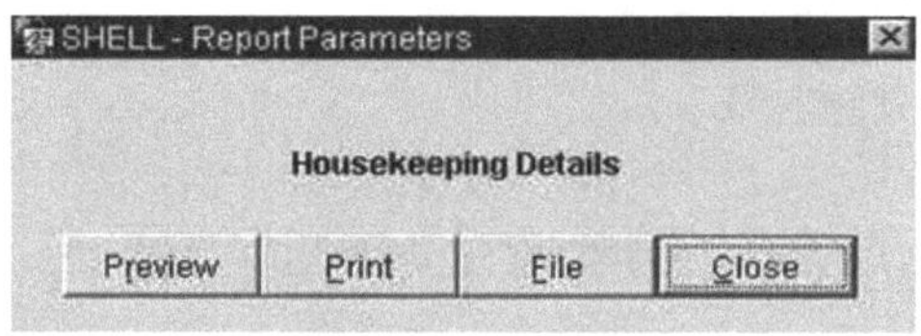

2. Preview, Print 혹은 File 버튼을 선택한다.

위의 선택에 따라 HOUSEKEEPING DETAIL REPORT가 보이거나 출력된다.

micros-FIDELIO
Opera

Opera Demo Hotel, Small

06-28-06
19:16

Housekeeping Detail Report

Room No.	Type	Status	AM/PM Section	FO Status	Reservation Status
100	KNGN	Inspected	0101 / 0101	OCC	StayOver
101	KNGN	Inspected	0101 / 0101	VAC	Not Reserved
102	KNGS	Inspected	0101 / 0101	VAC	Not Reserved
103	KNGS	Dirty	0101 / 0101	VAC	Not Reserved
104	KSBN	Dirty	0101 / 0101	VAC	Not Reserved
105	KSBS	Dirty	0102 / 0102	OCC	Due Out
106	SJSN	Inspected	0102 / 0102	VAC	Not Reserved
107	SDBN	Dirty	0102 / 0102	VAC	Departed
108	KNGS	Inspected	0102 / 0102	OCC	Due Out
109	SJSN	Dirty	0101 / 0101	VAC	Not Reserved
110	SJSS	Inspected	0101 / 0101	VAC	Not Reserved
111	KNGS	Dirty	0101 / 0101	VAC	Not Reserved
112	KNGN	Dirty	0102 / 0102	VAC	Not Reserved

Queue Rooms

경우에 따라서 고객이 객실이 준비되기 전 호텔에 Check In하고자 하는 경우가 있다. Queue Rooms 기능을 통해 Front Desk 부서와 Housekeeping 부서는 어떠한 객실을 미리 혹은 빨리 정비되어야 하는지 확인할 수 있다.

Front Desk 부서에서 Queue 리스트에 예약을 입력하면 Housekeeping 부서에서는 어느 고객이 어떤 객실이 정비되기를 기다리고 있는지 확인할 수 있어 해당 예약의 객실을 먼저 정비를 할 수 있다.

Queue Rooms 화면에서 Queue로 입력된 예약들을 확인할 수 있으며 리스트를 리포트로 출력하거나 파일로 저장할 수 있다.

Queue Rooms 화면은 아래와 같이 사용할 수 있다.

1. HOUSEKEEPING 옵션 기능에서 Queue Rooms를 선택한다.

QUEUE ROOMS 화면이 나타난다.

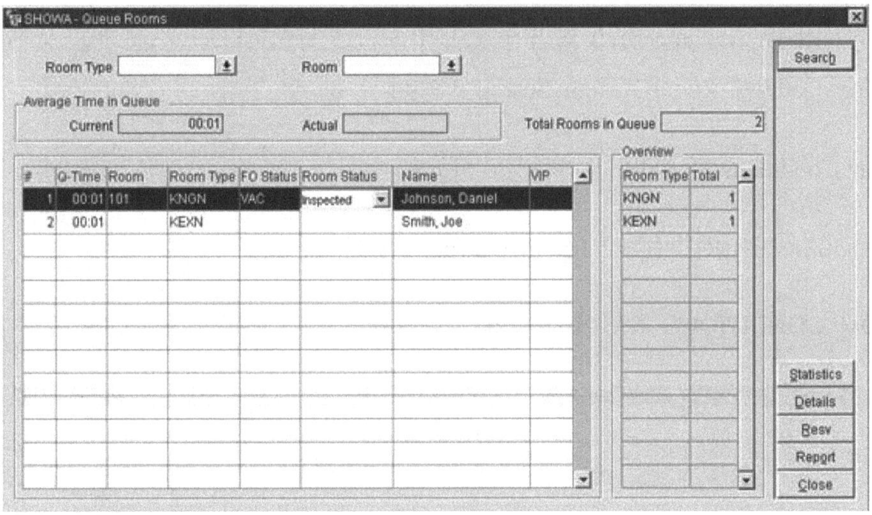

Queue Rooms 화면에는 아래와 같은 옵션 기능이 있다.

- Queue에 있는 예약을 Room Type 혹은 특정 Room을 조건으로 검색할 수 있는 Search 기능이 있다.
- Statistics 옵션은 현재의 Room Status와 Reservation Status를 합한 Statistics 정보가 나타난다.
- Details 옵션은 해당 객실의 Room Configuration 정보를 보여준다.
- Resv 옵션은 해당 객실의 예약 화면을 보여준다.
- Report 옵션은 현재의 Queue 객실 리스트를 리포트로 출력할 수 있다.

Queue 리스트에 있는 객실의 Status를 수정하는 방법은 아래와 같다.

1. Queue Rooms 화면을 연다.
2. Status를 수정하려는 객실의 예약을 선택한다.
3. Room Status 필드의 화살표를 선택한다.
4. 새로운 Room Status를 선택한다.

Room Conditions

ROOM CONDITIONS 기능은 객실 상태(Room Condition Code)를 입력할 수 있는 기능으로 Sales Room Show, Housekeeping Attention 등 객실에 대한 특이 사항을 Room Condition Code 형태로 해당 객실에 입력해 두면 Front Desk 부서에서 객실 지정 시 해당 객실이 Room Assign Search 화면에 보이지 않거나 보이더라도 해당 객실 상태(Room Condition Code)를 Room Assign Search 화면에서 볼 수 있다.

Room Conditions를 설정하는 방법은 아래와 같다.

1. HOUSEKEEPING 기능에서 Room Conditions를 선택한다.

ROOM CONDITIONS 화면이 아래와 같이 나타난다.

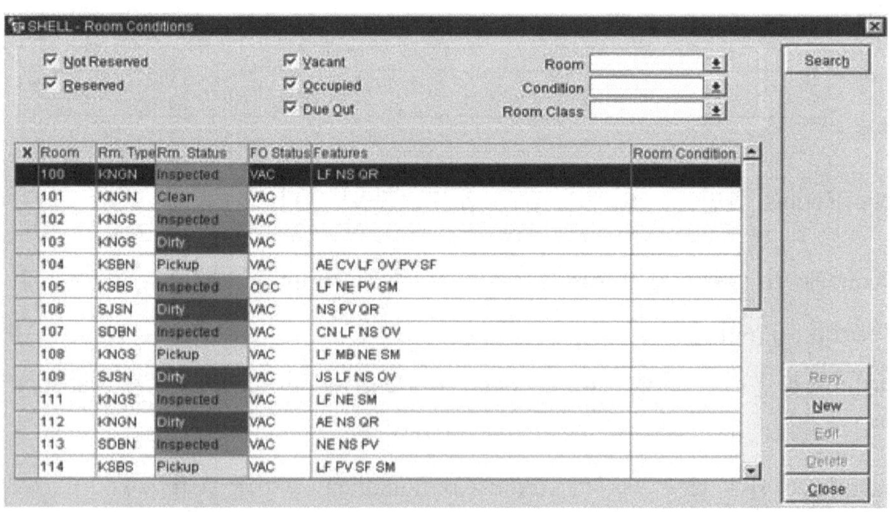

X	Room	Rm. Type	Rm. Status	FO Status	Features	Room Condition
	100	KNGN	Inspected	VAC	LF NS QR	
	101	KNGN	Clean	VAC		
	102	KNGS	Inspected	VAC		
	103	KNGS	Dirty	VAC		
	104	KSBN	Pickup	VAC	AE CV LF OV PV SF	
	105	KSBS	Inspected	OCC	LF NE PV SM	
	106	SJSN	Dirty	VAC	NS PV QR	
	107	SDBN	Inspected	VAC	CN LF NS OV	
	108	KNGS	Pickup	VAC	LF MB NE SM	
	109	SJSN	Dirty	VAC	JS LF NS OV	
	111	KNGS	Inspected	VAC	LF NE SM	
	112	KNGN	Dirty	VAC	AE NS QR	
	113	SDBN	Inspected	VAC	NE NS PV	
	114	KSBS	Pickup	VAC	LF PV SF SM	

2. 화면 상단에서 Room Condition으로 설정하려는 객실 혹은 객실 타입을 검색한다.
3. 설정하려는 객실을 선택한다.

4. New 버튼을 선택한다.

ROOM CONDITIONS–NEW 화면이 나타난다.

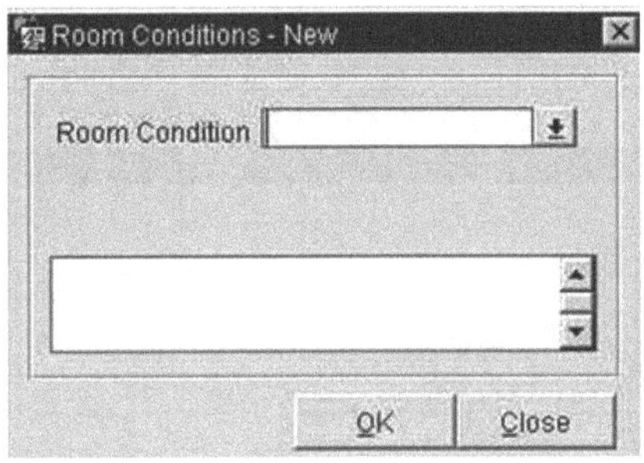

5. Room Conditions 필드의 화살표를 선택한다.

ROOM CONDITIONS 코드가 보인다.

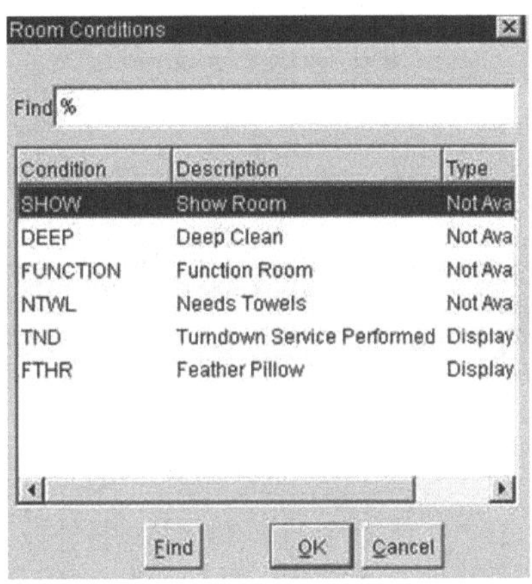

6. 설정하려는 코드를 선택한다.
7. OK를 선택한다.
8. ROOM CONDITIONS – NEW 화면에서 추가로 필요한 내용이 있다면 입력한다.
9. OK 버튼을 누른다.

ROOM CONDITIONS가 설정되는 것을 확인할 수 있다.

Room Conditions를 삭제하는 방법은 아래와 같다.

1. HOUSEKEEPING 기능에서 Room Conditions 기능을 선택한다.

ROOM CONDITIONS 화면이 아래와 같이 나타난다.

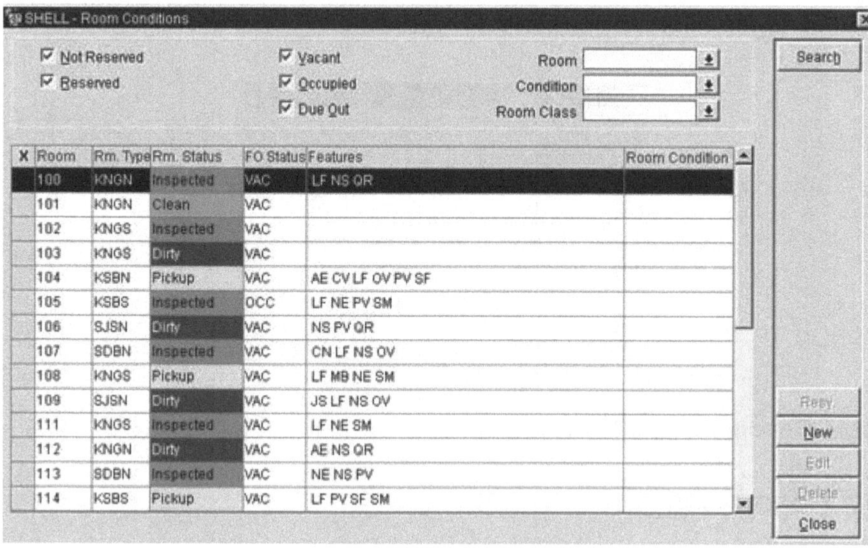

2. 화면의 상단에서 삭제할 객실 타입 혹은 객실을 검색한다.
3. 해당 객실을 선택한다.
4. Delete를 선택한다.
5. 시스템에서 해당 데이터를 삭제할 것인지에 대한 확인 메시지가 다시 한 번 나타난다. 이 메시지에서 YES를 선택하면 삭제된다.

Room Discrepancies

간혹 Front Office와 Housekeeping 간 객실에 대한 정보가 다를 수 있다. Room Discrepancies 기능을 통해 문제가 있는 객실을 확인하여 문제를 해결하는 데 도움을 준다.

3가지 경우의 Discrepancy가 있다.

- Skip: Front Desk Status=Occupied; Housekeeping Status=Vacant
- Sleep: Front Desk Status=Vacant; Housekeeping Status=Occupied
- Person: 객실에 투숙하는 고객의 인원수가 시스템에 등록되어 있는 수와 다른 경우를 보여주는 것으로 인원수별 추가 요금, 객실 정비 시 인원수별 필요한 물품 등을 확인할 수 있게 해준다.

Discrepant Room을 확인하고 해결하는 방법은 아래와 같다.

1. HOUSEKEEPING 기능에서 Rm. Discrepancies 기능을 선택한다.

ROOM DISCREPANCIES 화면이 아래와 같이 나타난다.

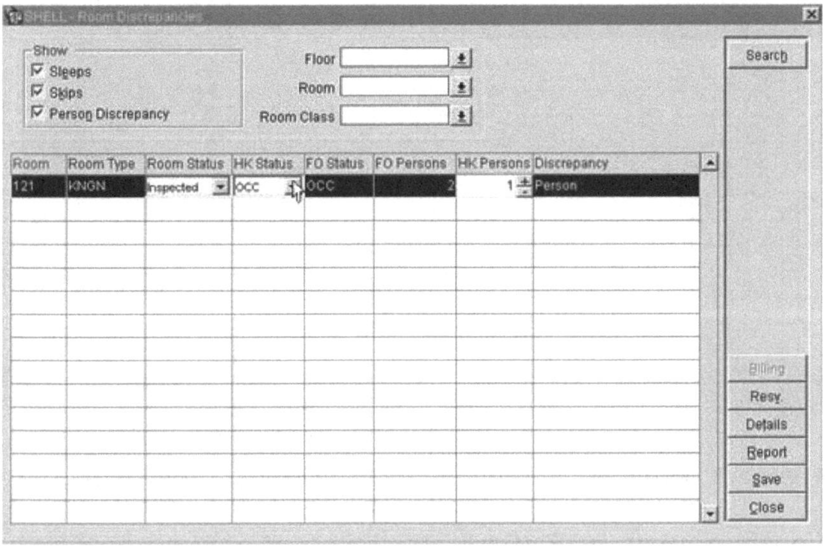

2. Skip 객실을 해결하기 위해 왜 Discrepancy가 발생하였는지 부서 간에 확인하고 고객이 Check Out을 하였다면 HK Status를 OCC(Occupied)로 업데이트한다.
3. Sleep 객실을 해결하기 위해 왜 Discrepancy가 발생하였는지 부서 간에 확인하고 고객이 Check Out 후 Reinstate하였다면 HK Status를 VAC(Vacant)로 업데이트한다.
4. People Discrepancy를 해결하기 위해 객실에 투숙하는 고객수가 몇 명인지 확인한 후 실제 인원수와 시스템의 인원수가 같도록 업데이트한다.

Attendant Points

Attendant Points 기능은 객실 정비에 대한 일정 포인트를 Room Attendant에게 부여할 수 있는 기능으로 추가로 객실을 정비한 Attendant 등에게 추가 업무에 대한 포인트를 부여할 수 있다.

Attendant 에게 포인트를 주는 방법은 아래와 같다.

1. HOUSEKEEPING 옵션에서 Attendant Points 메뉴를 선택한다.

ATTENDANT POINTS 화면을 보여준다.

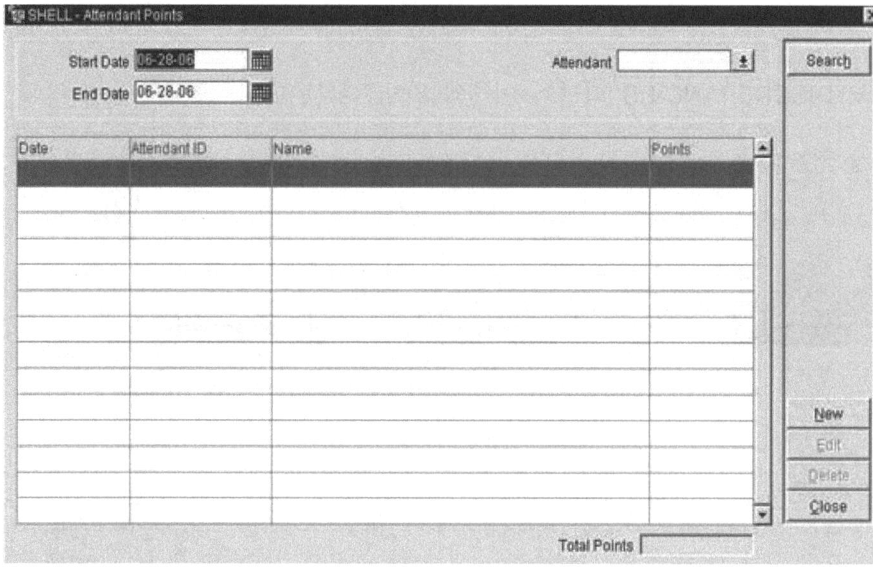

2. New 버튼을 선택한다.

ATTENDANT POINTS–NEW 화면이 나타난다.

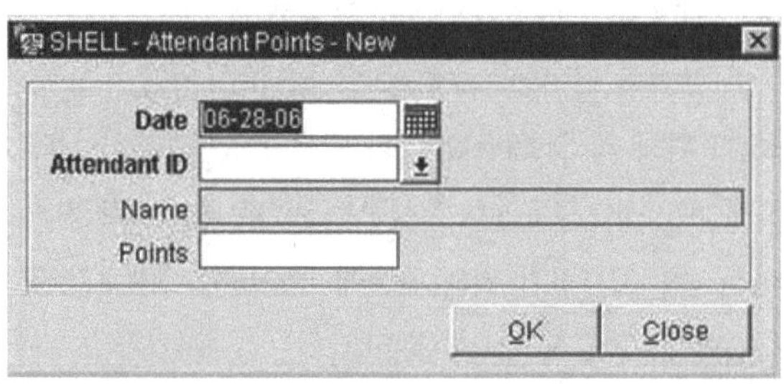

3. Date 필드에 날짜를 입력한다.
4. Attendant ID 필드에 해당 Attendant를 입력하거나 화살표를 선택하여 Attendant 리스트 중 선택한다. Name 필드에 선택한 Attendant 명이 나타난다.
5. Point 필드에 포인트를 입력한다.
6. OK를 선택한다.

이미 입력된 Attendant Points를 확인하려면 화면의 오른쪽 상단에 있는 Attendant 박스를 선택한다. 원하는 Start, End Date를 입력하면 해당 조건 Attendant 리스트가 나타난다. Attendant에 상관없이 입력된 날짜에 해당하는 Attendant 리스트를 보고자 한다면 오른쪽 상단에 있는 Attendant 박스를 비워놓고 검색한다.

Task Assignment

Task Assignment 기능은 매일 객실 정비를 위한 Task Sheet를 OPERA에서 생성해 주는 것으로, 한 명의 Attendant뿐만 아니라 여러 명 혹은 전체 Attendant의 Task Sheet를 생성할 수 있다. 또한 이 기능은 Housekeeping 매니저가 Task Sheet를 지정할 직원과 정비가 필요한 객실을 수동으로 선택하여 생성할 수도 있으며 시스템에서 원하는 조건을 입력하여 해당 조건에 맞게 자동(Auto)으로 생성할 수도 있다.

Task Assignment Sheet를 수동으로 생성하는 방법은 아래와 같다.

1. HOUSEKEEPING 메뉴에서 **Task Assignment**를 선택한다.

Task Assignment 화면이 아래와 같이 나타난다.

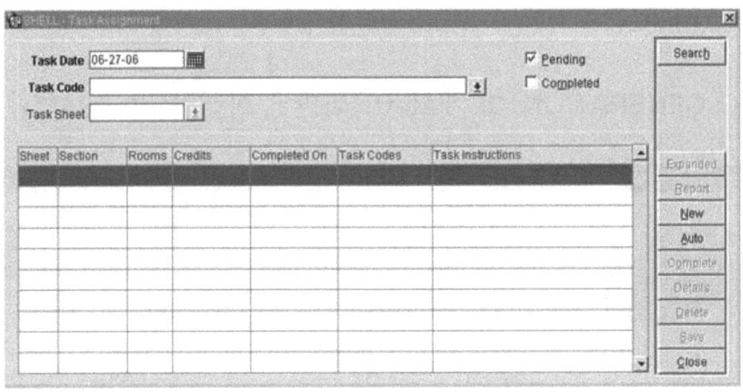

2. **New**를 선택해 새로운 Task Sheet를 생성하거나 이미 기존에 Task Sheet가 생성되어 있다면 해당 Task Sheet를 하이라이트하고 **Details** 버튼을 선택하거나 더블 클릭한다.

TASK SHEET DETAILS 화면이 아래와 같이 나타난다.

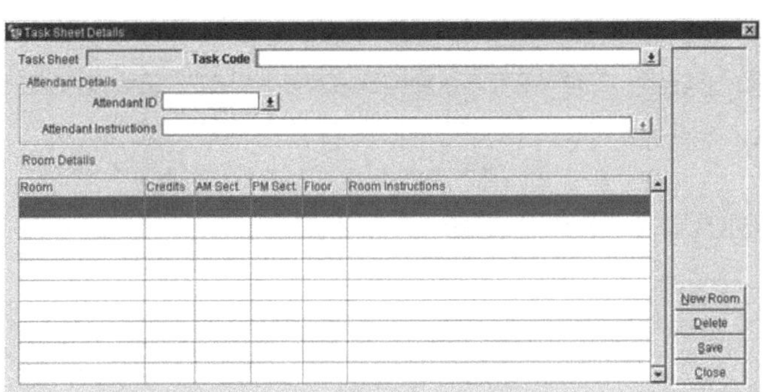

3. **Task Code** 필드를 선택한다(예: Clean, Deep Clean 등).
4. **Attendant ID**를 선택하여 해당 Task Sheet를 지정할 Attendant를 선택한다.
5. **New Room** 버튼을 선택하고 Room 필드 옆 화살표를 선택하여 Task Sheet에 객실을 입력한다.
6. 지정된 Attendant에게 남길 메모가 있을 경우 **Attendant Instructions** 필드 혹은 **Room Instructions** 필드에 입력한다.
7. 객실을 계속 추가하기 위해 위의 과정을 반복한다.
8. 객실 입력과 그 밖에 모든 입력이 끝나게 되면 **Save**와 **Close** 버튼을 선택한다.

   Task Assignment Sheet를 보다 빠르게 생성하는 방법은 Auto 기능을 사용하는 것이다. 이 기능은 Credit을 기준으로 혹은 오늘 가능한 전체 Attendant 인원수 기준으로 정비할 객실을 시스템에서 자동으로 균등하게 나눌 수 있게 도와준다.

Task Assignment Sheet를 자동으로 생성하는 방법은 아래와 같다.

1. **TASK ASSIGNMENTS** 화면에서 **Auto** 버튼을 선택한다.

AUTOMATIC GENERATION OF TASKS 화면이 아래와 같이 나타난다.

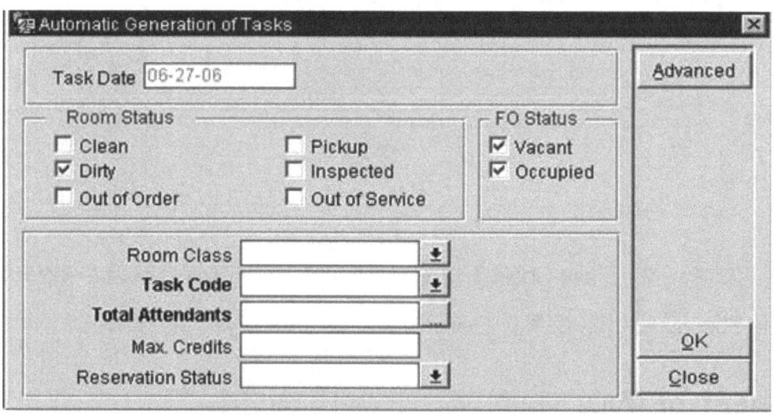

2. **Room Status** 선택 박스 중 Task Sheet를 생성에 포함될 Status를 선택한다.
3. **FO Status**를 선택한다. 고정적으로 Vacant/Occupied 박스가 모두 선택되어 있다.
4. **Task Code**를 선택한다.

FACILITY TASKS 화면이 다음과 같이 나타난다.

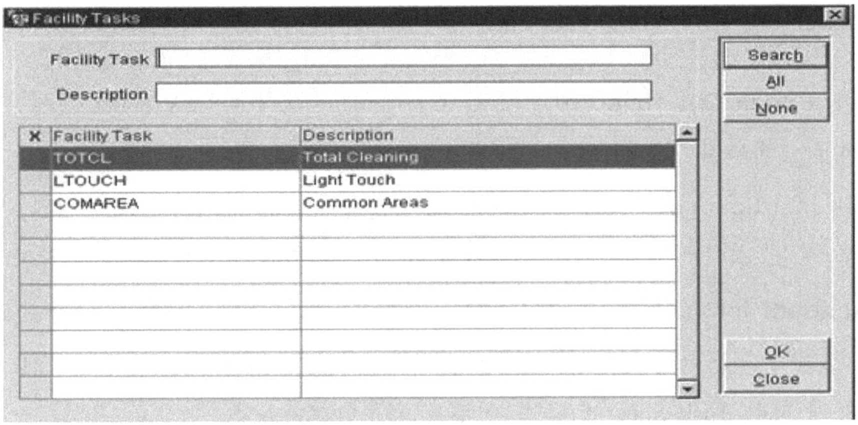

5. **Task code**를 선택하고 **OK** 버튼을 누른다.
6. **Total Attendant** 필드에 Attendant의 인원수를 입력한다.
7. 특정 Attendant를 선택하려면 생략 부호 버튼을 선택하여 Attendant 화면으로 들어간다. Attendant 화면에서 Attendant를 선택하게 되면 이 필드에 선택한 Attendant의 수만큼의 숫자가 보인다. Max Credits 필드를 공란으로 둘 경우 각각의 Task sheet/Attendant별 객실수는 동일하게 배정된다.
8. **Max Credit** 필드에 한 명의 Attendant/Task Sheet 별 배정할 Maximum Credit 수를 입력한다. Attendant 별 이 Credit 수를 넘지 않고 Total Attendants 필드에 입력된 Attendant 수에 맞게 균등하게 객실이 배정된다. 만약 배정되고 남은 Credit은 마지막 Task Sheet에서 보일 것이다. 만약 Total Attendant 필드를 공란으로 두었다면 Maximum Credit에 따라 객실이 배정된다.
9. **Reservation Status** 필드를 선택하여 원하는 Status를 선택한다.

Advanced 버튼을 선택하면 Task Sheet 생성 시 선택할 수 있는 추가적인 조건이 보인다.

- Excl. Check Out Time……To 해당 조건에 맞는 객실은 Task Sheet 생성 시 객실 배정에 포함되지 않는다.
- Task Instructions는 객실정비 시 필요한 일반적인 지시 사항뿐만 아니라 커튼 및 카펫 청소, 침대보 교체 등과 같은 Cleaning에 관련된 지시 사항을 포함한다.
- Attendant Instructions는 특정 지시 사항을 남길 수 있다(예: "이 가구를 옮길 때 지원이 필요하면 XXX를 불러주세요"). 여기에 입력하는 메모는 Task Sheet Style에 따라 Task Sheet에 출력 여부를 결정할 수 있다.
- Room Instructions는 특정 객실에 대한 정비 시 필요한 지시 사항을 남길 수 있다(예: 'Room Service 물품 치우기', 'Bath Mat 교체하기' 등). 여기에 입력하는 메모 또한 Task Sheet Style에 따라 Task Sheet에 출력 여부를 결정할 수 있다.
- Exclude VIP는 Task Assignment 에서 VIP 고객이 투숙하는 객실은 배정하지 않는다.
- VIP ONLY는 VIP고객이 투숙하는 객실만 배정한다.
- Task sheet By는 Task Assignment Sheet의 객실 리스트를 어떻게 보이게 할 것인지 선택할 수 있다.

10. Task Assignment 화면에서 OK를 선택한다.
11. Task Assignment Sheet를 출력하기 위해 Print를 선택한다.

TASK SHEET REPORT 화면이 나타난다.

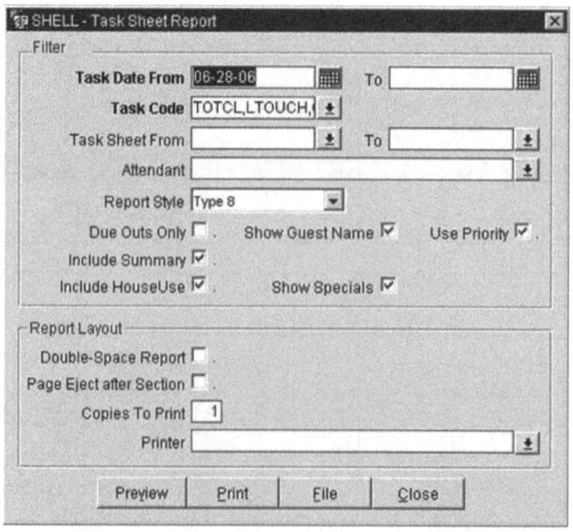

TASK SHEET REPORT 화면에서 아래 조건을 선택할 수 있다.

- Task Date From/To: 시스템의 현재 날짜가 고정 값으로 입력되어 있다.
- Task Code: 출력할 Task Code를 선택한다.
- Task Sheet From/To: 출력할 Task Sheet 번호 선택할 수 있는 필드로 이 필드가 공란일 경우 전체 Task Sheet가 출력된다.
- Attendant: 출력할 Attendant를 선택할 수 있는 필드로 이 필드가 공란일 경우 전체 Task Sheet가 출력된다.
- Report Styles: 여러 종류의 리포트 Style이 있으며 원하는 Style로 출력하면 된다.

추가적으로 선택할 수 있는 Check Box는 아래와 같다.

- Due Outs Only: Due Out 상태의 예약만 출력한다.
- Show Guest Name: Task Sheet에 고객명을 출력할 지의 여부를 결정한다.
- Use Priority: Sheet 출력 시 가장 높은 우선순위로 설정된 Task Code에 따라 출력한다.
- Include Summary: Sheet 출력 시 추가적으로 마지막 장에 Task에 대한 Summary가 출력된다.
- Include House Use: House Use인 객실을 포함하여 출력한다.
- Show Specials: Task Sheet에 예약별 Special Requests가 함께 출력한다.

12. Print를 선택한다.

COMPLETE TASK SHEETS:

Attendant가 객실 정비를 끝내고 해당 객실에 대한 Inspection이 끝나면 Task Sheet를 완료(Complete) 상태로 변경한다. 변경 방법은 아래와 같다.

1. TASK ASSIGNMENT 화면에서 Complete를 선택한다.

TASK SHEET NUMBERS 화면이 아래와 같이 나타난다.

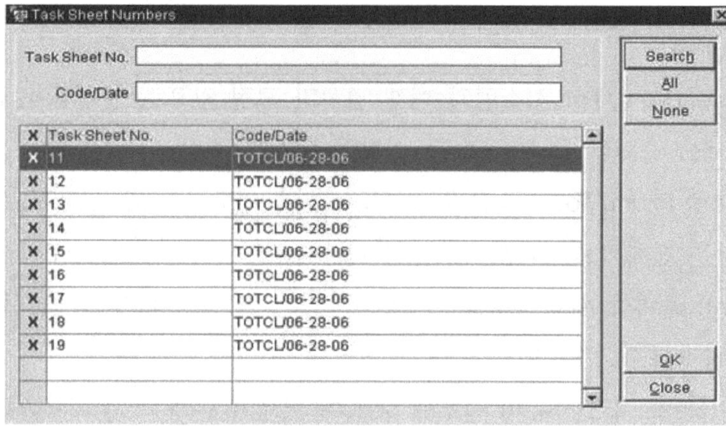

2. 완료(Complete)한 해당 Task Sheet 옆 박스를 선택하여 ('X')로 표기하거나 모든 Task Sheet를 선택하고자 한다면 오른쪽 상단에 있는 ALL 버튼을 선택한다.
3. OK를 선택한다.

NOTE Task Assignment 화면에서 Pending과 Completed된 Task Sheet를 구별하여 볼 수 있게 된다.

Task Assignment Grid

EXPANDED VIEW

Task Assignment Sheet가 생성되고 출력하기 전 수정 사항이 있을 경우 Task Assignment 화면에서 Expanded 버튼을 선택한다.

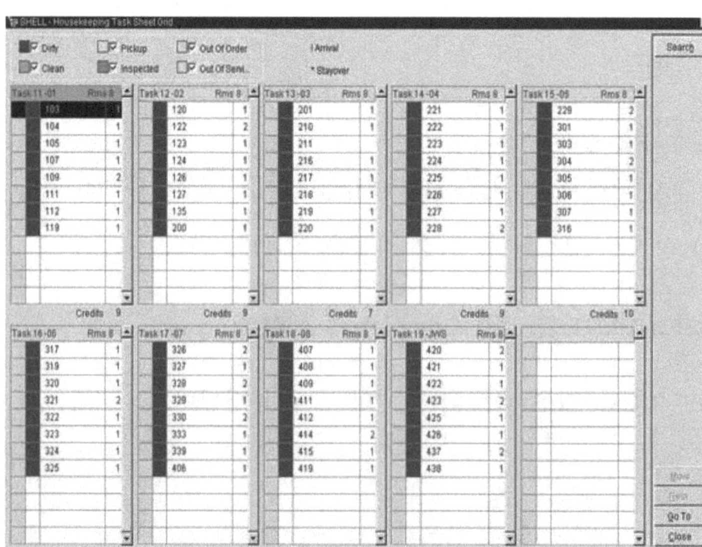

위와 같은 TASK ASSIGNMENT TASK SHEET GRID 화면이 나타난다.

마우스를 드래그(Drag)하여 해당 Task Sheet에 있는 객실을 다른 Task Sheet로 이동시키거나 Room 옆의 박스에 ('X')를 표기한 후 MOVE 버튼을 선택하여 이동시키려는 Task Sheet로 옮길 수 있다.

Expanded View에서 최대 10개의 Task Sheet가 보이며 Task Sheet가 10개 이상이면서 보고자 하는 Task Sheet가 화면상에 보이지 않을 경우 Go To 버튼을 선택하여 해당 Task Sheet로 이동한다.

Turndown Management

TURNDOWN MANAGEMENT 화면은 해당 일자에 Turndown Service가 요청되었거나, Turndown Service가 이미 제공되었거나 혹은 해당 날짜에만 Turndown Service가 필요 없는 객실의 리스트를 보여준다.

TURNDOWN Task Sheet를 생성하는 방법은 아래와 같다.

1. 메인 메뉴에서 Rooms Management → Housekeeping을 선택한다.
2. Turndown Management를 선택한다.

TURNDOWN MANAGEMENT 화면이 나타난다.

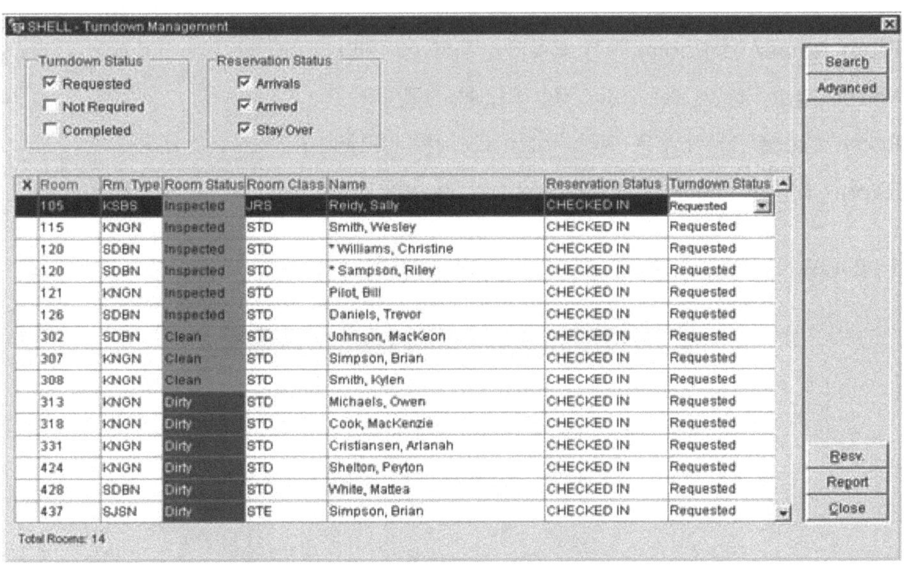

Turndown Search 화면에서 다음과 같은 조건으로 예약 리스트를 검색할 수 있다.

Turndown Status

- Requested : Turndown Service가 필요한 예약을 보여준다. Reservation의 Housekeeping Option 중 Turndown 선택 박스가 선택된 예약을 보여준다.
- Not Requested: Turndown Service가 필요하지 않은 예약을 보여준다.
- Completed: 해당 일자에 Turndown Service를 이미 제공한 객실의 리스트를 보여준다.

Reservation Status

- Arrivals: 오늘 도착 예정인 예약(Due In)의 리스트를 보여준다.
- Arrived: 오늘 Check In 한 객실의 리스트를 보여준다.
- Stay Over: 오늘 이전에 이미 Check In한 객실의 리스트를 보여준다.

3. 원하는 검색 조건을 입력한다.
4. Search 버튼을 누른다.
5. 특정 예약의 예약 화면을 확인하려면 Resv 버튼을 선택하거나 해당 예약을 하이라이트한 후 더블 클릭한다.

Advanced 버튼을 통해 추가 검색 조건을 확인할 수 있다.

6. From Room/To Room: 특정 객실의 범위를 선택한다.
7. Room Type: 한 개 혹은 여러 객실 타입을 선택한다.
8. Room Class: 한 개 혹은 여러 Room Class를 선택한다.
9. Report 버튼을 선택하여 Turndown Task Sheet를 생성한다.

TURNDOWN TASKSHEET 화면이 아래와 같이 나타난다.

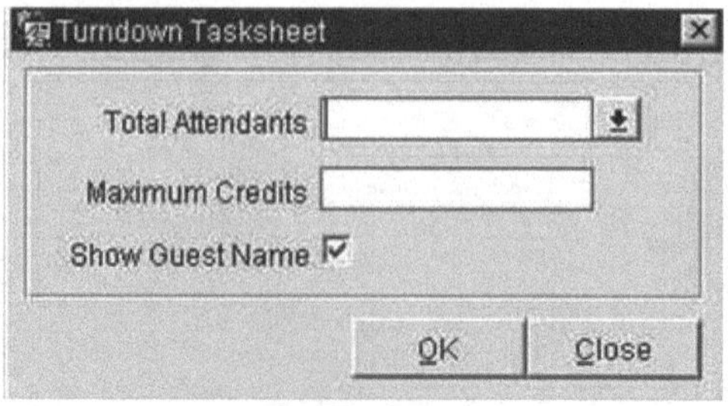

10. Total Attendant를 입력한다.
11. Maximum Credits를 입력한다.
12. Show Guest Name을 선택한다.
13. OK를 선택한다.
14. Preview, Print 혹은 File 옵션 중 선택한다.

TURNDOWN TASKSHEET 아래와 같은 리포트 형식으로 출력된다,

micros FIDELIO Opera — Opera Demo Hotel, Small — 06-28-06

Turndown Tasksheet — 20:33

Task Sheet 06-28-06/1

Attendant Id and Name 01 / 01

Room Details

Room No	Room Status	FO Status	Credits	Section AM	Section PM	Reservation Status	Turndown Status	Name	Arrival	Arr. Time	Departure	VIP	Adl	Chl	Specials	Instructions
100	IP	OCC	1	0101	0101	CHECKED IN	Requested	Wilson, John	06-27-06	13:47	06-29-06		1	0		
113	DI	OCC	1	0102	0102	CHECKED IN	Requested	Petersen, William	06-27-06	13:46	06-30-06		1	0		
114	IP	VAC	1	0102	0102	DUE IN	Requested	Schulte, Bridget	06-28-06		07-03-06		1	0		
115	IP	OCC	1	0101	0101	CHECKED IN	Requested	Smith, Wesley	06-26-06	14:50	07-03-06		1	0		
121	DI	OCC	1	0101	0101	CHECKED IN	Requested	Pilot, Bill	06-26-06	10:14	06-29-06	2	2	0		
126	DI	OCC	1	0102	0102	CHECKED IN	Requested	Johnson, Michael	06-27-06	13:44	06-30-06		1	0		
130	IP	OCC	2	0102	0102	CHECKED IN	Requested	White, Nancy	06-27-06	13:47	06-29-06		1	0		
302	DI	OCC	1	0301	0301	CHECKED IN	Requested	Johnson, MacKeon	06-26-06	16:40	06-29-06		2	0		
309	IP	OCC	1	0301	0301	CHECKED IN	Requested	Smith, Kylen	06-28-06	16:40	06-29-06		4	0		

Total for Attendant 01 - 01

Total Rooms	9
Total Adults	14
Total Children	0
Total Credits	10

Facility Forecast

Facility Forecast 기능은 앞으로 며칠간의 Statistical Overview를 확인할 수 있는 기능이다.

Facility Forecast 기능을 사용하는 방법은 아래와 같다.

1. 메인 메뉴에서 Room Management → Housekeeping을 선택한다.
2. Facility Forecast를 선택한다.

FACILITY FORECAST 화면이 다음과 같이 나타난다.

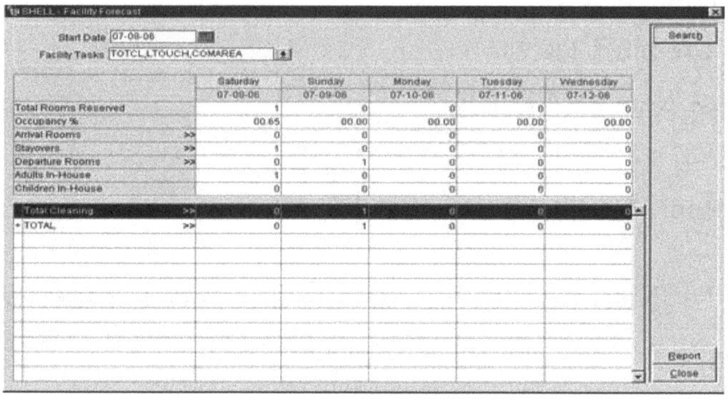

3. 검색 화면에서 Start Date를 입력한다.
4. Facility Task를 선택한다.

NOTE 만약 Facility Task를 선택하지 않은 채 Search 버튼을 선택 시 모든 Facility Task에 대한 Forecast를 보여준다.

Search 버튼을 누르면 Report 버튼이 활성화된다.

1. Report 버튼을 선택한다.

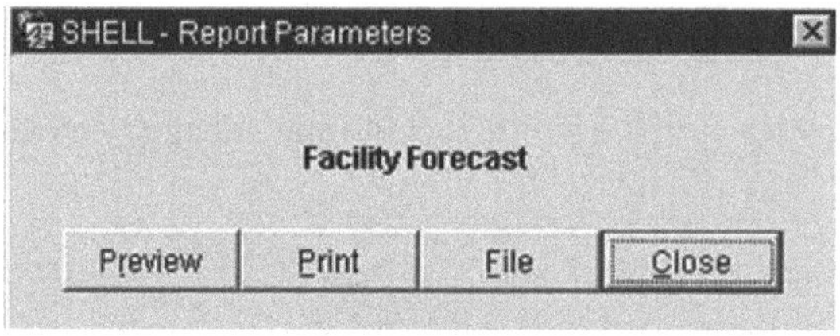

Start Date에 입력된 날짜 기준으로 미래 5일간의 해당하는 데이터가 선택된 Facility Task 및 관련된 코드를 포함해 리포트에 출력된다.

Guest Service Status

Guest Service Status는 'Do Not Disturb'와 'Make Up Room'상태의 객실을 확인하거나 업데이트 할 때 사용하는 기능이다. 해당 화면에서 현재 Occupied 객실만을 보여주며, Do Not Disturb(DND), Make Up Room(MUP) 혹은 No Guest Service Status 등과 같은 Guest Service Status를 설정할 수 있다.

이 기능을 사용하는 방법은 아래와 같다

1. 메인 메뉴에서 **Rooms Management** → **Housekeeping**을 선택한다.
2. **Guest Service Status**를 선택한다.

Guest Service Status 화면이 아래와 같이 나타난다.

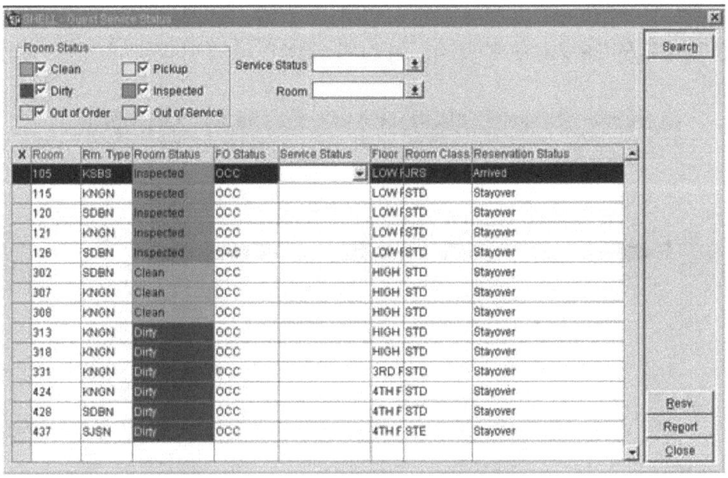

3. 원하는 검색 조건을 입력 후 **Search** 버튼을 누른다. 기본적으로 모든 Room Status가 선택되어져 있으며 Service Status와 Room은 공란으로 남겨져 있다.
   - **Resv** 버튼은 하이라이트한 객실의 예약 화면을 보여준다.
   - **Report** 버튼은 hk_details 리포트를 출력할 수 있다.

7.2 Additional Rooms Management Options

Out of Order / Out of Service

여러 가지 이유로 객실을 판매를 할 수 없거나 혹은 객실이 Check In을 할 수 없는 상태가 될 수 있다. 이럴 경우 해당 객실을 판매하거나 Check In을 할 수 없도록 따로 상태를 표시해주는 기능이 **Out of Order(OOO), Out of Service(OOS)**이다. 해당 옵션은 Maintenance 이유로 마지막에 판매하거나 아예 판매할 수 없는 객실로 설정할 때 사용된다.

Out of Order 객실은 판매할 수 있는 객실수(Inventory)에 포함되지 않으며 Out of Service 객실은 판매할 수 있는 객실수에 포함된다.

Out of Order 혹은 Out of Service를 설정하는 방법은 아래와 같다.

1. 메인 메뉴에서 Rooms Management를 선택한다.
2. Out of Order/Service를 선택한다.

OUT OF ORDER/SERVICE 화면이 아래와 같이 나타난다.

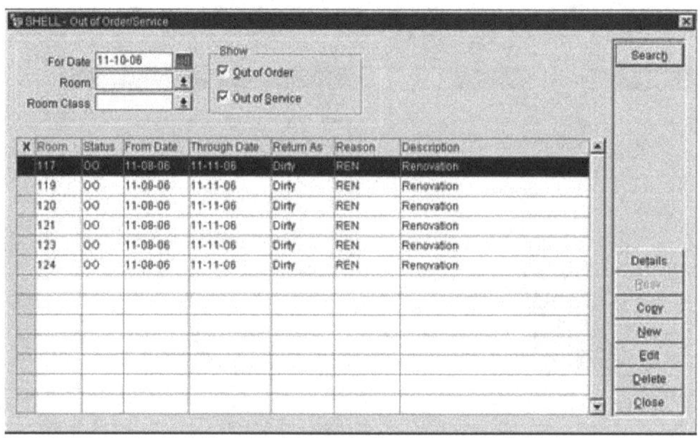

객실은 Room Number 순으로 보인다. 화면의 상단에 검색 조건을 통하여 원하는 객실 리스트를 보여줄 수 있다.

3. OOO 혹은 OOS의 객실을 입력하기 위해 NEW 버튼을 선택한다.

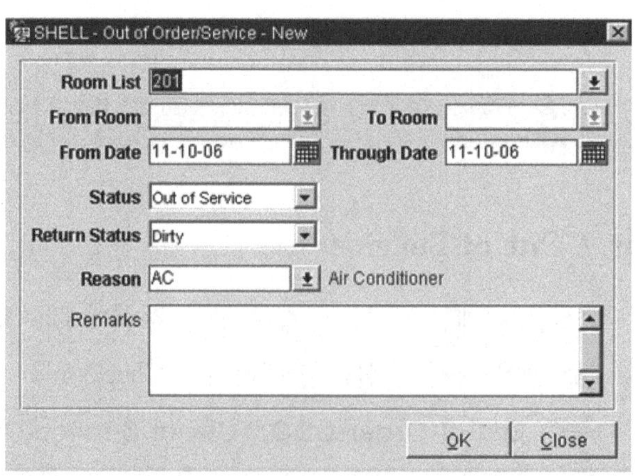

아래의 두 가지 방법으로 객실을 선택할 수 있다.

- **Room List:** 콤마(,)를 구분자로 하여 객실번호를 입력할 수 있다. 혹은 화살표를 선택하여 해당 객실에 ('X')를 표기하여 선택할 수 있다.
- **From Room / To Room:** 이 두 필드에 입력된 객실 번호를 통해 범위를 지정할 수 있다.

4. **From Date**와 **To Date**를 입력한다.
5. **Status** 필드에 Out of Order 혹은 Out of Service를 선택한다.
6. **Return Status**에 OOO/OOS Status에서 다시 일반 객실 Status로 돌아올 때 어떤 Housekeeping Status로 변경될 지 선택한다.
7. **Reason** 필드에 OOO/OOS 상태로 입력하는 이유에 대하여 선택한다.
8. **Remarks**에 추가적인 세부 사항은 입력할 수 있다.
9. **OK**를 선택한다.

OUT OF ORDER/SERVICE의 추가적인 옵션은 아래와 같다.

- **Details:** 이 객실의 세부 정보를 확인할 수 있다.
- **Resv:** 해당 객실에 지정된 예약이 있다면 예약 화면을 보여준다.
- **Copy:** 다른 객실도 같은 Reason으로 OOO/OOS로 설정되도록 복사하는 기능으로 빠르고 간편하게 여러 객실을 OOO/OOS 설정할 수 있다.
- **Edit:** 기존에 설정된 내용을 변경할 때 사용된다.

OOO/OOS를 설정할 때 Through Date 입력한 날짜 전에 다시 일반 객실 상태로 변경(Remove)하는 방법은 아래와 같다.

1. **OUT OF ORDER/SERVICE** 화면에서 상태 변경(Remove) 하려는 객실을 선택한다.
2. **Delete**를 선택한다.
3. 삭제할 것인지 다시 확인하는 메시지가 나타나면 **"YES"**를 선택한다.

NOTE 만약 삭제하려는 OOO가 오늘 날짜가 아닌 오늘을 포함하지 않은 미래 날짜에 설정되어 있었다면 Room Status는 현재 객실 상태로 유지된다. 만약 오늘 날짜의 OOO/OOS를 삭제한다면 객실 상태는 Return Status에 입력한 값으로 업데이트된다.

Room History

Room History 기능은 객실 번호를 가지고 검색할 수 있는 기능으로 과거에 해당 객실에 투숙하였던 예약을 확인할 수 있다. 특히 이 기능을 통해 Lost and Found 물품이 어떤 예약 시점에서 해당 객실에서 발견된 것이지 용이하게 검색할 수 있다.

Room History 기능을 사용하는 방법은 아래와 같다.

1. 메인 메뉴에서 Rooms Management를 선택한다.
2. Room History를 선택한다.

ROOM HISTORY 화면이 아래와 같이 나타난다.

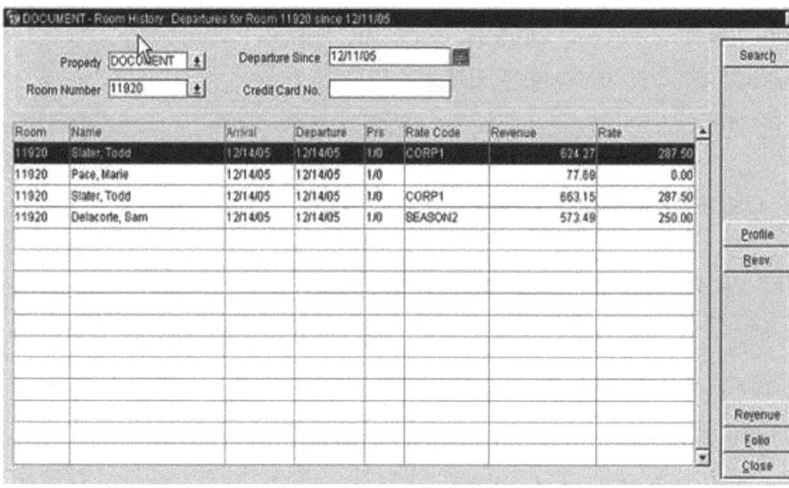

3. 화면의 상단에 검색하려는 객실 번호 등 조건을 입력한 후 Search를 누른다.
4. Departure Since 필드를 이용하거나 Credit Card No.를 이용하여 검색할 수 있다.
5. 고객의 주소, 전화 번호 등을 확인하고자 한다면 해당 예약을 하이라이트한 후 Profile을 선택한다.
6. 해당 고객의 예약 화면을 확인하고자 한다면 Resv 버튼을 선택한다.
7. 해당 고객에게 발생한 매출 정보 혹은 Invoice를 확인하고자 한다면 Revenue 혹은 Folio 버튼을 선택한다.

Overbooking

Overbooking 기능은 Overbooking/Over Sell Limit를 설정하여 호텔이 가지고 있는 객실수보다 더 많은 객실의 예약을 받을 수 있도록 하는 기능이다.

Overbooking Limit를 설정하는 방법은 아래와 같다.

1. 메인 메뉴에서 **Rooms Management** → **Overbooking**을 선택한다.

OVERBOOKING SETUP 화면이 나타난다.

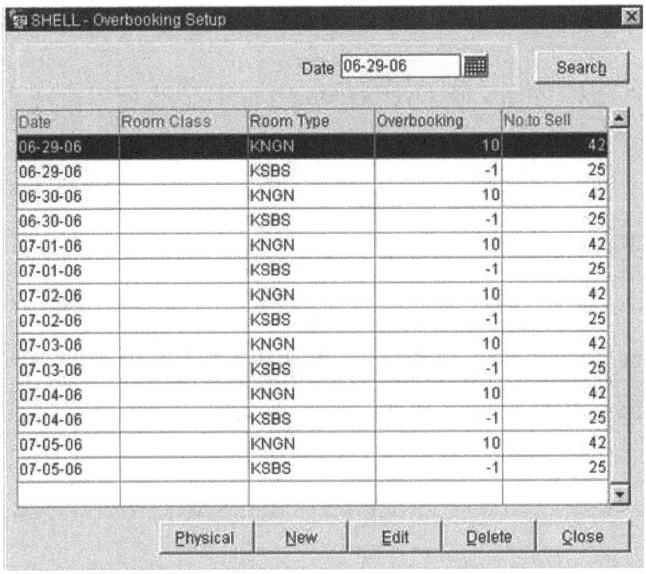

2. Sell Limit를 설정하기 위해 **New** 버튼을 선택한다.

NEW NUMBER TO OVERBOOKING 화면이 아래와 같이 나타난다.

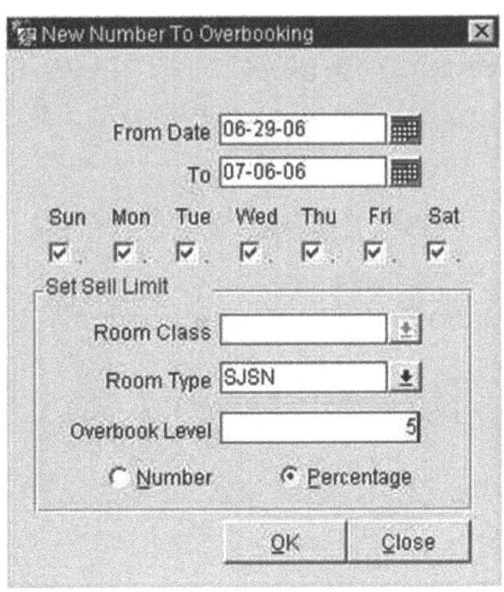

3. **From Date/To**를 입력한다.
4. Limit를 적용할 요일을 선택한다.

5. Room Type을 선택한다.
6. Number(객실수) 혹은 Percentage(선택한 Room Type 합계의 Percentage)를 선택한다.
7. Overbook Number에 객실수 혹은 Percentage를 입력한다.
8. OK를 선택한다.

실제 판매할 수 있는 객실수와 Overbooking Limit 간의 차이를 보려면 Physical을 선택한다.

Occupancy Graph

Occupancy Graph는 호텔의 객실 점유율을 그래프로 보여주는 기능으로 Housekeeping 부서와 Maintenance 부서에서 직원들의 스케줄 관리목적으로 많이 활용하는 기능이다. Occupancy Graph의 기능에 대한 설명은 "Quick Keys" Chapter를 참고하기 바란다.

Maintenance

Maintenance 기능은 Housekeeping과 Engineering 부서에 Out of Order 상태의 객실에 지정된 작업 지시(Work Order)내용을 확인할 수 있는 기능으로 여기에 입력된 내용을 리포트로 출력할 수 있으며 Maintenance Request가 모두 완료되었다면 Resolve를 통해 상태 표기할 수 있다.

NOTE 이곳에 특정 객실에 Maintenance를 입력한다고 해서 자동으로 해당 객실이 Out of Order로 설정되는 것은 아니다.

Maintenance가 필요한 객실을 설정하는 방법은 아래와 같다.

1. 메인 메뉴에서 Rooms Management → Maintenance를 선택한다.

MAINTENANCE 화면이 아래와 같이 나타난다.

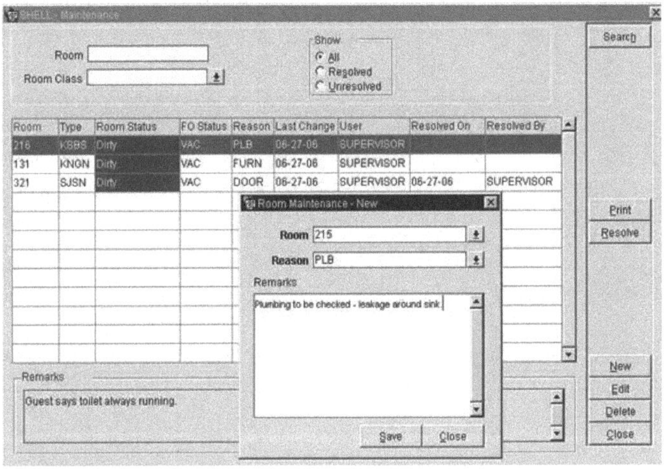

2. **New** 버튼을 선택한다.

ROOM MAINTENANCE-NEW 화면이 나타난다.

3. **Room** 필드에 해당 객실을 선택하거나 입력한다.
4. **Reason**필드 옆 화살표 버튼을 선택하면 Maintenance Reason 리스트가 나타나고 해당 Reason을 선택한다.
5. **Remarks** 란에 추가 세부 사항을 입력한 후 **Save**를 선택하여 저장한다.

아직 해결되지 않은(Unresolve) Maintenance 리스트를 리포트로 출력하는 방법은 아래와 같다.

1. **Maintenance** 화면의 상단에 **Unresolve** 버튼을 선택한 후 **Search**를 하면 해당 리스트가 나타난다.
2. **Print**를 선택한다.

Maintenance 에서 완료된 사항에 대하여 완료 상태(Resolve)로 변경하는 방법은 아래와 같다.

1. **Maintenance** 화면에서 Maintenance가 완료된 객실을 검색한 후 해당 객실을 선택한다.
2. **Resolve** 버튼을 누른다.
3. **YES**를 선택한다.

Chapter 8

Quick Keys

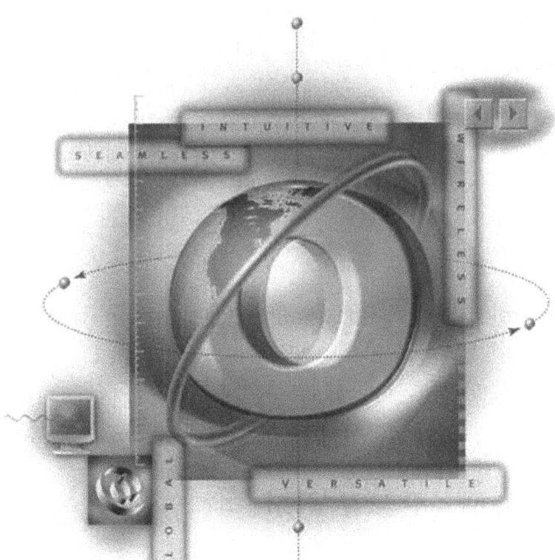

8.1 Quick Keys

Show Quick Keys

OPERA에서는 다양한 Task와 Activity를 확인할 수 있는 Quick Key 옵션이 제공된다. Quick Key 옵션은 마우스로 메뉴를 선택하지 않아도 원하는 시점에 키보드를 사용하여 간단하고 쉽게 해당 화면으로 접근하거나 기능을 이용할 수 있게 해준다.

제공되는 Quick Key를 확인하기 위하여 Show Quick Keys 화면으로 접근하는 방법은 아래와 같다.

1. 메인 메뉴에서 Miscellaneous를 선택한다.
2. Show Quick Keys를 선택한다.

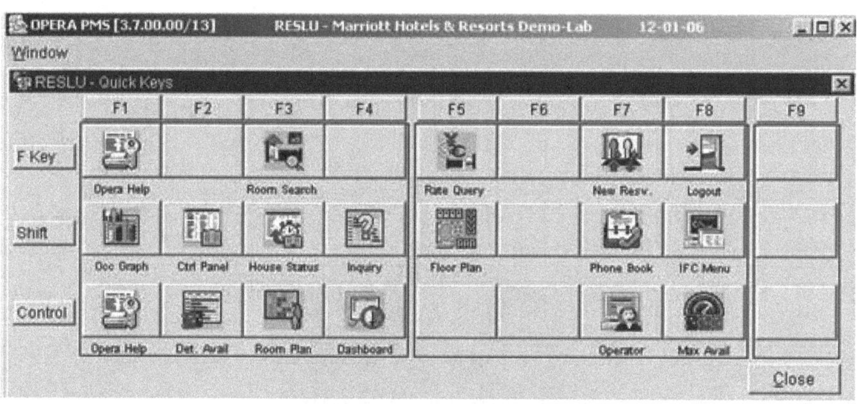

Quick Keys 옵션에서 특정 Quick Key로 접근하는 방법은 마우스로 해당 아이콘을 선택하거나 기능에 해당하는 단축키를 키보드에서 선택할 수 있다.

상단에 보이는 Function Key(예: F1, F2, F3, etc) 혹은 왼쪽 칼럼에 보이는 Command Key(예: Shift, Control)를 통해 OPERA 화면 어디에서든 어느 시점에서든 쉽게 해당 Quick Key로 접근할 수 있다.

F1 – Opera Help

OPERA Online Help는 해당 화면에 대한 매뉴얼 정보를 빠르게 온라인 형태로 얻을 수 있는 기능이다. Help Menu의 검색 창을 통해서 원하는 정보에 대해서 별도로 검색도 가능하다.

OPERA Help 기능의 가장 일반적인 특징은 어떤 화면에서든 F1키를 선택하게 되면 자동으로 해당 기능에 관련된 Help를 확인할 수 있고 각 필드에 대한 설명 등을 확인할 수 있다.

Opera Help를 사용하는 방법은 아래와 같다.

1. F1 Function Key를 선택한다.

2. 왼쪽 메뉴에서 주제(Topic)를 선택한다(예: PMS Operations-Cashiering).

3. 주제(Topic) 리스트에서 소주제(**Function**)를 선택한다(예: Passerby).

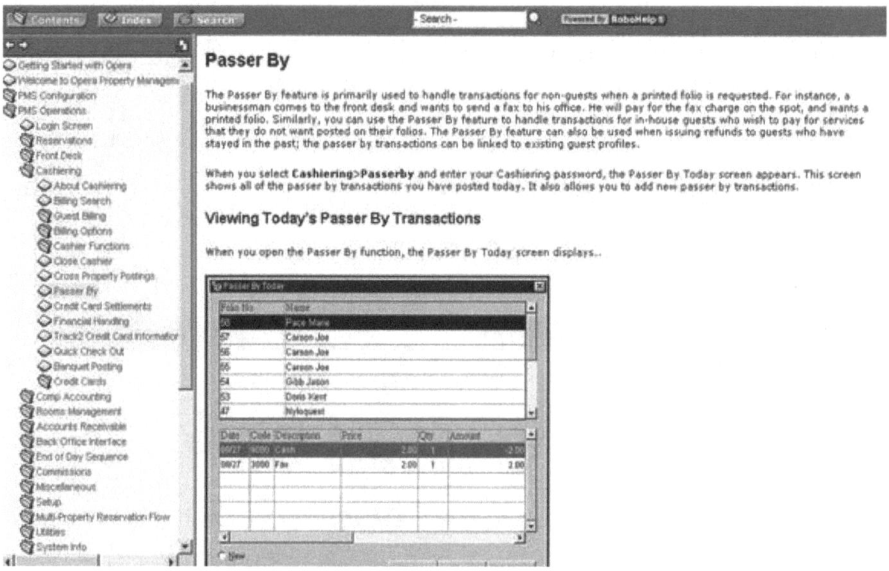

화면 오른쪽에 선택한 소주제에 관한 정보가 나타난다. 필드별 자세한 정보를 확인하려면 파란색의 하이퍼링크를 선택한다.

NOTE OPERA 어느 화면에서든 **F1**키를 클릭하면 시스템에서 해당 창에 대한 Help Menu를 자동으로 보여준다.

Shift F1 – Occupancy Graph

Occupancy Graph는 일자별/주간별 객실 점유율을 그래프 형식으로 볼 수 있는 기능이다.

Occupancy Graph를 사용하는 방법은 아래와 같다.

1. 시스템 어느 화면에서든 **Shift**와 **F1**을 함께 선택한다.

OCCUPANCY GRAPH 화면이 아래와 같이 나타난다.

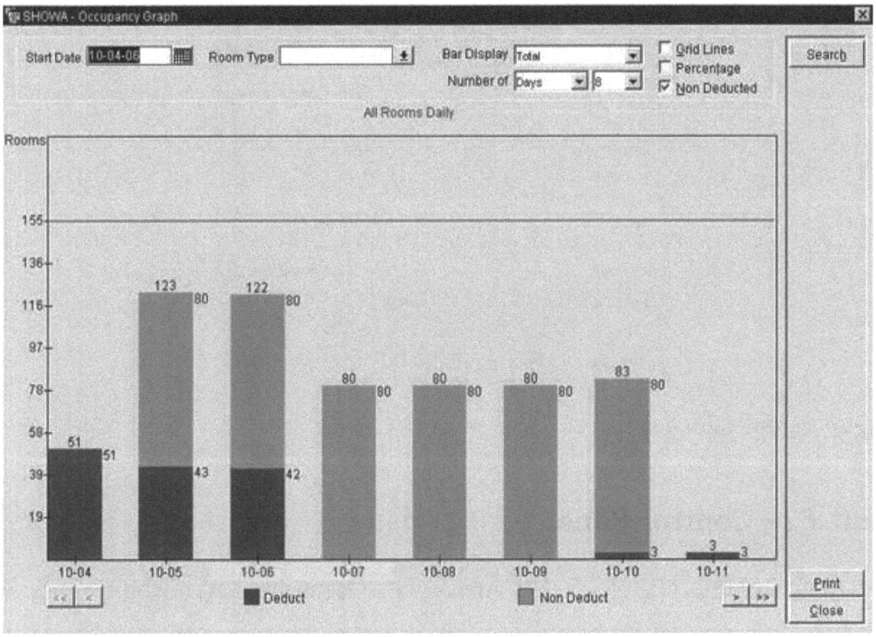

2. **Start Date** 혹은 **Room Type** 등 검색 조건을 입력한 후 **Search**를 선택한다.
3. **Bar Display**를 변경하려면 Bar Display 필드 옆 화살표를 선택한다.
4. **Grid Lines** 혹은 **Percentages**를 선택할 수도 있다.
5. 주간 데이터를 확인하려면 **Number of** 필드의 화살표를 선택하고 주간에 해당하는 값으로 필드 값을 변경한다.
6. 보이는 일자별/주간별 데이터를 과거 혹은 미래 날짜로 변경하려면 화면 하단의 화살표를 선택한다.
7. 현재 보이는 데이터를 출력하려면 **Print**를 선택한다.

Control F1 – Keyboard Shortcuts

Control F1키는 해당 Quick Key Function으로 접근 할 수 있는 단축키의 리스트를 보여준다. 이곳의 단축키는 이 Chapter의 Quick Keys와 그 외 추가적인 OPERA 시스템 사용 시 필요한 Keyboard 사용 팁을 알려준다.

KEYS 화면을 사용하는 방법은 아래와 같다.

1. 시스템 어느 화면에서든 Control과 F1을 선택한다.

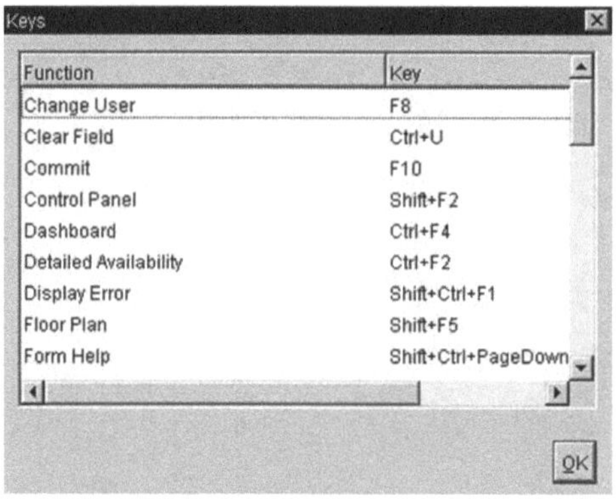

Function	Key
Change User	F8
Clear Field	Ctrl+U
Commit	F10
Control Panel	Shift+F2
Dashboard	Ctrl+F4
Detailed Availability	Ctrl+F2
Display Error	Shift+Ctrl+F1
Floor Plan	Shift+F5
Form Help	Shift+Ctrl+PageDown

2. OK를 선택하여 화면을 닫는다.

Shift F2 – Control Panel

CONTROL PANEL 화면은 주간별 Arrival 수, Occupancy, Availability 등을 확인할 수 있는 화면으로 특히 직원 스케줄 관리 및 앞으로의 예약 현황(Forecast)을 보기 위한 도구로 관리자 차원에서 더욱 유용하게 사용된다. Group Activity나 Overbooking Level 등도 추가적으로 확인할 수 있다.

Control Panel을 사용하는 방법은 아래와 같다.

1. 시스템 어느 화면에서든 Shift와 F2키를 선택한다.

CONTROL PANEL 화면이 아래와 같이 나타난다.

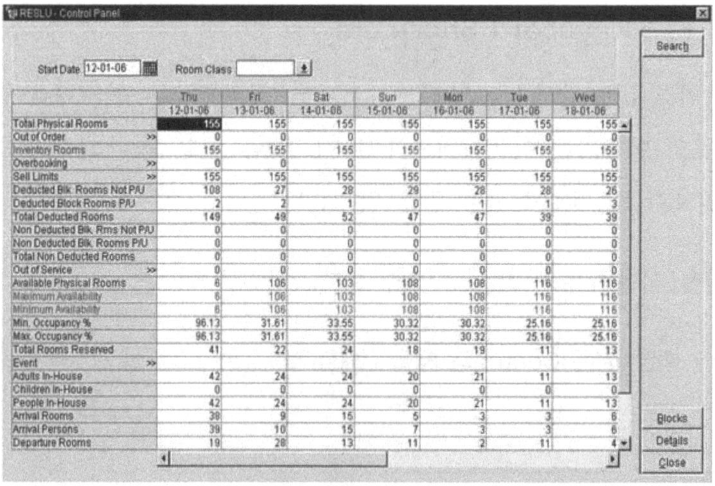

RESLU - Control Panel

Start Date 12-01-06 Room Class

	Thu 12-01-06	Fri 13-01-06	Sat 14-01-06	Sun 15-01-06	Mon 16-01-06	Tue 17-01-06	Wed 18-01-06
Total Physical Rooms	155	155	155	155	155	155	155
Out of Order >>	0	0	0	0	0	0	0
Inventory Rooms	155	155	155	155	155	155	155
Overbooking >>	0	0	0	0	0	0	0
Sell Limits >>	155	155	155	155	155	155	155
Deducted Blk Rooms Not P/U	108	27	28	29	28	28	26
Deducted Block Rooms P/U	2	2	1	0	1	1	3
Total Deducted Rooms	149	49	52	47	47	39	39
Non Deducted Blk Rms Not P/U	0	0	0	0	0	0	0
Non Deducted Blk Rooms P/U	0	0	0	0	0	0	0
Total Non Deducted Rooms	0	0	0	0	0	0	0
Out of Service >>	0	0	0	0	0	0	0
Available Physical Rooms	6	106	103	108	108	116	116
Maximum Availability	6	106	103	108	108	116	116
Minimum Availability	6	106	103	108	108	116	116
Min. Occupancy %	96.13	31.61	33.55	30.32	30.32	25.16	25.16
Max. Occupancy %	96.13	31.61	33.55	30.32	30.32	25.16	25.16
Total Rooms Reserved	41	22	24	18	19	11	13
Event >>							
Adults In-House	42	24	24	20	21	11	13
Children In-House	0	0	0	0	0	0	0
People In-House	42	24	24	20	21	11	13
Arrival Rooms	38	9	15	5	3	3	6
Arrival Persons	39	10	15	7	3	3	6
Departure Rooms	19	28	13	11	2	11	4

Search Blocks Details Close

2. 필요 시 화면 상단에 있는 **Start Date**를 변경하거나 검색 조건을 달리 하여 입력한 후 **Search** 버튼을 선택한다.

   화면 왼쪽에 Grid에 나타나는 값이 어떤 값을 보여주는 지가 설명된다(예: Available Physical Rooms, Adults in House, etc).

이 화면에서의 추가 옵션 기능은 아래와 같다.

- **Blocks** 옵션은 선택된 날에 해당하는 모든 그룹 Block 리스트를 보여준다.
- **Details** 옵션은 객실 타입별, Reservation Type별로 몇 개의 예약이 판매되었는지를 보여준다.
- 만약 호텔이 Turnaway 기능을 사용한다면 **Turnaway** 옵션에서 선택된 날짜의 Turnaway 예약의 세부 사항을 등록할 수 있다.

Control F2 – Detailed Availability

DETAILED AVAILABILITY 화면은 화면 상단에 입력된 날짜를 기준으로 미래 14일간의 판매 가능한 객실수를 보여준다. 또한 예약된 객실수(Occupancy) 혹은 예약 가능한 객실수(Availability)를 객실 타입(Room Type)별로 확인할 수 있다.

Detailed Availability 화면을 사용하는 방법은 아래와 같다.

1. 시스템 어느 곳에서든 Control과 F2를 선택한다.

DETAILED AVAILABILITY 화면이 아래와 같이 나타난다.

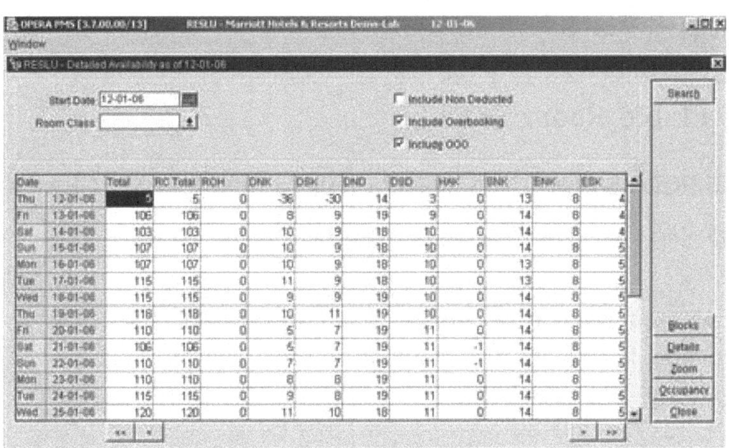

2. 화면 상단의 검색 조건에서 Start Date 및 그 외 조건을 입력한 후 Search를 선택한다.

이 화면에서의 추가 옵션 기능은 아래와 같다.

- Blocks 옵션은 선택된 날짜의 In House 상태의 단체 예약 리스트(Block List)를 보여준다.
- Details 옵션은 선택된 날의 Availability 세부 정보를 보여준다. Occupancy 옵션을 선택하면 예약 가능한 객실수(Availability)의 세부 사항이 아닌 예약된 객실수(Occupancy)의 세부 사항으로 해당 화면 값이 변경된다.

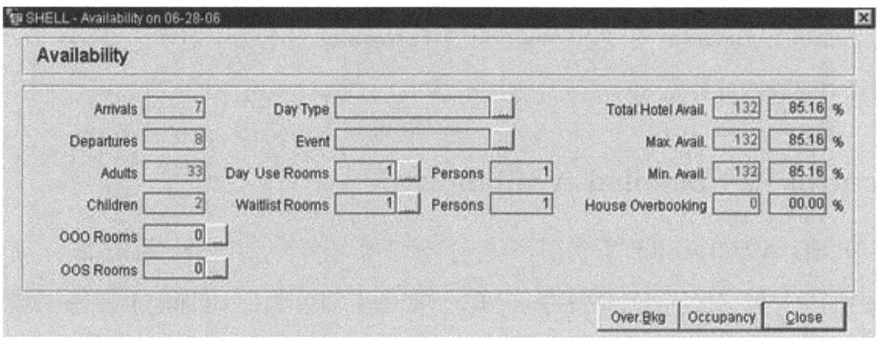

- Zoom 옵션은 객실 타입(Room Type)별/Reservation Type별 얼마나 많은 객실이 판매되었는지를 보여준다.
- Occupancy 옵션은 Availability를 보여주는 화면에서 판매된 객실수(Occupancy)를 보여주는 Grid로 화면 값이 변경된다.
- 만약 호텔이 Turnaway 기능을 사용한다면 Turnaway 옵션에서 선택된 날짜의 Turnaway 예약의 세부 사항을 등록할 수 있다.

F3 – Available Room Search

AVAILABLE ROOMS SEARCH는 손쉽게 Check In 가능한 객실인 Clean 혹은 Inspected 상태의 객실을 찾을 수 있게 도와주는 기능이다.

Available Rooms Search 를 사용하는 방법은 아래와 같다.

1. 시스템 어디에서든 F3을 선택한다.

AVAILABLE ROOMS SEARCH 화면이 아래와 같이 나타난다.

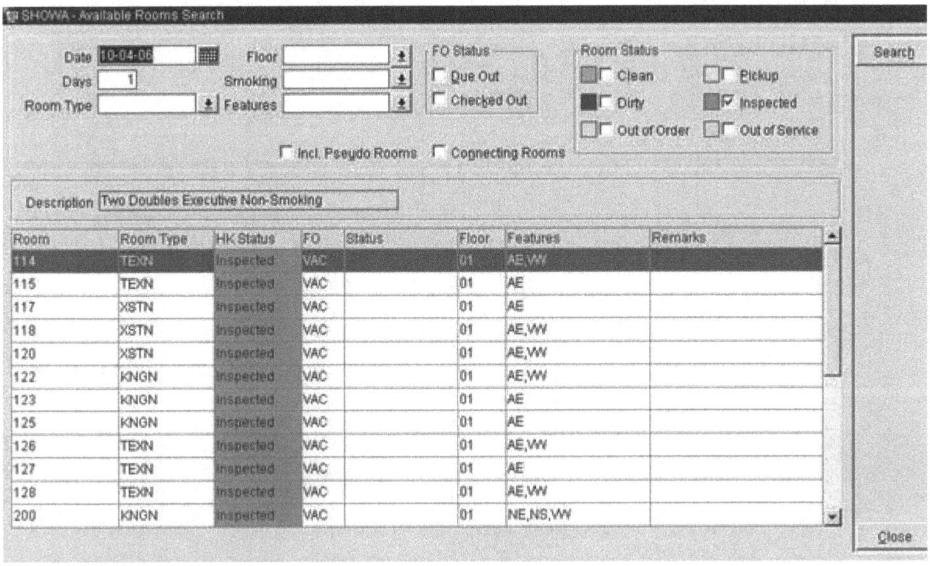

이 화면의 기본적으로 검색 조건으로 사용되는 조건들은 모두 호텔에서 사용하는 Status이다(예: Clean or Inspected).

2. 화면 상단에 있는 검색 조건을 원하는 조건의 객실이 나올 수 있게 변경한 후 Search를 선택한다.

Shift F3 – House Status

House Status는 오늘의 In House Activity를 보여주는 화면으로 Arrivals, Departures, Occupancy, 그리고 총 판매 가능한 객실수를 확인할 수 있다.

이 화면에서는 오늘의 호텔 전반적인 상황을 축약하여 보여줌으로써 Front Office 직원들에게 유용한 정보를 제공한다.

HOUSE STATUS를 사용하는 방법은 아래와 같다.

1. Shift F3을 선택한다.

HOUSE STATUS 화면이 아래와 같이 나타난다.

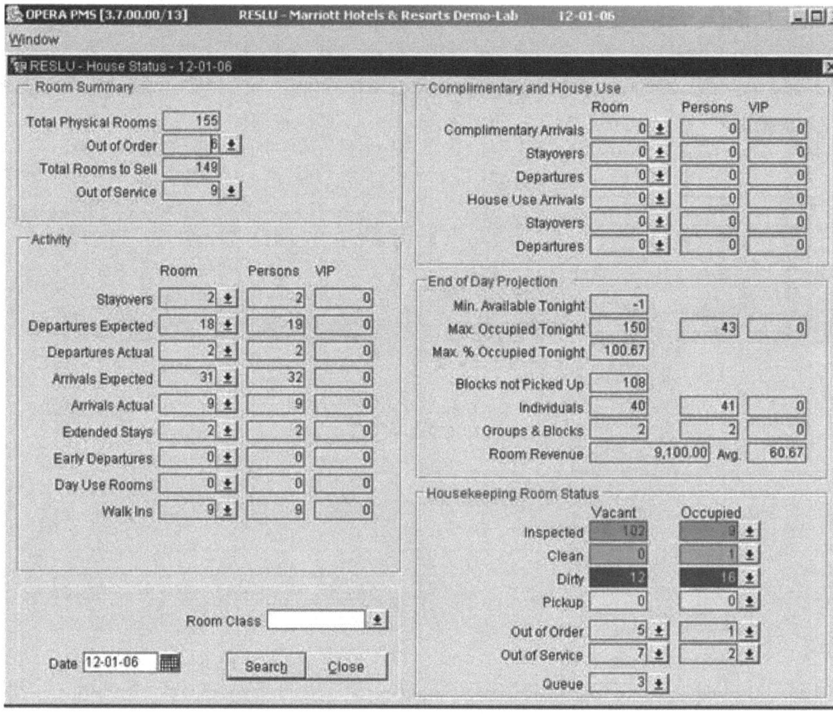

이 화면의 기본적으로 설정된 날짜는 시스템의 현재 날짜이며 5개의 메인 섹션으로 이루어진다.

- Room Summary- 호텔의 Total Physical Rooms를 보여주며 여기에서 Out Of Order 객실을 제한 수가 Total Rooms to Sell 수이다.
- Activity- 오늘의 Arrivals 및 Departures를 보여주며 앞으로 Check In 혹은 Check Out 예정인 객실과 이미 Check In 혹은 Check Out한 객실의 수를 보여준다.
- Complimentary and House Use– Complimentary와 House Use로 설정된 객실 수 및 인원수를 Arrivals, Stayovers, Departures별로 보여준다.
- End of Day Projection- Occupancy Total과 Percentage와 Blocks not picked up을 확인할 수 있다.
- Housekeeping Room Status- Housekeeping Status별 객실수를 보여준다 (예: Clean, Dirty, Inspected, Pickup).

2. 각 필드에 해당하는 예약 리스트를 보려면 필드 옆 화살표를 선택한다.
3. Business Date를 변경하려면 Date 필드를 수정하고 Search를 선택한다.

NOTE 검색 날짜를 미래 날짜로 변경하면 Room Status 섹션은 사라지고 Activity 섹션에서 보이는 필드도 줄어든다(아래 화면 참고).

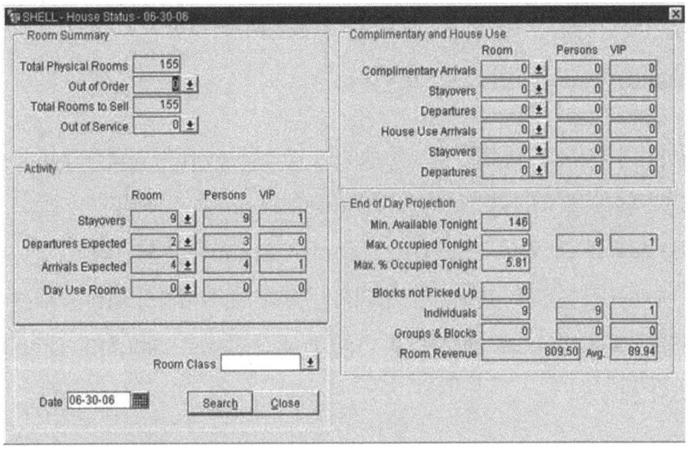

Control F3 – Room Plan

ROOM PLAN 화면은 객실별 고객이 투숙 중인지 혹은 빈 객실인지를 GRID 형태로 보여주는 화면으로 Room Move(객실 변경) 혹은 단체 예약에 대해 객실을 미리 지정할 때 가장 유용하게 사용된다.

ROOM PLAN을 사용하는 방법은 아래와 같다.

1. Control F3을 선택한다.

ROOM PLAN 화면이 아래와 같이 나타난다.

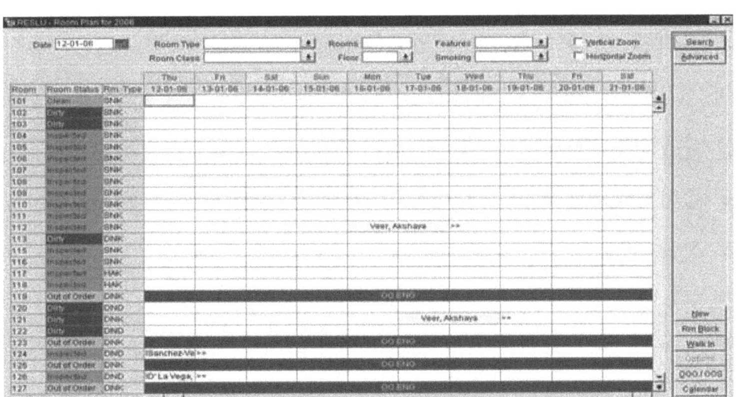

화면 왼쪽에 객실 번호와 Housekeeping Status를 보여준다. Grid 화면에서 실제 투숙 중인 객실 번호와 도착 예정인 객실 번호를 확인할 수 있으며 새로운 예약 또한 생성할 수 있다. 위의 날짜는 화면 상단에서 선택된 날짜로부터 미래 10일에 대한 예약을 보여주며 주말(Weekend)은 노란 박스로 보인다.

2. 날짜를 변경하려면 Date에 새로운 날짜를 입력한 후 **Search**를 선택한다.
3. 세로로 보이는 객실수를 더 많이 보려면 **Vertical Zoom**을 선택한다.
4. 가로로 보이는 날짜를 더 많이 보려면 **Horizontal Zoom**을 선택한다.
5. 화면에서 In House 객실 혹은 객실 번호가 지정된 도착 예정 예약의 객실을 다른 객실로 옮기려면 Grid에서 해당 객실을 마우스로 선택한 후 다른 객실 셀(Cell)로 Drag하여 Drop하면 객실 번호를 변경할 수 있다.

NOTE 만약 객실 번호를 바꿀 때 객실 타입이 바뀐다면 Room Type을 변경할 것인지에 대한 메시지가 나타난다.

이 화면에서의 추가 옵션 기능은 아래와 같다.

- **New/Edit:** 선택된 날짜에 새로운 예약을 생성하거나 이미 입력된 예약을 수정을 할 수 있다.
- **Advanced:** 추가적인 검색 조건을 볼 수 있다.
- **Rm Block:** Room Assignment 화면으로 들어가 해당 예약의 날짜와 객실 타입에 맞는 지정 가능한 객실의 리스트를 보여준다. 만약 맞는 객실이 없다면 이에 대한 메시지가 뜬다.
- **Walk in:** Walk In 예약을 생성할 수 있다.
- **Options:** 선택된 예약의 Reservation Options 기능을 보여준다.
- **OOO/OOS:** Out of Order/Out of Service 설정 화면으로 들어가 빠르게 OOO/OOS를 입력할 수 있게 한다.
- **Calendar:** CALENDAR 화면을 보여주며 해당 기능에 대한 자세한 설명은 "Reservation" Chapter를 참고한다.

Shift F4 – Inquiry

INQUIRY화면은 그룹 예약을 하기 전 Availability를 확인하는 영업 부서나 예약 부서에서 유용하게 사용할 수 있는 기능으로 이에 대한 자세한 사항은 "Business Blocks-Groups" Chapter를 참고하기 바란다.

Control F4 – Dashboard

Dashboard 기능은 Front Desk 직원들의 업무에 필요한 기능을 모두 포함하고 있는 기능으로 이 화면에서 예약을 바로 생성하거나 Check In, 리포트 출력, 고객 정보 수정, Walk In 예약 생성, Billing 정보를 확인하거나 매출 발생시키기, Check Out 기능 등이 모두 지원된다.

이 기능을 사용하는 방법은 아래와 같다.

1. Control F4를 선택한다.

DASHBOARD 화면이 아래와 같이 나타난다.

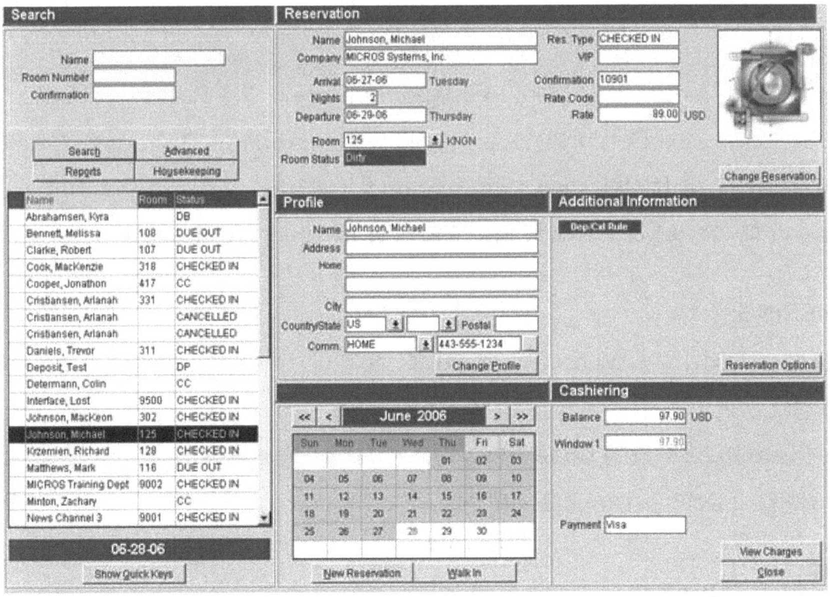

Dashboard는 여러 화면을 포함한다: Search, Reservation, Profile, Additional Information, Cashiering

SEARCH:

2. 일반 예약 혹은 In House 고객을 검색하려면 Name 혹은 **Confirmation Number** 등의 검색 조건을 사용한다. 추가적인 검색 옵션이 필요하다면 Advanced 버튼을 선택한다.
3. 이 Chapter에서 설명하는 단축키 메뉴를 보려면 **Show Quick Keys**를 선택한다.
4. 일반 리포트를 검색 및 출력하려면 **Reports**를 선택한다.
5. Housekeeping 메인 화면을 보려면 **Housekeeping**을 선택한다.

RESERVATION:

6. 기본적인 예약 정보를 보려면 검색 결과를 보여주는 창에서 해당 예약을 하이라이트하면 이 화면에서 해당 예약에 대한 기본 투숙 정보를 보여준다. 이 창에서 선택한 예약의 Status에 따라 옵션은 달라진다.
7. 자세한 예약 정보를 보려면 View Reservation 혹은 **Change Reservation**을 선택한다.
8. 오늘 Check In 예정인 고객을 Check In을 하려면 **Check-In Guest**를 선택한다.
9. 취소된 예약을 다시 예약 상태로 변경하려면 **Reinstate**를 선택한다.
10. 실수로 잘못 Check In 하였다면 **Cancel Check-In**을 선택한다.

PROFILE:

11. 선택한 고객의 Profile 정보를 볼 수 있다. Profile 정보를 변경하려면 **Change Profile**을 선택한다.
12. Deposit and Cancellation Rules, Messages, Notes 등과 같은 Reservation Option Lamp가 보이며 Reservation Option 기능으로 접근하려면 **Reservation Options**를 선택한다.
13. 새로운 예약을 생성하려면 **New Reservation**을 선택한다.
14. Walk In 예약을 생성하여 Check In을 하려면 **Walk-In**을 선택한다.

CASHIERING:

15. Payment Type과 1번 Window의 Balance를 보여준다. Check Out을 하려면 **Check Out**을 선택한다.
16. In House 고객의 Folio를 확인하려면 **View Charges**를 선택한다.
17. 이 화면을 종료하려면 **Close**를 선택한다.

F5 - Rate Query

객실 타입별 Availability와 객실료 및 Rate Code를 확인하려면 이 기능을 사용한다.

Rate Query를 사용하는 방법은 아래와 같다.

1. F5를 선택한다.

RATE INFORMATION 화면이 아래와 같이 나타난다.

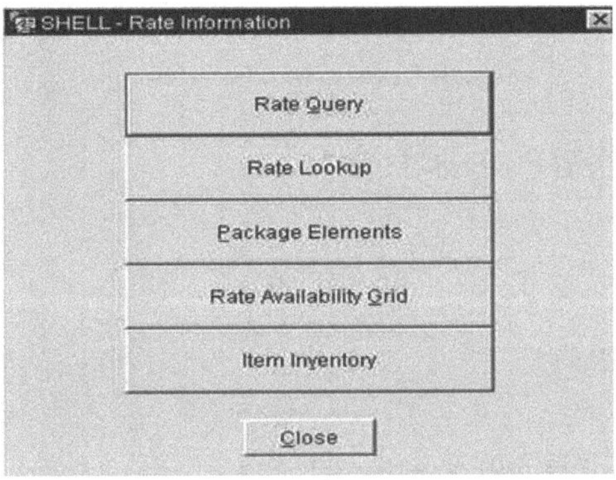

2. 호텔이 제공할 수 있는 객실료의 범위(Rate availability)를 확인하기 위하여 Rate Query를 선택한다. RATE QUERY의 자세한 설명은 "Reservations" Chapter를 참고하기 바란다.
3. 특정 금액 범위 안에 맞는 객실료를 확인하기 원한다면 Rate Lookup을 선택한다.

RATE LOOKUP 화면이 아래와 같이 나타난다.

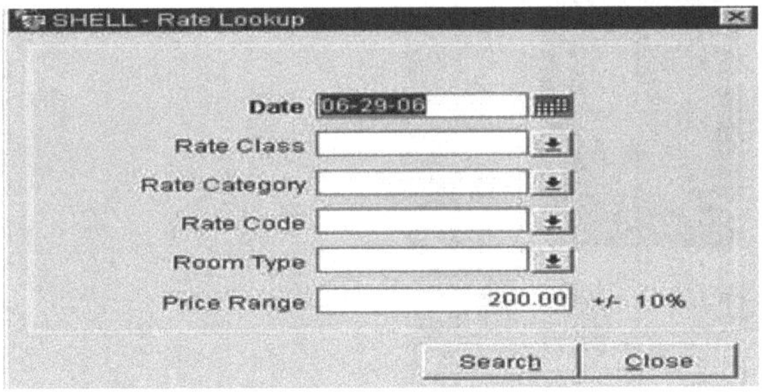

4. Date와 Price Range를 입력하여 Search를 선택하면 해당 조건에 맞는 객실료 리스트가 나타난다.
5. 판매 가능한 패키지 아이템을 확인하려면 Package Elements를 선택하여 PACKAGE CODES 리스트를 볼 수 있다.
6. Rate Restrictions와 Inventory Controls를 확인하려면 Rate Availability Grid를 선택하면 RATE AVAILABILITY 화면이 나타난다.

7. Rollaway Beds(이동식 침대) 및 Baby Crib(아기 침대) 등 호텔의 대여 품목을 확인하려면 Item Inventory를 선택한다. ITEM INVENTORY AVAILABILITY 화면이 나타난다.

Shift F5 – Floor Plan

Floor Plan은 호텔의 층별 구조를 보여주는 화면으로 객실 배정에 유용한 여러 가지 정보를 제공한다.

이 기능을 사용하는 방법은 아래와 같다.

1. Shift F5를 선택한다.

FLOORS 화면이 나타난다.

2. 보고자 하는 객실 층을 선택하여 View를 선택한다.

FLOOR PLAN 화면이 아래와 같이 나타난다.

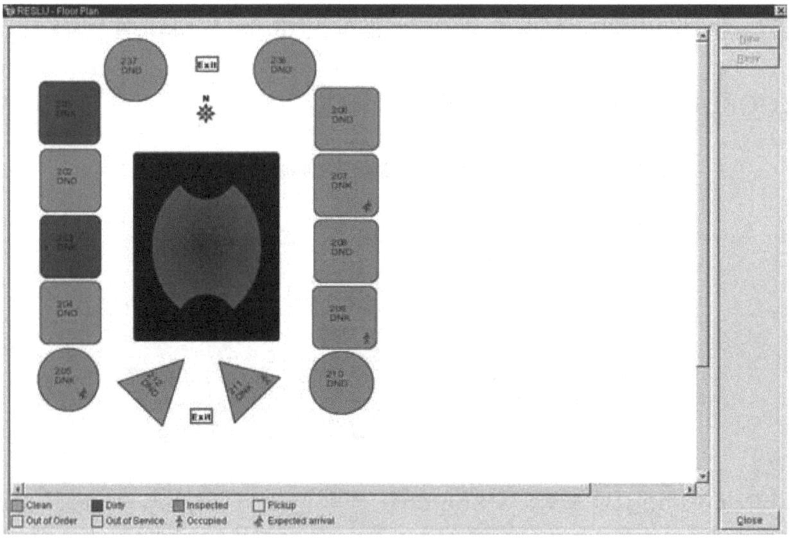

선택한 층의 도면도가 이 화면에 보인다. 객실별 Housekeeping Status가 색깔로 표시 및 구분되며 해당 색이 어떤 Status를 의미하는지는 화면 하단에서 설명된다.

3. 도착 예정인 객실의 예약을 확인하려면 객실 번호를 선택하여 마우스로 더블 클릭하거나 Resv 버튼을 선택한다.

4. 특정 객실 번호로 지정된 새로운 예약을 생성하려면 해당 객실을 화면에서 선택하고 New를 선택한다.
5. 도착 예정 고객을 Check In 하려면 해당 객실 번호를 선택 후 Check-In을 선택한다.
6. 이 화면을 종료하려면 Close를 선택한다.

Shift F6 – Quick Book

Quick Book을 선택하면 QUICK BUSINESS BLOCK 화면이 나타난다. 이 기능에 대한 자세한 설명은 "Business Blocks – Groups" Chapter를 참고하도록 한다.

F7 – New Reservation

이 기능은 RATE QUERY 기능을 통해 새로운 예약을 생성할 수 있는 것으로 자세한 설명은 "Reservations" Chapter를 참고하도록 한다.

Shift F7 – Telephone Book

Telephone Book 기능은 호텔 주변의 레스토랑, 공항, 호텔, 유적지 등의 정보(전화번호, Opening Hour, Website 등등)를 빠르게 확인할 수 있는 유용한 기능이다. 여기서 찾은 정보를 고객에게 알려주거나 프린트하여 전해줄 수도 있다.

이 기능을 사용하는 방법은 아래와 같다.

1. Shift F7을 선택한다.

TELEPHONE BOOK 화면을 선택한다.

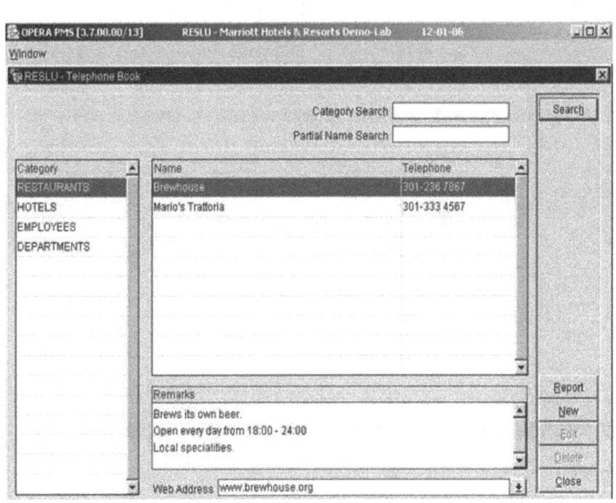

이 화면에는 3개의 섹션을 보여준다. 왼쪽은 레스토랑, 호텔 등의 **Category** 정보를 보여주며 오른쪽에는 각 Category별 입력된 Entry 정보를 보여준다. 이 화면의 하단에는 Remarks 혹은 **Web address**를 보여주며 상단에서 원하는 정보를 검색하기 위한 검색 필드가 있다.

2. 새로운 Category를 추가하려면 **Category** 섹션을 하이라이트한 후 **New**를 선택한다. **Category** 이름과 **Description**을 입력하여 **OK**를 선택한다.
3. 위에서 생성한 Category 그룹 안에서 새로운 Entry 정보를 추가하려면 Category를 먼저 선택 한 후 화면의 오른쪽을 하이라이트하여 **NEW** 버튼을 선택한다.
4. Entry 이름과 Telephone Number, Remarks, Web Address 등을 입력한 후 **OK**를 선택한다.
5. 특정 Category를 출력하려면 해당 Category를 하이라이트한 후 **Report**를 선택한다.
6. 특정 Entry의 웹 사이트로 바로 접속하려면 **Web Address** 필드를 마우스로 한번 선택한다.
7. Entry 정보나 Category를 삭제하려면 해당 Entry를 하이라이트하거나 Category를 하이라이트한 후 **Delete**를 선택한다.
8. 종료하려면 **Close**를 선택한다.

Control F7 – Telephone Operator

Telephone Operator 기능은 예약을 찾거나 고객정보 확인, 메시지 관리 등을 할 수 있는 기능으로 주로 PBX Operator에게 유용한 기능이다.

이 기능을 사용하는 방법은 아래와 같다.

1. **Control F7**을 선택한다.

TELEPHONE OPERATOR 화면이 아래와 같이 나타난다.

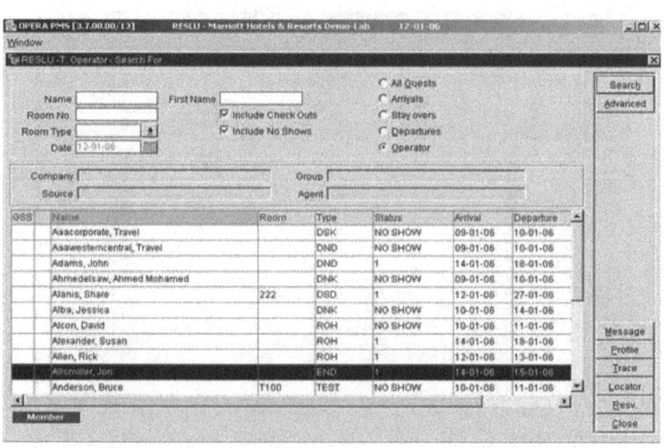

고객을 검색하기 위해 검색 옵션(Advanced Search Option 포함)을 사용하도록 한다. 아래 화면에 검색된 고객의 Name, Room Number, Reservation Status가 나타난다.

이 화면에서의 추가 옵션 기능은 아래와 같다.

- Messages 옵션은 선택한 고객의 MESSAGE 화면이 나타난다.
- Profile 옵션은 선택한 고객의 PROFILE 화면이 나타난다.
- Trace 옵션은 선택한 고객의 TRACES 화면이 나타난다.
- Locator 옵션은 선택한 고객의 NEW LOCATOR 화면이 나타난다.
- Resv 옵션은 RESERVATION Main 화면이 나타나 예약을 수정 및 변경할 수 있다.

F8 - Log Out

이 기능은 Application을 닫지 않아도 시스템에서 로그아웃할 수 있는 기능으로 시스템 어느 곳에서든 F8을 선택하면 OPERA LOGIN 창이 아래와 같이 나타난다.

다른 사용자가 로그인을 새로 해야 하는 경우 F8을 선택하여 기존 사용자를 로그아웃시킬 수 있다. F8을 사용하여 로그아웃 한 후 다시 로그인한 경우 시스템은 로그아웃 전 작업하던 것과 같은 화면을 보여준다. 이는 특히 사용자가 권한이 없는 작업을 해야 하는 경우 매니저나 슈퍼바이저의 아이디로 빠르게 변경하여 해당 작업을 수행할 수 있게끔 도와준다.

시스템으로 다시 로그인하기 위해서는 User Name과 Password를 입력한 후 Login을 선택해야 한다.

NOTE 이 기능을 사용하여 로그아웃을 하게 되면 임시적으로 로그아웃한 것이 된다. 시스템을 완전히 종료하지 않으면 메인 로그인 화면(Single Sign On)은 여전히 해당 사용자가 로그인되어 있는 것으로 나타난다. 완전히 시스템에서 로그아웃하여 다른 사용자가 또 다른 모듈을 실수로 오픈하는 것을 막으려면 메인 OPERA 웹 화면에서 로그오프를 해야 한다.

Shift F8 – Interfaces Submenu

이 기능은 INTERFACE MENU화면으로 접근하여 연동되어 있는 Movies, PBX, Key Card System을 관리할 수 있다.

Control F8 – Maximum Availability

Maximum Availability 기능에서는 Overbooking이나 Sell Limits를 포함하여 특정일의 객실 타입별 예약 가능한 객실수를 확인할 수 있다.

Maximum Availability를 확인하는 방법은 아래와 같다.

1. Control F8을 선택한다.

MAXIMUM AVAILABILITY 화면이 아래와 같이 나타난다.

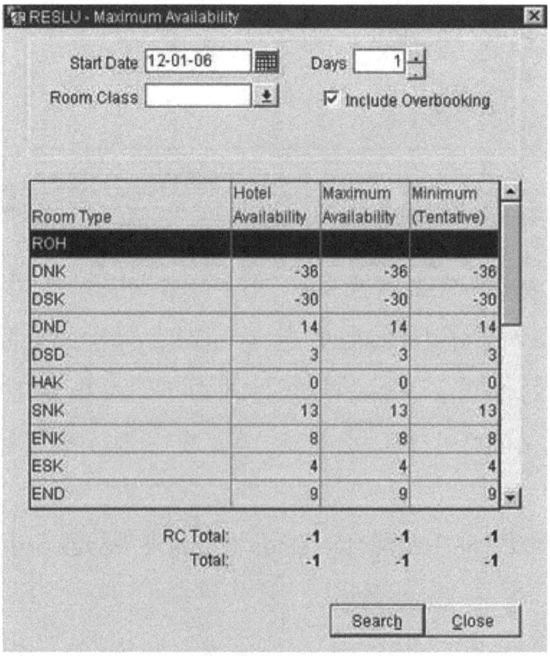

2. 확인하려는 날짜를 변경하려면 Start Date 필드에 새로운 날짜를 입력하고 Search를 선택한다.

Hotel Availability, Maximum Availability, Minimum(Tentative) Availability의 값은 개별 예약과 단체 예약 수에 따라 달리 나타난다. 또한 RC Totals(Rooms Committed Totals)가 화면 하단에 보인다.

Shift F9 – Function Diary

Function Diary는 Convention 혹은 Meeting이 가능한 장소가 있는 호텔에 적용할 수 있는 기능으로 OPERA Sales & Catering 혹은 Property Management System의 Function Space 기능을 사용하는 호텔에서 사용할 수 있는 기능이다. 이 기능을 통해 특정 Function Room에서의 어떤 행사가 어떤 날짜에 진행될 것인지에 관한 Meeting Plan을 확인할 수 있다.

Chapter 9

Package

9.1 Package

Package의 구성 방법은 두 가지로 나눈다. 첫 번째는 개별 항목으로 구성, 예를 들어 영화를 하나의 Package로 구성할 수 있다. 두 번째는 여러 Package의 개별 항목을 하나로 묶어 주는 Package Group이다. 예를 들어 영화, 저녁 등의 개별 항목을 하나의 Package Group으로 묶어 구성할 수 있다.

Package를 세팅하는 방법 또한 두 가지로 나뉜다. 하나는 'Simple Package', 다른 하나는 'Advanced Package'이다. Simple Package의 경우에는 Interface로 연동된 과금에 대해서는 시스템에서 자동으로 소비하거나 혹은 Interface로 과금 자체를 할 수 없게 되어 있다. 이 Package의 경우에는 단순히 Night Audit 중 Price로 세팅되어 있는 금액을 자동으로 입력(Post)되게끔 해준다.

Advanced Package는 Interface로 과금을 할 수 있다. 또한 고객 Folio로 과금된 금액은 해당 Folio에 그대로 보이는 것이 아니라 Package에서 허용한 Allowance만큼 소비하고 남은 금액에 대해서만 보인다.

Package Group은 하나의 Package로 판매되고 있는 Package를 하나로 묶어 놓은 것이다.

Simple Package Element:

Simple Package를 생성하는 방법은 아래와 같다.

1. System Configuration → Rate Management를 선택한다.
2. Packages를 선택한다.
3. Codes를 선택한다.

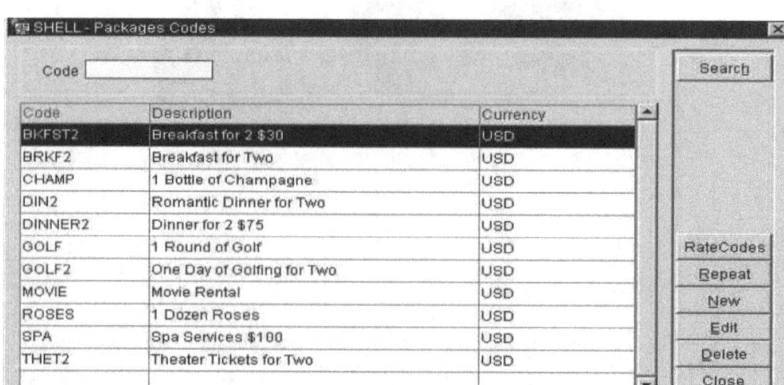

PACKAGE CODES 화면에서 현재 호텔에서 가지고 있는 모든 Package 코드 리스트를 확인할 수 있다. 여기에 있는 Package 코드는 Package 요소와 Package Group 둘 다 포함하고 있다.

Package Header 탭의 화면은 아래와 같이 구성되어 있다.

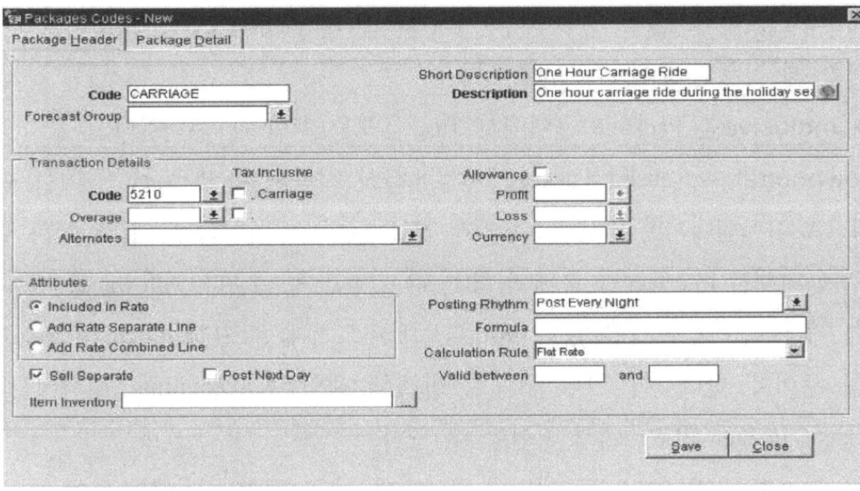

Package Header 구성 필드에 대한 설명은 아래와 같다.

- Code 필드에는 Package 요소와 Package Group을 설명하는 간단한 코드를 입력한다.
- Forecast Group 필드에는 해당 패키지가 속한 Package Group을 선택한다.
- Short Description 필드에는 Package 관련 리포트에서 보이는 정보를 입력한다.
- Description에는 사용자가 고객과 해당 Package에 대한 정보를 확인할 때 사용할 수 있는 내용을 입력한다. 해당 내용은 각 예약별 Rate Info에서 확인할 수 있다.

Transaction Details 필드 구성은 아래와 같다.

- Code는 Package Ledger에서 Allowance로 사용되는 거래 코드(Transaction Code)이다.
- Overage는 Allowance 금액보다 초과된 금액에 대해서 Guest Folio에 입력(Post)되는 거래 코드(Transaction Code)이다. 만약 고객이 본인 예약으로 부여된 Allowance

보다 더 많은 금액을 사용한다면 초과 금액에 대한 과금은 이 필드에 입력된 거래 코드(Transaction Code)로 고객 Folio에 입력(Post)된다.

- Alternates는 Code 필드에 입력된 거래 코드(Transaction Code)를 제외하고 추가로 Allowance로 사용 가능한 거래 코드(Transaction Code)를 말한다. 예를 들어 고객이 아침 식사를 호텔 레스토랑인 'Café'에서 하기로 되어 있는데 룸서비스를 통해서 식사를 대체하였을 경우 해당 거래 코드(Transaction Code)도 소비할 수 있게 세팅할 때 사용된다.
- Tax Inclusive는 Package 금액에서 Tax 금액을 제할 때 선택한다.
- Allowance는 Advanced Package 세팅에서만 사용된다. Package 금액을 단순히 OPERA 시스템에서만 발생할 수 있게 하는 것이 아니라 외부 시스템에서 발생한 금액에 대해서 Interface를 통해 입력(Post) 가능하게 해준다. Allowance 기능을 사용할 경우에는 이에 상응하는 'Profit'과 'Loss' 거래 코드(Transaction Code)를 선택해 주어야 한다. 이 거래 코드로 발생한 내역은 Accounting 부서에서 보는 Package Ledger 리포트에서 확인할 수 있다.
- Package Profit은 'Price'로 세팅된 금액보다 적은 금액이다. 예를 들어 아침 식사 금액에 대한 Allowance를 고객이 다 소비하지 않을 때 Package Profit이 발생한다.
- Package Loss는 'Allowance'로 세팅된 금액보다는 적고 'Price'로 세팅된 금액보다는 많은 금액이다.
- Currency: 만약 호텔에서 두 개 이상의 외화 코드(Currency Code)를 사용할 경우 Package별 외화 코드를 다르게 사용할 수 있다.

■ 속성값

- Included In Rate를 선택하면 Package의 Price 금액이 Rate Details(Rate Codes 세팅)에 세팅되어 있는 객실료에서 차감된다. 객실료에서 차감된 Package Price 금액을 제외한 나머지 금액이 객실 매출로 발생한다.
- Add to Rate Separate Line을 선택하면 Package Price 금액이 해당 객실료에 추가되지 않고 그 금액만큼 고객 Folio에 별도로 입력(Post)된다.
- Add to Rate Combine Line을 선택하면 Package Price 금액이 해당 객실료에 포함되는 것이 아니라 그 금액만큼 추가된다. 추가된 금액은 객실료와 함께 한 줄로 고객 Folio에 합쳐져서 보인다.

- Sell Separate를 선택하면 해당 Package가 Rate Code 세팅에서 뿐만 아니라 개별 예약에서도 선택 가능하게 해준다.
- Post Next Day를 선택하면 해당 Package의 Allowance를 발생한 당일에 소비하는 것이 아니라 그 다음날 소비 가능하게 해준다. 이 기능이 가장 많이 사용되는 예는 아침 식사이다. 아침 식사의 경우에는 Check In 당일이 아닌 그 다음 날 하는 것이 일반적이기 때문에 해당 Allowance를 Check In 당일이 아닌 다음 날 소비할 수 있게 연기하는 것이다.
- Item Inventory에 입력된 물품이 개별 예약의 Package Code 입력 시 자동으로 예약에 첨부된다.
- Posting Rhythm을 통해 해당 Package가 투숙 내내 적용될 것인지 아니면 하루만 적용될 것인지 혹은 특정 날짜만 적용될 것인지 정할 수 있다. OPERA 시스템은 호텔이 원하는 Package 구성을 만족시키기 위해 10가지의 다른 Posting Rhythm을 가지고 있다.

1. Post Every Night–Package 금액이 매일 발생한다.
2. Post On Arrival Night–Package 금액이 도착 당일만 발생한다.
3. Post On Every X Nights Starting Night Y–Package 금액이 투숙 중 Check In 날짜를 기준으로 Y날짜 시점에서 발생 시작하며 또한 X Night를 주기로 발생한다. 예를 들어 월요일 날 입실해 토요일 날 퇴실한다고 가정하자. 그리고 X는 3 Y는 2이다. 이럴 경우 월, 화, 목요일은 Package 금액이 발생하지 않고 수, 금요일만 Package 금액이 발생한다.
4. Post on Certain Nights of the Week–Package 금액이 선택한 요일에만 발생한다.
5. Post on Last Night–Package 금액이 투숙 마지막 날에만 발생한다.
6. Post Every Night Except Arrival Night–Package 금액이 Check In 날짜만 제외하고 매일 발생한다.
7. Post Every Night Except Last–Package 금액이 투숙 마지막 날짜만 제외하고 매일 발생한다.
8. Do not Post On First and Last Night–Package 금액이 Check In 날짜와 투숙 마지막 날짜를 제외하고 매일 발생한다.

9. Floating Allowance per Stay- 고객이 투숙하는 동안 발생한 Allowance를 언제든지 사용할 수 있다.
10. Custom Posting Schedule- 14일을 주기로 해서 입력한 날짜에 해당하는 날에 Package 금액이 발생한다. 예를 들어 3, 5, 7을 선택했다고 가정하자. 그렇다면 고객이 투숙하는 3, 5, 7일 때 해당 Package 금액이 발생한다. 그리고 14일 지난날에 똑같은 법칙으로 해당 날짜에 Package 금액이 발생한다.

- Formula는 더 복잡한 계산 공식을 적용해야 할 경우 사용된다.
- Calculation Rule을 통해 Package 금액을 결정한다. 예를 들어

1. Per Adult/Child- 예약의 성인 수와 어린이 수를 기준으로 Package 금액이 계산된다.
2. Per Person- 성인 수와 어린이 수를 구분하지 않고 예약의 전체 인원수를 기준으로 Package 금액이 계산된다.
3. Flat Amount- Package 금액이 예약의 인원수를 기준으로 계산되지 않을 경우 사용된다.

- Valid Between은 Package에서 발생한 Allowance 금액을 언제 소비 가능한지에 대한 시간을 정하고 싶을 때 사용 가능하다. 만약 이 필드를 공란으로 남겨두면 시간제한 없이 언제든 해당 Allowance를 사용할 수 있다. 예를 들어 아침 식사를 07:00에서 10:30 사이에 제공한다면 오직 이 시간에만 해당 Allowance를 사용할 수 있다. 만약 이 시간 외에 아침 식사로 금액이 발생했다면 이 금액만큼 고객 Folio에 입력(Post)되어 보인다. 여기서 유효한 시간은 손님이 아침 식사를 물리적으로 시작하는 시간을 의미하는 것이 아니라 POS 사용자가 해당 금액에 대해서 입력(Post)하는 시점을 의미한다.

4. 고유의 Code를 입력한다.
5. Short Description을 입력한다.
6. Description을 입력한다.
7. Transaction Details 화면에서 거래 코드(Transaction Code)를 입력한다. 해당 코드는 Package Ledger에서 Allowance Credit으로 발생한다.

NOTE Simple Package의 경우에는 Allowance가 발생하지 않기 때문에 Overage를 입력할 수도, 필요도 없다. 또한 Package 금액이 Night Audit 중 자동 입력(Post)되기 때문에 다른 거래 코드(Transaction Code)로 입력될 수도 필요도 없기 때문에 Alternates를 사용하지 않는다. 그리고 Simple Package의 경우에는 Allowance를 선택하지 않는다. 그러므로 'Profit'과 'Loss'도 발생하지 않는다. 'Profit'과 'Loss' 발생 없이 항상 세팅된 Price 금액만 해당 거래 코드(Transaction Code)로 발생한다.

8. **Add Rate**를 선택한다.
9. 패키지가 포함되지 않은 예약에 개별적으로 Package를 첨부하고 싶다면 **Sell Separate**를 선택한다.

NOTE Package를 첨부함으로 어떤 예약도 Package 예약이 될 수 있다. Simple Package의 경우에는 Allowance가 발생하지 않기 때문에 **Post Next Day**를 선택할 필요가 없다.

10. **Posting Rhythm**을 선택한다.
11. **Calculation Rule**을 선택한다.
12. **Save**를 선택하면 Package Header 화면에 입력된 정보가 저장된다.
13. Package 가격 정보를 입력하려면 **Package Detail**을 선택한다.

Package Detail 화면이 아래와 같이 나타난다.

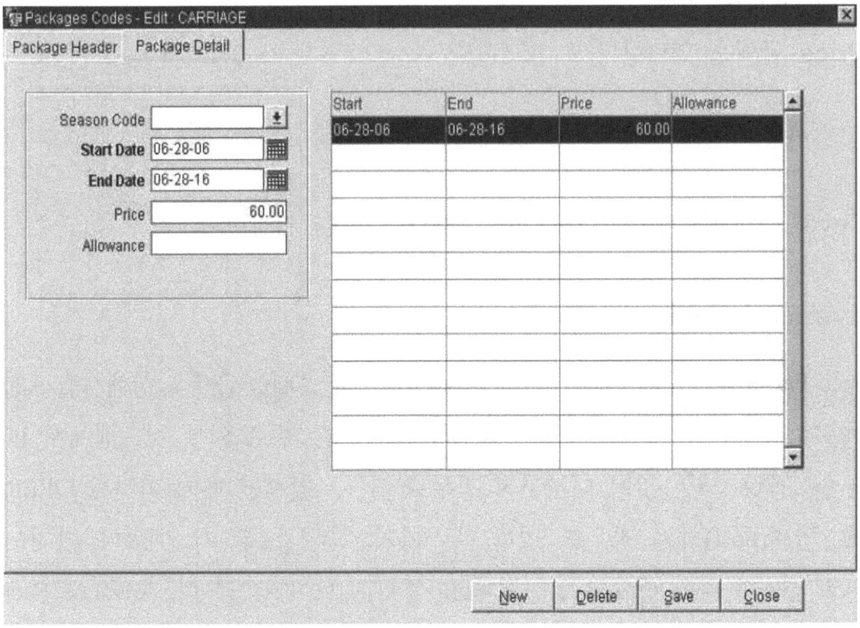

Package Detail 필드 설명은 아래와 같다.

1. **Season Code**: Rate Season Code를 선택할 수 있다.
2. **Start/End Date**: 입력된 Price 정보가 언제 적용되는지 정해준다. 2개 이상의 날짜 기간을 정해 Price 정보 입력을 할 수 있다. 반대로 다른 Price 정보를 같은 날짜에 적용하는 것은 불가능하다. 세팅한 날짜를 Start Date로 하여 10년 뒤의 날짜가 End Date로 기본 설정된다. 만약 Season Code를 선택한다면 해당 Season Code의 날짜 범위가 자동 입력된다.
3. **Price**: Package로 발생할 금액을 입력한다. 이 금액은 Package Header 부분에 Transaction Code로 선택한 코드로 자동 발생한다(만약 Package가 Allowance를 사용한다면 마이너스 금액은 Price 필드에 입력할 수 없다).

NOTE Package Header에서 정의한 외화 코드(Currency Code)를 기준으로 Price와 Allowance 금액을 입력한다.

4. **Allowance**: 고객이 해당 Package를 통해 사용 가능한 금액을 의미한다. 주로 아이템의 정가를 입력하거나 고객이 사용 가능한 한도 금액을 입력한다. Allowance 금액은 Price 금액보다 적게 세팅 할 수 없다.

14. **Start Date**를 입력한다.
15. **End Date**를 입력한다.
16. **Price** 금액을 입력한다.

NOTE Simple Package 생성에 대한 설명이므로 Allowance는 입력하지 않는다.

17. **Save**를 선택해 입력한 Package Details 정보를 저장한다.

Advanced Package Element

Advance Package 세팅의 경우는 고객 Folio로 발생한 Debit 금액을 상쇄시킬 Allowance (Credit)를 설정해야 한다. Debit으로 발생하는 금액은 주로 외부 시스템에서 Interface를 통해 입력(Post)되는 것이 대부분의 경우로 볼 수 있지만 때에 따라서 OPERA에서 수동으로 입력(Post)하는 경우도 있다. 두 가지 경우 모두 각 예약이 가지고 있는 Allowance 금액과 자동 상쇄되어 고객 Folio에서는 보이지 않는다. Advance Package에서 발생하는 Allowance는 생성된 당일, 혹은 다음날, 혹은 퇴실하기 전 언제든지 사용 가능하도록 설정할 수 있다.

Advance Package는 아래와 같이 생성할 수 있다.

1. Set Up을 선택한다.
2. Configuration을 선택한다.
3. Rate Management를 선택한다.
4. Packages를 선택한다.
5. Codes를 선택한다.

PACKAGES 화면이 아래와 같이 나타난다.

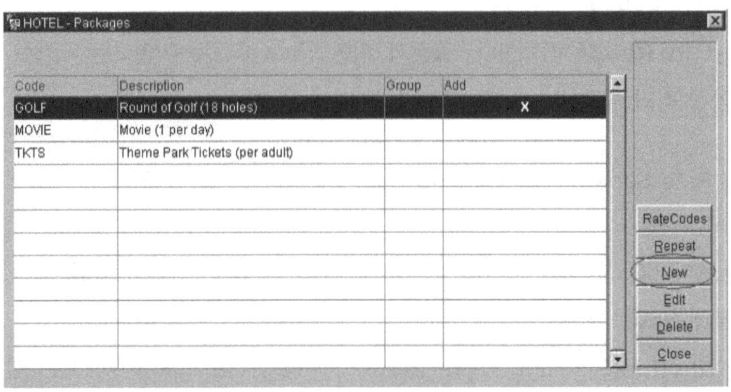

6. 새로운 Package를 생성하려면 New를 선택한다.

Package Header 화면이 아래와 같이 나타난다.

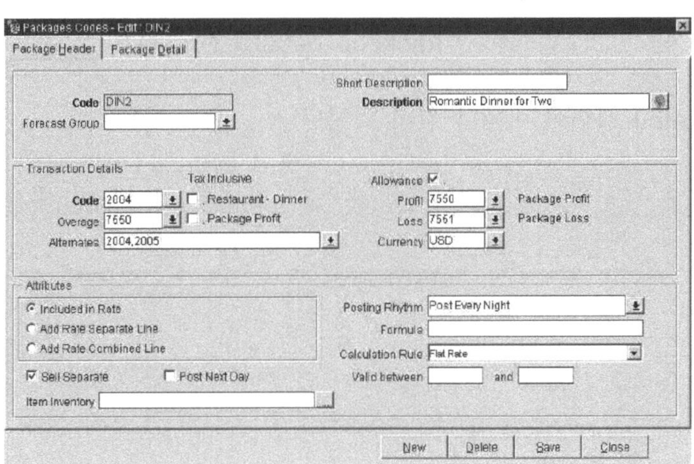

7. 고유의 **Code**를 입력한다.
8. **Short Description**을 입력한다.
9. Rate Info에 보일 **Description**을 입력한다. 해당 입력 사항은 예약과 직원이 해당 Package를 설명할 때 도움을 준다.
10. **Transaction Details** 화면에서 거래 코드(**Transaction Code**)를 입력한다. 해당 코드는 Package Ledger에서 Allowance Credit으로 발생한다.
11. 필요에 따라 **Overage** 거래 코드(Transaction Code)를 입력한다.
12. Transaction Code에 입력된 거래 코드(Transaction Code) 외에 다른 코드가 사용 가능하게 하고 싶다면 **Alternative**를 입력한다.
13. **Allowance**를 선택한다.
14. 관련 **Profit**과 **Loss**를 선택한다.
15. **Included in Rate**를 선택한다. 그렇게 되면 Rate Code에 입력된 객실료 금액에서 해당 Price 만큼 차감되어 Package 금액이 발생한다.

NOTE **Add Rate Separate Line**과 **Add Rate Combined Line** 또한 경우에 따라 선택할 수 있다.

16. 실제 아이템이 발생한 다음 날까지 고객이 사용할 수 있는 Allowance를 가지고 가고 싶다면 **Post Next Day**를 선택한다.
17. **Posting Rhythm**을 선택한다. 만약 고객 예약에 매일 아침 식사가 Package로 포함되어 있다면 Post Every Night를 선택하면 된다.
18. **Calculation Rule**을 선택한다. 예를 들어 성인 한 사람당 아침 식사에 대한 Package 금액을 적용하고 싶다면 Per Adult를 선택한다.
19. **Save** 버튼을 선택하여 Package Header에 입력한 내용을 저장한다.
20. Package 가격 정보를 입력하려면 **Package Detail**을 선택한다.

Package Detail 화면이 아래와 같이 나타난다.

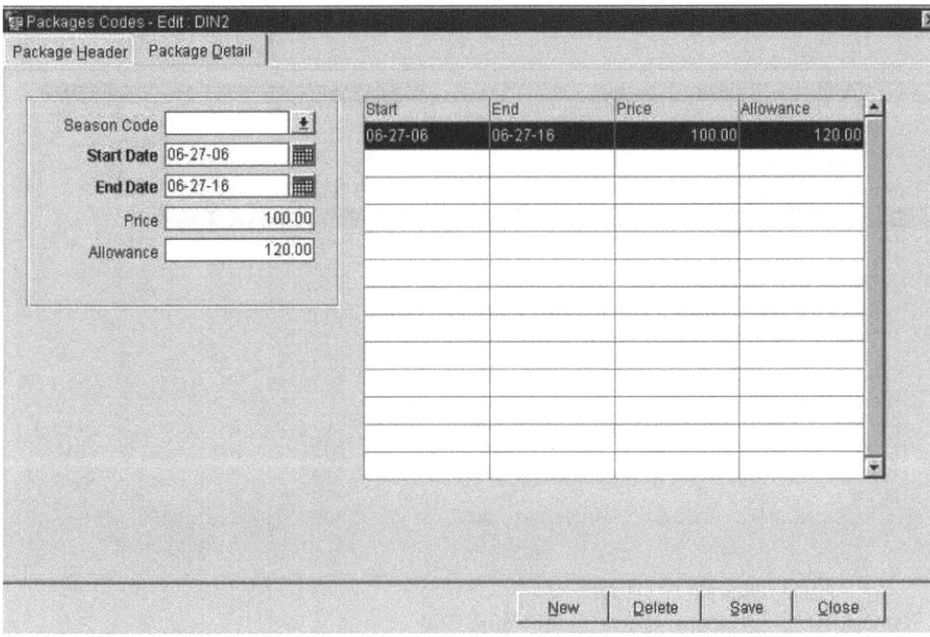

21. **Start Date**를 입력한다.
22. **End Date**를 입력한다.
23. **Price** 금액을 입력한다.
24. 고객이 사용할 수 있는 **Allowance** 금액을 입력한다.

NOTE Package Details에서 Allowance 금액을 입력하기 위해서는 반드시 Package Header에 있는 Allowance를 선택해야 한다.

25. **Save**를 선택하여 입력한 Package Details 정보를 저장한다.

Attaching Package to A Rate

OPERA 시스템에서는 위에서 생성한 Package 요소와 Package Group을 특정 Rate Codes에 입력할 수 있다.

Package 요소 혹은 Package Group을 특정 Rate Code에 입력하는 방법은 아래와 같다.

1. Configuration Menu에서 **Rate Management**를 선택한다.
2. **Rate Classifications**를 선택한다.
3. **Rate Codes**를 선택한다.

RATE CODES 화면이 아래와 같이 나타난다.

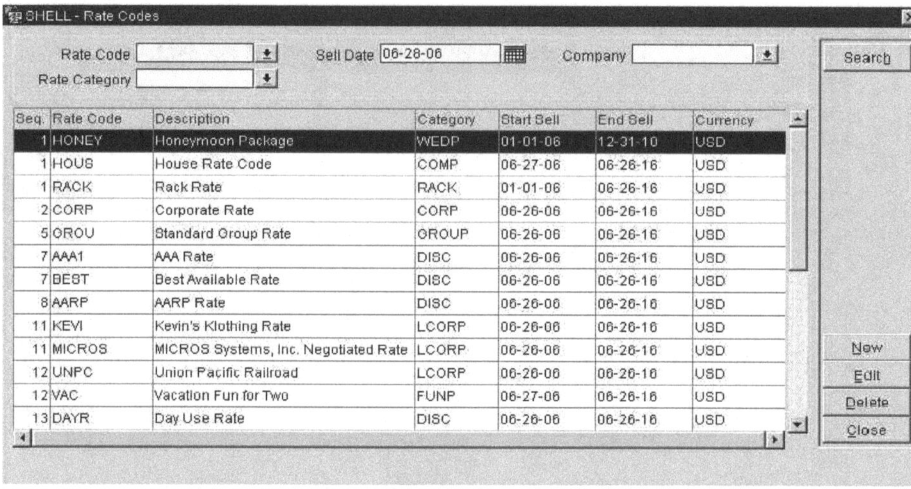

4. Package를 입력할 **Rate Code**를 하이라이트한다.

5. **Edit**를 선택한다.

RATE SETUP-EDIT 화면이 아래와 같이 나타난다.

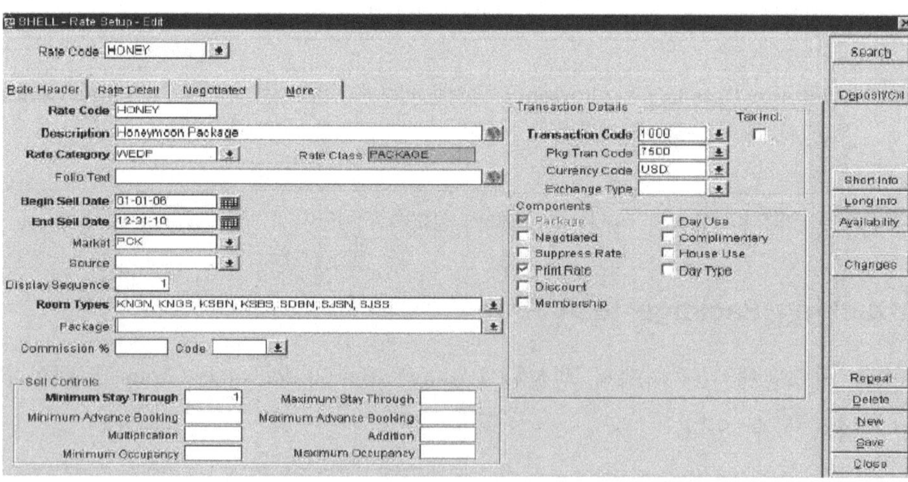

6. **Package** 필드 옆에 있는 화살표 버튼을 선택한다.

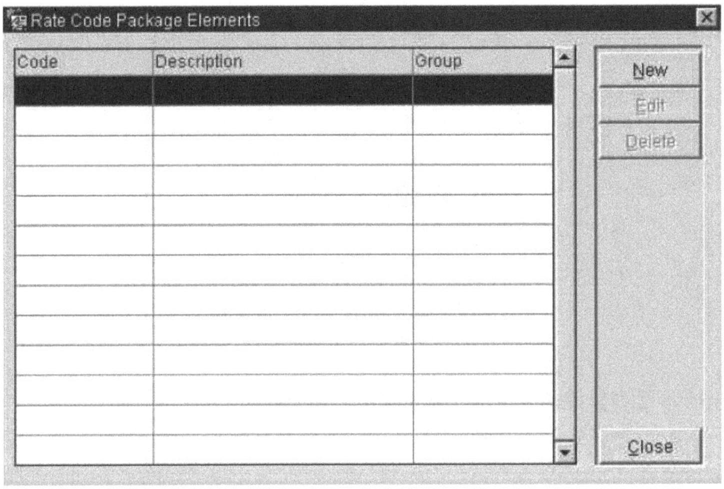

RATE CODE PACKAGE ELEMENTS 화면이 아래와 같이 나타난다. Rate Code에 입력된 Package 리스트가 이 화면에서 보인다.

7. New를 선택한다.

RATE PACKAGES 화면이 아래와 같이 나타난다.

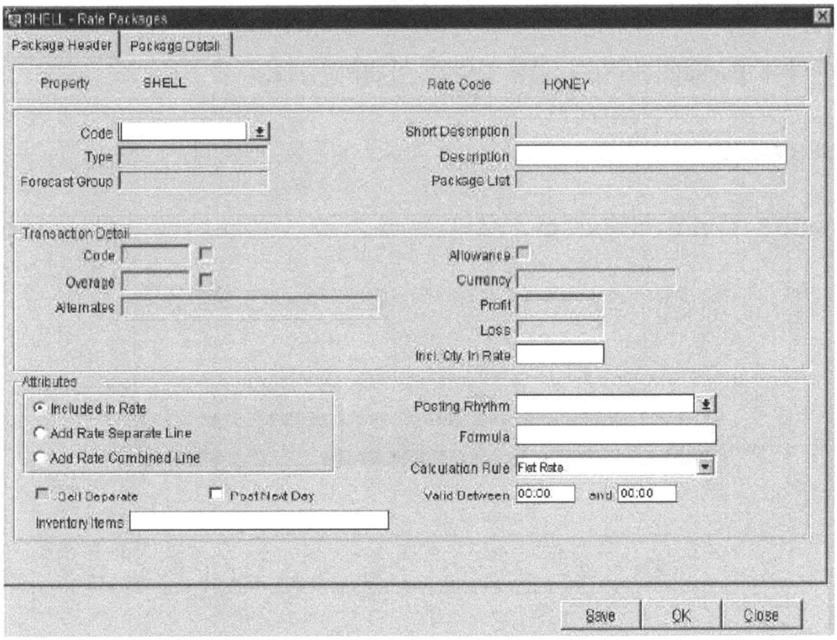

8. Code 필드 옆에 화살표 버튼을 선택한다.

시스템에서 미리 생성한 모든 PACKAGE ELEMENTS 리스트가 아래와 같이 보인다.

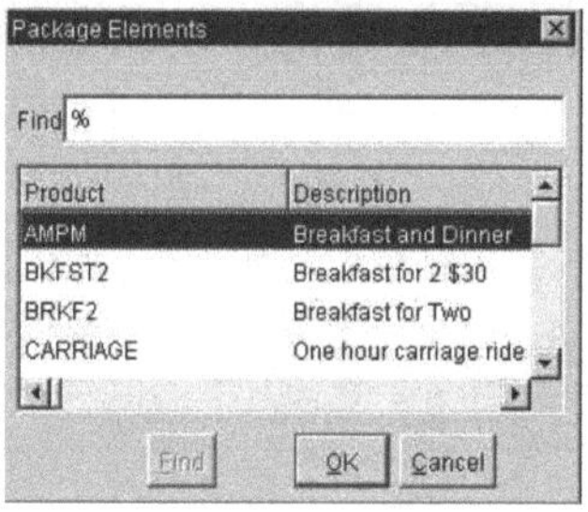

9. Rate Code에 입력할 Package Element를 선택한다.

NOTE 선택한 Package 요소 혹은 Package Group의 세부 사항이 맞는지 다시 한 번 검토한다. 이미 설정된 값과 다르게 Package에 대한 세부 사항을 변경할 수 있다.

10. OK를 선택한다.
11. RATE CODE PACKAGE ELEMENTS 화면에서 Close를 선택한다.
12. Rate Header 화면에서 Save를 선택하여 변경 정보를 저장한다.

Attaching Sell Separate Packages

개별 예약에 Package를 입력하는 방법은 아래와 같다.

1. RESERVATION 화면에 있는 Packages 화살표 버튼을 선택한다.

PACKAGES 화면에 아래와 같이 나타난다.

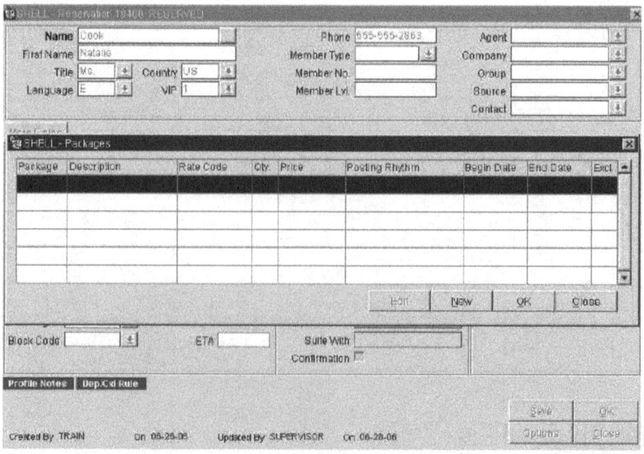

2. NEW를 선택한다.

PACKAGES-EDIT 화면이 아래와 같이 나타난다.

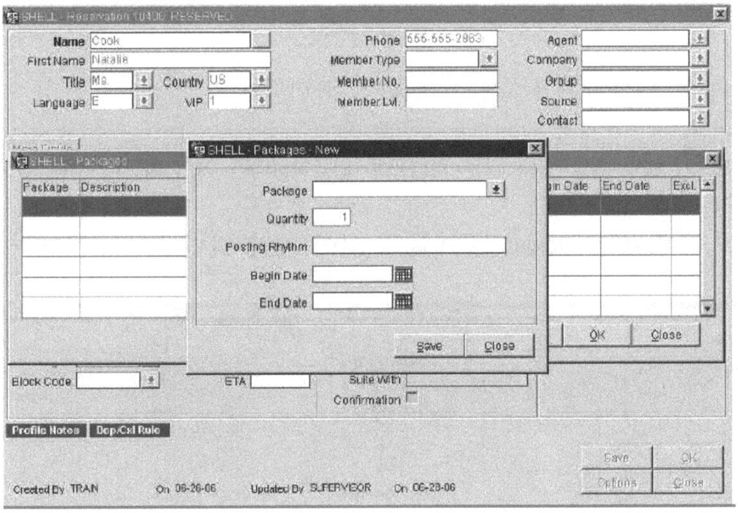

3. Package 옆에 있는 화살표 버튼을 선택한다.

Sell Separate가 선택된 Package 리스트가 아래와 같이 보인다.

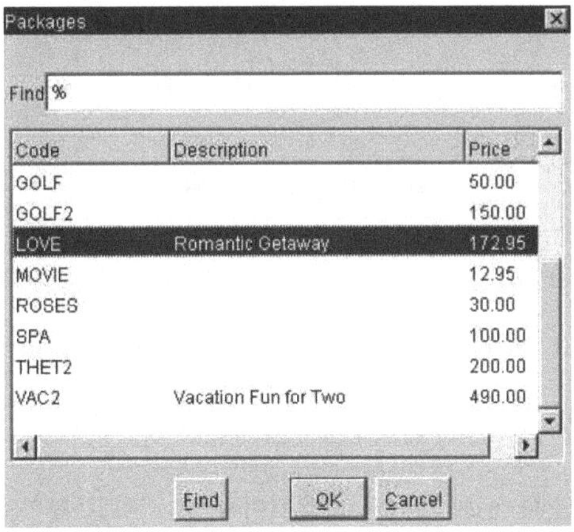

4. 예약에 입력할 Package를 하이라이트한다.

5. OK를 선택한다.

NOTE 화면에 보이는 Description은 Package 생성 시 Package Header 화면에 입력한 Short Description 이다.

6. **Quantity**(수량)를 입력한다.
7. **Begin Date**와 **End Date**를 입력한다.
8. **Save**를 선택한다.
9. **OK**를 선택한다.

다른 Package를 입력하려면 같은 과정을 반복한다.

10. 필요한 모든 Package를 위와 같은 과정으로 입력하였다면 예약 화면에 있는 **OK**를 선택한다.

위의 과정으로 입력한 Package는 아래와 같이 예약 화면에서 보인다.

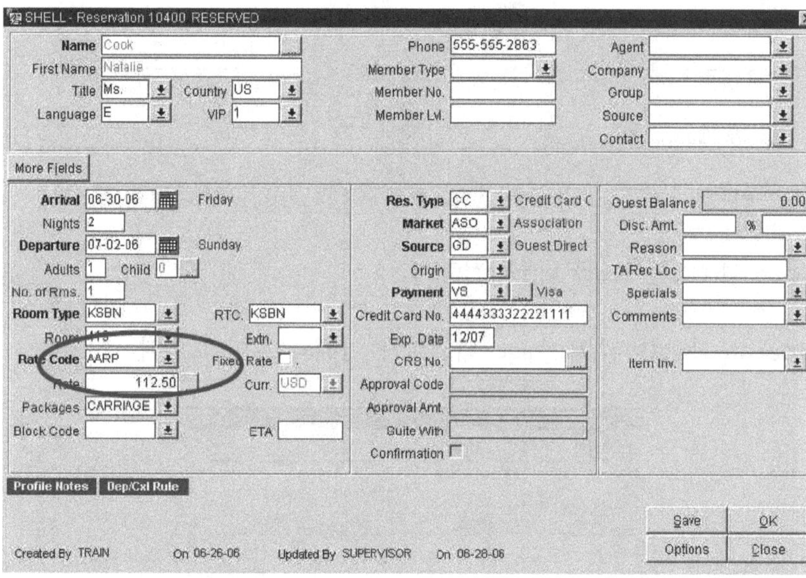

'Add to Rate' 규칙으로 생성한 Package의 경우에는 Package로 인해 추가된 금액이 합산된 총 객실료가 예약 화면에 보인다. 반대로 'Included in Rate' 법칙으로 생성한 Package 경우에는 Package에서 설정한 Price 금액만큼 객실 매출에서 차감된다.

11. **Rate Info**에 있는 Package에 관련된 추가적인 세부 사항을 확인하고 싶다면 **Option**을 선택한다.

RESERVATION OPTIONS 화면이 아래와 같이 나타난다.

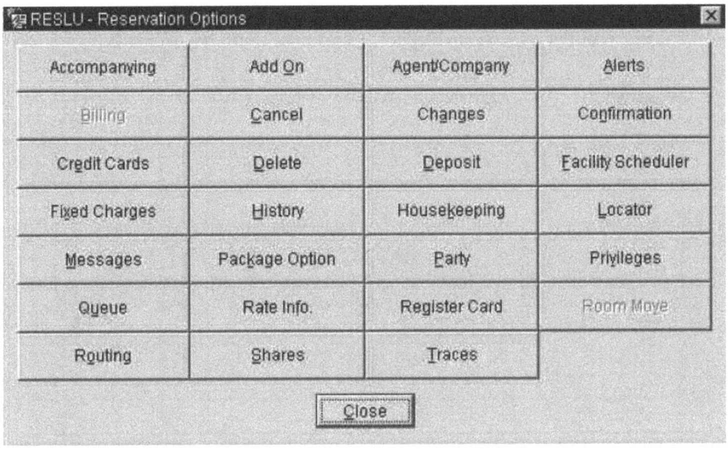

12. **Rate Info**를 선택한다.

RATE SUMMARY 화면이 아래와 같이 나타난다.

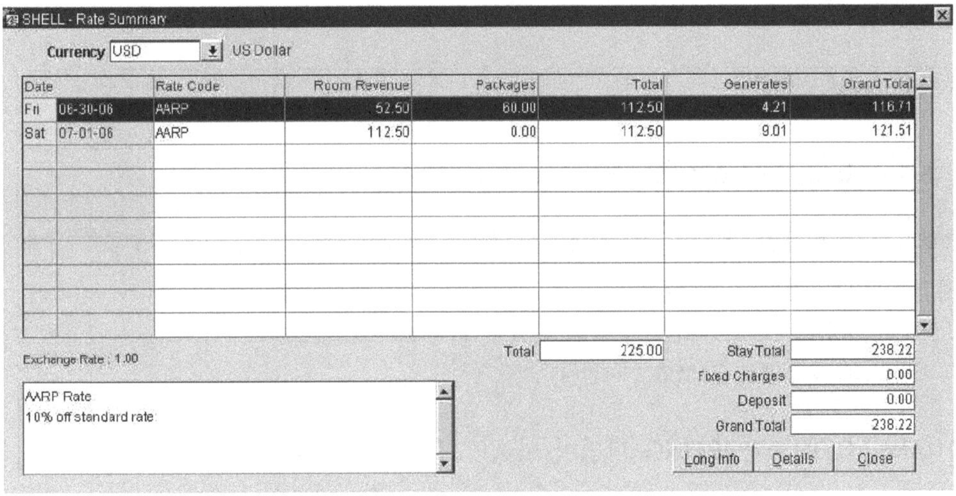

13. Package가 포함된 날짜를 하이라이트한다.
14. 선택한 날짜의 Package의 세부 사항을 확인하고 싶다면 **Details**를 선택한다.

RATE DETAILS 화면이 아래와 같이 나타난다.

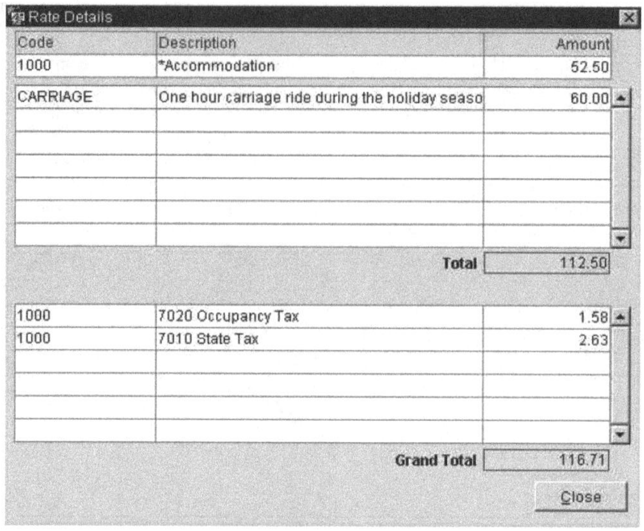

화면 상단에 해당 날짜에 포함된 Package 리스트와 각 Package별 Price를 확인할 수 있다.

15. Close를 선택한다.

Adjusting Folio with Package Rates

Package가 포함된 객실료 코드(Rate Code)로 생성된 예약의 고객 Folio에서 금액 조정하는 방법은 아래와 같다.

1. BILLING 화면에서 Post를 선택한다.

TRANSACTION POSTING 화면이 아래와 같이 나타난다.

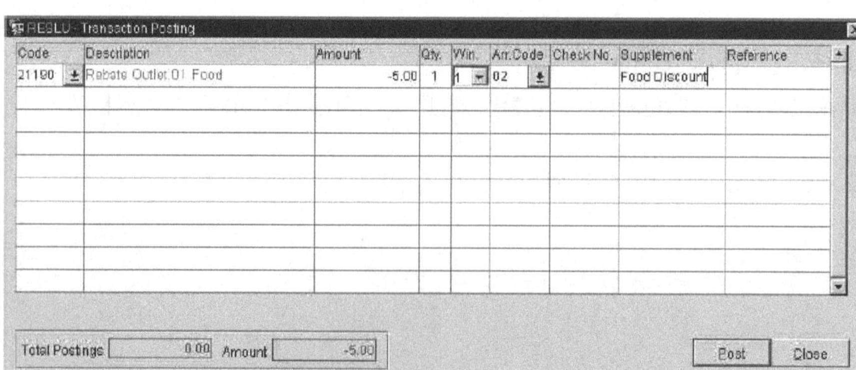

2. **Code** 옆 화살표 버튼을 선택한다.
3. 거래 코드(Transaction Code) 리스트가 나타나면 조정할 거래 코드(Transaction Code)를 하이라이트한다.
4. **OK**를 선택한다.

NOTE Package가 포함된 객실료의 경우에는 2개 이상의 다른 거래 코드(Transaction Code)의 조합으로 객실료가 고객 Folio에 입력(Post)된다. 금액 조정을 위해 사용될 거래 코드(Transaction Code)는 여러 가지 변수에 의해 달라질 수 있다. 어떤 거래 코드(Transaction Code)를 사용할 지에 대하여 매니저와 확인해야 한다.

5. 조정 금액을 **Amount** 필드에 입력한다.
6. **Supplement** 필드에 조정 이유를 입력한다.
7. **POST** 버튼을 선택한다.

NOTE 조정 금액은 마이너스 금액으로 발생하는 것이 일반적이기 때문에 해당 금액만큼 고객 Folio의 총 금액에서 줄어든다.

8. 더 이상 입력(Post)할 금액이 없다면 **Close** 버튼을 선택한다. 조정 금액이 고객 Folio에 보인다.
9. **Close** 버튼을 선택한다.

Chapter 10

Revenue Management

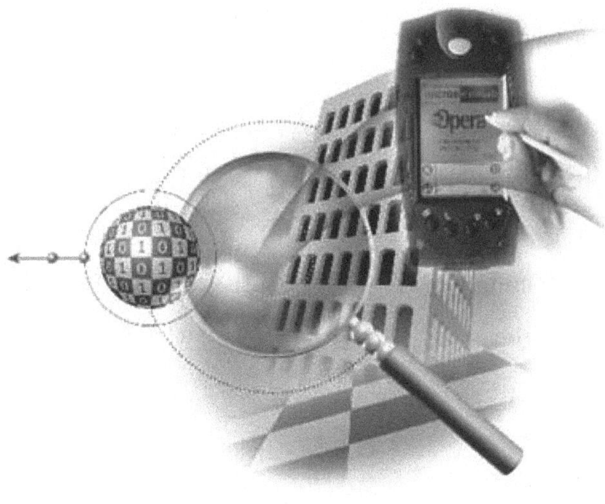

10.1 Rate Codes

Rate Code Overview

다른 이름으로 'Rates'이라고도 불리는 Rate Codes는 호텔에서 매출을 최대화하기 위해 다양한 판매 옵션을 제공한다. 예외적으로 Business Block으로 생성된 예약을 제외하고는 각 예약 당 반드시 그에 상응하는 Rate Code를 입력하여야 한다.

Rate Code 설정 화면은 크게 4가지 섹션(탭)으로 구성된다.

- Rate Header는 Rate Code 설정 화면을 열면 기본적으로 보이는 화면으로 반드시 입력해야 하는 필드는 Bold 체로 보인다. Rate에 관한 기본적인 설명과 어떤 방식으로 해당 Rate를 객실 판매 시 적용할 지에 대한 간단한 정보를 얻을 수 있다. Sub 섹션에는 Sell Control, Transaction Code, Component를 설정할 수 있다.
- Rate Detail 섹션에서는 각 객실 타입별 객실료를 설정하거나 확인할 수 있다. 이 화면에 있는 여러 가지 필드가 반드시 입력해야 하는 필드이다. 시즌에 따라 혹은 주중, 주말 기준에 따라 객실료가 정해져 해당 섹션에 입력된다.
- Negotiated 섹션에는 해당 Rate Code와 관련된 혹은 링크된 모든 프로파일의 리스트를 확인할 수 있다. 기본적으로 모든 프로파일 타입에 Rate Code를 링크시킬 수 있지만 Company 프로파일에 링크시키는 것이 일반적이다. Rate Code를 특정 Profile에 링크 시킬 경우 Rate Query에서 쉽게 해당 프로파일에 관련된 Rate Code를 화면상 보이게 할 수 있다.
- More 섹션에서는 Routing 관련 규칙을 입력하거나 혹은 Base Rates를 설정할 수 있다. 이 두 가지 옵션에 대한 자세한 설명은 이 Chapter 뒷부분에서 확인할 수 있다.

Rate Header-New

Rate Code 생성의 시작인 Rate Header를 입력하는 방법은 아래와 같다.

1. 메인 메뉴에서 Set up → Configuration을 선택한다.
2. Rate Management → Rate Classification을 선택한다.

3. **Rate Code**를 선택한다.

RATE CODES 화면이 나타난다.

4. 새로운 Rate를 생성하기 위해 **New**를 선택한다.

RATE SETUP 화면이 아래와 같이 나타난다.

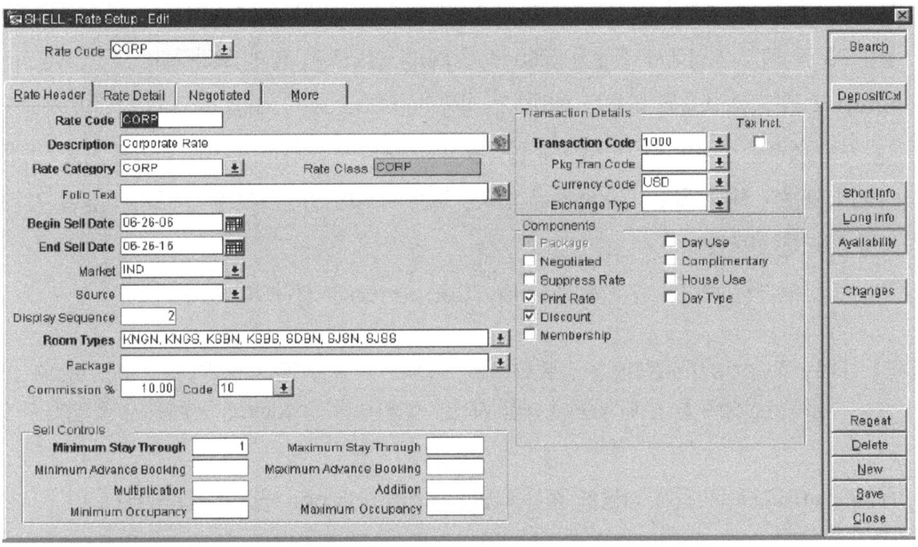

RATE HEADER SECTION:

5. 객실 판매 시 사용 될 **Rate Code**를 입력한다. Rate Code는 해당 객실료를 나타내는 숫자와 알파벳의 조합으로, 간단한 코드 형식으로 입력하면 된다(예: AAA). Rate Query 화면에서 해당 코드를 확인할 수 있다.
6. **Description**을 입력한다(예: American Automobile Association Rate). 이 필드에 입력한 내용도 Rate Query 화면에서 확인할 수 있다.
7. **Rate Category** 필드 옆 화살표 버튼을 선택한 후 해당 Rate Code가 속한 Rate Category를 선택한다.

NOTE Rate Category를 선택하면 이에 대응하는 Rate Class가 자동 선택된다.

8. 만약 Guest Folio에 입력(Post)되는 객실료와 관련된 코드 Description이 해당 Rate Code에 설정된 거래 코드(Transaction Code) Description과 다르게 보이길 원한다면 해당 Description을

Folio Text에 입력한다.

9. **Begin Sell Date** 필드에 해당 Rate Code로 객실 판매 가능한 시작 날짜를 입력한다.
10. **End Sell Date** 필드에 해당 Rate Code로 객실 판매 가능한 마지막 날짜를 입력한다.

NOTE 만약 해당 Rate Code가 항상 판매 가능한 Rate Code로 설정되길 원한다면 날짜 범위를 크게 잡는 것이 좋다(예 01/01/13 부터 31/12/40).

11. **Market** 필드 옆 화살표 버튼을 선택하고 상응하는 Market Code를 선택한다. 이 필드에 입력해 놓음으로써 예약 시점에서 잘못된 Market Code를 선택하지 않게 도와준다.
12. **Source** 필드 옆 화살표 버튼을 선택하고 상응하는 Source Code를 선택한다. 만약 해당 Rate Code로 예약을 생성할 때 이 필드에 입력된 값이 예약의 Source Code 필드에 자동 입력된다. 그렇기 때문에 해당 Rate Code로 생성되는 모든 예약이 같은 경로를 통해서 생성될 경우에만 해당 필드를 선택한다.
13. Rate Query에서 보이는 순서를 **Display Sequence**에 입력한다.

NOTE **Day Types**가 설정되었을 경우 Display Sequence에 입력된 수보다 Day Types 설정에 입력된 순서를 우선으로 한다. 이 내용에 대한 자세한 설명은 이 Chapter의 뒷부분에서 확인할 수 있다.

14. 해당 Rate Code로 판매 가능한 객실 타입을 **Room Types** 필드에 입력한다.

ROOM TYPES 화면이 아래와 같이 나타난다.

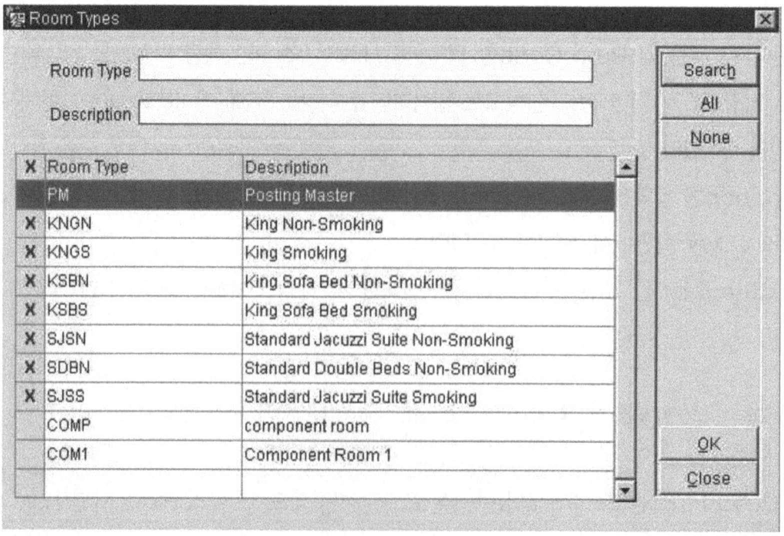

15. 해당 Rate Code로 판매 가능한 각각의 Room Type 앞에 ('X')로 표기한 후 **OK** 버튼을 선택한다. 만약 호텔이 가지고 있는 모든 객실 타입을 적용하고 싶다면 **All** 버튼을 선택한 후 **OK** 버튼을 선택한다.
16. 해당 Rate에 첨부할 **Package**를 입력하려면 Packages 필드 옆 화살표 버튼을 선택한다. 여기에 입력된 Package 내용은 Rate Detail에 선택된 모든 객실 타입에 적용된다. 더 자세한 내용은 Package Chapter에서 확인할 수 있다.
17. 해당 Rate Code로 생성된 예약의 여행사 수수료 %를 **Commission%** 필드에 입력한다. **Code** 필드 옆 화살표를 선택하면 이미 설정된 수수료 코드를 확인할 수 있고 해당 코드를 선택하면 된다.

TRANSACTION DETAIL SECTION:

18. **Transaction Code** 필드에 해당 Rate로 생성한 예약의 객실료 입력(Post) 시 사용될 거래 코드(Transaction Code)를 선택한다(예: 1000). 호텔 설정에 따라서 Rate Code마다 다를 수 있다.
19. 만약 객실료를 고객 Folio에 입력(Post) 시 Tax가 별도로 생성되지 않고 객실료에 포함되게 보이기 원하면 **Tax Incl**를 선택한다.

NOTE Tax Incl를 선택하면 전체 객실료에서 Tax 금액이 차감됨으로 설정 금액만큼 객실 매출에서 줄어든다.

20. 만약 해당 Rate Code가 Package를 포함하고 있다면 Package 관련 거래 코드(Transaction Code)를 **Pkg Tran Code**에 입력한다. 고객 Folio에 객실료와 Package에 해당하는 요금이 여기에 선택한 거래 코드(Transaction Code)로 한 줄로 보인다.
21. 만약 Local Currency가 아닌 다르게 외화로 해당 Rate를 설정하고 싶다면 **Currency Code**에 해당 외화 코드를 선택한다.

NOTE 각 Rate Code별 외화 코드(Currency Code)를 설정할 수 있다.

22. 만약 해당 Rate Code가 외화로 설정되어 있다면 Exchange Type을 선택하여야 한다. **Exchange Type**의 설정에 따라 언제 날짜를 기준으로 환율이 적용될 지 정할 수 있다.

COMPONENT's SECTION:

23. **Package**를 포함한 Rate의 경우에는 Package 선택 박스가 자동 선택된다.
24. 계약 요금으로 사용하고 싶은 Rate Code의 경우에는 **Negotiated** 선택 박스를 선택한다.

NOTE 만약 예약 생성 시 선택한 프로파일의 계약 요금(Negotiated Rate)이 해당 Rate Code가 아니라면 Negotiated로 선택된 Rate Code의 경우에는 **RATE QUERY DETAILS** 화면에서 보이지 않는다.

25. 예약 생성 시 객실료가 직원에게 공개되지 않기를 원한다면 **Suppress Rate** 선택 박스를 선택한다. 만약 그렇다면 실제 객실료 금액이 예약 화면에서 보이지 않고 그 대신 'SR'(Suppress Rate)로 표기된다.
26. 등록 카드, 고객 Folio 혹은 예약 확인서에 객실료를 표기하고 싶지 않다면 **Print Rate** 선택 박스를 선택하지 않는다.

NOTE **Print Rate** 선택 박스는 Rate Code 세팅 화면뿐 아니라 일반 예약 화면의 More 탭에서 별도로 설정이 가능하다. 만약 Rate Code 세팅에는 Print Rate가 선택되어 있는데 OPERA 관련 문서에 객실료가 표기되기를 원하지 않는다면 예약별 세팅을 별도로 할 수 있다. 이럴 경우 각 예약별 선택 유무가 Rate Code 세팅의 선택 유무보다 우선시 된다.

27. 해당 Rate Code로 생성된 예약에서 객실료를 **Discount** 필드를 통해서 조정하기를 원하면 Discount 선택 박스를 선택한다. 만약 박스를 선택하지 않는다면 예약 생성 시 Discount 필드는 사용할 수 없게 비활성화된다.
28. **Membership** 박스가 선택된 경우 해당 Rate Code로 생성된 예약에서 발생한 매출에 대해서는 Membership 포인트 혹은 항공사 마일리지 적립이 가능하다.
29. 대실 예약의 경우에만 사용하는 Rate Code라면 **Day Use** 선택 박스를 선택한다.
30. 마케팅 목적으로 무료로 제공해야 하는 예약을 생성할 때 사용하는 Rate Code라면 **Complimentary** 선택 박스를 선택한다.
31. 내부적 사용 목적으로 무료로 제공해야 하는 예약을 생성할 때 사용하는 Rate Code라면 **House Use** 선택 박스를 선택한다.
32. 판매 전략에 따라 **Day Types**라는 기능을 사용할 수 있는데 Rate Code 세팅에서 Day Types를 선택하면 Day Types가 세팅된 날짜에 실제 세팅한 객실료와 다른 금액이 **RATE QUERY DETAILS** 화면에 보인다. 자세한 내용은 이 Chapter의 Day Types를 참고한다.
33. 만약 호텔에서 Best Available Rate 기능을 사용한다면, **BAR**를 선택할 수 있다. 선택된 Rate Code의 경우에는 Rate Query에서 객실 판매 가능한 최상의 Rate로 표기된다.

SELL CONTROLS SECTION:

34. 해당 Rate로 예약을 생성하기 위해 최소로 투숙해야 하는 날짜를 **Minimum Stay Through** 필드에 입력한다.

NOTE 만약 특별한 예약 제한이 없다면 해당 필드를 공란으로 남겨둔다.

35. 해당 Rate로 예약을 생성하기 위해 최대로 투숙해야 하는 투숙 기간을 **Maximum Stay Through** 필드에 입력한다.
36. 해당 Rate로 예약을 생성하기 위해 최소 며칠 전(도착일 기준으로)에 예약을 해야 하는 지에 대한 제한 날짜를 **Minimum Advance Booking** 필드에 입력한다.
37. 해당 Rate로 예약을 생성하기 위해 최대 며칠 전(도착일 기준으로)에만 예약 생성이 가능한 지에 대한 제한 날짜를 **Maximum Advance Booking** 필드에 입력한다.
38. Rate Details에 입력된 객실 타입별 객실료에서 몇 배수로 금액 조정을 할 것인 지에 대한 수를 **Multiplication** 필드에 입력한다.
39. Rate Details에 입력된 객실 타입별 객실료에 추가할 금액을 **Addition** 필드에 입력한다.

NOTE 만약 Addition 필드와 Multiplication 필드를 동시에 입력했다면 Addition 필드에 있는 값을 우선으로 해서 객실료를 계산한다.

40. 해당 Rate로 예약을 생성하기 위한 최소 투숙 인원수를 **Minimum Occupancy** 필드에 입력한다.
41. 해당 Rate로 예약을 생성하기 위한 최대 투숙 인원수를 **Maximum Occupancy** 필드에 입력한다.
42. **Save**를 선택하여 변경 정보를 저장한다.

Rate Header-Options

Rate에 추가적인 Information을 등록하기 위해 여러 가지의 Option을 Rate Header에서 확인할 수 있다.

- **Deposit/Cxl** 옵션을 선택하면 **DEPOSIT RULE/CANCELLATION SCHEDULES** 화면이 아래와 같이 나타난다. 이 화면에서 각 Rate Code별 선수금 혹은 예약 취소금에 대한 호텔의 정책을 입력할 수 있다. 예를 들어 도착 날짜를 기준으로 14일 전에 1박에 대한 객실료를 선수금으로 받아야 하거나 혹은 24시간 전에 예약을 취소하지 않아 1박에 대한 객실료를 예약 취소금으로 받아야 하는 경우 해당 정책을 여기에 입력할 수 있다.

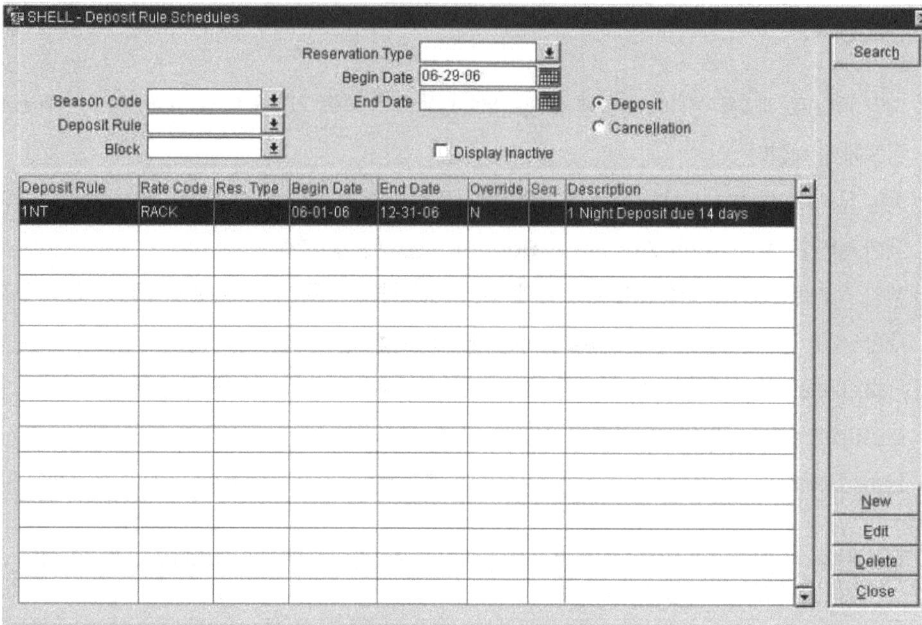

• RATE QUERY DETAILS 화면 오른쪽 하단에 보이는 Rate Code에 대한 간단한 설명은 Short Info 필드에 입력한 내용을 가지고 온다. 패키지 관련된 세부 정보 혹은 해당 예약에서 필수로 확인해야 하는 내용들에 대해 이 필드에 입력할 수 있다.

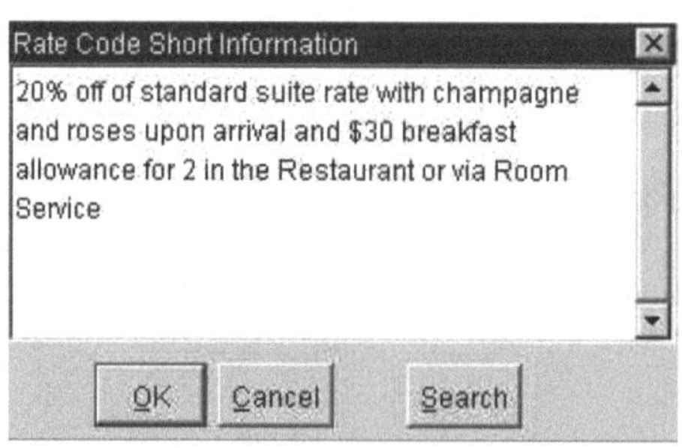

• 해당 Rate의 자세한 설명은 Long Info 필드에 입력한다. 이 필드에 입력한 내용은 RATE QUERY DETAILS 화면에서 Long Info 버튼을 선택하면 확인할 수 있다.
• RATE AVAILABILITY을 확인하려면 Availability 옵션을 선택한다.
• 해당 Rate 코드의 생성 날짜 및 변경 정보에 대해서 확인하려면 Changes 옵션을 선택한다.
• 비슷한 성격의 Rate Code를 새로 생성하고 싶다면 Repeat 옵션을 선택하여 해당 Rate Code를 복사할 수 있다. 이 옵션은 새로 생성할 Rate Code 세팅에서 비슷한

정보를 다시 입력할 필요 없게 도와준다. 이 옵션을 선택하면 아래와 같이 **COPY RATE CODE** 화면이 나타난다.

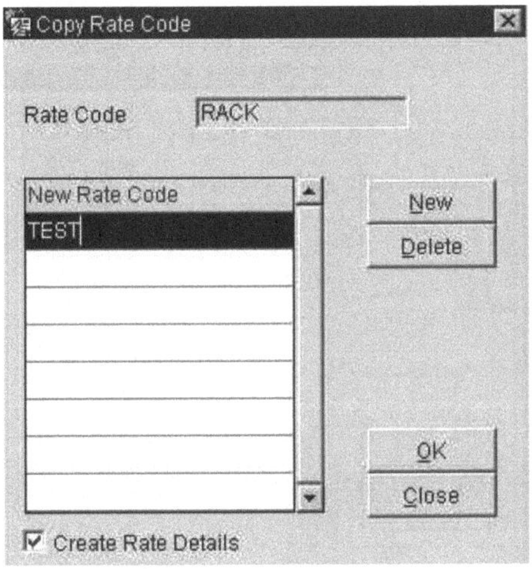

간단하게 새로 생성할 **Rate Code**를 입력하고 **OK**를 선택한다.

NOTE 하단에 있는 **Create Rate Details** 옵션을 선택하면 Rate Details에 있는 각 객실 타입별 객실료도 함께 복사된다. 만약 Rate Details까지 함께 복사되는 것을 원치 않는다면 선택하지 않는다.

- 해당 Rate Code를 삭제하려면 **Delete** 옵션을 선택한다. 만약 해당 Rate Code에 Rate Details 정보가 있거나 혹은 해당 Rate Code로 예약이 생성되어 있다면 삭제할 수 없다.

Rate Details-New

Rate Details에서는 날짜별, 객실 타입별로 객실료를 설정할 수 있다. 매년 대부분의 호텔은 총지배인, Sales & Marketing 부서 대표 등의 관료들이 Regional Office와 협의하여 해당 연도의 Business 혹은 마케팅 계획을 세운다. 마케팅 계획을 통해 협의된 내용을 바탕으로 Rate Code별 객실료를 설정한다. 여기서 설정된 객실료는 향후 객실 매출 전반에 직접적인 영향을 미친다.

Rate Details를 설정하는 방법은 아래와 같다.

1. Rate Header 화면 상단에 있는 **Rate Details** 탭을 선택한다.

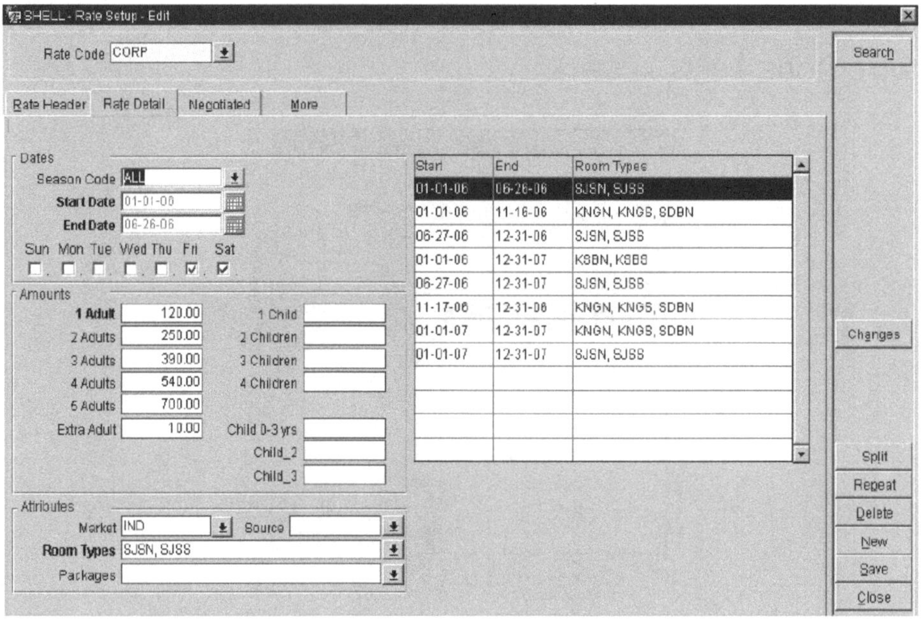

2. 시즌이나 이미 설정된 날짜 범위를 선택하고 싶다면 **Season Code** 옆 화살표 버튼을 선택한다. 만약 이미 설정된 시즌이 없다면 날짜 범위를 직접 입력할 수 있다.
3. 입력된 객실료가 적용되는 시작 날짜를 **Start Date**에 입력한다.
4. 입력된 객실료의 적용이 끝나는 날짜를 **End Date**에 입력한다.

NOTE 만약 Season Code를 선택하면 Start Date와 End Date가 해당 코드에 이미 입력된 날짜 범위로 자동 입력된다.

5. 만약 입력된 객실료가 특정 요일에만 적용된다면 해당 요일을 선택한다(예: 금, 토요일만 적용).

AMOUNT'S SECTION:

6. 투숙 인원 당 객실료를 입력한다(**1 Adult, 2 Adults, 3 Adults, 4 Adults, 5 Adults**). 만약 투숙 인원별 객실료의 차이가 없다면 모두 같은 금액을 각 필드에 입력한다.

NOTE 입력된 투숙 인원별 객실료는 **RATE QUERY DETAILS** 화면에서 확인할 수 있다. 여기에 입력된 정보를 통해서 추가 인원에 대한 요금을 확인하는 것 또한 가능하다.

7. 만약 투숙 인원 당 발생하는 추가 요금이 일정하다면 2 Adults, 3 Adults 등의 필드에 추가 요금이 더해진 총 객실료를 입력할 필요 없이 **Extra Adult** 필드에 추가 요금에 해당하는 금액만 별도로 입력할 수 있다.

8. 만약 어린이 투숙 인원에 대한 추가 요금이 있다면 **1 Child, 2 Children, 3 Children, 4 Children** 필드에 인원별 객실료를 입력한다.

NOTE 만약 어린이 투숙 인원에 대한 추가 요금이 있다면 시스템에서는 해당 추가 요금을 성인 투숙 인원의 총 객실료에 더한다. 그러므로 어린이 투숙 인원의 추가 요금을 포함한 총 객실료를 해당 필드에 입력하면 안 되고 성인 객실료에 더해질 추가 금액만 입력해야 한다.

9. 만약 어린이 투숙객에 대한 추가 금액이 연령별로 다르다면 **Child #-#** 필드에 연령 범위를 입력한다(연령 범위는 호텔마다 다르게 설정할 수 있다).

ATTRIBUTES SECTION:

10. Rate Details 설정마다 다른 **Market Code**를 설정할 수 있다. Market Code 필드에 입력하면 되는데 이 필드는 기본적으로 Rate Header에 입력된 Market Code 값을 가지고 온다. 하지만 Rate Details별로 다른 Market Code를 설정하고 싶다면 변경 가능하다.

NOTE 실제 예약 생성 시 Rate Details에 입력된 **Market Code**가 Rate Header에 입력된 **Market Code**보다 우선시 된다.

11. Rate Details 설정마다 다른 Source Code를 설정할 수 있다. **Source Code** 필드에 입력하면 되는데 이 필드는 기본적으로 Rate Header에 입력된 Source Code 값을 가지고 온다. 하지만 Rate Details별로 다른 Source Code를 설정하고 싶다면 변경 가능하다.

NOTE 실제 예약 생성 시 Rate Details에 입력된 **Source Code**가 Rate Header에 입력된 **Source Code**보다 우선시 된다. 그러나 해당 Rate Code로 생성할 모든 예약의 경로가 같지 않는 한 Source Code를 Rate Details에서 선택하지 않는다. 대신 예약 생성 시점에서 선택한다.

12. 해당 Rate로 판매 가능한 객실 타입을 **Room Type** 필드에 입력한다. Rate Header의 Room Type 필드에 선택한 객실 타입만 여기에서 선택 가능하다.
13. Package를 포함한 Rate Code라면 **Packages** 필드에 해당 Package를 입력한다.

NOTE 만약 Rate Details에서만 Package를 입력했다면 해당 날짜와 해당 객실 타입의 경우에만 Package가 포함된다. 반대로 Rate Header에 입력된 Package는 모든 Rate Details에 적용되므로 Rate Details에 설정한 모든 날짜 범위 및 객실 타입에 포함된다.

14. **Save**를 선택하여 변경한 정보를 저장한다.

15. 다른 날짜 범위와 다른 객실 타입의 Rate Details를 설정하려면 New 버튼을 선택한 후 위의 과정을 반복한다.

Rate Details-Options

Rate Details의 추가적인 옵션은 아래와 같다.

- Repeat 옵션을 통해서 Rate Details에 설정한 객실 타입과 객실료를 복사할 수 있다. 같은 날짜 범위로 해당 정보를 복사할 수 없기 때문에 Repeat를 통해 복사할 경우 날짜 범위를 다르게 설정해야 한다.
- Split 옵션을 통해서 Rate Details에서 설정된 날짜 범위를 나눌 수 있다. 해당 옵션으로 날짜 범위를 나눈 후 객실 타입별 객실료를 각각 다르게 입력할 수 있다.

RATE SPLIT 화면은 아래와 같다.

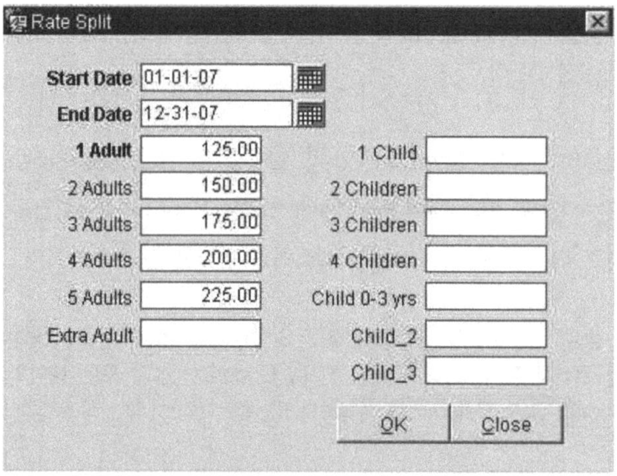

- 새로운 Rate Details의 날짜 범위를 설정하기 위해 Start Date와 End Date를 입력한다. 입력 후 OK 버튼을 선택하여 변경 정보를 저장한다.

NOTE 만약 Rate Details에서 Split 옵션을 사용한다면 Split한 Rate Details의 객실 타입은 그대로 남지만 객실 타입별 객실료와 날짜 범위는 다르게 설정할 수 있다.

- 하이라이트한 Rate Details의 설정 변경 정보를 확인하고 싶다면 Changes 옵션을 선택한다.

Negotiated Rates-New

Rate Code 세팅 화면 중 **Negotiated** 탭에서는 해당 Rate Code가 계약 요금인 모든 프로파일 정보를 확인할 수 있다. 계약 요금을 주로 사용하는 프로파일 타입은 Company 프로파일 타입이다. Relationship이라는 프로파일 옵션을 통해서 Rate Code와 프로파일을 링크시킬 수 있다. 그렇지만 Relationship 옵션을 사용하지 않고 해당 탭에서도 링크가 가능하다. 계약 요금을 설정함으로써 좋은 점은 계약 요금이 링크된 프로파일로 예약을 생성할 때 그 프로파일에 링크된 계약 요금만 예약 생성화면에서 보여 신속하게 예약을 생성할 수 있다. 계약 요금을 프로파일에 링크하고 해당 Rate Code가 어떤 프로파일에 링크되어 있는지 확인하는 방법은 아래와 같다.

1. Rate Header 화면 상단에 있는 **Negotiated** 탭을 선택한다.

NOTE 만약 해당 Rate Code가 특정 프로파일에 계약 요금으로 링크되어 있다면 링크되어 있는 모든 프로파일 리스트를 이 화면에서 확인할 수 있다. 만약 링크된 프로파일이 없다면 이 화면은 공란 상태로 보인다.

2. 새로운 프로파일을 링크시키기 위해 **New** 버튼을 선택한다. **PROFILE SEARCH** 화면이 나타난다.
3. 링크시킬 프로파일을 검색하여 하이라이트한 후 **OK** 버튼을 선택한다.

NEGOTIATED RATES 화면이 나타난다.

4. 해당 프로파일에 계약 요금으로 링크시키려면 **New** 버튼을 선택한다.

두 번째 **NEGOTIATED RATES** 화면이 아래와 같이 나타난다.

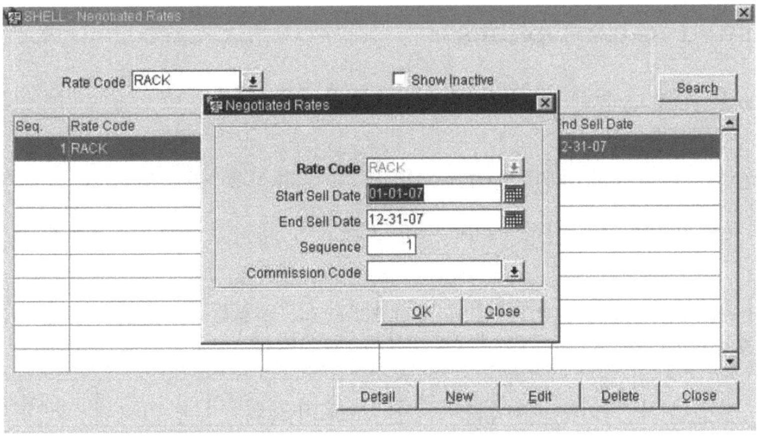

5. 계약 요금으로 링크할 **Rate Code**를 선택하려면 Rate Code 필드 옆 화살표 버튼을 선택한다. 만약 Negotiated 탭에서 링크 설정을 시도했다면 Rate Code에 자동으로 해당 Rate Code가 입력된다.
6. 계약 요금이 적용되는 날짜 범위를 **Start Sell Date**와 **End Sell Date**에 입력한 후 **OK** 버튼을 선택하여 변경된 정보를 저장한다.
7. **Close** 버튼을 선택하면 **Negotiate** 탭 화면으로 돌아온다.

그러면 해당 Rate Code와 계약 요금으로 링크된 프로파일이 Negotiate 탭에 아래와 같이 나타난다.

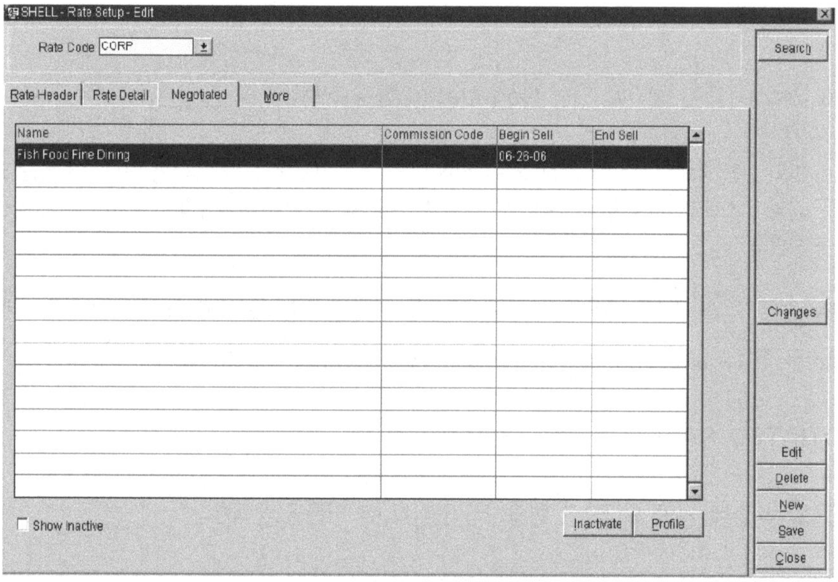

Negotiated Rates-Options

Negotiated 탭의 옵션은 아래와 같이 다양하다.

- **Inactive** 옵션을 선택하면 하이라이트한 프로파일을 리스트에서 삭제할 수 있다. 삭제한 프로파일은 더 이상 해당 Rate Code를 계약요금으로 사용하지 않는다.

NOTE **Show Inactive** 선택 박스를 선택하면 Inactive 옵션을 통해서 비활성화 되었던 모든 프로파일도 함께 보인다.

- **Profile** 옵션을 선택하면 하이라이트한 프로파일의 세부 정보를 확인할 수 있다.

- **Edit** 옵션을 선택하면 **NEGOTIATED RATES** 화면이 나타나면서 해당 프로파일에 적용되는 계약 요금의 날짜 범위를 재설정할 수 있다.
- **Changes** 옵션을 선택하면 하이라이트한 프로파일의 변경 로그를 확인할 수 있다.

More Tab

More 탭에서 해당 Rate를 관리하기 위한 추가 옵션이 여러 가지 있다. More 탭에 있는 옵션은 아래와 같다.

- **Routing** 옵션을 통해서 해당 Rate로 생성한 예약에 Routing을 설정할 수 있다(예를 들어 인터넷 여행사 예약의 경우에는 객실료를 항상 여행사에 청구하는 경우가 많기 때문에 객실료와 객실료에 대한 세금에 대한 거래 코드(Transaction Code)를 고객 Folio의 두 번째 창으로 갈 수 있게 Routing 설정을 하는 것이다). Instructions 옆에 있는 화살표 버튼을 선택하여 거래 코드(Transaction Code)를 선택하거나 혹은 미리 시스템에서 설정된 Routing 코드를 선택한다. 만약 선택한 Routing이 특정 프로파일 타입에만 적용되길 원한다면 **Profile Types** 필드에서 해당 프로파일 타입을 선택한다.
- **Base Rates** 옵션을 통해서 특정 Rate Code를 기본으로 하여 선택된 Rate Code의 Rate Details 금액을 조정할 수 있다. 금액 조정은 %로 혹은 금액으로 가능하다. Base Rates 옵션을 사용하게 되면 선택된 Rate Code의 Rate Details는 따로 설정할 필요가 없다. 기본(Base Rate)으로 선택된 Rate Code에서 조정된 금액으로 자동 생성되기 때문이다. Base Rate를 설정하는 방법은 아래와 같다.

1. **Base Rate** 필드에 기본으로 설정할 Rate Code를 선택한다. 주로 Rack Rate를 기본으로 한다.
2. **Amount** 필드 옆 필드에서 객실료를 'Percentage'로 조정할 지, 'Flat'으로 조정할 지를 선택한다.
3. 위의 선택 사항 중 하나인 'Percentage' 혹은 'Flat'을 선택했다면 옆 필드에 조정할 숫자를 입력한다.
4. **Rounding** 필드에서 Base Rate로 조정되는 객실료가 소수점 금액을 가지고 있다면 소수점 금액을 어떻게 처리할 지에 대한 규칙을 선택한다.

NOTE 여기서 UP/DOWN 옵션은 소수점 금액을 '반올림'할 지 아니면 '반내림'할 지를 결정한다. UP을 선택하면 소수점을 반올림하고 DOWN을 선택하면 소수점을 반내림한다. NONE을 선택하면 소수점을 그대로 가지고 간다.

Rate Tiers

장기 투숙객이 많은 호텔의 경우에는 장기 투숙객에게 낮은 객실료로 투숙이 가능하도록 Rate Tiers를 자주 사용한다. OPERA 시스템의 경우에는 투숙 기간을 기준으로 Rate Tier를 제공한다. 만약 Rate Tier를 시스템에서 사용하려면 Rate Tier의 날짜 범위를 정해야 한다(예: 0~6일, 7~13일, 14~20일).

만약 Rate Tier의 날짜 범위를 정했다면, Rate Code를 생성할 때 Rate Details에서 날짜 범위별 객실료를 다르게 입력하여야 한다.

Rate Code 생성 시 Rate Tier를 이용해 Rate Details를 설정하는 방법은 아래와 같다.

1. 새로운 Rate Code를 생성할 때 Rate Header의 Components 섹션에 있는 **Tiered** 선택 박스를 선택한다.
2. **Rate Details** 탭을 선택한다.

Rate Details 화면 상단을 보면 호텔에서 정했던 Rate Tier의 날짜 범위 탭을 확인할 수 있다(예: 1-6 Days, 7-13 Days, 14-20 Days, 21+Days).

3. 첫 번째로 설정한 날짜 범위에 객실 타입별 객실료를 입력한다. 입력 후 **Save** 버튼을 선택하여 변경사항을 저장한다.
4. 두 번째로 설정한 날짜 범위 탭(7-13 Days 버튼)을 선택한 후 객실 타입별 객실료를 입력한다. 입력 후 **Save** 버튼을 선택하여 변경사항을 저장한다.

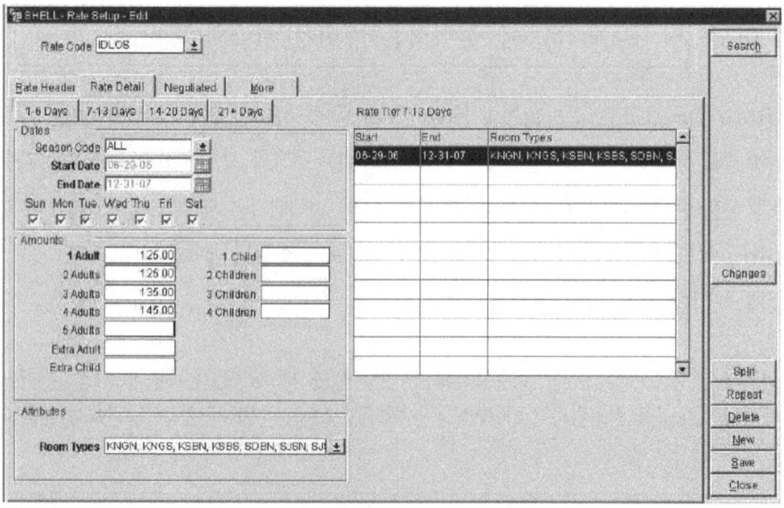

NOTE Rate Tier의 두 번째 탭에서 세 번째 탭으로 넘어갈 때 시스템에서 첫 번째 혹은 두 번째에 입력한 정보를 복사할 것인지에 대해서 물어본다. 만약 복사하려면 'Yes'를 선택한다.

5. 위의 과정을 반복하여 모든 Rate Tier 정보를 입력한다.

Global Rate Update

Global Rate Update 기능은 2개 이상의 Rate Details 정보를 변경할 때 사용할 수 있다. 이 기능은 주로 호텔이 가지고 있는 모든 객실료를 한꺼번에 높일 때 사용된다.

Global Rate Update 기능을 통해서 Rate Details의 객실료를 조정하는 방법은 아래와 같다.

1. 메인 메뉴에서 Setup → Configuration을 선택한다.
2. Rate Management를 선택한다.
3. Global Rate Update를 선택한다.

GLOBAL RATE UPDATE 화면이 아래와 같이 나타난다.

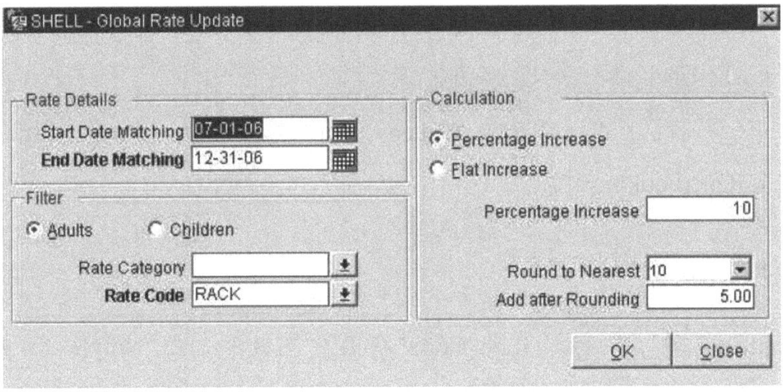

4. Rate Details 섹션에 있는 Start Date Matching과 End Date Matching 필드에 해당 날짜를 입력한다.

NOTE Rate Details에서 설정한 날짜 범위가 여기에서 설정한 날짜 범위에 포함된다면 해당 Rate Details 객실료가 Global Rate Update에 설정된 금액만큼 조정된다.

5. Filter 섹션에서 조정 금액이 Adults(성인) 객실료 기준으로 적용할 지 Children(어린이) 객실료 기준으로 적용할 지 선택한다.

6. Filter 섹션에서 객실료를 조정할 **Rate Category** 혹은 **Rate Code** 필드를 선택한다.
7. **Calculation** 섹션에서 금액 조정을 **Percentage**로 할지 **Flat**으로 할지 선택한다. Percentage 혹은 Flat 중 하나를 선택했다면 조정 값을 아래 필드에 입력한다.
8. 조정 후 금액이 소수점일 경우 해당 소수점을 어떻게 처리할 지에 대한 규칙을 **Round to Nearest** 필드에서 선택한다.
9. 위에서 조정한 금액에서 또 추가로 금액을 조정하고 싶다면 **Add After Rounding** 필드에 조정 금액을 입력한다(예: 10% 인상 금액으로 객실료 조정 후 조정된 금액에서 추가로 5,000원 인상).
10. **OK** 버튼을 선택하면 입력한 조건대로 객실료를 조정할 것인지 시스템에서 물어본다. **Yes**를 선택하여 적용한다.

10.2 Revenue Management

OPERA 시스템의 경우에는 호텔 매출을 최대화하기 위해 Rate 혹은 객실 가용성을 관리하는 기능이 많다. 만약 Revenue Management 시스템과 PMS 시스템이 Interface를 통해서 연동되어 있다면 PMS의 Revenue 관련 기능은 비활성화되어 외부시스템인 Revenue Management 시스템이 대신 이를 관리한다.

호텔 매출을 관리하는 기능은 Rate Strategy, Rate Availability, Rate Restrictions, Day Types 그리고 Overbooking이다.

Rate Strategy

Rate Strategy 기능을 통해 Rate Code 사용을 조건에 따라 제한할 수 있다.

Rate Strategy를 설정하는 방법은 아래와 같다.

1. 메인 메뉴에서 **Setup → Configuration**을 선택한다.
2. **Rate Management**를 선택한다.
3. **Strategy**를 선택한다.

이미 설정된 모든 Strategy 리스트가 **RATE STRATEGY** 화면에 아래와 같이 보인다.

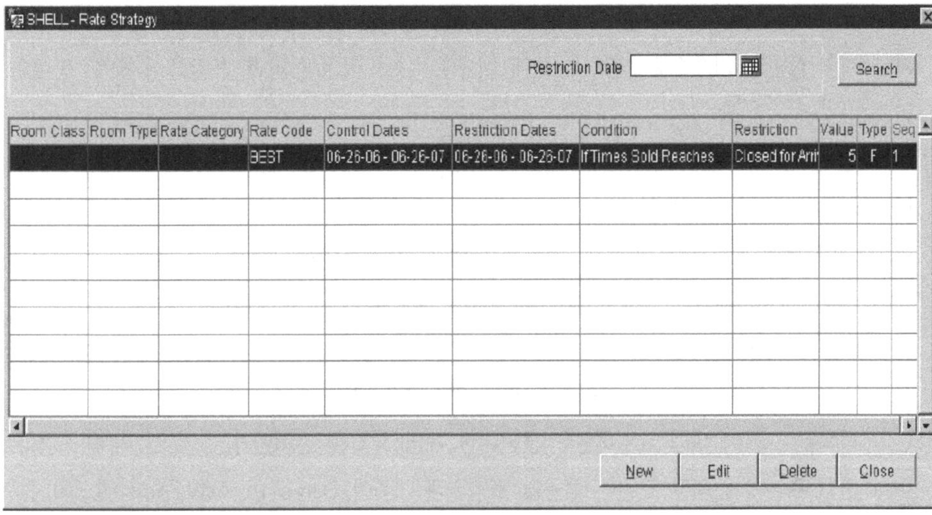

4. New를 선택한다.

RATE STRATEGY–EDIT 화면이 아래와 같이 나타난다.

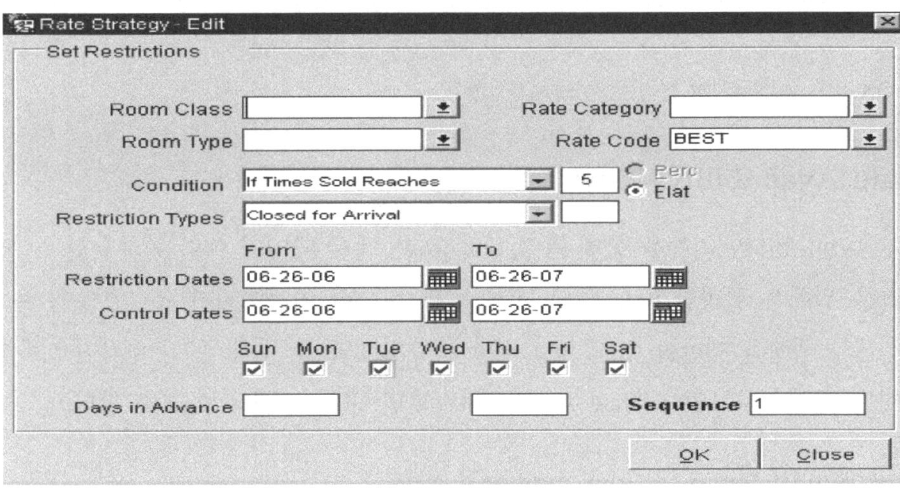

5. Strategy를 적용 할 **Room Class, Room Type, Rate Category** 혹은 **Rate Code**를 선택한다.

NOTE 각각의 Rate Code에 Strategy를 적용하는 것보다 Rate Category에 적용을 하면 해당 Category에 포함된 모든 Rate Code에 한꺼번에 적용되기 때문에 Rate Category를 선택하는 것이 관리하는 데 훨씬 편하다.

6. **Condition** 필드에서 Strategy가 적용될 조건을 선택한다. 조건은 주로 투숙률을 기준으로 하거나 예약 상황을 기준으로 한다(예: 판매 객실수가 XX 이상이 되면, 투숙률이 XX% 이상이 되면 등).
7. Strategy 조건을 위에서 선택했다면 XX에 해당하는 조건 값을 입력한다.
8. **Restriction Type** 필드에 예약 제한 조건을 선택한다(예: Closed for Arrival).
9. 조건에 따라 적용되는 날짜 범위를 **Restriction Dates From/To** 필드에 입력한다. 해당 필드가 적용되는 날짜 범위는 실제 고객이 투숙하는 날짜를 기준으로 한다.
10. 조건에 따라 적용되는 날짜 범위를 **Control Dates From/To** 필드에 입력한다. 해당 필드가 적용되는 날짜 범위는 예약을 생성한 날짜를 기준으로 한다.
11. 만약 선택된 조건이 특정 요일에만 적용된다면 해당 요일을 선택한다.
12. 며칠 전에 위에서 선택된 조건이 적용될 것인지에 대하여 **Days in Advance** 필드에 숫자를 입력한다.
13. 이 조건의 순서를 **Sequence**에 입력한다.

NOTE Sequence에 입력된 순서가 조건이 적용되는 우선순위를 결정한다. 만약 하나의 예약에 여러 개의 Rate Strategy 조건이 적용된다면 Sequence가 가장 먼저인 조건이 우선적으로 적용된다.

14. **OK** 버튼을 선택하여 변경된 정보를 저장한다.

Rate Availability-View

Rate Availability 기능을 통해 특정 Rate 혹은 객실 타입의 예약을 제한할 수 있다. 이 기능은 위에서 설명한 Rate Strategy 기능과 비슷한 기능이지만 좀 더 많은 옵션을 통해서 예약 생성을 제한할 수 있으며 해당 기능의 화면을 통해 좀 더 시각적으로 제한된 사항을 확인할 수 있다. Rate Availability 화면 구성 설명은 아래와 같다.

1. 메인 메뉴에서 **Setup** → **Configuration**을 선택한다.
2. **Rate Management**를 선택한다.
3. **Availability**를 선택한다.

RATE AVAILABILITY 화면이 아래와 같이 나타난다.

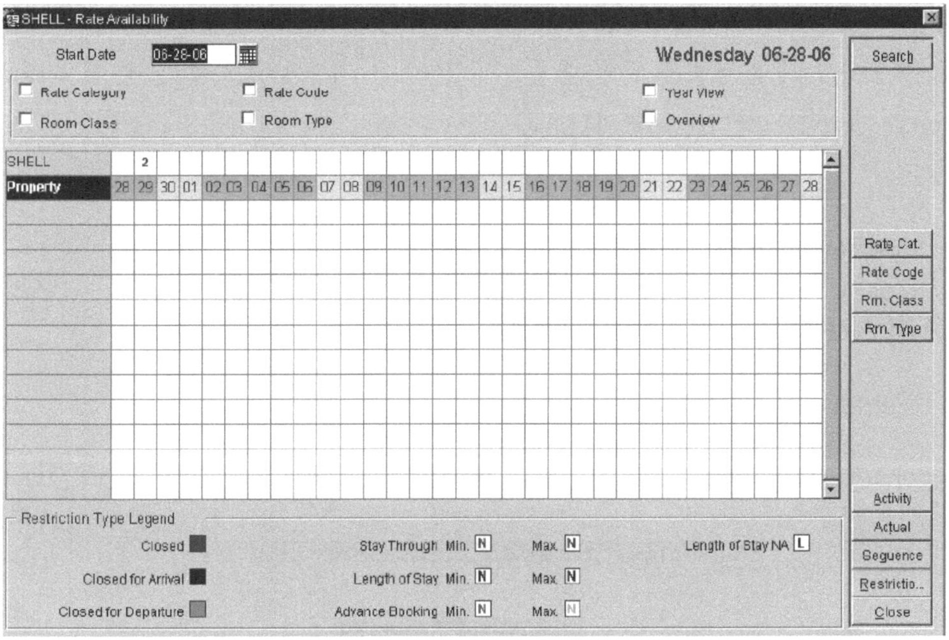

다양한 검색 옵션에 따라 화면 구성이 달라진다. Rate Category, Rate Code, Room Class, Room Type 등의 검색 옵션에 따라 호텔이 가지고 있는 Rate와 객실 타입의 사용 가능성 유무를 확인할 수 있다. Year View와 Overview 검색 옵션을 통해 선택된 날짜 범위에서의 전체 호텔 객실 타입의 예약 가능성 유무를 빠르게 확인할 수 있다. 또한 오른쪽에 있는 Rate Cat, Rate Code, Rm Class, Room Type 버튼을 선택하면 선택 사항에 따른 제한 사항 화면을 볼 수도 있다.

NOTE 이 버튼에 있는 조건이 화면 상단에 있는 검색 옵션에서 이미 선택되었다면 이 버튼은 더 이상 사용할 수 없다.

마지막으로 화면 하단에 있는 Restriction Type Legend는 Rate Availability 화면에서 보이는 색깔이나 부호 표기가 어떤 예약 제한 사항을 의미하는지를 설명한다.

Rate Restrictions

Restrictions는 위에서 설명한 Rate Availability 화면에서 설정할 수 있는 기능으로 호텔에서는 이 기능을 통해 조건에 따른 예약 생성을 제한할 수 있다. 만약 호텔에서 이 기능을 제대로만 사용한다면 별도의 시스템인 Yield Management 시스템과 비슷한 역할을 이 기능으로 대체할 수 있다. 이 기능을 통해 예약을 모니터링하고 생성 제한을 하여 호텔에서 최대 매출을 끌어 올릴 수 있다. 이 기능에서 호텔 전체 객실(House Level)로 제한하는 방법은 아래와 같다.

1. 메인 메뉴에서 Setup → Configuration을 선택한다.
2. Rate Management → Availability를 선택한다.

RATE AVAILABILITY 화면이 나타나다.

3. Restriction을 선택한다.

RESTRICTIONS 화면이 아래와 같이 나타난다.

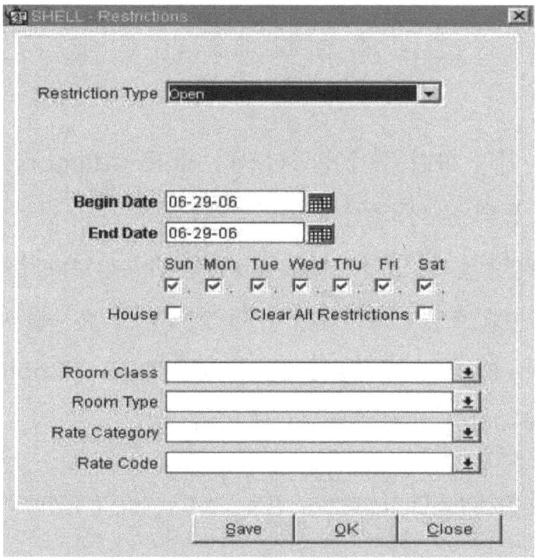

4. Restriction Type 필드에 시스템에서 이미 설정한 예약 제한 조건을 선택한다.
5. 적용 날짜 범위를 Begin Date와 End Date 필드에 입력한다.
6. 만약 선택된 Restriction이 특정 요일에만 적용되어야 한다면 해당 요일을 선택한다.
7. 만약에 선택된 Restriction이 호텔이 가지고 있는 모든 Rate와 객실 타입에 적용된다면 House 버튼을 선택한다.
8. 여기에서 입력된 날짜 범위에 적용된 Restriction을 전부 삭제하고 싶다면 Clear All Restrictions 버튼을 선택한다.

9. Restriction을 특정 Rate Code 혹은 객실 타입에 적용하고 싶다면 **Room Class, Room Type, Rate Category, Rate Code** 필드에서 해당 사항을 선택한다.

NOTE 만약 House 선택 박스가 선택되었다면 Room Class, Room Type, Rate Category, Rate Code 필드는 선택할 수 없게 된다.

10. **OK** 버튼을 선택하여 지금까지 입력한 정보를 저장하고 화면을 닫는다.
11. **RATE AVAILABILITY** 화면에서 위에 입력한 조건이 잘 입력되었는지 확인한다.

Restrictions-Activity Vs. Actual

Restriction 기능을 통해 특정 Rate Code 혹은 객실 타입을 'OPEN'하고 'CLOSE'하는 모든 변경 정보를 확인하는 방법은 아래와 같다.

1. 메인 메뉴 에서 **Setup** → **Configuration**
2. **Rate Management** → **Availability**를 선택한다.

RATE AVAILABILITY 화면이 나타난다.

3. **Activity**를 선택한다.

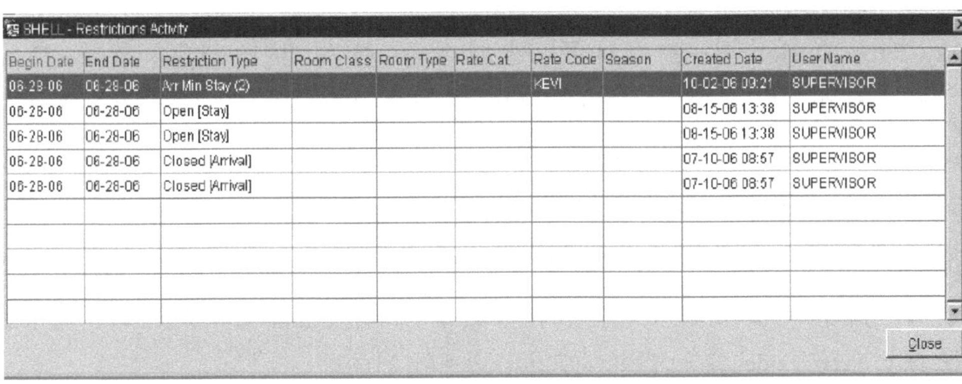

RESTRICTIONS ACTIVITY 화면에서 현재 적용된 제한 조건을 볼 수 있을 뿐 아니라 Rate Availability에서 선택한 날짜에 적용되었던 과거 제한 조건도 확인할 수 있다.

Rate Availability에서 선택된 날짜에 적용된 '현재' 제한 조건을 확인하는 방법은 아래와 같다.

4. 메인 메뉴에서 Setup → Configuration을 선택한다.
5. Rate Management → Availability를 선택한다.

RATE AVAILABILITY 화면이 나타난다.

6. Actual을 선택한다.

RESTRICTIONS ACTUAL 화면이 아래와 같이 나타나면서 '현재' 적용된 모든 제한 조건을 확인할 수 있다.

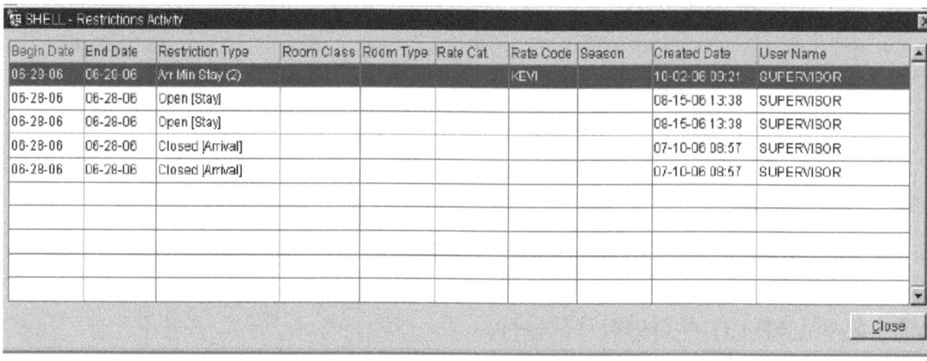
SHELL - Restrictions Activity

Begin Date	End Date	Restriction Type	Room Class	Room Type	Rate Cat.	Rate Code	Season	Created Date	User Name
06-28-06	06-28-06	Arr Min Stay (2)				KEVI		10-02-06 09:21	SUPERVISOR
06-28-06	06-28-06	Open [Stay]						08-15-06 13:38	SUPERVISOR
06-28-06	06-28-06	Open [Stay]						08-15-06 13:38	SUPERVISOR
06-28-06	06-28-06	Closed [Arrival]						07-10-06 08:57	SUPERVISOR
06-28-06	06-28-06	Closed [Arrival]						07-10-06 08:57	SUPERVISOR

Close

Day Type Codes

Day Type Codes 기능을 통해 특정한 날 객실료를 높이거나 낮추는 것이 가능하다. Day Type이 선택된 Rate Code의 경우 객실료를 해당 Day Type의 설정에 따라 'Percentage'로 금액 조정을 하거나 'Flat'으로 조정하는 것이 가능하다. 또한 Day Type으로 설정된 순서(Sequence)는 Rate Code에 설정된 순서보다 Rate Query 화면 등 일반적인 화면에서 보이는 순서에서 우선시 된다. 예를 들어 주말에 예약을 생성할 때 일반 회사 계약 요금보다 할인된 주말 요금이 우선적으로 보이길 원한다면 이 기능이 유용하다. Day Type Codes를 설정하는 방법은 아래와 같다.

1. 메인 메뉴에서 Setup → Configuration을 선택한다.
2. Rate Management → Property Calendar를 선택한다.
3. Day Type Codes를 선택한다.

DAY TYPE CODES 화면이 아래와 같이 나타난다.

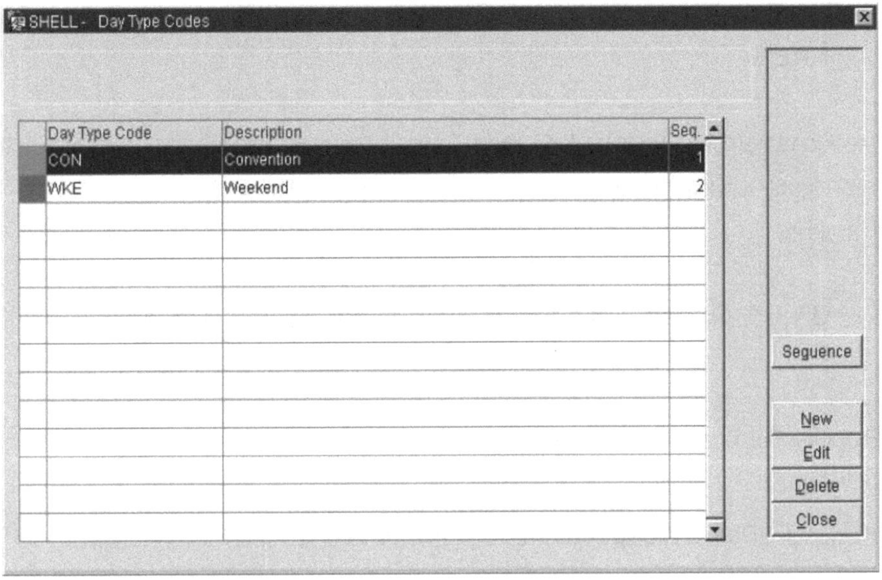

4. **New** 버튼을 선택한다.

DAY CODES-NEW 화면이 아래와 같이 나타난다.

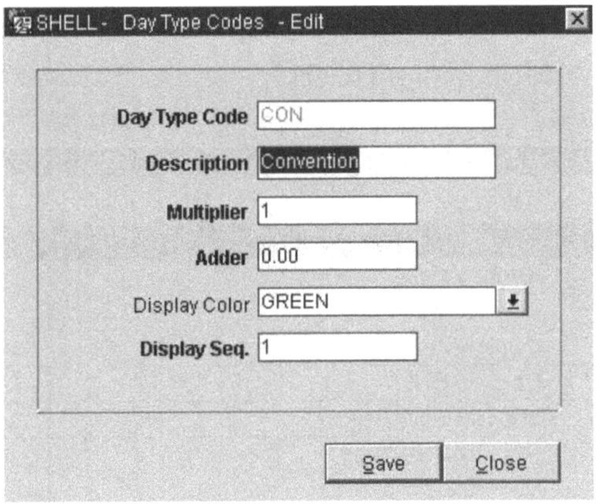

5. **Day Type**을 표현하는 간단한 코드를 **Day Type Code** 필드에 입력한다.

NOTE Code 생성은 일정한 것이 좋다(주로 3글자 혹은 4글자 조합을 권장한다).

6. Weekend 혹은 Convention 등 Day Type에 대한 간단한 설명을 **Description**에 입력한다.
7. Rate Header에 Day Type이 선택된 Rate Code의 객실료를 기본으로 해서 얼마만큼 금액 조정을 할 것인지 **Multiplier** 필드에 입력한다. Multiplier에 입력된 수에 따라 객실료가 곱절이 된다.

NOTE 만약 Rate Query에서 보이는 순서 때문에 Day Type을 사용하는 것이라면 Multiplier 필드에 1을 입력한다.

8. Rate Header에 Day Type이 선택된 Rate Code의 객실료를 기본으로 해서 얼마만큼 금액 조정을 할 것인지 **Adder** 필드에 입력한다. Adder 필드에 입력된 수는 해당 객실료에 입력된 금액만큼 추가된다.

NOTE 만약 Rate Query에서 보이는 순서 때문에 Day Type을 사용하는 것이라면 Adder 필드에 0을 입력한다.

9. Property Calendar에서 해당 Day Type이 무슨 색으로 보일 것인지를 **Display Color** 필드에서 선택한다.
10. 보이는 순서(**Display Sequence**)를 입력하고 **Save**를 선택한다.

Rate Query 화면에서 보이는 순서 때문에 Day Type Code를 설정해야 한다면 설정 방법은 아래와 같다.

1. **DAY TYPE CODES** 화면에서 해당 Day Type을 하이라이트하고 **Sequence** 버튼을 선택한다.

SEQUENCE 화면이 아래와 같이 나타난다.

SHELL - CON Seq.

Rate Code	Description	Seq.
AAA1	AAA Rate	1
AARP	AARP Rate	2
COMP	Complimentary Rate	4
CORP	Corporate Rate	5
DAYR	Day Use Rate	6
GROU	Standard Group Rate	8
HONEY	Honeymoon Package	10
RACK	Rack Rate	11
UNPC	Union Pacific Railroad	12
EMPR	Employee Rate	13

OK Close

2. **Seq** 필드에 원하는 순서를 직접 입력한다(1로 입력된 Rate Code가 Rate Query 화면에서 가장 먼저 보인다. 2로 입력된 Rate Code는 그 다음에 보인다).
3. **OK** 버튼을 선택하여 설정된 정보를 저장한다.

Event Codes

Event Codes 기능은 Property Calendar에 내부에서 진행되는 행사 혹은 외부 행사에 관계없이 호텔 행사를 표기하기 위해 사용된다. Event Code를 생성하는 방법은 아래와 같다.

1. 메인 메뉴에서 Setup → Configuration을 선택한다.
2. Rate Management → Property Calendar를 선택한다.
3. Event Codes를 선택한다.

EVENT CODES 화면이 나타난다.

4. New를 선택한다.

EVENT CODES-NEW 화면이 아래와 같이 나타난다.

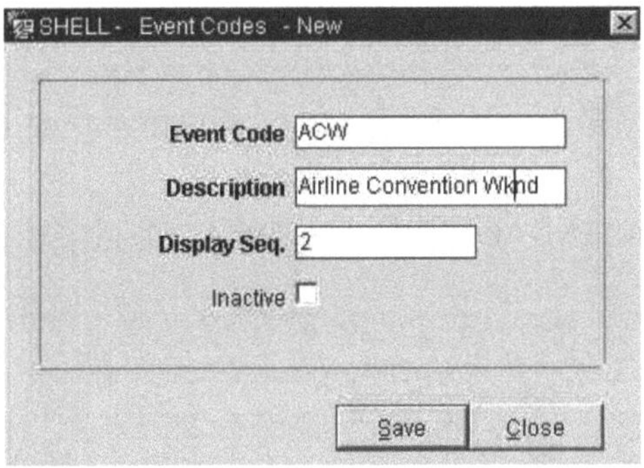

5. Event Code와 코드에 대한 간단한 설명을 Description 필드에 입력한다(예: ACW=Airline Convection Weekend).
6. 보이는 순서(Display Seq)를 입력하고 Save 버튼을 선택한다.

Property Calendar

위에서 생성한 Event Code를 Property Calendar에 표기하는 방법은 아래와 같다.

1. 메인 메뉴에서 Setup → Configuration을 선택한다.
2. Rate Management → Property Calendar를 선택한다.
3. Property Calendar를 선택한다.

PROPERTY CALENDAR 화면이 아래와 같이 나타난다.

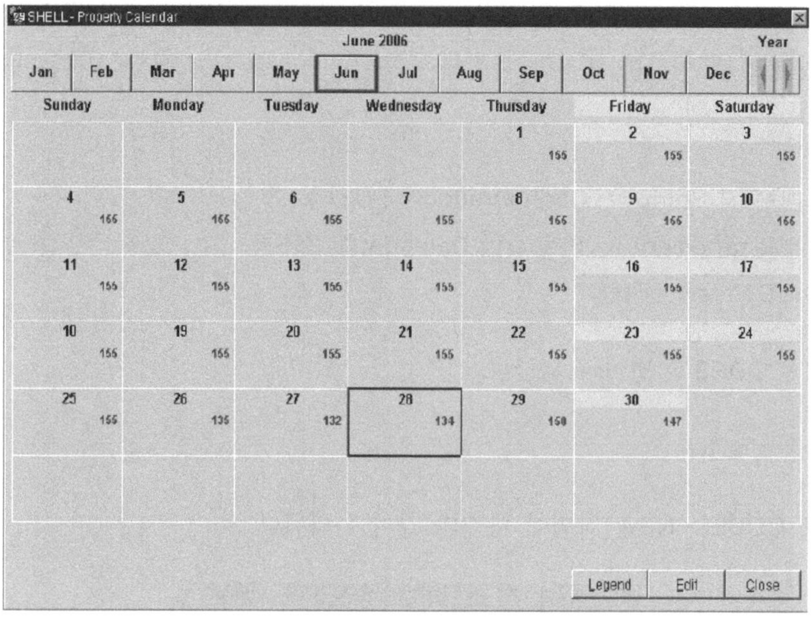

4. Calendar 화면에서 Event Code를 표기할 날짜를 하이라이트한 후 **Edit** 버튼을 선택한다.

EDIT PROPERTY/CALENDAR 화면이 아래와 같이 나타난다.

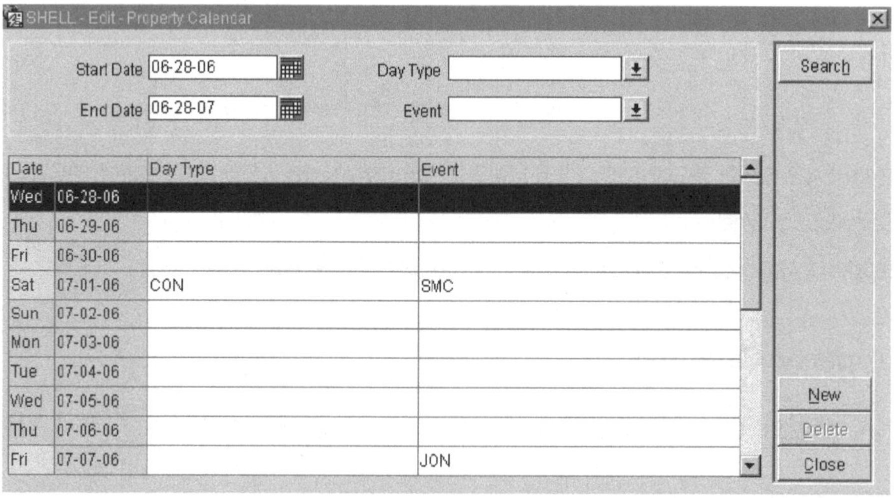

5. **New**를 선택한다.

ADD DAY TYPE OR EVENT TO PROPERTY CALENDAR 화면이 아래와 같이 나타난다.

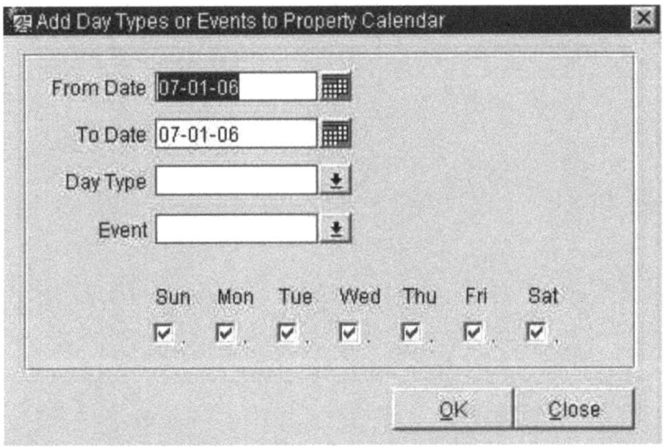

6. **From Date**와 **To Date** 필드를 입력한다.
7. **Day Type** 혹은 **Event** 필드를 선택한다.
8. 만약 **Day Type** 혹은 **Event**가 특정 요일에만 적용되어야 한다면 해당 요일을 선택하고 **OK** 버튼을 선택한다.

NOTE 위에서 선택한 Day Type 혹은 Event가 Property Calendar에 보인다. 각각의 선택된 코드는 최초 Day Type과 Event Code 생성 시 선택했던 색으로 화면에서 보인다.

오페라시스템

저자와 합의
인지첩부생략

2013년 8월 15일 초판 1쇄 발행
2018년 7월 30일 초판 2쇄 발행

저 자 / 김 동 식
발행인 / 진 욱 상

발행처 / 백산출판사
등록 : 1974. 1. 9. 제406-1974-000001호
경기도 파주시 회동길 370(백산빌딩 3층)
전화 : 02-914-1621(代)
팩스 : 031-955-9911

www.ibaeksan.kr
edit@ibaeksan.kr

값 20,000원

ISBN 978-89-6183-760-6 92980